대한민국 조리기능장 고수가 만들었다
이 책의 1회독이 한방에 합격을 좌우한다

세계가 열광하는 K-food의 첫걸음
한식조리기능사로부터 시작된다

2025 **2026** 2027 2028

공단 출제기준

경록

한방에 합격하는—

조리기능사
공단 출제기준
한식 필기

임인숙 임정숙 오수진 이희정

대한민국 1등 onlyone
1957~ 전통과 축적된 노하우
중앙일보·조선일보·한국일보
브랜드선호도 1위

SINCE 1957

대한민국 전문서적의 뉴패러다임을 이끈, onlyone경록 전문성

K 경록

경록은 독자에게 정확한 정보를 전달하기 위해 끝까지 책임을 다합니다.
편집과 제작 전 과정을 철저히 검토하지만, 간혹 발견하지 못한 오류가 있을 수 있습니다.
이에 대비해, 경록은 실시간 정오표를 제공하여 잘못된 내용을 신속히 바로잡고 있습니다.
작은 오류도 놓치지 않겠다는 마음으로,
책을 읽는 독자 여러분께 신뢰받는 동반자가 되도록 최선을 다하겠습니다.

⌘ 실시간 정오표 확인하기

www.kyungrok.com

모바일에서도 간편하게 접속하실 수 있습니다.

머리말

최근 K-푸드의 인기가 전 세계적으로 확산되면서, 한식에 대한 관심과 위상도 눈에 띄게 높아지고 있습니다. 김치, 불고기, 비빔밥을 넘어 다양한 한국 요리가 세계인의 입맛을 사로잡으며, 한식 조리사는 국내는 물론 해외에서도 주목받는 유망 직업으로 떠오르고 있습니다.

한식조리기능사 자격증은 이러한 흐름 속에서 한식 전문가로 성장하기 위한 첫걸음이자, 조리사의 기본기를 제대로 갖추는 출발점입니다. 특히 외식산업이 고도화되고 있는 지금, 조리기능사는 단순한 기술자가 아닌 현장 중심의 전문 인재로서 그 역할이 점점 더 중요해지고 있습니다.

2020년부터는 조리기능사 필기시험의 상호면제 제도가 폐지되면서, 각 분야별로 보다 세분화된 전문 문제가 출제되고 있습니다. 시험은 국가직무능력표준(NCS) 학습 모듈을 반영하여 실제 조리 현장에서 요구되는 역량을 평가하는 방향으로 변화하고 있습니다.

본 교재는 조리기능사 시험을 30년 넘게 연구하고 강의해온 저자들이 직접 집필하였습니다. 다년간의 기출문제 분석과 현장 경험을 바탕으로, NCS 모듈과 출제기준을 체계적으로 정리하고, 수험생이 이해하기 쉽도록 내용을 구성하였습니다.

한식조리기능사 필기시험을 준비하는 모든 수험생 여러분께 이 교재가 실력을 다지고 합격에 이르는 가장 확실한 길잡이가 되기를 바랍니다.

한식의 세계화를 이끄는 주인공, 이제 여러분의 차례입니다.

저자 일동

저자소개

임인숙
조리기능장, 전통음식대가인증, 한식조리명인
현 : 중부여성 발전센터 조리과 강사
현 : 조리기능장, 조리산업기사 시험 감독위원
현 : 한식, 양식, 중식, 일식. 복어 조리기능사 시험 감독위원
현 : 조리기능장 한식인터넷 강의(경록쿡 메뉴 139가지)
현 : 조리기능장 복어 강의 (경록쿡 메뉴 11가지)
현 : 조리기능장 중식 강의 (경록쿡 메뉴 60가지)
전 : 백석문화대학 외래교수
전 : 성신여자대학 외래교수
전 : 오산대학 평생교육원 발효식품 강의
SBS KBS. EBS 방송 다수 출연
김치교육지도사
약용식물자원관리사
건강식이 교육지도사
발효효소 교육지도사

[수상이력]
2005년 세계음식박람회전통요리부분 금상
2013년 문화체육부장관상
2013년 농림축산식품부장관상
2016년 식품의약품안전처장상
2016년 서울시장상
2017년 국회의장상
2018년 농림축산식품부장관상

[저 서]
조리기능장 한식 실기 / 경록
조리한식산업기사 / 경록
조리산업기사 양식, 중식, 일식, 복어 / 경록
한식조리기능사 실기 / 경록
한식조리기능사 필기 / 경록
양식조리기능사 실기 / 경록
중식기능사 실기 / 경록
일식, 복어 조리기능사 실기 / 경록
떡제조기능사 / 경록
천연조미료와 스마트저염식으로 만드는 어린이식단 / 크라운출판사

임정숙
숙명여자대학교 전통문화예술대학원 전통식생활문화석사
광운대학교 실감융합콘텐츠(관광외식산업전공) 박사

[자격증]
조리기능장. 조리산업기사(한식,양식,복어). 조리기능사(한, 중,일, 양, 복어, 떡제조, 조주) 직업훈련교사 2급
한식해설사. 전통조리명인, 한식대가인증, 치유음식대가,
월드푸드 챔피온 심사위원
국제요리&제과경연대회 심사위원
동두천시 종합자원봉사센터 재능기부공식셰프

[근무처]
스타셰프실용전문학교 학교장
동두천시평생학습관 강사
광운대 정보과학원 외래교수
서울종합예술학교 외래교수
서울시중부기술교육원 외래교수

[수상경력]
문화체육관광부 K-FOOD 대상
농림축산식품부 대상
치유식품경연 최우수 대장금 교지 수여
한국음식융합부문 우수상
식품의약품안전처장상
한국식문화대회 은상
수원전국요리 라이브 우수상

오수진
숙명여자대학교 전통문화예술대학원 전통식생활문화석사
조리기능장
청강문화산업대학교
푸드스쿨식품영양학과 외래교수

이희정
경희대학교 관광대학원 조리외식 석사
서울시 중부기술교육원 조리외식과 주임교수
조리기능사(한식, 일식) 실기검정 감독위원

kyungrok.com

① 필기 & 실기시험 원서접수 / 시험시행 일정

1. 한식 / 양식 / 중식 / 일식 조리기능사(상시시험)
- 접수방법 : 한국산업인력공단 인터넷검정정보시스템(http://www.q-net.or.kr)
- 접수시간 : 원서접수 시작일 10:00~마감일 18:00까지
- 합격자발표 : 시험종료 즉시

2. 복어 조리기능사 (정기시험)
- 원서접수 : 한국산업인력공단 인터넷검정정보시스템(http://www.q-net.or.kr)
- 접수시간 : 원서접수 시작일 09:00~마감일 18:00까지
- 합격자발표 : 해당 합격자 발표일 09:00부터

② 필기시험 안내

1. 출제경향
- 산업현장에서 직무를 수행하기 위해 요구되는 지식, 기술, 태도 등에 관한 내용을 위주로 자격시험을 구성

2. 검정방법
- 객관식 4지선다형, 총 60문항 / 60분

3. 합격기준
- 100점 만점에 60점 이상 취득 시 (60문항 중 36문항 이상 정답 시 합격)

시험안내

③ 실기시험 안내

1. 출제경향
- 요구사항을 준수하여 실기시험 메뉴 2가지를 지정된 시간에 지급된 재료를 이용해 만드는 작업

2. 주요 평가내용
- 위생상태(개인 및 조리과정)
- 조리의 기술(조리기구 취급, 동작, 순서, 재료다듬기 방법)
- 작품의 평가
- 정리정돈 및 청소

3. 검정방법
- 작업형(약 60~70분)

4. 합격기준
- 100점 만점에 60점 이상 취득 시

출제기준(필기)

| 직무분야 | 음식서비스 | 중직무분야 | 조리 | 자격종목 | 한식조리기능사 | 적용기간 | 2026. 1. 1 ~ 2028. 12. 31. |

○ 직무내용 : 한식메뉴 계획에 따라 식재료를 선정, 구매, 검수, 보관 및 저장하며 맛과 영양을 고려하여 안전하고 위생적으로 음식을 조리하고 조리기구와 시설관리를 수행하는 직무이다.

| 필기검정방법 | 객관식 | 문제수 | 60 | 시험시간 | 1시간 |

필기과목명	출제문제수	주요항목	세부항목	세세항목
한식 재료관리, 음식조리 및 위생관리	60	1 음식 위생관리	1. 개인 위생관리	1. 위생관리기준 2. 식품위생에 관련된 질병
			2. 식품 위생관리	1. 미생물의 종류와 특성 2. 식품과 기생충병 3. 살균 및 소독의 종류와 방법 4. 식품의 위생적 취급기준 5. 식품첨가물과 유해물질
			3. 작업장 위생관리	1. 작업장 위생 위해요소 2. 식품안전관리인증기준(HACCP) 3. 작업장 교차오염발생요소
			4. 식중독 관리	1. 세균성 및 바이러스성 식중독 2. 자연독 식중독 3. 화학적 식중독 4. 곰팡이 독소
			5. 식품위생 관계 법규	1. 식품위생법령 및 관계법규 2. 농수산물 원산지 표시에 관한 법령 3. 식품 등의 표시·광고에 관한 법령
			6. 공중 보건	1. 공중보건의 개념 2. 환경위생 및 환경오염 관리 3. 역학 및 질병 관리 4. 산업보건관리
		2 음식 안전관리	1. 개인안전 관리	1. 개인 안전사고 예방 및 사후 조치 2. 작업 안전관리
			2. 장비·도구 안전작업	1. 조리장비·도구 안전관리 지침

출제기준(필기)

필기과목명	출제문제수	주요항목	세부항목	세세항목
			3. 작업환경 안전관리	1. 작업장 환경관리 2. 작업장 안전관리 3. 화재예방 및 조치방법 4. 산업안전보건법 및 관련지침
		3 음식 재료관리	1. 식품재료의 성분	1. 수분 2. 탄수화물 3. 지질 4. 단백질 5. 무기질 6. 비타민 7. 식품의 색 8. 식품의 갈변 9. 식품의 맛과 냄새 10. 식품의 물성 11. 식품의 유독성분
			2. 효소	1. 식품과 효소
			3. 식품과 영양	1. 영양소의 기능 및 영양소 섭취기준
		4 음식 구매관리	1. 시장조사 및 구매관리	1. 시장 조사 2. 식품구매관리 3. 식품재고관리
			2. 검수 관리	1. 식재료의 품질 확인 및 선별 2. 조리기구 및 설비 특성과 품질 확인 3. 검수를 위한 설비 및 장비 활용 방법
			3. 원가	1. 원가의 의의 및 종류 2. 원가분석 및 계산
		5 한식 기초 조리실무	1. 조리 준비	1. 조리의 정의 및 기본 조리조작 2. 기본조리법 및 대량 조리기술 3. 기본 칼 기술 습득 4. 조리기구의 종류와 용도 5. 식재료 계량방법 6. 조리장의 시설 및 설비 관리
			2. 식품의 조리원리	1. 농산물의 조리 및 가공·저장 2. 축산물의 조리 및 가공·저장 3. 수산물의 조리 및 가공·저장

  kyungrok.com

출제기준(필기)

필기과목명	출제문제수	주요항목	세부항목	세세항목
				4. 유지 및 유지 가공품 5. 냉동식품의 조리 6. 조미료와 향신료
			3. 식생활 문화	1. 한국 음식의 문화와 배경 2. 한국 음식의 분류 3. 한국 음식의 특징 및 용어
		6 한식 밥 조리	1. 밥 조리	1. 밥 재료 준비 2. 밥 조리 3. 밥 담기
		7 한식 죽조리	1. 죽 조리	1. 죽 재료 준비 2. 죽 조리 3. 죽 담기
		8 한식 국·탕 조리	1. 국·탕 조리	1. 국·탕 재료 준비 2. 국·탕 조리 3. 국·탕 담기
		9 한식 찌개조리	1. 찌개 조리	1. 찌개 재료 준비 2. 찌개 조리 3. 찌개 담기
		10 한식 전·적 조리	1. 전·적 조리	1. 전·적 재료 준비 2. 전·적 조리 3. 전·적 담기
		11 한식 생채·회 조리	1. 생채·회 조리	1. 생채·회 재료 준비 2. 생채·회 조리 3. 생채·회 담기
		12 한식 조림·초 조리	1. 조림·초 조리	1. 조림·초 재료 준비 2. 조림·초 조리 3. 조림·초 담기
		13 한식 구이조리	1. 구이 조리	1. 구이 재료 준비 2. 구이 조리 3. 구이 담기
		14 한식 숙채조리	1. 숙채 조리	1. 숙채 재료 준비 2. 숙채 조리 3. 숙채 담기
		15 한식 볶음조리	1. 볶음조리	1. 볶음 재료 준비 2. 볶음 조리 3. 볶음 담기
		16 김치조리	1. 김치조리	1. 김치 재료 준비 2. 김치 조리 3. 김치 담기

CBT 체험하기

01 CBT 체험하기 접속

- 큐넷 홈페이지(www.q-net.or.kr) 접속
- 아래쪽 '처음 방문하셨나요?' 코너에 있는 CBT 체험하기 클릭
- 상단의 체험하실 CBT 자격시험 선택(기능사/기능장 자격시험 체험하기)

02 수험자 정보 확인

◉ 수험자 정보 확인

신분확인이 끝나면 시험이 곧 시작됩니다. 잠시만 기다려 주세요.

수험번호	00000000
성명	수험자
생년월일	******
응시종목	한식조리기능사
좌석번호	07번

CBT 체험하기

03 문제풀이 메뉴설명

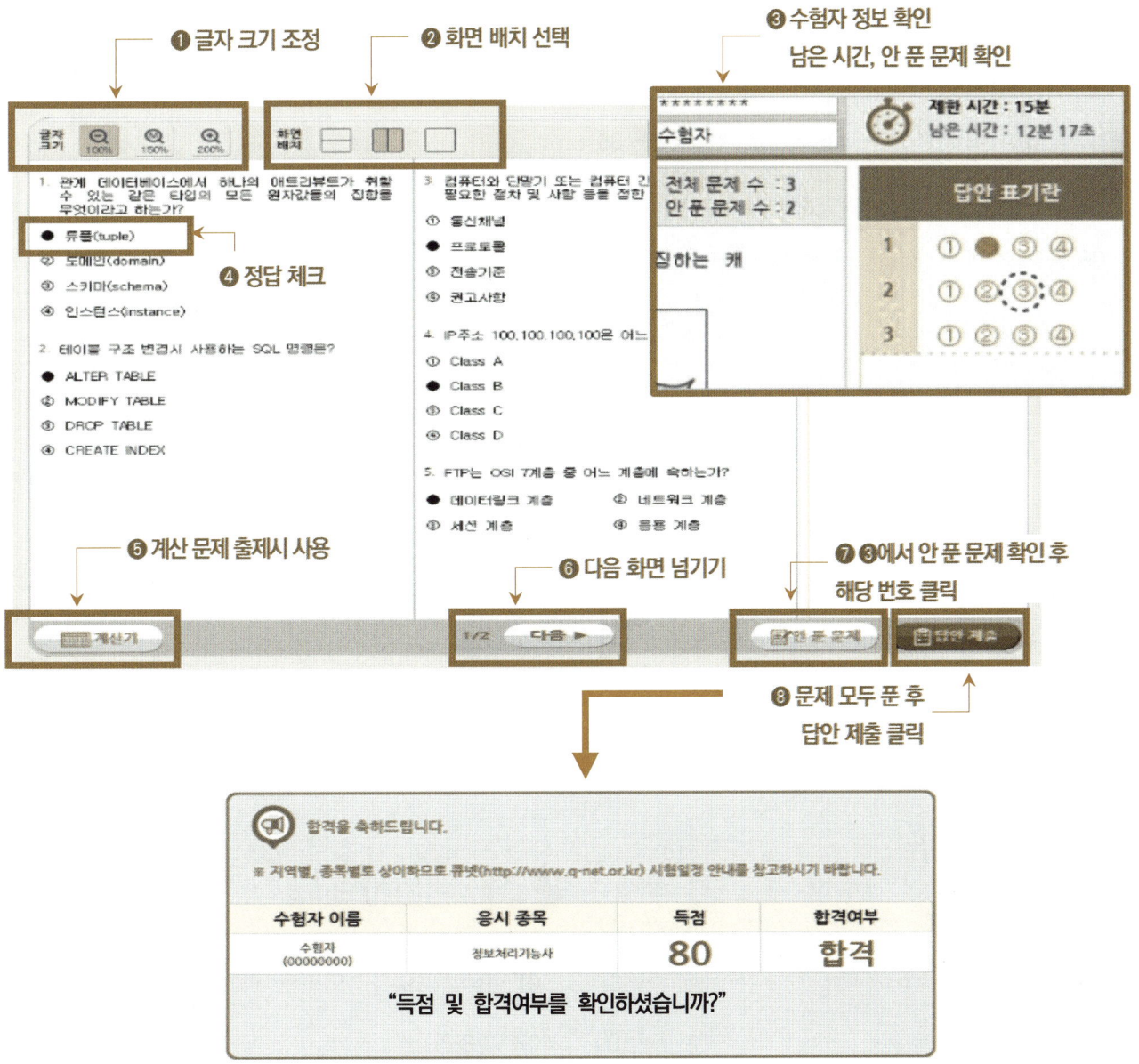

차 례

01 위생관리

01 개인위생관리 … 15
02 식품위생관리 … 18
03 주방 위생관리 … 32
04 식중독 관리 … 35
05 식품위생 관계 법규 … 40
06 공중보건 … 51

02 안전관리

01 개인안전관리 … 65
02 작업환경 안전관리 … 69
03 화재예방 및 조치방법 … 70

03 재료관리

01 식품재료의 성분 … 73
02 효 소 … 87
03 식품과 영양 … 90

04 구매관리

01 시장조사 및 구매관리 … 92
02 검수관리 … 97
03 원 가 … 100

05 기초조리실무

01 조리준비 … 105
02 식품의 조리원리 … 115
03 축산물 조리 및 가공 및 저장 … 125
04 수산물의 조리 및 가공과 저장 … 134
05 유지 및 유지 가공품 … 137
06 냉동식품의 조리 … 139
07 조미료와 향신료 … 140

06 조리실무

01 한식의 개요 … 142
02 밥 조리 … 149

차 례

03 죽 조리 ·· 152
04 국·탕 조리 ····································· 154
05 찌개 조리 ······································· 155
06 전·적 조리 ····································· 156
07 생채·회 조리 ·································· 158
08 조림·초 조리 ·································· 160
09 구이 조리 ······································· 163
10 숙채 조리 ······································· 165
11 볶음 조리 ······································· 168
12 김치 조리 ······································· 170

01 14개년 주요 기출문제 ···················· 187
02 14개년 주요 기출문제 ···················· 193
03 14개년 주요 기출문제 ···················· 199
04 14개년 주요 기출문제 ···················· 205
05 14개년 주요 기출문제 ···················· 211
06 14개년 주요 기출문제 ···················· 217
07 14개년 주요 기출문제 ···················· 223
08 14개년 주요 기출문제 ···················· 229
09 14개년 주요 기출문제 ···················· 235
10 14개년 주요 기출문제 ···················· 241
11 14개년 주요 기출문제 ···················· 247
12 14개년 주요 기출문제 ···················· 253
13 14개년 주요 기출문제 ···················· 259
14 14개년 주요 기출문제 ···················· 265

✿ 정답 및 해설 ································· 270

kyungrok

위생관리

01 개인위생관리

1. 위생관리의 의의
위생관리란 음료수 처리, 쓰레기, 분뇨, 하수와 폐기물 처리, 공중위생, 접객업소와 공중이용 시설 및 위생용품의 위생관리, 조리, 식품 및 식품첨가물과 이에 관련된 기구 용기 및 포장의 제조와 가공에 관한 위생 관련 업무를 말한다.

2. 위생관리의 필요성
① 식중독 위생사고 예방
② 「식품위생법」 및 행정처분 강화
③ 상품의 가치가 상승함(안전한 먹거리)
④ 점포의 이미지 개선(청결한 이미지)
⑤ 고객 만족(매출 증진)
⑥ 대외적 브랜드 이미지 관리

3. 개인위생관리 방법
(1) 손 위생관리
① 음식을 조리하기 전, 화장실 이용 후, 반드시 손을 씻는다.
② 손을 씻을 경우 충분한 양의 비누를 사용하여 손을 씻은 후 다시 역성비누를 사용하는 것이 좋다.
③ 비누는 살균이 아닌 균이나 먼지를 씻어 흘려 없애는 것이고, 역성비누는 세척력이 약하나 냄새도 없고, 독성이 적어 식품종사자의 손소독 방법에 가장 적합한 방법이다.

다음 중 「식품위생법」에 명시된 목적이 아닌 것은?
① 위생상의 위해를 방지
② 건전한 유통·판매를 도모
③ 식품영양의 질적 향상을 도모
④ 식품에 관한 올바른 정보를 제공

답 ②

개인위생관리에 대한 설명으로 바르지 않은 것은?
① 진한 화장이나 향수는 쓰지 않는다.
② 조리시간의 정확한 시간을 위해 손목시계 착용은 가능하다.
③ 손에 상처가 있으면 밴드를 붙인다.
④ 근무 중에는 반드시 위생모를 착용한다.

답 ②

식품 영업자 및 종업원의 건강진단 실시방법 및 타인에게 위해를 끼칠 우려가 있는 질병의 종류를 정하는 것은?
① 총리령
② 농림축산식품부령
③ 고용노동부령
④ 환경부령

답 ①

「식품위생법」 제40조에 따라 식품영업자 및 종업원의 건강진단 검진주기는?
① 매달   ② 6개월
③ 매 1년 ④ 매 2년

답 ③

다음 중 조리사 또는 영양사의 면허를 발급 받을 수 있는 자는?
① 정신질환자(전문의가 적합하다고 인정하는 자 제외)
② 2군 전염병환자(B형 간염환자 제외)
③ 마약중독자
④ 파산선고자

답 ④

 손 씻기 9단계

손 씻기를 철저히 할 경우 질병의 60% 정도는 예방할 수 있다.
① 손 씻기 전에 손톱을 짧게 깎고 시계, 반지 등을 뺀다.
② 흐르는 따뜻한 물에 손과 팔뚝을 적신다.
③ 손을 씻기 위해 충분한 양의 비누를 바른다.
④ 팔에서 팔꿈치까지 깨끗이 골고루 씻는다.
⑤ 왼 손바닥으로 오른 손등을 닦고 오른 손바닥으로 왼손 등을 씻는다.
⑥ 손깍지를 끼고 손바닥을 서로 비비면서 양 손바닥을 닦는다.
⑦ 손톱 밑을 문지르면서 손가락 사이를 씻는다.
⑧ 비눗기를 완전히 씻어낸다.
⑨ 핸드 타월이나 자동 손 건조기를 사용하는 것이 바람직하다.

「식품위생법」 제40조
총리령 – 식품영업자 및 종업원 건강진단 의무화 검진주기 1년

※ **식품영업에 종사하지 못하는 질병의 종류**(식품위생법 시행규칙 제40조)

① 소화기계 감염병 : 콜레라 장티푸스, 파라티푸스, 세균성 이질, 장출혈성 대장균감염증, A형 간염 등
② 결핵 : 비감염성인 경우는 제외
③ 피부병 및 기타 화농성 질환
④ 후천성면역결핍증(AIDS) : 「감염병의 예방관리에 관한 법률」에 의하여 성병에 관한 건강진단을 받아야 하는 영업에 종사하는 자에 한함

(2) 상처 및 질병
① 식품을 취급하고 음식을 조리하는 사람은 자신의 건강상태를 확인하고 개인위생에 주의를 기울인다.
② 음식물을 통해 전염될 수 있는 병원균을 보유하고 있거나 설사, 구토, 황달, 기침, 콧물, 가래, 오한, 발열 등의 증상이 있을 때는 일을 해서는 안 된다.
③ 위장염 증상, 부상으로 인한 화농성 질환, 피부병, 베인 부위가 있을 때는 즉시 점주, 점장, 실장 등 상급자에게 보고하고 작업하지 않아야 한다.

(3) 개인 위생수칙
① 모든 종업원은 작업장에 입실 전에 지정된 보호구(모자, 작업복, 앞치마, 신발, 장갑, 마스크 등)를 청결한 상태로 착용한다.
② 모든 종업원은 작업 전에 손(장갑)을 세척하고 신발을 소독한다.
③ 남자 종업원은 수염을 기르지 말고, 매일 면도를 한다.
④ 손톱은 짧게 깎고, 매니큐어 및 짙은 화장은 금한다.

⑤ 작업장 내에는 음식물, 담배, 장신구 및 기타 불필요한 개인용품의 반입을 금한다.
⑥ 작업장 내에서는 흡연행위, 껌 씹기, 음식물 먹기 등의 행위를 금한다.
⑦ 작업장 내에서는 지정된 이동경로를 따라서 이동한다.
⑧ 작업장에의 출입은 반드시 지정된 출입구를 이용하여야 하며, 별도의 허가를 받지 않은 인원은 출입을 할 수 없다.
⑨ 작업장에서 사용하는 모든 설비 및 도구는 항상 청결한 상태로 정리, 정돈한다.
⑩ 모든 종업원은 작업장 내에서의 교차오염 또는 이차오염의 발생을 방지하여야 한다.

4. 복장 위생관리

(1) 두발 및 용모
① 조리실(주방) 내에서 근무하는 모든 종업원은 위생모를 착용한다. 위생모는 외부에 모발이 노출되지 않도록 정확히 착용한다.
② 남자 종업원은 수염이 보이지 않도록 깨끗이 면도한다.

(2) 위생복
① 조리 시에는 전체 흰색의 상의 소매가 손목까지 내려오는 청결한 위생복을 착용하고 하의는 색상·재질 무관, 안전과 작업에 방해가 되지 않는 발목까지 오는 긴바지를 착용한다.
② 최소한 두 벌을 보유하고 세척과 다림질을 습관화한다.
③ 앞치마는 조리용, 서빙용, 세척용으로 용도에 따라 색상을 달리하거나 구분하여 사용한다.
④ 음식을 서빙할 때 기침이나 재채기를 통한 세균의 오염을 방지하기 위하여 필요시 위생마스크를 사용한다.

(3) 액세서리 및 화장
① 조리실(주방) 종사자는 시계, 반지, 목걸이, 귀걸이, 팔찌 등 장신구를 착용해서는 안 되며, 손톱 밑은 이물이 끼거나 세균이 잠복하기 쉽기 때문에 손톱은 짧게 깎고 청결을 유지해야 한다.
② 손톱에 매니큐어나 광택제를 칠해서는 안 되며, 인조손톱을 부착해서는 안 된다.
③ 화장은 진하게 하지 않으며 향이 강한 향수는 사용하지 않는다.
④ 인조 속눈썹을 착용해서는 안 된다.

「식품위생법」상 영업에 종사하지 못하는 질병의 종류가 아닌 것은?
① 비감염성 결핵
② 세균성 이질
③ 장티푸스
④ 화농성 질환

답 ①

다음 중 감염병의 전파방지와 예방을 위해 조리사가 일반적으로 지켜야 할 것은?
① 식품가격의 조절
② 섭외활동
③ 취사기구 구입
④ 정기적인 건강진단

답 ④

다음 중 건강진단을 받지 않아도 되는 사람은?
① 식품을 가공하는 자
② 완전 포장식품의 판매자
③ 식품첨가물의 제조자
④ 식품 및 식품첨가물의 채취자

답 ②

조리장 내 복장에 대한 설명으로 옳지 않은 것은?
① 음식을 서빙할 때 위생마스크를 착용한다.
② 조리실 내 모든 사람은 모발이 밖으로 나오지 않도록 위생모를 착용한다.
③ 1회용 위생장갑은 비용절감을 위해 세척하여 사용한다.
④ 음식에 혼입 가능성이 있는 반지, 목걸이, 귀걸이는 착용하지 않는다.

답 ③

(4) 위생화(작업화)
① 색상 무관, 굽이 높지 않고 발가락, 발등, 발뒤꿈치가 덮여 안전사고를 예방할 수 있는 깨끗한 운동화 형태와 주방화를 신는다.
② 외부 출입 시에는 반드시 소독발판에 작업화를 소독하고 들어온다.

(5) 장갑(1회용 고무장갑)
① 조리사의 손이 직접 음식이나 식재료에 접촉되지 않도록 위생장갑을 착용한다. 위생장갑은 전처리용, 조리용, 설거지용, 청소용 등으로 용도에 따라 색상별로 구분 관리할 수 있다.
② 조리실(주방)에서 흔히 사용하는 1회용 장갑은 라텍스, 폴리에틸렌, 비닐 등 다양한 소재로 구성되어 있다.
③ 1회용 위생장갑은 교차오염을 방지하기 위하여 교체하여 사용한다.

02 식품위생관리

1. 식품위생의 정의 (「식품위생법」상의 정의)

식품위생이란 식품, 식품첨가물, 기구, 용기, 포장을 대상으로 하는 음식에 관한 위생을 말한다.

> **TIP 세계보건기구(WHO)의 정의**
> 식품위생이란 식품의 생육, 생산, 제조부터 유통을 거쳐 사람이 섭취하기까지 모든 수단에 대한 위생을 말한다.

「식품위생법」상 식품위생의 대상은?
① 식품, 식품첨가물, 기구, 용기, 포장
② 조리법, 단체급식, 기구, 용기, 포장
③ 조리법, 조리시설, 기구, 용기, 포장
④ 식품, 약품, 기구, 용기, 포장

답 ①

2. 식품위생관리의 목적

식품으로 인하여 생기는 위생상의 위해를 방지하여 식품영양의 질적 수준을 높이고 식품에 관한 올바른 정보를 제공하여 국민보건의 향상을 목적으로 한다.

3. 식품위생의 행정기구

중앙기구	식품의약품안전처	식품, 의약품, 의료기기 등에 대한 시험 및 평가 독성관리, 안전관리
	질병관리본부	국립보건원, 국립검역소를 산하에 두고 감염병, 만성질환 예방 및 진단조사
지방기구	구청위생과	식품위생감시원 배치하여 말단 위생업무수행
	보건환경연구원	지방의 식품위생검사

4. 미생물의 종류와 특성

(1) 식품과 미생물

미생물은 사람에게 병을 일으키는 병원 미생물과 식품의 부패, 변패의 원인이 되는 유해한 것과 발효·양조 등 유익하게 이용되는 비병원성 미생물로 구분한다.

병원성 미생물	사람에게 질병을 일으키는 병원 미생물
비병원성 미생물	사람에게 질병을 일으키지 않는 미생물로 식품의 부패, 변패의 원인이 되는 유해한 것과 발효, 양조, 숙성 등 유익하게 이용되는 미생물

(2) 미생물의 종류

① 곰팡이(Filamentous fungi) : 진균류 중에 균사체를 발육기관으로 포자 번식 한다.
  ㉠ 발효식품이나 항생물질에 유익하게 이용(생육최적온도 0~25℃)
  ㉡ 곰팡이의 종류와 식품

누룩곰팡이	양조간장, 된장 등의 제조에 사용한다.
푸른곰팡이	과실이나 치즈를 변패시키고 황변미를 만든다.
털곰팡이	식품제조에 이용하나 식품의 변질에 작용
거미줄곰팡이	빵에 잘 번식하여 빵곰팡이라고 불린다.

② 효모(Yeast)
  ㉠ 구형, 타원형의 형태로 단세포생물(생육최적온도 25~30℃)
  ㉡ 포도주, 메주 등의 발효식품과 제빵에 이용한다.
  ㉢ 세균과 공조하여 식품을 변패 시킨다.
③ 스피로헤타(Spirochaeta) : 세균에 속하는 나선균으로 나선의 정도가 여러 번 구부러진 것(매독균, 회귀열)
④ 세균류(Bacteria)
  ㉠ 구균, 간균, 나선균, 대장균 등이 있으며 2분법으로 증식한다.
  ㉡ 대장균은 식품의 위생 지표균 및 분변 오염균의 지표균으로 사용된다.
⑤ 리케차(Rickettsia) : 세균과 바이러스의 중간에 속하는 미생물
  ㉠ 원형 또는 타원형, 2분법으로 증식하며 세균과 바이러스의 중간에 속한다.
  ㉡ 생존에 필요한 물질로 핵산과 소수의 단백질만을 가지고 있어 숙주에 전적으로 의존한다.
⑥ 바이러스(Virus) : 미생물 중에 가장 작음
  ㉠ 운동성이 없으며, 감염병(발진티푸스, 발진열)등의 원인이 된다.
  ㉡ 미생물 중에서 가장 작아 세균여과기로도 분리할 수 없으며, 생체세포에서만 증식된다.

다음 중 약주, 탁주, 간장, 된장 등의 제조에 이용되는 유용한 곰팡이는?
① 누룩곰팡이
② 푸른곰팡이
③ 털곰팡이
④ 거미줄곰팡이

해설 곰팡이 종류
• 누룩곰팡이 : 약주, 탁주, 간장, 된장 등의 제조에 이용
• 푸른곰팡이 : 과실이나 치즈를 변패시키고 황변미를 만듦
• 털곰팡이 : 식품의 변질에 관여하며, 식품제조에 이용
• 거미줄곰팡이 : 빵에 잘 번식하여 빵곰팡이라고 불림

답 ①

다음 중 세균과 바이러스의 중간에 속하는 미생물로 운동성이 없는 미생물은?
① 효모(Yeast)
② 원충류(Protozoa)
③ 리케차(Rickettsia)
④ 바이러스(Virus)

해설 리케차는 원형 또는 타원형의 미생물로 2분법으로 증식하며 세균과 바이러스의 중간에 속한다.

답 ③

⑦ 원생동물(Protozoa)
  ㉠ 가장 간단한 단세포 동물로 1개의 세포로 구성(이질, 아메바, 말라리아병원충)
  ㉡ 분열 또는 출아에 의한 무성생식, 접합이나 배우자에 의한 유성생식을 통해 증식

> **TIP** 미생물의 크기
> 곰팡이＞효모＞스피로헤타＞세균＞리케차＞바이러스

미생물의 생육인자와 가장 거리가 먼 것은?
① 적당한 온도
② 적당한 수분
③ 적당한 영양소
④ 적당한 자외선
답 ④

(3) 미생물 생육에 필요한 조건
미생물은 영양소, 수분, 온도, pH, 산소를 필요로 한다.

① 미생물 증식의 3대 요건
  ㉠ 영양소 : 미생물 발육, 증식에는 탄소원(당질), 질소원(무기질소, 아미노산), 무기염류(발육소) 등의 영양소를 필요로 한다.
  ㉡ 수분 : 미생물의 몸체를 구성하고 생리기능을 조절하는 성분으로 보통 40% 이상 필요
    • 증식에 필요한 최저 수분 활성도(AW) : 세균(0.96-0.99)＞효모(0.88)＞곰팡이(0.80)
    • 세균 : 수분량 15% 이하 억제
    • 효모 : 수분 활성도 0.88, 수분량 14% 이하 억제
    • 곰팡이 : 수분량 13% 이하 억제

미생물의 생육에 필요한 수분활성도의 크기로 옳은 것은?
① 곰팡이＞세균＞효모
② 효모＞곰팡이＞세균
③ 세균＞효모＞곰팡이
④ 세균＞곰팡이＞효모
답 ③

> **TIP** 건조식품의 수분함량은 15% 정도로 곰팡이는 유일하게 건조식품에서 발육할 수 있다.

  ㉢ 온도 : 0℃ 이하와 80℃ 이상에서는 발육하지 못한다.

저온균	15~20℃ 부패균의 일부, 곰팡이 수생균
중온균	25~37℃ 곰팡이, 효모, 일반세균, 대부분의 병원균, 식품부패시작
고온균	55~60℃ 바실러스속, 클로스트리움속 일부 온천세균

② 수소이온농도(pH)
  ㉠ 곰팡이, 효모 : pH 4.0~6.0 약산성에서 잘 자란다.
  ㉡ 세균 : 주로 중성 또는 약알칼리성에서 잘 자라며 최적 pH 6.5~7.5
③ 산 소
  ㉠ 호기성균 : 산소를 필요로 하는 균(곰팡이, 효모, 결핵균, 식초산균)
  ㉡ 혐기성균 : 산소를 필요로 하지 않는 균

통성혐기성균	산소의 유무에 관계없이 발육하는 균(유산균, 포도상, 대장균)
편성혐기성균	산소를 절대적으로 기피하는 균(보툴리누스균, 파상풍균)

- 미생물증식 5대 조건 : 영양소, 수분, 온도, pH, 산소
- 미생물증식 3대 조건 : 영양소, 수분, 온도
- 식품의 오염지표 검사 : 대장균 검사(분변오염지표군), 장구균검사(분변오염지표+냉동식품 오염여부 판정)

5. 식품과 미생물

(1) 식품의 변질
식품이 미생물, 햇볕, 산소, 화학물질 등의 작용에 의해서 분해되고 맛, 냄새, 색깔 및 외관 등이 나빠져서 식품 원래의 특성을 잃어버리는 현상이다.

- 변질의 종류

변 패	탄수화물, 지방 식품이 미생물의 작용에 의해 변질되는 현상
부 패	단백질 식품이 혐기성 미생물에 의해 변질되는 현상
후 란	단백질 식품이 호기성 세균에 의해 변질되는 현상
산 패	유지 성분이 산화 혹은 가수분해되어 불쾌한 냄새를 형성하여 변질되는 현상. 주로 공기, 일광, 습기, 금속, 효소 및 세균의 작용에 의해 일어난다.
발 효	탄수화물이 미생물의 분해 작용으로 알코올, 각종 유기산 등이 유용하게 사용되는 물질을 생성하는 현상

(2) 식품의 신선도(초기 부패 측정)

관능 검사	시각·촉각·후각·미각을 통해 부패판정
생균수 검사	식품 1g당 일반세균수 $10^7 \sim 10^8$일 때 초기 부패 판정
수소이온농도(pH)	pH 6.0~6.2일 때 초기 부패판정
트릴메틸아민(TMA)	3~4mg%일 때 초기 부패판정
휘발성 염기질소(VBN) 측정	신선 : 5~10mg%, 초기 부패 : 30~40mg%
히스타민	단백질 분해 산물인 히스티딘(Histidine)에서 생성되며 히스타민의 함량이 낮을수록 신선하다.

6. 식품과 기생충병

기생충은 충란이나 유충이 식품에 부착하여 상황에 따라 충란이 부화되어 유충이 식품에 매개되어 감염을 일으킨다.
유충시대에 숙주를 바꾸는 경우가 있는데 이 경우 유충시대의 숙주를 중간숙주라 하고 성충시대의 숙주를 종말 숙주라 한다.

(1) 채소를 통해 감염되는 기생충
① 분변을 비료로 사용하여 기생충 알이 부착된 채소를 생식함으로써 감염된다.
② 중간숙주는 없다.

인분을 사용하는 밭에서 특히 경피적 감염을 주의해야 하는 기생충은?
① 십이지장충
② 요 충
③ 회 충
④ 동양모양선충

답 ①

채소류로부터 감염되는 기생충류는?
① 십이지장충, 선모충
② 요충, 유구조충
③ 회충, 무구조충
④ 동양모양선충, 편충

답 ④

회충란을 사멸시킬 수 있는 능력이 가장 강한 상태는?
① 빙 결   ② 일 광
③ 건 조   ④ 저 온

답 ②

종류	특징	예방법
회충	• 경구감염 • 소독엔 저항성 강함 • 감염률이 높은 기생충	• 청정채소 사용 • 1~2% 중성세제로 세척
요충	• 집단감염 • 항문에 산란	손 청결 및 소독 가장 중요, 채소 가열조리
구충 (십이지장충)	• 경구감염, 경피감염 • 소독, 일광에 약함	• 오염된 흙에 맨발 걷지 않기 • 청정채소 사용(분변 사용금지)
동양모양선충	• 경구감염 • 식염에(김치)강함	채소 세척, 청정채소 사용(분변 사용금지)

(2) 육류, 어패류 통해 감염되는 기생충

종류	중간숙주	종류	중간숙주
무구조충(민촌충)	소	선모충	돼지
유구조충(갈고리촌충)	돼지	톡소플라스마	고양이, 쥐, 조류

종류	제1중간숙주	제2중간숙주
간디스토마(간흡충)	왜우렁이	붕어, 잉어
폐디스토마(폐흡충)	다슬기	가재, 게
요꼬가와흡충(횡천흡충)	다슬기	은어, 붕어
광절열두조충(긴촌충)	물벼룩	송어, 연어
아니사키스충(고래회충)	갑각류(크릴새우)	해산어류(고래, 바다표범)
만손열두조충	물벼룩	뱀, 개구리

* 말라리아 : 사람이 중간숙주적 역할을 한다.

7. 식품과 위생동물

(1) 종류 및 질병

종류	질병
파리	장티푸스, 파라티푸스, 이질, 콜레라
모기	말라리아(중국얼굴날개모기), 황열, 사상충증(토고숲모기), 뎅기열(열대숲모기), 일본뇌염(작은빨간집모기)
바퀴	장티푸스, 이질, 콜레라, 소아마비, 유행성간염
이	재귀열, 발진열
진드기	유행성 출혈열, 재귀열, 양충병
쥐	페스트, 유행성 출혈열, 재귀열, 발진열, 쯔쯔가무시병, 와일씨병

(2) 예방대책

① 발생원 및 서식처를 제거한다(가장 효과적인 방법).
② 발생초기에 실시한다.
③ 위생동물 및 해충의 생태습성에 따라 동시에 광범위하게 실시한다.

폐흡충증의 제1, 2 중간숙주가 순서대로 옳게 나열된 것은?

① 왜우렁이, 붕어
② 다슬기, 참게
③ 물벼룩, 가물치
④ 왜우렁이, 송어

답 ②

화장실 소독에 가장 적합한 것은?

① 생석회
② 약용비누
③ 과산화수소
④ 표백분

답 ①

8. 살균 및 소독의 종류와 방법

(1) 소독과 살균의 정의
① 방부 : 미생물의 생육을 억제 또는 정지시켜 부패를 방지한다.
② 소독 : 병원 미생물의 병원성을 약화시키거나 죽여서 감염력을 없앤다.
③ 살균 : 미생물을 사멸시킨다.
④ 멸균 : 비병원균, 병원균 등 모든 미생물과 아포까지 완전히 사멸시킨다.

소독력의 크기
멸균 > 살균 > 소독 > 방부

소독약의 사용농도가 잘못된 것은?
① 승홍수 : 0.1%
② 역성비누 : 1~3%
③ 알코올 : 70%
④ 석탄산 : 3%

답 ②

(2) 소독방법의 종류
① 물리적 방법
  ㉠ 무가열처리법 : 자외선 조사, 일광 조사, 방사선조사
  ㉡ 가열처리법

화염 멸균법	불에 타지 않는 금속, 도자기류, 유리병을 불꽃 속에서 20초 이상 가열하는 방법이다.
건열 멸균법	주사바늘, 유리기구 등을 건열 멸균기(Dry oven)를 이용하여 170℃에서 30분 이상 가열하는 방법이다.
자비소독	식기, 행주 등을 끓는 물 100℃에서 30분간 가열하는 방법이다.
고압증기 멸균법	고압증기멸균기를 이용하여 통조림, 거즈 등을 121℃에서 20분간 소독하는 방법으로 아포를 형성하는 균까지 사멸시킨다.
간헐 멸균법	100℃의 유통증기를 20~30분간 1일 1회로 3번 반복하는 방법, 아포를 형성하는 균까지 사멸시킨다.
유통증기 소독법	100℃의 유통증기에서 30~60분간 가열하는 방법이다.
우유 살균법	• 초고온순간살균법(UHT법) : 130~140℃에서 2초간 가열하는 방법이다. • 저온살균법(LTLT법) : 60~65℃에서 30분간 가열 영양손실이 적다. • 고온단시간살균법(HTST법) : 70~75℃에서 15~20초 가열하는 방법이다. • 초고온살균법(UHT법)

손의 소독에 가장 적합한 것은?
① 생석회
② 에틸알코올
③ 승홍수
④ 석탄산

답 ②

② 화학적 방법
  ㉠ 염소, 차아염소산 나트륨 : 채소, 식기 과일, 음료수에 사용
  ㉡ 표백분(클로르칼키) : 우물, 수영장 소독 및 채소·식기소독에 사용
  ㉢ 역성비누 : 과일, 채소, 식기(원액 10%를 200~400배 희석하여 0.01~0.1% 농도로 만들어 사용)
    • 무색, 무미, 무취, 무자극성 손소독 사용(10%로 사용)
    • 단백질이 존재하거나 보통비누와 같이 사용하면 소독력이 떨어지므로 같이 사용하지 않는다.

조리종사자의 손을 소독하는 데 가장 적합한 소독제는?
① 역성비누   ② 크레졸비누
③ 승홍수   ④ 석탄산

답 ①

역성비누에 대한 설명 중 틀린 것은?
① 양이온 계면활성제
② 살균제, 소독제 등으로 사용된다.
③ 자극성 및 독성이 없다.
④ 무미, 무해하나 침투력이 약하다.

해설 역성비누는 침투력이 강하다.

답 ④

ⓔ 석탄산(3%) : 화장실, 하수도 등 오물소독에 사용
- 소독약의 살균력 지표로 이용됨(유기물이 있어도 살균력이 약화되지 않음)
- 석탄산 계수가 낮으면 살균력이 떨어진다.
- 석탄산 계수 = $\dfrac{\text{다른 소독약의 희석배수}}{\text{석탄산의 희석배수}}$
- 단점 : - 냄새와 독성이 강하다.
  - 금속 부식성이 있다.
  - 피부점막에 강한 자극성을 준다.

ⓜ 크레졸(3%)
- 화장실, 하수도 등 오물소독, 손 소독에 사용된다.
- 피부자극은 약하나 석탄산보다 소독력이 2배 강하다.

ⓑ 생석회 : 화장실, 하수도 등 오물소독에 사용된다.

ⓢ 포르말린 : 포름알데히드를 35~38%로 물에 녹인 액체로 화장실, 하수도등 오물소독에 사용

ⓞ 과산화수소(3%) : 자극성이 적어서 피부, 상처 소독에 사용된다.

ⓩ 승홍수(0.1%)
- 금속부식성이 있어 비금속기구 소독에 사용된다.
- 단백질과 결합 시 침전이 생긴다.

ⓒ 에틸알코올(70%) : 금속기구, 초자기구, 손 소독에 사용된다.

> **TIP 소독약의 구비조건**
> - 살균력이 강할 것, 침투력이 강할 것, 경제적이며 사용하기 편한 것, 금속 부식성, 표백성이 없을 것, 용해성이 높고 안정성이 있을 것

9. 식품의 위생적 취급기준

(1) 식품위생의 의의

① 세계보건기구(WHO)의 정의 : 식품원료의 재배, 생산, 제조로부터 유통과정을 거쳐 최종적으로 사람에게 섭취되기까지의 모든 수단에 대한 위생이다.

② 우리나라 「식품위생법」상의 정의 : 식품, 식품첨가물, 기구, 용기, 포장을 대상으로 하는 음식에 관한 위생이다.

(2) **식품의 표시**

식품 날짜 표시가 '유통기한'에서 '소비기한'으로 바뀌었다. 소비기한이란 식품에 표시된 보관 조건을 지킬 경우 먹어도 안전에 이상이 없는 기간을 말한다.

식품은 다음 구분에 따라 그 소비기한을 정하여 표시하여야 한다. 다만, 설탕, 아이스크림 류, 빙과류, 식용얼음, 과자류 중 껌류(소포장 제품에 한한다)와 제재·가공 소금 및 주류(탁주 및 약주를 제외한다)는 소비기한 표시를 생략할 수 있다.

① **식품 소비기한 표시** : 소비기한의 표시는 '○○년○○월○○일까지', '○○○○.○○.○○까지' 또는 '○○○○ 년○○월○○일까지'로 표시하여야 하고, 소비기한을 일괄 표시 장소에 표시하기가 곤란한 경우에는 당해 위치에 소비기한의 표시위치를 명시하여야 한다. 다만, 수입되는 식품 등에 있어서 단순히 수출국의 연, 월, 일의 표시순서가 전단의 표시순서와 다를 경우에는 소비자가 알아보기 쉽도록 연, 월, 일의 표시순서를 예시하여야 한다.

② **식품제조일 표시** : 제조일을 표시하는 경우에는 '제조일로부터 ○○일까지', '제조일로부터 ○○월까지' 또는 '제조일로부터 ○○년까지'로 표시할 수 있다.

③ **도시락 소비기한 표시** : 도시락류는 '○○월 ○○일 ○○시까지' 또는 '○○일 ○○시까지'로 표시하여야 한다.

④ **특별한 조건의 경우 표시**

㉠ **자동화 설비사용 시** : 제품의 제조·가공과 포장과정이 자동화 설비로 일괄 처리되어 제조시간까지 자동표시 할 수 있는 경우에는 '○○월 ○○일 ○○시까지'로 표시할 수 있다.

㉡ **사용 및 보관에 특별한 조건이 필요한 경우** : 소비기한의 표시는 사용 또는 보존에 특별한 조건이 필요한 경우 이를 함께 표시하여야 한다. 이 경우 냉동 또는 냉장보관·유통하여야 하는 제품은 '냉동보관' 또는 '냉장보관'을 표시하여야 하고, 제품의 품질유지에 필요한 냉동 또는 냉장온도를 표시하여야 한다.

㉢ **소비기한이 서로 다른 여러 가지 제품을 함께 포장하는 경우** : 소비기한이 서로 다른 여러 가지 제품을 함께 포장하였을 경우에는 그 중 가장 짧은 소비기한을 표시하여야 한다.

햄 등 육제품의 붉은 색을 유지하기 위해 사용하는 첨가물은?
① 스테비오사이드
② D-솔비톨
③ 아질산나트륨
④ 아우라민

답 ③

식품첨가물의 사용목적과 거리가 먼 것은?
① 영양 강화
② 질병의 예방 및 치료
③ 식품의 상품가치 향상
④ 보존성 향상

답 ②

식품첨가물 중 보존료를 가장 잘 설명한 것은?
① 식품의 변질, 부패를 방지하는 약품
② 식품의 변질, 부패를 방지하고 식품의 영양가와 신선도를 보존하기 위하여 사용하는 첨가물
③ 식품의 신선도를 유지시키기 위한 첨가물
④ 식품의 부패 및 신선도를 올리기 위하여 사용하는 약품

답 ②

(3) 위생적인 식품보관 및 선택

① **채소류** : 채소류는 쉽게 상하고 칼이 닿는 경우 더 쉽게 상하므로 선입선출(먼저 들어온 물건을 먼저 사용)이 기본이다. 사용하고 남은 경우 랩이나 위생 팩으로 포장하거나 신문지를 사용하여 신선도를 유지한다.

② **냉동식품류(냉동육류, 냉동해물류)** : 냉동보관이 원칙이고, 녹인 것은 다시 얼리지 않도록 한다. 냉동식품도 소비기한을 확인하여 잘 지키도록 한다.

③ **냉장식품류** : 냉동식품에 비해 소비기한이 짧으므로 주의하고, 온도의 변화가 심하지 않도록 일정온도를 유지한다. 개봉한 제품은 당일 소비하는 것이 좋으며, 보관을 해야 할 경우 랩이나 위생팩으로 포장·보관한다.

④ **과일류**
  ㉠ 바구니 등을 이용하여 과일류는 따로 보관하는 것이 좋다.
  ㉡ 사과같이 색이 잘 변하는 과일은 껍질을 벗기거나 남은 경우 레몬을 넣은 물이나, 설탕물에 담가 갈변을 방지하도록 한다.
  ㉢ 바나나는 상온에 보관하고 수박이나 멜론 등은 랩을 사용하여 표면이 마르지 않도록 하며, 딸기 등은 쉽게 뭉그러지고 상하기 쉬우므로 눌리지 않게 보관한다.

⑤ **건어물류** : 냉동보관을 원칙으로 하고 메뉴별 사용량에 따라 위생팩으로 개별 포장, 사용하는 것이 편리하고 위생상으로도 좋다.

⑥ **양념류**
  ㉠ 플라스틱 용기에 보관·사용하고 습기로 인해 딱딱하게 굳거나 이물질이 섞이지 않도록 뚜껑을 잘 덮어서 보관하도록 한다.
  ㉡ 물이 묻은 용기의 사용은 피하도록 한다.

⑦ **소스류** : 적정 재고량을 보유하고 소비기한을 수시로 체크하고 사용하기에 편리하도록 물기를 제거한 플라스틱 용기에 적정량의 소스를 담는 것이 좋다.

⑧ **캔 류** : 개봉한 캔은 바로 사용하는 것이 원칙이며, 밀폐용기 보관 시 소비기한을 표하도록 한다.

10. 식품첨가물과 유해물질

(1) 식품첨가물의 정의

① 「식품위생법」상 식품첨가물의 정의 : 식품을 제조·가공 또는 보존하는 과정에서 식품에 넣거나 섞는 물질 또는 식품을 적시는 등에 사용하는 물질을 말한다. 이 경우 기구 용기 포장을 살균 소독하는 데 사용되어 간접적으로 식품으로 옮겨갈 수 있는 물질을 포함한다.

② 식품첨가물의 규격과 기준 : 식품의약품안전처장이 지정한 식품첨가물의 종류와 기준규격 등이 수록된 식품첨가물공전에 준한다.

③ 식품첨가물의 분류

천연첨가물	천연의 물질, 원료에서 추출한 것. 단 유독, 유해한 물질이 함유되거나 이물질이 혼입된 것은 판매 및 사용금지
화학적합성품	화학적 수단에 의하여 원소 또는 화합물에 분해반응 외의 화학반응(산화, 환원, 축합, 중합, 조염 등)을 일으켜 얻은 물질

(2) 식품첨가물의 사용목적

① 품질유지 품질개량에 사용
② 영양 강화
③ 보존성 향상
④ 관능만족

(3) 식품의 변질 및 부패를 방지하는 식품첨가물

① 보존료(방부제) : 식품의 변질·부패를 막고 신선도를 유지시키기 위해서 사용되는 첨가물로 미생물의 증식을 억제시킨다.

　㉠ 데히드로초산 : 치즈, 버터, 마가린
　㉡ 안식향산 : 간장, 청량음료
　㉢ 소르빈산 : 식육제품, 어육, 면제품, 잼류, 된장, 케첩
　　• 육류 1kg 당 2g 미만
　　• 채소 1kg 당 1g 미만
　㉣ 프로피온산 : 빵, 과자, 치즈

> **TIP 보존료의 구비조건**
> • 변질미생물에 대한 증식 억제효과가 클 것
> • 미량으로도 효과가 클 것
> • 독성이 없거나 극히 적을 것
> • 무미 무취하고 자극성이 없을 것
> • 공기 빛 열에 안정하고 pH에 의한 영향을 받지 않을 것
> • 사용하기 간편하고 값이 쌀 것

② 살균제(소독제) : 식품 부패균, 병원균을 사멸시키기 위해 사용되는 첨가물이다.

　㉠ 차아염소산나트륨 : 음료수, 식기소독
　㉡ 표백분 : 수영장, 식기소독

③ 산화방지제(항산화제) : 식품의 산패를 방지하기 위해 사용되어지는 첨가물

미생물의 발육을 억제하여 식품의 부패나 변질을 방지할 목적으로 사용될 수 있는 것은?
① 호박산나트륨
② 규소수지
③ 안식향산나트륨
④ 질산나트륨

답 ③

식품첨가물에 대한 설명으로 틀린 것은?
① 보존료는 식품의 미생물에 의한 부패를 방지할 목적으로 사용된다.
② 규소수지는 주로 산화방지제로 사용된다.
③ 산화형 표백제로서 식품에 허가된 것은 과산화벤조일이다.
④ 과황산암모늄은 소맥분 이외의 식품에 사용하여서는 안 된다.

답 ②

천연항산화제		비타민 E(dl-a-토코페롤), 비타민C(L-아스코르빈산나트륨)
인공산화제	지용성	BHA(부틸히드록시아니솔), BHT(부틸히드록시톨루엔), 몰식자산프로필
	수용성	에르소르빈산염

(4) 관능과 기호성 향상을 만족시키는 첨가물

① 발색제(색소고정제) : 자체에는 색이 없고 식품의 색소성분과 반응하여 색을 안정화시킨다.
　㉠ 육류성 발색제(육류, 어육, 소시지, 햄) : 아질산나트륨, 질산나트륨, 질산칼륨
　㉡ 식물성 발색제(식물, 채소) : 황산 제1, 2철, 염화 제1, 2철, 명반
② 착색료 : 식품에 색을 부여하거나 소실된 색채를 복원시키기 위해 사용되는 첨가물이다.
　㉠ 식용색소 황색 제2호(tar계)
　㉡ 식용색소 녹색 제3호 : 단무지, 주스, 젓갈류
③ 착향료 : 식품에 향을 부여, 냄새를 없애거나 강화하기 위해 사용되는 첨가물이다.
　• 종류 : 멘톨, 바닐린, 계피알데히드
④ 조미료 : 식품에 지미(旨味 ; 맛난 맛)를 부여하기 위해 사용되는 첨가물
　• 종류 : 글루타민산나트륨(다시마), 호박산(조개류), 이노신산(소고기)
⑤ 감미료
　㉠ 사카린 나트륨
　　• 사용가 : 건빵, 생과자, 청량음료, 어육가공품, 김치, 뻥튀기
　　• 사용불가 : 식빵, 이유식
　㉡ D - 소르피톨
　㉢ 아스파탐 : 설탕의 200배(막걸리, 소주)
⑥ 산미료 : 식품의 신맛을 부여하기 위해 사용되는 첨가물로 식욕을 돋구는 역할을 한다.
　• 종류 : 초산, 구연산, 주석산, 푸말산, 젖산
⑦ 표백제 : 식품 제조과정 중 식품의 색소가 변색되는 것을 방지하기 위해 사용되는 첨가물이다.
　• 종류 : 아황산나트륨, 과산화수소 차아염소산나트륨 황산나트륨

사카린나트륨을 사용할 수 없는 식품은?
① 김 치　　② 청량음료
③ 식 빵　　④ 뻥튀기
답 ③

식품첨가물로서 대두 인지질의 용도는?
① 추출제　　② 유화제
③ 피막제　　④ 표백제
답 ②

(5) 품질유지 및 품질개량을 위한 식품첨가물

① **피막제** : 과일, 채소 등의 표면에 피막을 형성시킴으로서 호흡작용을 억제하고 수분증발을 막아 저장중에 외관을 좋게 하고 신선도를 유지시킬 목적으로 사용한다.
- 종류 : 초산비닐수지, 몰포린지방산염

② **밀가루개량제(소맥분개량제)** : 제분된 밀가루의 표백과 숙성시간을 단축시키고 제빵효과 저해물질을 파괴시켜 살균등을 하기 위해 사용한다.
- 종류 : 과산화벤조일, 과황산암모늄, 브롬산칼륨, 이산화염소

③ **유화제(계면활성제)** : 서로 혼합이 잘 되지 않는 2종류의 액체를 분리되지 않도록 안정화하기 위해 사용한다.
- 종류 : 난황(레시틴), 대두인지질(레시틴), 카제인 나트륨

④ **팽창제** : 제과나 제빵 시 조직을 연하게 하고 기호성을 높이기 위해서 첨가하는 첨가물로 이스트균의 발효작용에 의한 탄산가스를 발생시키는 것을 예로 들 수 있다.
- 종류 : 이스트, 명반, 탄산수소나트륨, 탄산암모늄

⑤ **호료(증점제, 안정제)** : 식품의 점착성을 증가시키고 식품의 형태 변화를 방지하기위해 사용되는 첨가물
- 종류 : 구아검, 젤라틴, 카제인(천연), 알긴산 나트륨(인공)

⑥ **피막제** : 식품의 표면에 피막을 만들어 수분의 증발을 방지함과 동시에, 외상에 의한 세균, 곰팡이 등의 침입을 방지하기 위해 사용되는 첨가물
- 아세트산비닐수지, 각종왁스

(6) 식품제조가공 과정에서 필요한 것

① **소포제** : 식품제조공정 중에 생기는 거품을 소멸시키거나 억제하기 위해 사용되는 첨가물
- 종류 : 규소수지

② **추출제** : 유지의 추출을 용이하게 하기 위하여 사용되는 첨가물
- 종류 : n-hexane(핵산)

③ **팽창제** : 이산화탄소, 암모니아가스등을 발생시켜 빵이나 과자 등을 부풀어지게 하는 첨가물
- 종류 : 천연효모, 명반, 탄산수소나트륨, 탄산암모늄, 탄산수소암모늄

④ **용제** : 착색료, 착향료, 보존료 등을 식품에 첨가할 경우 잘 녹지 않으므로 용해시켜 식품에 균일하게 흡착시키기 위해 사용하는 첨가물
- 종류 : 프로필렌글리콜, 글리세린, 글리세린지방산에스테르, 핵산

식품의 점착성을 증가시키고 유화안정성을 좋게 하는 것은?
① 강화제 ② 호 료
③ 팽창제 ④ 밀가루계량제

답 ②

유동 파라핀의 사용 용도는?
① 껌 기초제 ② 이형제
③ 소포제 ④ 추출제

답 ②

칼슘(Ca)과 인(P)의 대사 이상을 초래하여 골연화증을 유발하는 유해 금속은?
① 철(Fe) ② 카드뮴(Cd)
③ 은(Ag) ④ 주석(Sn)

답 ②

화학물질에 의한 식중독의 증상 중 틀린 것은?
① 유기인제 농약-신경독
② 메탄올-시각장애 및 실명
③ 둘신-혈액독
④ 붕산-체중과다

해설 붕 산
- 유해 보존제로 식품의 색을 윤기 있게 만들어 줌
- 간과 뇌에 축적되어 장애 일으킴

답 ④

육류의 발색제로 사용되는 아질산염이 산성조건에서 식품성분과 반응하여 생성되는 발암성 물질은?
① N-니트로사민
② 벤조피렌
③ 메틸알코올
④ 헤테로고리아민

답 ①

(7) 기 타
① 이형제 : 빵틀로부터 빵의 형태를 손상시키지 않고 분리해 내기 위해 사용
- 종류 : 유동파라핀
② 껌 기초제 : 껌의 적당한 점성과 탄력성을 갖게 하여 풍미를 유지하는데 사용
- 종류 : 초산비닐수지, 에스테르껌, 폴리부텐, 폴리이소부틸렌
③ 방충제 : 곡류의 저장 시 곤충이 서식하는 것을 방지하기 위해 사용
- 종류 : 피페로닐부톡사이드(곡류 외 사용금지)
④ 훈증제 : 훈증이 가능한 식품을 훈증에 의하여 살균하는 데 사용
- 종류 : 에틸렌옥사이드(천연조미료에 사용)

11. 유해물질

(1) 중금속

카드뮴(Cd)	• 중독경로 : 광산, 공장폐수의 오염으로 인해 중독된 어패류 농작물의 섭취, 도자기나 법랑용기의 유약 • 증상 : 이타이이타이병(골연화증, 골다공증)
수은(Hg)	• 중독경로 : 공장폐수의 오염으로 인해 중독된 어패류 보존료, 농작물의 섭취 • 증상 : 미나마타병(지각이상, 언어장애, 보행곤란, 전신경련)
납(Pb)	• 중독경로 : 도료, 제련, 인쇄 납땜(통조림), 도자기나 법랑용기의 유약 • 증상 : 구토, 복통, 설사, 소변에서 코프로포르피린 검출
주석(Sn)	• 중독경로 : 통조림 내부 도장 • 증상 : 구토, 설사, 복통
크롬(Cr)	• 중독경로 : 금속, 화학공장폐기물, 작업장 분진 • 증상 : 비중격천공, 비점막궤양 알레르기성 습진, 비염
구리(Cu)	• 중독경로 : 구리로 만든 식기, 주전자 냄비 등의 부식, 녹청의 유출 • 증상 : 위통, 오심, 구토, 현기증, 호흡곤란, 잔열감
불소(F)	• 중독경로 : 오염된 지하수, 식수 • 증상 : 반상치, 골경화증, 체중감소
비소(As)	• 중독경로 : 농약(비소제), 제초제 • 증상 : 구토, 위통, 습진성 피부질환, 설사 신경염
아연(Zn)	• 중독경로 : 통조림관의 도금재료, • 증상 : 구토, 복통, 설사, 경련, 오심

(2) 유해 첨가물에 의한 식중독

유해 착색제	• 아우라민(auramione ; 황색, 발암성) : 단무지 • 로다민(rodamine ; 핑크색, 색소) : 붉은 생강, 어묵
유해 감미료	둘신(dulcin ; 설탕의 250배, 혈액독), 사이클라메이트(설탕의 40~50배 발암성) 페릴라틴(Peryllartine ; 설탕의 2,000배)
유해 표백제	롱갈리트(rongalite), 형광 표백제
유해 보존료	붕산(체내 축적), 포름알데히드, 불소화합물, 승홍

(3) 조리 및 가공에서 생기는 유해물질

메틸알코올(methanol)	• 주류 발효과정에서 에탄올 발효 시 팩틴이 존재할 경우 생성 • 증상 : 두통, 구토, 설사, 심하면 실명, 사망
N-니트로소 화합물	• 육가공품의 발색제 사용으로 인한 아질산염과 제2급 아민이 반응하여 생성되는 발암물질 • N-니트로사민
다환방향족탄화수소	• 벤조피렌 • 훈제육이나 태운 고기에서 다량 검출되는 발암작용을 일으키는 유해물질
PCB중독	• 중독경로 : 가네미유 중독, 미강유 중독 • 증상 : 피부병, 간질환, 설사, 신경염
헤테로고리아민	• 방향족질소화합물 • 육류의 단백질을 300℃ 이상 온도에서 가열할 때 생성되는 발암물질
멜라민	• 중독 시 방광결석, 신장결석 유발 • 영유아를 대상으로 하는 식품(분유, 이유식)에서는 불검출 되어야 함

(4) 식품첨가물의 안전성 평가

① 급성 독성시험 : 대량의 검체를 1회 또는 24시간 내에 반복투여하거나 흡입될 수 있는 화학물질을 24시간 노출시킨 후 1~2주 관찰하여 50% 치사량 값을 구하는 시험

② 아급성 독성시험 : 시험물질을 3~12개월에 걸쳐 3회 이상 투여하여 독성을 평가하는 시험

③ 만성 독성시험 : 실험동물에게 1년 이상 장기간에 걸쳐 연속 투여하여 어떠한 장애나 중독이 일어나는가를 알아보는 시험

식품이 세균에 오염되는 것을 막기 위한 방법으로 바람직하지 않은 것은?

㉮ 식품취급 장소의 위생동물관리
㉯ 식품취급자의 마스크 착용
㉰ 식품취급자의 손을 역성비누로 소독
㉱ 식품의 철제 용기를 석탄산으로 소독

답 ④

03 주방위생관리

1. 주방위생 위해요소

(1) 주방위생관리
① 조리장에 음식물과 음식물 찌꺼기를 방치 방지
② 조리장의 출입구에 신발을 소독할 수 있는 시설 구비
③ 조리사의 손을 소독할 수 있도록 손 소독기 구비
④ 조리장의 내부 및 시설은 1일 1회 이상 청소하여 청결을 유지
⑤ 음식물 및 식재료는 위생적으로 보관하고, 남은 재료나 주방 쓰레기는 위생적으로 처리
⑥ 가스기기의 조립부분은 모두 분리해서 세제로 깨끗이 닦고, 가스가 새어나오지 않게 가스 연결부 등을 점검
⑦ 조리기구는 사용 시와 사용 후 잘 씻고, 1일 1회 이상 세척하여 청결을 유지
⑧ 냉장, 냉동고는 주 1회 정도 세정 소독하고 서리 제거
⑨ 칼, 도마, 행주는 중성세제로 세척하여 바람이 잘 통하고 햇볕이 잘 드는 곳에서 매일 1회 이상 건조 소독
⑩ 조리장의 위생해충은 방충망시설, 살충제 등을 사용하여 방제를 위해 지속적으로 노력
※ 도마·칼은 식재료 종류별로 구분하여 사용한다.

2. 식품안전관리 인증기준(HACCP)

(1) HACCP의 정의
식품의 원료, 제조, 가공 및 유통의 모든 과정에서 유해물질이 식품에 혼입되거나 오염되는 것을 사전에 방지하기 위하여 각 과정을 중점적으로 관리하는 기준

(2) 준비 5단계
① HACCP 팀 구성
② 제품설명서를 작성
③ 해당 식품의 의도된 사용방법
④ 공정단계를 파악하고 공정 흐름도를 작성
⑤ 작성된 공정흐름도 현장과 일치하는지 검증

시설위생을 위한 사항으로 적합하지 않은 것은?
① 주방냄비는 세척 후 열처리를 해둔다.
② 주방의 천정, 바닥, 벽면도 주기적으로 청소한다.
③ 나무 도마는 사용 후 깨끗이 하고 일광소독을 하도록 한다.
④ deep fryer의 경우 기름은 매주 뽑아내어 걸러 찌꺼기가 남아 있는 일이 없도록 한다.

해설 deep fryer는 각종 튀김요리를 하는 데 이용되는 기기로 사용한 기름은 고열에 빨리 산화하므로 자주 갈아 주어야 한다.
답 ④

「식품위생법」에서 의미하는 식품의 원료, 제조, 가공 및 유통의 각 단계에서 발생할 수 있는 위해요소를 분석 관리하여 식품의 안전성을 확보하는 제도란?
① 회수제도(Recall)
② HACCP
③ 공표제도
④ ISO 인증

답 ②

(3) HACCP 관리의 7원칙 관리체계
① 식품의 위해요소 분석
② 중점 관리요소를 결정
③ 중점 관리요소 한계기준을 설정
④ 중점 관리점 감시 관리하기 위한 측정방법 구축
⑤ 위해허용한도 이탈 시의 시정 조치
⑥ 검증절차의 설정
⑦ 기록보관 및 문서화 절차 확립

(4) HACCP 대상식품 (「식품위생법 시행규칙」 제62조, 2019.06.12.)
① 수산가공식품류의 어육가공품류 중 어묵·어육소시지
② 기타수산물가공품 중 냉동 어류·연체류·조미가공품
③ 냉동식품 중 피자류·만두류·면류
④ 과자류, 빵류 또는 떡류 중 과자·캔디류·빵류·떡류
⑤ 빙과류 중 빙과
⑥ 음료류(다류 및 커피류 제외)
⑦ 레토르트식품
⑧ 절임류 또는 조림류의 김치류 중 김치
⑨ 코코아가공품 또는 초콜릿류 중 초콜릿
⑩ 면류 중 유탕면 또는 곡분, 전분, 전분질원 료 등을 주원료로 반죽하여 손이나 기계 따위로 면을 뽑아내거나 자른 국수로서 생면·숙면·건면
⑪ 특수용도식품
⑫ 즉석섭취·편의식품류 중 즉석섭취식품
⑬ 즉석섭취·편의식품류 중 즉석섭취식품 중 순대
⑭ 식품제조·가공업의 영업소 중 전년도 총매출이 100억 원 이상인 영업소에서 제조·가공하는 식품

(5) HACCP 제도를 위한 위생관리
① **작업장** : 공정간 오염 방지, 온도·습도관리, 환기시설·방충·방서관리
② **종업원** : 위생복·위생모·위생마스크·위생화 항시 착용하고 개인용 장신구의 착용 금지
③ 기구, 용기, 앞치마, 고무장갑 등은 교차오염 방지 위해 식재료 특성 또는 구역별로 구분하여 사용
④ **해동** : 냉장해동(10℃ 이하), 전자레인지 해동 또는 흐르는 물에서 실시, 조리 후 남은 재료는 재냉동 불가
⑤ 조리과정 중 냉각 시 4시간 이내에 60℃에서 5℃ 이하로 냉각

급식산업에 있어서 식품 및 축산물 안전관리인증기준(HACCP)에 의한 중요 관리점(CCP)에 해당하지 않는 것은?
① 교차오염 방지
② 권장된 온도에서의 냉각
③ 생물학적 위해요소 분석
④ 권장된 온도에서의 조리와 재가열

답 ③

작업장을 일반작업구역과 청결작업구역으로 구분하는 이유로 알맞은 것은?
① 조리업무의 효율성을 확보하기 위하여
② 작업자의 업무 분담을 명확하게 구분하기 위하여
③ 미생물의 2차 오염이나 교차오염을 방지하기 위하여
④ 작업장의 보수 및 수리 비용의 절감을 위하여

해설 주방은 위생 안전 효율성의 원칙에 근거하여 설계해야 한다.

답 ③

작업구역을 일반작업구역과 청결작업구역으로 구분 할 때 일반작업구역의 작업내용으로 적절하지 않은 것은?

① 검수구역
② 전처리구역
③ 식재료 저장구역
④ 조리구역

해설 작업구역과 작업내용
- 일반작업구역 : 검수구역, 전처리구역, 식재료 저장구역, 세정구역, 식품절단구역(가열·소독전)
- 청결작업구역 : 식품절단구역(가열소독 후), 조리구역(가열·비가열 처리), 정량 및 배선구역, 식기보관구역

답 ④

⑥ 보존식 : 조리한 식품은 매회 1인분 분량을 −18℃ 이하에서 72시간 이상 보관
⑦ 조리 후 식품보관 : 보온고 65℃ 이상, 냉장고 5℃ 이하, 냉동고 18℃ 이하
⑧ 조리장에는 식기류 소독 위한 살균소독기 또는 열탕소독 시설 구비

3. 작업장 교차오염 발생요소

(1) 교차오염
오염되지 않은 식재료나 음식이 오염된 식재료, 기구, 종사자와의 접촉으로 인해 미생물이 혼입되어 오염되는 것

(2) 교차오염이 발생하는 원인
① 맨손으로 식품취급
② 손을 깨끗이 씻지 않을 경우
③ 식품 쪽으로 기침을 할 경우
④ 칼, 도마 등을 혼용 사용 할 경우

(3) 교차오염 예방
① 일반구역과 청결구역을 설정하여 전처리, 조리, 기구, 세척 등을 별도의 구역에서 이행

일반작업구역	검수구역, 전처리구역, 식재료 저장구역, 세정구역
청결작업구역	조리구역, 배선구역, 식기보관구역

② 칼, 도마 등의 기구나 용기는 용도별(조리전후)구분하여 전용으로 준비하여 사용
③ 반드시 손을 세척 소독한 후에 식품취급 작업을 하며, 조리용 고무장갑 소독하여 사용
④ 세척용기(또는 세척대)는 어육류, 채소류를 구분하여 사용하고, 사용 전후에는 충분히 세척소독한 후 사용
⑤ 식품취급 등의 작업은 바닥으로부터 60cm 이상 떨어진 곳에서 실시하여 바닥의 오염된 물이 튀지 않도록 주의
⑥ 전처리하기 전후의 식품을 분리 보관
⑦ 전처리시 사용하는 물은 반드시 먹은 물로 사용
⑧ 반지, 팔찌 등의 장신구는 사용금지
⑨ 핸드폰 사용 시, 코풀기, 재채기, 난류, 어류, 육류, 만진 후 화장실 이용 후 반드시 손을 씻어 청결 유지
⑩ 오염도에 따른 식재료 구분 보관

다음에서 설명하는 중금속은?

- 도료, 제련, 배터리, 인쇄 등의 작업에 많이 사용되며 유약을 바른 도자기 등에서 중독이 일어날 수 있다.
- 중독시 안면창백, 연연(鉛緣), 말초신경염 등의 증상이 나타난다.

① 납　　② 주 석
③ 구 리　　④ 비 소

답 ①

04 식중독 관리

1. 식중독 개요

- **식중독** : 유해한 미생물, 자연독, 유해물질이 함유된 음식물을 섭취함으로써 생기는 급성 또는 감염성 또는 독소형 질환을 말한다.
  ① 증세 : 발열·구역질·구토·설사·복통
  ② 발생 : 6~9월에 가장 많이 발생

> **감염형 식중독**
> - 식품과 함께 섭취한 병원체가 체내에서 증식하여 생기는 식중독
> - 살모넬라균, 장염비브리오균, 병원성 대장균, 웰치균
>
> **독소형 식중독**
> - 세균이 증식하여 독소를 생산한 식품을 섭취하여 발생하는 식중독
> - 보툴리눔중독균(botulinus bacillus), 포도상구균(staphylococcus)

2. 세균성 식중독

(1) 감염형 식중독

① 살모넬라 식중독
  ㉠ 원인균 : 살모넬라균
  ㉡ 원인식 : 어육류 및 가공품, 계란, 닭
  ㉢ 증상 : 18시간 후 급성 위장염 및 발열(38~40℃)이 나타나며 1주일 이내에 회복
  ㉣ 예방법 : 60℃에서 30분이면 사멸

② 장염 비브리오 식중독
  ㉠ 원인균 : 소금을 좋아하는 호염성균(염분3.0%), 그람음성간균(아포를 형성하지 않음)
  ㉡ 원인식 : 어류, 패류, 해조류 등에 의해서 감염
  ㉢ 증상 : 구토, 상복부의 복통, 발열, 설사
  ㉣ 예방법 : 냉장보관, 60℃에서 5분이면 사멸

③ 병원성 대장균 식중독 : 사람이나 동물의 대장에 항상 존재하는 대장균으로 정상세균으로 식중독의 원인이 되지는 않지만 일부 대장균은 유아에게 전염성의 설사증이나 성인에게 급성 장염을 일으키는데 이러한 대장균을 병원성대장균이라 한다(분변 오염의 지표로 사용).
  ㉠ 원인균 : 병원성대장균(사람, 동물의 장 관내에 서식하는 균)
  ㉡ 원인식 : 우유, 채소, 샐러드
  ㉢ 증상 : 평균 13시간의 잠복기 걸쳐 급성 장염 일으킴(대표균 O157)
  ㉣ 예방법 : 분변 오염이 되지 않도록 주의

통조림, 병조림과 같은 밀봉식품의 부패가 원인이 되는 식중독과 가장 관계 깊은 것은?
① 살모넬라 식중독
② 클로스트리디움 보툴리늄 식중독
③ 포도상구균 식중독
④ 리스테리아균 식중독

답 ②

알콜발효에서 펙틴이 있으면 생성되기 때문에 과실주에 함유되어 있으며, 과잉 섭취시 두통, 현기증 등의 증상을 나타내는 것은?
① 붕산 ② 승홍
③ 메탄올 ④ 포르말린

답 ③

④ 웰치균 식중독 : 편성 혐기성균, 아포 형성, 내열성 균
  ㉠ 원인균 : 웰치균(A, B, C, D, E, F 6종류 중 원인균은 A형, F형은 치명율 높다)
  ㉡ 원인식 : 육류 및 가공품
  ㉢ 증상 : 8~22시간(평균 12시간) 잠복기 걸쳐 심한 설사, 복통 일으킴
  ㉣ 예방법 : 분변 오염이 되지 않도록 주의, 조리 후 저온, 냉동 보관, 재가열 섭취 금지

(2) 독소형 식중독
 ① 포도상 구균(staphylococcus)식중독
  ㉠ 원인균 : 황색 포도상구균(편성혐기성균) - 열에 약하다
  ㉡ 독소 : 엔테로톡신(enterotoxin 장내독소) - 내열성이 있어 열에 의해 파괴 안됨
  ㉢ 원인식 : 유가공품, 김밥 등의 전분질 식품
  ㉣ 증상 : 식후 1~6시간 평균 3시간 후 심한 설사, 복통(잠복기가 가장 짧다)
  ㉤ 특징 : 일반 조리법으로 예방 불가능, 우리나라에서 가장 많이 발생하는 식중독 화농성 환자가 조리 시 발생
  ㉥ 예방법 : 화농성 질환자 식품, 조리업무 취급금지, 조리된 음식 즉시 섭취, 냉장보관, 조리기구 멸균

 ② 클로스트리디움 보툴리눔(botulinus bacillus) 식중독
  보툴리누스균은 산소를 싫어하는 혐기성균인데, 열에 강한 아포를 만들어내고, 토양이나 바다, 하천 등의 자연계나 동물의 장관에 널리 분포(사망률 30%↑)
  ㉠ 원인균 : 보툴리누스균(A형~F형까지 중 A,B,E 형이 원인균)
  ㉡ 독 소
   • 뉴로톡신(neurotoxin 신경독)은 현재 알려져 있는 것 중 치사율(40%)이 가장 높다.
   • 아포는 열에 강하나 독소는 열에 약하다.
  ㉢ 원인식 : 햄, 소시지, 통조림
  ㉣ 증상 : 잠복기 12~36시간(식중독 중 잠복기가 가장 길다) 후 신경마비 증상
  ㉤ 예방법 : 120℃에서 4분(80℃에서 30분) 가열 처리, 위생적 보관

덜 익은 매실, 살구씨, 복숭아씨 등에 들어 있으며, 인체 장내에서 청산을 생산하는 것은?
① 솔라닌(solanine)
② 고시풀(gossypol)
③ 시큐톡신(cicutoxin)
④ 아미그달린(amygdalin)
답 ④

버섯으로 인해 식중독을 일으키는 독성분은?
① 아미타톡신   ② 솔라닌
③ 엔테로톡신   ④ 아트로핀
답 ①

3. 자연독 식중독

(1) 동물성 식중독

① 복어 중독
  ㉠ 원인독소 : 테트로도톡신(tetrodotoxin) 열에 안전하여 끓여도 파괴되지 않는다.
  ㉡ 독소 함유량 : 난소 > 간 > 내장 > 피부(치사량 2mg)
  ㉢ 증상 : 식후 30분~5시간 만에 발병하여 단계적으로 진행(혀의 지각마비 → 구토 → 감각둔화 → 호흡곤란 → 사망)
  ㉣ 예방법 : 산란기 직전(1월~6월 ; 독성이 가장 강함) 섭취 주의

② 섭조개(홍합) 대합 중독
  - 원인독소 : 삭시톡신(saxitoxin)

③ 모시조개, 굴, 바지락 중독
  - 원인독소 : 베네루핀(venerupin)

(2) 식물성 식중독

① 독버섯 중독
  ㉠ 독성질
    - 무스카린, 콜린, 뉴린 : 호흡곤란, 부교감 신경자극, 침 많이 흘림
    - 무스카리딘 : 뇌증상, 동공확대
    - 팔린, 아미타톡신 : 콜레라증세, 청색증
    - 파실로신, 시빈 : 환각작용
  ㉡ 위장형 중독
    - 무당, 화경버섯
    - 콜레라형 중독
    - 알광대, 독우산, 마귀곰 버섯
    - 신경장애형 중독
    - 파리, 미치광이, 광대버섯
  ㉢ 독버섯 감별법
    - 세로로 쪼개지지 않는다.
    - 고약한 냄새가 난다.
    - 색이 진하고 아름답다.
    - 줄기 부분이 거칠다.
    - 매운맛과 쓴맛이 난다.
    - 유즙 같은 분비물이 나온다.

식인성 병해 생성요인 중 유기성 원인물질에 해당되는 것은?
① 세균성 식중독균
② 방사선 물질
③ 엔-니트로소(N-nitroso)화합물
④ 복어독

해설 니트로소 화합물은 1기의 니트로소가 아민 혹은 아미드의 N에 붙은 화합물로 발암물질인 유기성 물질이다.

답 ③

 **중독 발생 시 대책**
- 보호자는 발생하면 지체 없이 보건소에 신고
- 의사, 한의사 → 보건소장 → 구청장·군수 → 시·도지사 → 보건복지부장관에게 보고

② 감자 중독
  ㉠ 독성 물질(솔라닌)
    • 감자의 싹 : 발아부분 제거하고 서늘한 곳 보관
  ㉡ 부패한 감자 : 셉신(Sepsine)이란 독성물질 생성

③ 기타 유독물질
  ㉠ 청매 : 아미그달린
  ㉡ 독미나리 : 시큐톡신
  ㉢ 맥각 : 에르고톡신
  ㉣ 면실유 : 고시폴
  ㉤ 피마자 : 리신
  ㉥ 독보리 : 테무린
  ㉦ 미치광이풀 : 아트로핀

(3) 곰팡이 식중독(마이코톡신)

① 아플라톡신 중독
  ㉠ 아스퍼질러스 플라버스 곰팡이가 번식하여 독소 생성
  ㉡ 원인식품 : 변질된 옥수수와 땅콩, 곶감
  ㉢ 독소 : 아플라톡신(간장독)

② 황변미 중독
  ㉠ 원인곰팡이 : 푸른곰팡이
  ㉡ **원인식품** : 저장미
  ㉢ **독소** : 시트리닌, 시트리오비리딘, 아이슬랜디톡신(신장독, 신경독, 간장독)

③ 맥각 중독
  ㉠ 원인균 : 맥각균
  ㉡ 원인식품 : 보리, 밀, 호밀
  ㉢ 에르고톡신(간장독)
  *곰팡이, 효모의 발육의 체적 pH4.0~6.0(산성)

항히스타민제 복용으로 쉽게 치료되는 식중독은?
① 살모넬라 식중독
② 알레르기성 식중독
③ 병원성 대장균 식중독
④ 장염비브리오 식중독

답 ②

(4) 알레르기성 식중독

① 꽁치와 고등어(등푸른 생선), 어육류 가공품 섭취 시 두드러기 발생
② 원인 물질 : 히스타민
③ 원인균 : 프로테우스 모르가니균(항히스타민제 투여)

4. 화학적 물질에 의한 식중독

(1) 농약성분에 의한 식중독

① 유기인제
　㉠ 파라티온, 말라티온, 다이아지온 : 신경독
　㉡ 염소계 농약보다 잔류성 적다.
　㉢ 수확 전 15일 이내 농약 살포금지
② 유기염소제
　㉠ DDT : 쉽게 분해되지 않음
　㉡ BHC(가장 잔류성 크다) : 신경독
③ 비소화합물 : 비산칼슘 등

(2) 유해 금속에 의한 식중독

중금속	주된 중독 경로	중독증상
주석(Sn)	통조림 내부 도장	구토, 설사, 복통
수은	오용(체온계)	구토, 구내염, 떨림
카드뮴	식기, 기구오용	구토, 폐기종, 단백뇨, 골연화증, 골다공증
납	인쇄, 유약 바른 도자기	연산통, 위장장애, 빈혈, 소변에서 코프로프로피린 검출
크롬	금속, 화학공장 폐기물	비중격천공, 비점막궤양

(3) 기타 화학적 식중독

① 메탄올에 의한 식중독
　㉠ 주류허용량 : 0.5mg/mL 이하, 과실주 1.0mg/mL 이하
　㉡ 중독량 : 5~10mL
　㉢ 치사량 : 30~100mL
　㉣ 증상 : 두통, 구토, 설사, 실명, 심하면 호흡곤란으로 사망

화학적 식중독에 대한 설명으로 틀린 것은?
① 체내흡수가 빠르다.
② 중독량에 달하면 급성증상이 나타난다.
③ 체내분포가 느려 사망률이 낮다.
④ 소량의 원인물질 흡수로도 만성중독이 일어난다.

해설 체내 흡수가 빠르고 사망률 또한 높다.

답 ③

식품첨가물 중 보존료를 가장 잘 설명한 것은?
① 식품의 변질, 부패를 방지하는 약품
② 식품의 변질, 부패를 방지하고 식품의 영양가와 신선도를 보존하기 위하여 사용하는 첨가물
③ 식품의 신선도를 유지시키기 위한 첨가물
④ 식품의 부패 및 신선도를 올리기 위하여 사용하는 약품

답 ②

② 방사성 물질에 의한 식중독 : 핵폭발, 원자력 발전소 등에서 방사능 물질이 누출되어 물, 식품을 오염 Sr-90(뼈, 백혈병), Cs-137(전신, 생식세포 장해), I-131(갑상선, 갑상선장해), Co-60(소화관)
③ 유해성 식품첨가물에 의한 식중독
  ㉠ 식품첨가물에 의한 식중독 원인 : 허용되지 않은 첨가물의 사용
  ㉡ 잘못된 사용
    • 허용된 첨가물의 과다 사용
    • 불순한 첨가물의 사용
  ㉢ 유해성 첨가물의 종류
    • 착색제 : 아우라민(황색), 로다민 B(핑크색) 파라니트로아닐린, 말라카이트그린(녹색), 수단3호(가짜 고춧가루색)
    • 감미료 : 에틸렌글리콜, 둘신, 글루신, 페릴라틴, 싸이클라메이트, 파라니트로 오르토톨루이딘(원폭당)
    • 표백제 : 롱가리트, 형광표백제, 삼염화질소(니트로겐 트리클로라이트)
    • 보존료 : 붕산, 포름알데히드, 불소화합물, 승홍
    • 착향료 : 메틸알코올, 클로로포름, 아미부틸레이트, 니트로벤젠 등의 혼합물 등
    • 증량제 : 산성백토, 탄산칼슘, 탄산마그네슘, 벤토네이트, 규산마그네슘, 규조토 등

05 식품위생 관계법규

1. 식품위생법 및 관계법규

(1) 식품위생법 및 관계법규의 목적
식품으로 인하여 생기는 위생상의 위해를 방지하고 식품영양의 질적 향상을 도모하며 식품에 관한 올바른 정보를 제공하여 국민보건의 증진에 이바지함을 목적으로 한다.
① 식품위생 관련 용어의 정의
  ㉠ 식품위생 : 식품, 식품첨가물, 기구, 용기·포장을 대상으로 하는 음식에 관한 위생을 말한다.
  ㉡ 식품 : 모든 음식물을 말한다. 단, 의약으로 섭취하는 것은 제외한다.
  ㉢ 식품첨가물 : 식품을 제조·가공 또는 보존하는 과정에서 식품에 넣거나 섞는 물질 또는 식품을 적시는 등에 사용되는 물질을 말한다. 이 경우 기구·용기·포장을 살균·소독하는 데에 사용되어 간접적으로 식품으로 옮아갈 수 있는 물질을 포함한다.

「식품위생법」상 식품을 제조·가공 또는 보존함에 있어 식품에 첨가·혼합·침윤 기타의 방법으로 사용되는 물질(기구 및 용기, 포장의 살균, 소독의 목적에 사용되어 간접적으로 식품에 이행될 수 있는 물질을 포함한다)이라 함은 무엇에 대한 정의인가?
① 식 품
② 식품첨가물
③ 화학적 합성품
④ 기 구

답 ②

② 화학적 합성품 : 화학적 수단으로 원소 또는 화합물에 분해 반응 외의 화학반응을 일으켜서 얻은 물질을 말한다.
⑪ 기구 : 음식을 먹을 때 사용하거나 담는 것, 식품 또는 식품첨가물을 채취·제조·가공·조리·저장·소분·운반·진열할 때 사용하는 것으로서 식품 또는 식품첨가물에 직접 닿는 기계·기구나 그 밖의 물건을 말한다. 단, 농업과 수산업에서 식품을 채취하는 데에 쓰는 기계·기구나 그 밖의 물건은 제외한다.
ⓑ 용기·포장 : 식품 또는 식품첨가물을 넣거나 싸는 것으로서 식품 또는 식품첨가물을 주고받을 때 함께 건네는 물품을 말한다.
ⓢ 위해 : 식품, 식품첨가물, 기구 또는 용기·포장에 존재하는 위험요소로서 인체의 건강을 해치거나 해칠 우려가 있는 것을 말한다.
ⓞ 표시 : 식품, 식품첨가물, 기구 또는 용기·포장에 적는 문자, 숫자 또는 도형을 말한다.
ⓩ 영양표시 : 식품에 들어 있는 영양소의 양 등 영양에 관한 정보를 표시하는 것을 말한다.
ⓒ 영업 : 식품 또는 식품첨가물을 채취·제조·수입·가공·조리·저장·소분·운반 또는 판매하거나 기구 또는 용기·포장을 제조·운반·수입·판매하는 업을 말한다. 단, 농업과 수산업에 속하는 식품채취업은 제외한다.
ⓚ 영업자 : 법령이 정하는 바에 따라 영업허가를 받거나 영업신고를 한 자를 말한다.
ⓣ 집단급식소 : 영리를 목적으로 하지 아니하면서 특정 다수인에게 계속하여 음식물을 공급하는 기숙사, 학교, 병원, 그 밖의 후생기관 등의 급식시설로서 대통령령으로 정하는 시설(상시 1회 50명 이상에게 식사를 제공하거나 상시적이지는 않으나 숙박기능 등을 갖춘 종합수련시설 내의 급식소)을 말한다.
ⓟ 식품이력추적관리 : 식품을 제조·가공단계부터 판매단계까지 각 단계별로 정보를 기록·관리하여 그 식품의 안전성 등에 문제가 발생할 경우 그 식품을 추적하여 원인을 규명하고 필요한 조치를 할 수 있도록 관리하는 것을 말한다.
ⓗ 식중독 : 식품섭취로 인하여 인체에 유해한 미생물 또는 유독물질에 의해 발생하였거나 발생한 것으로 판단되는 감염성 질환 또는 독소형 질환을 말한다.

식품위생행정의 목적과 가장 거리가 먼 것은?
① 식품위생상의 위해방지
② 식품영양의 질적 향상도모
③ 식품의 안전성 확보
④ 식품의 판매촉진

답 ④

(2) 식품과 식품첨가물

① 위해식품 등의 판매 등 금지 : 다음에 해당하는 식품 등을 판매하거나 판매할 목적으로 채취·제조·수입·가공·사용·조리·저장·소분·운반 또는 진열해서는 안 된다.
  ㉠ 썩거나 상하거나 설익어서 인체의 건강을 해칠 우려가 있는 것
  ㉡ 유독·유해물질이 들어 있거나 묻어 있는 것 또는 그러할 염려가 있는 것. 다만, 식품의약품안전청장이 인체의 건강을 해칠 우려가 없다고 인정하는 것은 제외한다.
  ㉢ 병을 일으키는 미생물에 오염되었거나 그러할 염려가 있어 인체의 건강을 해칠 우려가 있는 것
  ㉣ 불결하거나 다른 물질이 섞이거나 첨가된 것 또는 그 밖의 사유로 인체의 건강을 해칠 우려가 있는 것
  ㉤ 안전성 평가대상인 농·축·수산물 등 가운데 안전성 평가를 받지 않았거나 안전성 평가에서 식용으로 부적합하다고 인정된 것
  ㉥ 수입이 금지된 것 또는 수입신고를 하여야 하는 경우에 신고하지 않고 수입한 것
  ㉦ 영업자가 아닌 자가 제조·가공·소분한 것

② 병든 동물 고기 등의 판매 등 금지 : 누구든지 총리령으로 정하는 질병에 걸렸거나 걸렸을 염려가 있는 동물이나 그 질병에 걸려 죽은 동물의 고기·뼈·장기·젖 또는 혈액을 식품으로 판매하거나 판매할 목적으로 채취·수입·가공·사용·조리·저장·소분 또는 운반하거나 진열하여서는 안 된다.
  ㉠ 「축산물위생관리법」 규정에 의해 도축이 금지되는 가축전염병
  ㉡ 리스테리아병·살모넬라병·파스튜렐라병·선모충증

③ 기준·규격이 정하여 지지 아니한 화학적 합성품 등의 판매금지
④ 식품 또는 식품첨가물에 관한 기준 및 규격
⑤ 권장규격예시 등

(3) 기구와 용기·포장

① 유독기구 등의 판매·사용금지
② 기구 및 용기 포장에 관한 기준 및 규격

(4) 식품 등의 공전

식품위생행정의 중심과제와 거리가 먼 것은?
① 새로운 조리방법의 개발
② 위조식품이나 변조식품 방지
③ 병원 미생물에 의한 식품의 오염방지
④ 부패 또는 변질식품 배제

답 ①

「식품위생법」상 영업신고를 하지 않은 업종은?
① 즉석판매 제조·가공업
② 양곡가공업 중 도정업
③ 식품운반업
④ 식품 소분·판매업

답 ②

(5) 식품위생감시원의 직무
① 관계 공무원의 직무와 기타 식품위생에 관한 지도 등을 하기 위하여 식품의약품안전청 특별시·광역시·도·특별자치도 또는 시·군·구에 식품위생감시원을 둔다.
② 식품위생감시원의 임명 : 식품의약품안전청, 시·도지사 또는 시장·군수·구청장이 임명한다.
③ 식품위생감시원의 직무
  ㉠ 식품 등의 위생적 취급기준의 이행지도
  ㉡ 수입·판매 또는 사용 등이 금지된 식품 등이 금지된 식품 등이 취급 여부에 관한 단속
  ㉢ 표시기준 또는 과대광고 금지의 위반여부에 관한 단속
  ㉣ 출입·검사 및 검사에 필요한 식품 등의 수거
  ㉤ 시설기준의 적합여부의 확인·검사
  ㉥ 영업자 및 종업원의 건강진단 및 위생교육의 이행여부의 확인·지도
  ㉦ 조리사·영양사의 법령준수사항 이행여부의 확인·지도
  ㉧ 행정처분의 이행여부 확인
  ㉨ 식품 등의 압류·폐기 등
  ㉩ 영업소의 폐쇄를 위한 간판제거 등의 조치
  ㉪ 그 밖에 영업자의 법령이행여부에 관한 확인·지도

(6) 영업의 허가·신고·등록
① 영업의 허가
  ㉠ 허가대상 업종의 영업을 하려는 경우에는 영업 종류별 또는 영업소별로 식품의약품안전청장 또는 특별자치도지사·시장·군수·구청장의 허가를 받아야 한다. 또한 허가받은 사항 중 영업소 소재지 변경의 경우에도 허가를 받아야 한다.
  ㉡ 영업허가를 받은 자가 폐업하거나 허가받은 사항 중 같은 항 중요한 사항을 제외한 경미한 사항을 변경할 때에는 식품의약품안전청장 또는 특별자치도지사·시장·군수·구청장에게 신고하여야 한다.
② 영업허가를 받아야 할 업종
  ㉠ 식품의약품안전처장 : 식품조사처리업
  ㉡ 특별자치시장·특별자치도지사 또는 시장·군수·구청장 : 단란주점 영업 및 유흥주점 영업

「식품위생법」상 식품위생의 정의는?
① 음식과 의약품에 관한 위생을 말한다.
② 농산물, 기구 또는 용기, 포장의 위생을 말한다.
③ 식품 및 식품첨가물만을 대상으로 하는 위생을 말한다.
④ 식품, 식품첨가물, 기구 또는 용기, 포장을 대상으로 하는 음식에 관한 위생을 말한다.

답 ④

③ 영업의 신고를 하는 업종 : 특별자치시장·특별자치도지사 또는 시장·군수·구청장에게 신고하여야 하는 영업
  ⓐ 즉석판매제조·가공업　　ⓑ 식품운반업
  ⓒ 식품소분·판매업(판매업 중 식품 등 수입판매업 제외)
  ⓓ 식품냉동·냉장업　　ⓔ 용기·포장류 제조업
  ⓕ 휴게음식점 영업　　ⓖ 일반음식점 영업
  ⓗ 위탁급식 영업　　ⓘ 제과점 영업

④ 등록하여야 하는 영업 : 특별자치시장·특별자치도지사 또는 시장·군수·구청장에게 등록하여야 하는 영업
  ⓐ 식품제조·가공업
  ⓑ 식품첨가물제조업
  ⓒ 공유주방 운영업

(7) 식품접객업의 종류

① **휴게음식점 영업** : 주로 다류, 아이스크림류 등을 조리·판매하거나 패스트푸드점, 분식점 형태의 영업 등 음식류를 조리·판매하는 영업으로서 음주행위가 허용되지 아니하는 영업. 다만, 편의점·슈퍼마켓·휴게소 그 밖에 음식류를 판매하는 장소에서 컵라면, 1회용 다류 그 밖에 음식류에 뜨거운 물을 부어주는 경우를 제외한다.

② **일반음식점 영업** : 음식류를 조리·판매하는 영업으로서 식사와 함께 부수적으로 음주행위가 허용되는 영업

③ **단란주점 영업** : 주로 주류를 조리·판매하는 영업으로서 손님이 노래를 부르는 행위가 허용되는 영업

④ **유흥주점 영업** : 주로 주류를 조리·판매하는 영업으로서 유흥종사자를 두거나 유흥시설을 설치할 수 있고 손님이 노래를 부르거나 춤을 추는 행위가 허용되는 영업

⑤ **위탁급식 영업** : 집단급식소를 설치·운영하는 자와의 계약에 따라 그 집단급식소 내에서 음식류를 조리하여 제공하는 영업

⑥ **제과점 영업** : 주로 빵, 떡, 과자 등을 제조·판매하는 영업으로서 음주행위가 허용되지 아니하는 영업

(8) 식품접객업의 위생 검진

① 보건복지부령으로 정하는 식품 또는 식품첨가물(화학적 합성품 또는 기구 등의 살균·소독제 제외)을 채취·제조·가공·조리·저장·운반 또는 판매하는 데 직접 종사하는 영업자 및 그 종업원은 건강진단을 받아야 한다.

② 건강진단을 받은 결과 타인에게 위해를 끼칠 우려가 있는 질병이 있다고 인정된 자는 그 영업에 종사하지 못한다.

식품위생행정을 과학적으로 뒷받침하는 중앙 기구로 시험, 연구업무를 수행하는 기관은?
① 시·도 위생과
② 국립의료원
③ 식품의약품안전처
④ 경찰청

해설 식품의약품안전처
2013년 3월에 식품의약품안정청에서 승격된 국무총리의 산하기관으로 식품, 의약품, 의료기기 등에 대한 시험 및 평가, 안전관리 등 식품위생행정을 담당한다.

답 ③

③ 건강진단의 실시방법 : 매년 1회(간염은 5년마다 1회) 실시하는 정기 건강진단과 전염병이 발생하였거나 발생할 우려가 있을 때 실시하는 수시건강진단
  ㉠ 장티푸스, 결핵, 전염성 피부질환 : 매년 1회
  ㉡ B형 간염 항체양성자 : 5년마다 1회
  ㉢ 항체, 항원검사 음성자 : 매년 1회

> **TIP 영업에 종사하지 못하는 질병의 분류**
> - 「감염병예방법」 규정에 의한 제1군 전염병 : 콜레라, 페스트, 장티푸스, 파라티푸스, 세균성 이질, 장출혈성 대장균감염증
> - 전염병예방법 규정에 의한 제3군 전염병 중 결핵(비감염성인 경우 제외) : 피부병, 기타 화농성 질환
> - 후천성면역결핍증 : 성병에 관한 건강진단을 받아야 하는 영업에 종사하는 자에 한함
> - 우수업소의 지정 : 식품의약품안전청장, 특별자치도지사
> - 시장·군수·구청모범업소의 지정 : 특별자치도지사, 시장·군수·구청장

(9) **식품위생 교육**
  ① 교육대상 : 영업자 및 유흥종사자를 둘 수 있는 식품접객업의 종사원
  ② 교육시기 : 매년
  ③ 교육기관 : 식품위생교육전문기관, 동업자조합, 한국식품산업협회
  ④ 교육내용 : 식품위생, 개인위생, 식품위생시책, 식품의 품질관리 등
  ⑤ 영업을 하려는 자가 받아야 하는 식품위생교육 시간
    ㉠ 식품제조, 가공업, 즉석판매제조, 가공업, 식품첨가물제조업 : 8시간
    ㉡ 식품운반법, 식품소분, 판매업, 식품보존법, 용기·포장류 제조업 : 4시간
    ㉢ 식품접객업, 집단급식소 설치하려고 준비하는 자 : 6시간
    ㉣ 집단급식소 설치 운영자 : 3시간

(10) **조리사와 영양사**
  ① 조리사
    ㉠ 원칙 : 대통령령으로 정하는 식품접객영업자와 집단급식소 운영자는 조리사를 두어야 한다. 다만, 식품접객영업자 또는 집단급식소 자신이 조리사로서 직접 음식물을 조리하는 경우에는 조리사를 두지 않아도 된다.
    ㉡ 조리사의 면허 : 조리사가 되려는 자는 국가기술자격법에 따라 해당 기능분야의 자격을 얻은 후 특별자치도지사·시장·군수·구청장의 면허를 받아야 한다.

식품의 수거 및 위생 감시 등의 식품위생 행정업무를 수행할 수 있는 사람은?
① 영양사
② 위생사
③ 식품위생감시원
④ 조리사

해설 식품위생감시원
식품의 수거 및 위생 감시 등의 말단 행정업무 담당

답 ③

ⓒ 조리사를 두어야 할 영업
  ⓐ 식품접객업 중 복어를 조리·판매하는 영업과 다음의 자가 설립·운영하는 집단급식소의 경우에는 조리사를 두어야 한다.
    • 국가·지방자치단체
    • 학교·병원·사회복지시설
    • 공공기관의 운영에 관한 법률에 따른 공기업 중 보건복지부장관이 지정·고시하는 기관
    • 지방공기업법에 따른 지방공사 및 지방공단
    • 특별법에 따라 설립된 법인
  ⓑ 복어를 조리·판매하는 영업자 또는 영양사를 두어야 하는 집단급식소 설치·운영하는 자가 영양사가 조리사의 면허를 받은 자인 경우에는 조리사를 따로 두지 않아도 된다.

② 영양사
  ㉠ 원칙 : 대통령령이 정하는 집단급식소의 운영자는 대통령령이 정하는 바에 따라 영양사를 두어야 한다. 다만, 집단급식소의 운영자 자신이 영양사가 되어 직접 영양의 지도에 종사하는 경우에는 따로 영양사를 두지 않아도 된다.
  ㉡ 영양사의 면허
    ⓐ 영양사가 되고자 하는 자는 다음의 어느 하나에 해당하는 자로서 영양사 자격시험에 합격한 후 보건복지부장관의 면허를 받아야 한다.
      • 「고등교육법」에 따른 학교에서 식품학 또는 영양학을 전공한 자로서 교과목과 학점 이수 등에 관하여 보건복지부령으로 정하는 요건을 갖춘 자
      • 외국에서 영양사 면허를 받은 자
      • 외국의 영양사 양성학교 중 보건복지부장관이 인정하는 학교를 졸업한 자
    ⓑ 보건복지부장관은 영양사 자격시험의 관리를 보건복지부령이 정하는 바에 따라 시험관리 능력이 있다고 인정되는 관계 전문기관으로 하여금 하게 할 수 있다.
  ㉢ 영양사를 두어야 할 집단급식소
    ⓐ 영양사를 두어야 하는 집단급식소는 다음의 자가 설립·운영하는 집단급식소로 한다.
      • 국가·지방자치단체
      • 학교·병원·사회복지시설
      • 공공기관의 운영에 관한 법률에 따른 공기업 중 보건복지부장관이 지정·고시하는 기관

식품위생의 범위에 속하지 않는 것은?
① 용기와 포장의 청결
② 기호식품의 개발
③ 식품에 대한 유해·유독물의 혼입방지
④ 위조·변조 식품 배제

답 ②

- 지방공기업법에 따른 지방공사 및 지방공단
- 특별법에 의하여 설립된 법인

ⓑ 위 ⓐ에도 불구하고 집단급식소에 두는 조리사가 영양사의 면허를 받은 자인 경우에는 영양사를 따로 두지 않을 수 있다.

ㄹ) 영양사의 직무
ⓐ 식단 작성, 검식 및 배식관리
ⓑ 구매식품의 검수·관리
ⓒ 급식시설의 위생적 관리
ⓓ 집단급식소의 운영일지 작성
ⓔ 종업원에 대한 영양·위생 교육

③ 결격사유 : 다음에 해당하는 자는 조리사 면허를 받을 수 없다.
ㄱ) 「정신보건법」 규정에 따른 정신질환자 : 다만, 전문의가 조리사 또는 영양사로서 적합하다고 인정하는 자는 제외
ㄴ) 「감염병예방법」 규정에 따른 전염병 환자 : 다만, B형 간염환자는 제외
ㄷ) 「마약류 관리에 관한 법률」 규정에 따른 마약이나 그 밖의 약물 중독자
ㄹ) 조리사 또는 영양사 면허의 취소처분을 받고 그 취소된 날부터 1년이 지나지 않은 자

④ 교육 : 식품의약품안전처장은 식품위생 수준 및 자질의 향상을 위하여 필요한 경우 조리사와 영양사에게 교육(조리사의 경우 보수교육 포함)을 받을 것을 명할 수 있다. 다만, 집단 급식소에 종사하는 조리사와 영양사는 2년마다 교육을 받아야 한다.

(11) 집단급식소

① 집단급식소를 설치·운영하려는 자는 보건복지부령으로 정하는 바에 따라 시장·군수 또는 구청장에게 신고하여야 한다.

② 집단급식소를 설치·운영하는 자는 집단급식소 시설의 유지·관리 등 급식을 위생적으로 관리하기 위하여 다음 각 사항을 준수하여야 한다.
ㄱ) 식중독 환자가 발생하지 아니하도록 위생관리를 철저히 할 것
ㄴ) 조리한 식품의 매회 1인분 분량을 총리령으로 정하는 바에 따라 144시간 이상 보관할 것
ㄷ) 영양사를 두고 있는 경우 그 업무를 방해하지 아니할 것
ㄹ) 영양사를 두고 있는 경우 영양사로부터 집단급식소의 위생관리에 필요한 요청을 받은 때에는 정당한 사유가 없는 한 이에 응할 것
ㅁ) 그 밖에 식품 등의 위생적 관리를 위하여 필요한 사항으로서 보건복지부령이 정하는 사항을 준수할 것

「식품위생법」상 조리사가 면허취소 처분을 받은 경우 반납하여야 할 기간은?
① 지체 없이   ② 5일
③ 7일   ④ 15일

해설 조리사 면허의 취소처분을 받는데 면허증 반납은 지체 없이 특별자치도지사·시장·군수·구청장에게 반납하여야 한다.

답 ①

(12) 행정적 제재

① 10년 이하의 징역 또는 1억원 이하의 벌금이나 병과(법 제95조)
  ㉠ 인체의 건강을 해할 우려가 있는 다음의 식품 또는 식품첨가물을 판매 또는 판매의 목적으로 제조·수입·가공·사용·조리·저장 등을 못하게 한 규정을 위반했을 때
   • 썩었거나 상하였거나 설익은 것
   • 유독·유해물질이 들어 있거나 묻어 있는 것
   • 병원미생물에 오염되어 있는 것
   • 불결하거나 다른 물질이 혼입 또는 첨가된 것
   • 영업의 허가를 받지 않은 자가 제조·가공·소분한 것
   • 품목제조허가 또는 신고를 필하지 않고 제조·가공·소분한 것
   • 안전성 평가 대상인 식품 등으로, 안전성 평가를 받지 않았거나 평가 결과 식용 부적합으로 인정된 것
   • 수입이 금지된 것 또는 수입신고 없이 수입한 것
  ㉡ 보건복지부령이 정하는 질병에 걸린 동물의 고기·뼈·젖·장기 및 혈액의 판매·수입·가공·저장 등의 행위
  ㉢ 기준·규격이 고시되지 아니한 화학적 합성품 및 이를 함유한 식품의 판매·수입·가공·저장 등의 행위
  ㉣ 유독·유해물질이 함유된 기구·용기·포장의 판매·제조·수입·사용 등
  ㉤ 영업의 허가를 받지 않은 영업행위
  ㉥ 집단급식소의 경우에도 ㉠~㉣의 내용이 적용된다.

② 5년 이하의 징역 또는 5천만원 이하의 벌금이나 병과
  ㉠ 정하여진 기준과 규격에 맞지 않는 식품 또는 식품첨가물의 판매·제조·사용·조리·저장 등의 행위
  ㉡ 기준·규격이 맞지 않는 기구·용기·판매
  ㉢ 수입신고를 하지 않고 식품, 식품첨가물·기구·용기·포장을 수입했을 때
  ㉣ 식품의약품안전청장이 정하는 영업시간 및 영업행위의 제한 규정을 지키지 않는 식품접객영업자
  ㉤ 식품위생상의 위해방지를 위하여 식품 등을 압류 또는 폐기 조치토록 한 명령에 위반했을 때
  ㉥ 식품위생상의 위해방지를 위하여 식품 등의 원료·제조방법·성분 또는 배합비율을 변경토록 한 명령에 위반했을 때
  ㉦ 허가대상 영업으로서 영업허가 취소, 영업정지의 명령에 위반했을 때
  ㉧ 식품위생기관의 지정 후 지정취소 사유에 해당하여 지정이 취소된 경우
  ㉨ 집단급식소의 경우에도 위 ㉠~㉤의 내용이 적용된다.

다음 중 위해요소중점관리기준(HACCP)을 수행하는 단계에 있어서 가장 먼저 실시하는 것은?
① 중점관리점 규명
② 관리기준의 설정
③ 기록유지방법의 설정
④ 식품의 위해요소 분석

해설 HACCP은 식품의 위해요소 분석을 먼저 실시한다.

답 ④

③ 3년 이하의 징역 또는 3천만원 이하의 벌금이나 병과
  ㉠ 조리사를 두지 않은 식품접객영업자와 집단급식소 운영자
  ㉡ 영양사를 두지 않은 집단급식소 운영자
④ 3년 이하의 징역 또는 3천만원 이하의 벌금
  ㉠ 표시기준에 맞지 않은 식품·식품첨가물·기구 및 용기·포장을 판매·진열·운반 또는 영업상 사용했을 때
  ㉡ 허위표시·과대광고·과대포장을 했을 때
  ㉢ 자가 품질검사의 의무를 이행하지 않았을 때
  ㉣ 폐업 또는 경미한 사항 변경시의 신고의무 불이행
  ㉤ 신고대상 영업을 신고 없이 영업을 했을 때
  ㉥ 영업자의 지위를 승계한 자가 기간 내에 신고를 하지 않았을 때
  ㉦ 조리사 또는 영양사의 명칭을 허위로 사용했을 때
  ㉧ 수입식품의 통관 전 검사의무를 이행하지 않았을 때
  ㉨ 관계공무원의 출입·검사·수거·장부열람 또는 압류를 거부하거나 방해, 기피한 자
  ㉩ 식품의약품안전청장이 정한 시설기준에 적합한 시설기준을 갖추지 않은 영업자
  ㉪ 식품 및 식품첨가물 제조·가공업자의 준수 사항을 지키지 않은 영업자
  ㉫ 식품접객영업자 등 대통령령이 정하는 영업자 및 그 종업원은 영업의 위생적 관리 및 질서 유지와 국민보건위생의 증진을 위하여 보건복지부령이 정하는 사항의 위반자
  ㉬ 신고대상영업소로서 영업을 위반한 자
  ㉭ 영업소의 폐쇄명령에 위반한 자
    ㉮ 품목제조정지 명령에 위반한 자
    ㉯ 당해 영업소가 적법(適法)한 영업소가 아님을 알리기 위해 관계 공무원이 부착한 게시문을 무단으로 제거 또는 손상한 자
    ㉰ 집단급식소의 경우에도 위 ㉠·㉨·㉩의 내용이 적용된다.
⑤ **양벌규정** : 법인의 대표자나 법인 또는 개인의 대리인, 사용인, 기타의 종업원이 그 법인 또는 개인의 업무에 관하여 위반행위를 한 때에는 그 행위자를 벌하는 외에 그 법인이나 개인에 대하여도 해당 각조의 벌금형을 과한다.

중국에서 수입한 배추(절인 배추 포함)를 사용하여 국내에서 배추김치로 조리하여 판매하는 경우, 메뉴판 및 게시판에 표시하여야 하는 원산지 표시방법은?
① 배추김치(중국산)
② 배추김치(배추 중국산)
③ 배추김치(국내산과 중국산을 섞음)
④ 배추김치(국내산)

답 ②

식품의 표시·광고에 대한 설명 중 옳은 것은?
① 허위표시·과대광고의 범위에는 용기·포장만 해당되며 인터넷을 활용한 제조방법·품질·영양가에 대한 정도는 해당되지 않는다.
② 자사제품과 직·간접적으로 관련하여 각종 협회, 학회, 단체의 감사장 또는 상장, 체험기 등을 활용하여 "인증", "보증", 또는 "추천"을 받았다는 내용을 사용하는 광고는 가능하다.
③ 질병의 치료에 효능이 있다는 내용의 표시·광고는 허위표시·과대광고에 해당하지 않는다.
④ 인체의 건전한 성장 및 발달과 건강한 활동을 유지하는 데 도움을 준다는 표현은 허위표시·과대광고에 해당하지 않는다.

답 ④

(13) 식품위생 심의위원회
• 심의사항
① 식중독 방지에 관한 사항
② 농약, 중금속 등 유독·유해물질 잔류 허용기준에 관한 사항
③ 식품 등의 기준과 규격에 관한 사항
④ 그 밖에 식품위생에 관한 중요사항

(14) 허위표시 및 과대광고
① 질병의 예방 또는 치료에 효능이 있다는 내용 표시 광고
② 외국어의 사용 등으로 외국제품으로 혼돈할 우려가 잇는 표시·광고
③ 제품의 원재료 또는 성준과 다른 내용의 표시 광고
④ 각종 상장 등을 이용하거나 '인증', '보증', '추천' 또는 유사한 내용의 표시광고
⑤ 외국과 기술 제휴한 것으로 혼동 할 우려가 있는 내용의 표시 문구
⑥ 화학적 합성품인 경우 그 원료의 명칭 등을 사용하여 화학적합성품이 아닌 것으로 혼동할 우려가 있는 광고 표시
⑦ 제조연월일 또는 유통기한을 표시함에 있어서 사실과 다른 내용의 표시광고
⑧ 허가신고 또는 보고한 사항이나 수입 신고한 사항과 다른 내용의 표시광고

2. 제조물책임법

(1) 제조물책임법의 정의
제조물의 결함으로 발생한 손해에 대한 피해자 보호를 위해 제정된 법률로, 제조물의 결함으로 인한 생명, 신체 또는 재산상의 손해에 대하여 제조업자 등이 무과실 책임의 원칙에 따라 손해배상 책임을 지도록 하는 규정을 말한다.

(2) 제조물책임법의 목적
제조물의 결함으로 발생한 손해에 대한 제조업자 등의 손해배상 책임을 규정함으로써 피해자 보호를 도모하고 국민생활의 안전 향상과 국민경제의 건전한 발전에 이바지함을 목적으로 한다.

(3) 제조물책임법상 용어의 뜻
① 제조물 : 제조되거나 가공된 물건
② 결함 : 해당 제조물에 해당하는 제조상·설계상 또는 표시상의 결함이 있거나 그 밖에 통상적으로 기대할 수 있는 안전성이 결여되어 있는 것

06 공중보건

1. 공중보건의 개념

(1) 공중보건의 정의와 개념
  ① 공중보건의 일반적 정의
    ㉠ 세계보건기구(WHO)의 정의 : 공중보건이란 질병을 예방하고 건강을 유지·증진시킴으로써 육체적·정신적인 능력을 발휘할 수 있게 하기 위한 과학적 지식을 사회의 조직적 노력으로 사람들에게 적용하는 기술이다.
    ㉡ 윈슬로우(Winslow)의 정의 : 조직적인 지역사회의 노력을 통해 질병을 예방하고 생명을 연장시키며 신체적·정신적 효율을 증진시키는 기술이며 과학이다.
  ② 건강의 정의와 수준
    ㉠ 건강의 정의(WHO의 정의) : 건강이란 단순한 질병이나 허약한 부재 상태만을 나타내는 것이 아니라 육체적·정신적·사회적으로 완전한 상태를 의미한다.
    ㉡ 건강의 수준
      • 종합건강지표 : 비례사망지수, 평균수명, 보통사망률
      • 특수건강지표 : 영아사망률, 감염병사망률

(2) 공중보건의 목적과 대상
  ① 공중보건의 대상과 범위
    • 공중보건의 대상 : 개인이 아닌 지역사회나 한 국가의 국민 전체를 대상으로 한다.
    • 공중보건의 범위 : 감염병 예방학, 환경위생학, 식품위생학, 산업보건학, 모자보건학, 정신보건학, 학교보건학, 보건통계학 등
  ② 공중보건의 목적 : 질병예방, 생명연장, 건강유지 증진

(3) 공중보건의 사업내용
  ① 환경보건 : 환경위생, 식품위생, 공해문제, 산업환경
  ② 질병관리 : 역학, 전염병관리 및 소독, 급·만성 전염병관리, 기생충 질환관리
  ③ 보건관리 : 인구보건, 모자보건, 학교보건, 노인보건, 보건교육, 정신보건, 보건영양, 보건통계

WHO에 의한 건강의 정의를 가장 잘 나타낸 것은?
① 질병이 없으며 허약하지 않은 상태
② 육체적·정신적·사회적 안녕의 완전상태
③ 식욕이 좋으며 심신이 안락한 상태
④ 육체적 고통이 없고 정신적으로 편안한 상태

답 ②

지역사회 보건수준 평가의 가장 대표적 지표로 사용되고 있는 것은?
① 영아사망률
② 조사망률
③ 평균수명
④ 성인병 발생률

답 ①

(4) **공중보건 수준의 평가지표** : 국가간, 지역사회 간의 공중보건수준 비교하는 평가지표
① 영아 사망률(가장 대표적인 보건수준 평가지표) : 비위생적 생활환경에 가장 예민하게 영향 받고, 생후 12개월 미만의 일정 연령군으로 통계적 유의성이 크기 때문이다.
② 비례사망지수 : 연간 전체 사망자 수에 대한 50세 이상의 사망자 수의 구성비
③ 평균수명 : 기대수명
④ 조사망률 : 보통사망률

2. 환경위생 및 환경오염 관리

(1) **환경위생**

WHO에서는 환경위생을 "인간의 신체발육과 건강 및 생존에 유해한 영향을 미치거나 또는 미칠 수 있는 모든 환경요소에 대해 관리하는 것"으로 정의하고 있다.

① 기후의 3대 요소(감각온도의 3대 요소) : 기온, 기습, 기류
② 온열조건 : 기온, 기습, 기류, 복사열
③ 실외의 기온 : 지상 1.5m에서 측정한 건구온도를 의미하며 수은 온도계를 사용

실내 적정온도	18 ± 2℃
적정습도	40~70%
적정기류	1m / 초(카타 온도계 사용하여 측정)
불쾌지수(DI)	• 사람이 불쾌감을 느끼는 정도를 기온과 습도를 이용하여 나타내는 수치 • DI 70% : 10%의 사람이 불쾌감을 느낌 • DI 75% : 50% 사람이 불쾌감을 느낌 • DI 80% : 대다수의 사람이 불쾌감을 느낌

(2) **일 광**

파장에 길이에 따라 자외선 < 가시광선 < 적외선

① 자외선
  ㉠ 인체에 유익한 작용을 하는 생명선(Dormo-ray) : 2,800~3,200 Å
  ㉡ 살균작용 : 2,500~2,800 Å(소독에 이용)
  ㉢ 비타민 D 형성하여 구루병 예방, 관절염치료
  ㉣ 색소침착, 피부암 유발, 결막염, 설안염, 백내장

세계보건기구(WHO)의 주요 기능이 아닌 것은?
① 국제적인 보건사업의 지휘 및 조정
② 회원국에 대한 기술지원 및 자료공급
③ 개인의 정신질환 치료 및 정신보건 향상
④ 전문가 파견에 의한 기술 자문활동

해설 WHO(세계보건기구)
• 1948년 4월에 창설됨
• 본부 : 스위스 제네바
• 주요기능 : 각 회원국에 대한 기술지원 및 자료공급 국제적인 보건사업의 지휘 및 조정 전문가 파견에 의한 기술 자문활동

답 ③

자연환경의 원리는?
① 기압의 차이   ② 기온의 차이
③ 햇볕의 차이   ④ 동력의 차이

답 ②

② 가시광선 : 망막 자극하여 물체식별 및 색채 구별
③ 적외선
   ㉠ 7,800Å 이상인 열광선으로 열선이라 부르며 열작용
   ㉡ 혈관확장, 피부온도 상승, 백내장, 열경련, 열사병

(3) 기 압
① 지표면에서 공기의 압력은 대략 1기압이고 땅 속으로 큰 구멍을 뚫는다 하더라도 지표면의 압력과 별 차이가 없다.
② 바닷물에서는 10m 들어갈 때마다 약 1기압씩 증가하여 고압환경에 의한 잠함병 유발

(4) 공 기
① 공기의 조성
   질소(N_2) 78% > 산소(O_2) 21% > 아르곤(Ar) 0.93% > 이산화탄소(CO_2) 0.03% > 기타
② 공기의 자정작용
   ㉠ 공기의 자체 희석작용
   ㉡ 강우, 강설에 의한 세정작용
   ㉢ 산소, 오존 및 과산화수소등에 의한 산화작용
   ㉣ 식물의 탄소 동화작용에 의한 CO_2와 O_2의 교환작용
   ㉤ 자외선에 의한 살균작용
③ 군집독
   ㉠ 밀폐된 실내에 다수인이 장시간 있을 경우 화학적 조성이나 물리적 조성의 변화로 인하여 불쾌감, 두통, 구토, 현기증, 식욕저하 등의 생리적 이상을 일으키는 것
   ㉡ 유해작용 인자 : 산소(O_2) 감소, CO_2 증가, 고온·고습상태에서의 유해가스 및 취기
④ 산소(O_2) : 산소농도가 10% 이하이면 호흡곤란, 7% 이하이면 사망
⑤ 이산화탄소(CO_2)
   ㉠ 무색, 무취의 비독성 가스
   ㉡ 실내에 다수인이 장시간 밀집되어 있을 때 건강 장애 발생
   ㉢ 실내 오탁의 상태를 추측할 수 있어 실내 공기오염의 판정기준으로 사용된다(실내 CO_2 서한량 : 0.1%).

실내공기 오탁을 나타내는 지표로 이용되는 기체는?
① 질소   ② 산 소
③ 이산화탄소   ④ 군집독

답 ③

다수인이 밀집한 실내공기에서 물리, 화학적 조성의 변화로 불쾌감, 두통, 현기증 등을 일으키는 것은?
① 자연공기독소   ② 진균독소
③ 산소중독   ④ 군집독

답 ④

⑥ 일산화탄소(CO)
  ㉠ 무색, 무취, 자극성이 없는 기체
  ㉡ 불완전 연소 시 발생하며 연탄가스 중독의 원인물질
  ㉢ 헤모글로빈(Hb)과 친화성이 산소에 비해 210~300배 강해 혈중의 O_2 농도를 저하시켜 조직세포 내 산소부족을 초래하여 무산소증(anoxia)을 일으킨다.
  ㉣ CO 허용한도 : 1시간 기준 0.04% 8시간 기준 0.01%

> **TIP ppm(part per millon)**
> - 1/1,000,000을 나타내는 약호(100만분의 1)
> - 1ppm=0.0001%, 1%=10,000ppm

⑦ 질소(N_2)와 잠함병
  ㉠ 기압과 관련하여 영향을 준다.
  ㉡ 잠수작업과 같은 고압환경에서 혈액속의 질소가 기포를 형성하여 모세혈관에 혈전을 일으켜 잠함병(감압병)을 일으킨다.

(5) 물

① 물의 필요량은 성인 기준 1일 2~3L로 체중의 60~70%가 물로 구성되었다.
② 10% 상실시 생리적 이상이 오고, 20% 이상 상실시 생명이 위험하다.
③ 음용수의 수원
  ㉠ 천수 : 빗물, 눈
  ㉡ 지하수
  ㉢ 지표수 : 하천수
  ㉣ 복류수 하천이나 호수아래 자갈층 속을 흐르는 물
④ 수인성 질병의 전염원
  ㉠ 오염된 물이나 그 물로 만든 식품 섭취로 인해 발생
  ㉡ 대부분 소화기계 전염병(장티푸스, 파라티푸스, 이질, 콜레라) 이다.
  ㉢ 특 징
  - 환자 발생이 폭발적이며 음료수 사용과 유행지역이 일치
  - 치명률이 낮고 2차 감염환자의 발생이 거의 없다.
  - 계절에 관계없이 발생하고 성·연령·생활수준에 따른 발생빈도에 차이가 없다.
  ㉣ 예방 : 상수도 관리 철저, 분변오염방지, 주변 환경개선
⑤ 수도열의 전염원 : 잡균이나 대장균에 의해 발열과 설사가 나타난다.

경구전염병과 비교할 때 세균성 식중독이 가지는 일반적인 특성은?
① 잠복기가 짧다.
② 폭발적·집단적으로 발생한다.
③ 소량의 균으로도 발병한다.
④ 2차 발병율이 높다.

답 ①

대장균의 검출을 수질오염의 생물학적 지표로 이용하는 가장 중요한 이유는?
① 병원균의 오염을 추측할 수 있으므로
② 병원성이 크므로
③ 물을 쉽게 변질시키는 원인이 되므로
④ 병원성이 크고 감염력이 강하므로

답 ①

- 불소가 많은 물 장기 음용시 : 반상치
- 불소가 적은 물 장기 음용시 : 우치 또는 충치

⑥ 음용수의 수질기준
  ㉠ 일반성 세균은 1ml 중 100CFU 이하일 것
  ㉡ 대장균은 100ml 중에 검출 되지 않아야 한다(수질오염의 지표균).
  ㉢ 질산성 질소는 10mg/ℓ을 넘지 않는다.
  ㉣ 불소는 1.5mg/ℓ 이하일 것
  ㉤ 수소이온농도 : pH 5.8~8.5
  ㉥ 색도는 5, 탁도는 2 이하 등 55가지 검사가 충족되어져야 음용수로 가능하다.

청색증(靑色症)
질산성 질소가 많이 들어 있는 물이나 음식을 먹었을 때 생겨나는 병으로 청색아증, 블루베이비 병이라는 병명으로도 불리고 있다.

(6) 물의 정수법
정수장에서 물을 침사 → 침전 → 여과 → 소독을 거쳐 정수시킨다.
① 완속사여과법(영국식 여과법)
  ㉠ 보통 침전법 사용(유속 느리게 하거나 정지상태로 두는 것)
  ㉡ 여과막은 사면대치법을 이용하여 제거한다.
② 급속사여과법(미국식 여과법) : 대도시 급수시설에 이용
  ㉠ 약품 침전법 사용(물에 응집제인 황산제일철을 주입하여 침전시킴)
  ㉡ 여과막은 역류세척을 이용하여 제거한다.
③ 상수도 소독에서는 염소소독이 사용되는데 잔류 염소량은 0.2ppm을 유지하고 수영장과 전염병 유행 시에는 0.4ppm을 유지한다.

염소소독의 장·단점
- 장점 : 소독력이 강하다. 잔류효과 크다. 가격이 싸고 조작이 간편하다.
- 단점 : 냄새가 강하다.

정수과정의 응집에 대한 효과를 설명한 것 중 틀린것은?
① 공기를 공급하기 위해
② 침전 잔유물을 제거하기 위하여
③ 세균의 수를 감소하기 위하여
④ 색깔과 맛을 제거하기 위하여

해설 응 집
물속의 부유물과 응집제가 섞여 큰 덩어리로 되는 과정으로 잔유물을 침전시켜 탁도를 감소시키고, 세균·냄새를 감소시킨다. 응집제로 황산반토, 황산 알루미늄 사용

답 ①

하수처리방법 중 호기성 분해처리에 해당되는 것은?
① 사삼건조법 ② 활성오니법
③ 부패조법   ④ 임호프탱크법

답 ②

다음 중 진개의 처리방법이 아닌 것은?
① 소각법   ② 위생매립법
③ 고속퇴비화 ④ 활성오니법

해설 활성오니법
하수를 활성오니 조건에서 산화하는 세균들과 함께 밀폐된 폭기조에 공기를 공급하여 깨끗한 물을 만드는 하수처리방법

답 ④

(7) 하수

가정용 오수나 천수(빗물, 눈) 및 공장의 폐수 등의 총칭

① 하수도의 구조
  ㉠ 합류식 : 모든 하수를 하수종말처리시설로 운반하는 것
    - 장점 : 시설비가 적게 든다. 자연청소 가능, 하수도 수리, 검사가 용의
    - 단점 : 우기에 범람의 우려, 천수 따로 이용 불가능, 악취 발생
  ㉡ 분류식 : 천수를 별도로 이용하는 방법
  ㉢ 혼합식 : 천수와 가정용수의 일부를 함께 운반

② 하수처리 방법 : 예비처리 → 본처리 → 오니처리의 순서
  ㉠ 예비처리 : 하수 유입구에 제진망을 설치하여 부유물이나 고형물을 제거하는 과정
  ㉡ 본처리 : 미생물을 이용한 생물학적 처리방법

혐기성 분해처리	무산소 상태에서 혐기성균을 증식시켜 분해, 부패조법, 임호프탱크법
호기성 분해처리	활성오니법(가장 진보된 호기성 처리방법), 살수여과법, 산화지법
오니처리	하수처리의 최종단계로 본 처리에서 생기는 슬러지를 탈수·소각하는 과정으로 소각법, 퇴비화법, 육상투기법 등이 이용된다.

③ 하수의 오염도 측정
  ㉠ 생화학적 산소요구량(BOD)
    - 20℃에서 5일간 하수중의 용존 산소량의 손실량을 측정한다.
    - 20ppm 이하 BOD가 높다는 것은 유기물이 많이 함유됨을 의미, 즉 오염도가 높다.
  ㉡ 용존산소량(DO)
    - 물에 녹아 있는 산소량을 측정한다.
    - 5ppm 이상 DO가 높다는 것은 오염도가 낮다는 것을 의미한다.
    *DO : 하수 중에 들어 있는 산소량이다.

TIP
- BOD가 높고 DO가 낮을 경우 : 오염된 물
- BOD가 낮고 DO가 높을 경우 : 깨끗한 물
- BOD 측정온도와 기간 : 20℃에서 5일간

  ㉢ 생화학적 산소요구량(COD)
    - 공업폐수의 오염도 측정
    - 오염물질을 산화제로 분해시켜 정화하는 데 소비되는 산소량

(8) 쓰레기(진개) 처리
① 종 류
- ⊙ 주개 : 부엌에서 나오는 동, 식물성 유기물로 양돈 사료로 사용가능하며 일부는 유기성 진개로서 퇴비로 이용된다.
- ⊙ 진개 : 가연성 진개, 불연성 진개, 재활용성 진개, 주개와 진개가 혼합된 혼합진개로 나뉜다.

② 쓰레기 처리방법
- ⊙ 매립법 : 진개의 두께는 1~2m, 최종 복토의 두께는 0.6m가 좋다.
- ⊙ 소각법 : 미생물을 멸균시키므로 가장 위생적인 방법이나 불완전한 연소로 일산화탄소나 발암성 물질인 다이옥신이 발생할 수 있어 대기오염의 문제가 발생한다.
- ⊙ 재활용법 : 재활용으로 인한 쓰레기 감소로 처리비용 절감

(9) 주택보건
① 자연환기
- ⊙ 환기는 실내외의 온도차, 기체의 확산작용, 실외의 바람에 의해 이루어지는데 실내로 들어오는 공기는 하부로, 나가는 공기는 상부로 이동하면서 그 중간에 압력 0의 지대가 형성된다. 이를 중성대라 한다.
- ⊙ 천장 가까이에 형성되어야 환기량이 크며 건강장해 요인이 적다.

② 인공 환기
큰 강당, 병원, 공장 등에는 환풍기를 이용한 인공 환기가 필요하고, 환기창은 벽면적의 5% 이상으로 내야 한다.

③ 자연채광
- ⊙ 창의 방향은 남향이 좋으며 창의 면적은 방바닥 면적의 1/5~1/7이 적당하다.
- ⊙ 실내 각 점의 개각은 4~5°, 입사각은 28° 이상이 좋다.

④ 인공조명
- ⊙ 종류 : 직접 조명, 간접 조명, 반간접 조명
- ⊙ **적정조명의 조도** : 부엌, 조리장(50~100Lux), 정밀 작업실(100~200Lux)
- ⊙ **부적당한 조명에 의한 건강장애** : 가성 근시, 안정피로, 안구 진탕증, 작업능률 저하

⑤ 냉·난방
- ⊙ 적당한 실내 온도는 18 ± 2℃이고 침실의 적정온도는 15 ± 1℃
- ⊙ 적정실내습도는 40~70%, 실내외 온도차는 5~7℃ 이내가 건강에 좋다.

쓰레기 소각처리 시 공중보건상 가장 문제가 되는 것은?
① 대기오염과 다이옥신
② 화재발생
③ 사후 폐기물 발생
④ 높은 열의 발생

답 ①

공해 질병의 이타이이타이병의 유해물질은?
① 수 은   ② 칼 슘
③ 납   ④ 카드뮴

답 ④

(10) 대기오염
① 대기오염원 : 공장의 매연, 자동차 배기가스(SO_2), 굴뚝 매연
- 1차 오염물질 : 매연·분진(비소·마그네슘), 황산화물, 악취물질(황화수소 및 아민류)
- 2차 오염물질 : 스모그, 알데히드, 오존, 케톤

② SO_2 (아황산가스)
  ㉠ 실외공기오염의 지표
  ㉡ 무색, 자극적인 냄새 : 호흡기 계통 유해
  ㉢ 금속부식성, 산성비 원인, 식물의 황사
  ㉣ 석탄과 석유, 중유에 포함되어 있는 황분이 연소에 의해 산소와 결합해서 발생하는 자극성 가스

③ 대기오염 대책 : 청정 연료의 개발, 자동차 배기가스의 규제 및 강화, 인구분산 및 교통규제

> **TIP 링겔만 비탁표**
> 굴뚝에서 나오는 매연이나 자동차 배기가스의 매연 농도를 측정할 때 사용하는 검뎅이 양의 농도 기준표

(11) 기온역전현상
① 지표면의 기온이 급격히 낮아지면서 부근에 냉기류가 형성되어 상공으로 올라갈수록 기온이 올라가는 현상(상부기온이 하부기온보다 높아지는 현상)
② 기온역전현상이 발생하면 대기오염물질의 확산이 일어나지 않게 되어 대기오염의 피해를 가중시킨다(LA 스모그-자동차 배가가스, 런던스모그-석탄 배기가스).

(12) 수질오염
① 수은(Ag) : 미나마타병
- 증상 : 언어장애, 지각이상

② 카드뮴(Cd) : 이타이이타이병
- 증상 : 골연화증, 폐기종, 단백뇨, 신장기능장애

(13) 소 음
① 인체에 유해한 작용을 하는 음
② 소음 측정단위

- dB(데시벨) : 음의 강도 측정단위
- phon(폰) : 음의 크기 측정단위
- sone : 음의 크기 측정단위
  상대적으로 느끼는 주관적 소리크기를 나타내는 단위

③ 장애 : 직업적 난청(수시간 90dB 이상 작업시), 작업능률 저하, 노이로제
④ 예방대책 : 소음원 규제 소음확산 방지 및 계몽

(14) 진 동
① 장애 : 국소장애(레이노드병), 관절장애

TIP 레이노드병
진동작업자에게 발생하는 직업병으로 혈액순환을 저해하여 손가락이 창백해지는 청색증과 동통을 유발한다.

(15) 직업병
① 정의 : 특정 직업에 종사함으로써 그 작업에 종사하는 사람에게만 발생하는 특정질환을 말한다.
② 종 류

고온·고열 환경	열사병, 열경련, 열허약증, 울열증
이상저온환경	동상, 동창, 창호족염
불량조명	안정피로, 가성근지, 안구진탕증
적외선	일사병, 백내장, 피부홍반
자외선	피부암
이상고압환경	잠함병
이상저압환경	고산병
분 진	진폐증(활석), 규폐증(유리규산), 석면폐증(석면)
진 동	레이노드병

3. 역학 및 감염병 관리

(1) 역 학
- **역학의 정의** : 인간 집단에서 발생하고 존재하는 질병의 분포를 관찰하고 그와 관련된 원인을 규명하여 그 질병을 예방하는 것을 목적으로 한다.
① 감염병 발생의 3대 조건 : 감염원, 감염경로, 숙주의 감수성
  ㉠ 감염원(병원체) : 환자, 보균자, 오염된 식품, 오염된 물, 오염기구 등 병원체가 증식할 수 있는 장소를 말한다.

진동에 관한 설명으로 틀린 것은?
① 신체에 주는 영향에 따라 국소진동과 전신진동으로 분류한다.
② 기계, 기구, 시설, 기타 물체의 사용으로 발생하는 강한 흔들림을 말한다.
③ 공장진동의 배출허용기준은 평가진동 레벨이 50dB[V] 이하가 되도록 규정되어 있다.
④ 레이노드병, 관절장애를 일으킨다.

해설 공장진동 배출허용기준
평가진동레벨 60dB[V] 이하

답 ③

다음 중 감수성 지수(접촉감염지수)가 가장 낮은 것은?
① 폴리오   ② 디프테리아
③ 성홍열   ④ 홍 역

답 ①

 **보균자 종류**
- **병후 보균자** : 병이 완치된 후에도 병원체를 배출(세균성 이질, 디프테리아)
- **잠복기 보균자** : 잠복기간 중에 병원체를 배출(디프테리아, 홍역, 백일해), 감염병의 관리가 가장 어렵다.
- **건강 보균자** : 감염에 대한 증상이 없어 건강한 자와 다름없지만 병원체를 배출(폴리오, 일본뇌염)

ⓒ **감염경로(환경)** : 직병원체가 병원소로부터 탈출하여 감염원의 전파경로에 따라 새로운 숙주로 전파되는 과정을 말한다.
- **직접 감염** : 환자접촉
- **간접 감염** : 병원체에 오염된 식품, 기구, 위생동물 접촉(병원균에 오염된 물을 음용할 경우 수인성 감염병이 발생한다)

 **개달물**
비활성 전파체(음식물, 공기, 물, 식기, 손수건 등) 중 숙주의 내부로 들어가지 않고 병원체를 운반하는 수단으로 사용되는 것을 의미하는데, 음식물, 공기, 물 제외한 비활성 물질이 여기에 해당된다. 개달물 감염으로 전파되는 질병에는 결핵, 트라코마, 천연두가 있다.

ⓒ **감수성 숙주(환자)** : 병원체를 받아들이는 감수성에 따라 감염병이 발생한다.

 **감수성 지수(접촉감염지수)**
- 숙주에 침입한 병원체에 의해 발병하는 비율을 나타낸다.
- 두창, 홍역(95%) > 백일해(60~80%) > 성홍열(40%) > 디프테리아(10%) > 폴리오(0.1%)

② 숙주의 면역
ⓐ 면역의 종류

선천면역	종속면역, 인종면역, 개인의 특성		체내에 자연적으로 형성된 면역
후천면역	능동면역	자동능동면역	질병 감염 후 얻은 면역
		인공능동면역	예방접종으로부터 얻은 면역
	수동면역	자연수동면역	모체로부터 얻은 면역
		인공수동면역	혈청제재 접종 후 얻은 면역

 **TIP**
- 영구면역 형성(×) : 말라리아, 매독, 이질, 인플루엔자
- 영구면역 형성(○) : 홍역, 폴리오, 천연두, 수두, 풍진, 백일해

ⓒ 예방접종(인공능동면역)

연 령	예방접종의 종류
4주 이내	BCG(결핵예방접종)
생후 2,4,6개월	경구용 소아마비, D.T.P(D : 디프테리아, P : 백일해, T : 파상풍)
15개월	
매 년	일본뇌염

※ 경구용 소아마비, D.P.T – 18rodnjf, 4~6세, 11~13세 추가접종
※ 투베르클린 반응검사 : 결핵균 유무 검사

출생 후 가장 먼저 기본예방접종을 실시하는 감염병은?
① 디프테리아 ② 결 핵
③ 홍 역 ④ 파상풍

답 ②

③ 감염병의 전파예방대책
 ㉠ 감염원 대책 : 환자의 신고, 보균자의 검색 및 건강보균자의 격리, 역학조사
 ㉡ 감염경로 대책 : 수질, 하수도, 화장실의 위생관리, 개인위생관리, 식기류 소독, 구충·구서 등의 감염병의 매개체의 구제로 통한 감염경로 차단
 ㉢ 감수성 숙주대책 : 예방접종을 통한 면역증강

④ 감염병의 잠복기
 ㉠ 잠복기 1주일 이내 : 콜레라(잠복기가 가장 짧음), 이질, 성홍열, 파라티푸스, 뇌염, 인플루엔자
 ㉡ 잠복기 1~2주일 : 장티푸스, 홍역, 급성회백수염, 수두, 풍진
 ㉢ 잠복기가 긴 것 : 한센병(9개월~20년), 결핵(잠복기가 일정하지 않으며 가장 김)

(2) 경구 감염병(소화기계 감염병)

병원체가 음식물과 식기구, 의복, 손 등을 통해 입으로 들어가 감염 증상을 일으킨다.

① 환자가 폭발적으로 발생하고 급수지역과 거의 일치하며 계절적·지역적 특성이 강하다.
② 잠복기는 짧고 치명률은 낮으며 간접 전파로 전염된다.
 ㉠ 세균성 감염 : 장티푸스, 파라티푸스, 이질, 콜레라
 ㉡ 바이러스 감염 : 소아마비(급성회백수염, 폴리오), 유행성 간염, 천열

※ 경구감염병과 세균성 식중독의 차이점

구 분	경구감염병(소화기계 감염병)	세균성 식중독
감염균의 양	적은 양의 균에 의해 숙주 체내에서 증식하여 발병	대량의 균 또는 증식 과정에서 생성된 독소에 의해 발병
감염원	원인 병원균에 오염된 식품·음용수	병원균에 오염된 식품
잠복기	길다(2~7일)	경구감염병에 비해 짧다
2차 감염	있다	거의 없다(살모넬라균 제외)
면 역	면역이 성립되는 것이 많다.	면역성이 없다

감염병의 예방대책에 속하지 않는 것은?
① 병원소 제거
② 환자의 격리
③ 식품의 저온보존
④ 감염력의 감소

답 ③

(3) 호흡기계 감염병
① 세균성 감염 : 디프테리아, 백일해, 성홍열, 폐렴, 결핵, 나병
② 바이러스 감염 : 유행성이하선염, 홍역, 천연두, 풍진

(4) 경피(피부) 침입 감염병
① 세균성 감염 : 파상풍, 페스트,
② 바이러스 감염 : AIDS, 일본 뇌염, 광견병
③ 리케차 감염 : 발진티푸스
④ 스피로헤타 감염 : 매독

TIP 감염병의 잠복기 및 증상

감염병	잠복기	증 상
장티푸스	1~3주	오한, 고열(40℃ 내외), 피부발진
파라티푸스	1~2주	고열, 복통, 설사, 피부발진
세균성 이질	1~7일	고열, 복통, 구토
콜레라	수시간~5일	설사, 탈수(잠복기가 가장 짧은 감염병)
급성회백수염 (폴리오, 소아마비)	7~14일	두통, 식욕감퇴
유행성 감염	15~30일	식욕부진, 황달, 발열, 복통

(5) 법정감염병
① 제1급 감염병

생물테러감염병 또는 치명률이 높거나 집단발생의 우려가 커서 발생 또는 유행 즉시 신고, 음압격리와 같은 높은 수준의 격리가 필요한 감염병

• 에볼라바이러스병, 디프테리아, 신종인플루엔자, 중동호흡기증후군(MERS), 중증급성호흡기증후군(SARS), 신종감염병증후군 등(17종)

② 제2급 감염병

전파가능성을 고려하여 발생 또는 유행 시 24시간 이내에 신고, 격리가 필요한 감염병

- 결핵, 수두, 홍역, 콜레라, 장티푸스, 파라티푸스, 세균성이질, 장출혈성대장균감염증, A형간염, 백일해, 유행성이하선염, 한센병, 성홍열 등(21종)

③ 제3급 감염병

발생을 계속 감시할 필요가 있어 발생 또는 유행 시 24시간 이내 신고하여야 하는 감염병

- 파상풍, B형간염, C형간염, 일본뇌염, 발진티푸스, 발진열, 공수병, 후천성면역결핍증(AIDS) 등(28종)

④ 제4급 감염병

유행 여부를 조사하기 위하여 표본감시활동이 필요한 감염병

- 코로나바이러스감염증-19, 인플루엔자, 기생충감염병 등(23종)

(6) 검역 감염병의 종류

① 콜레라 : 120시간(5일)
② 페스트 : 144시간(6일)
③ 황열 : 144시간(6일)
④ 중증급성호흡기증후군(SARS) : 10일
⑤ 조류인플루엔자(AI) : 10일
⑥ 신종인플루엔자 : 최대잠복기

감염경로와 감염병의 연결이 틀린 것은?

① 공기감염 : 폴리오
② 토양감염 : 파상풍
③ 직접접촉 : 성병
④ 개달물감염 : 결핵

[해설] 경구감염 : 폴리오(소아마비)

답 ①

(7) 인수공통감염병

동물과 사람 간에 서로 전파되는 병원체에 의해 발생되는 감염병을 말한다.

종 류	병원균	동 물	특 징
결 핵	세 균	소	• 동물 간의 감염은 오염된 풀, 사료에 의한 경구 감염 • 패혈증 유발
탄 저	세 균	소, 말, 양	• 오염된 사료, 물 등에 의한 경구감염 • 비말감염도 가능, 뇌막염 유발
돈단독	세 균	돼지, 말	• 피부의 상처, 오염물에 의한 접촉감염 • 피부염, 패혈증 유발
브루셀라증 (파상열)	세 균	소	• 감염된 소에서 상처 난 피부, 결막, 흡입 통해 발생 • 발열, 식욕부진, 근육통
야토병	세 균	토끼	• 균에 오염된 동물, 음식, 물에 의한 피부접촉 • 먹거나 흡입 시 발생 • 고열, 오한, 폐렴
큐 열	리케차	소, 양, 쥐	• 호흡기, 소화기를 통해 인체 감염 • 발열, 오한, 구토 설사
AI (조류인플루엔자)	바이러스	닭, 야생조류	• 감염된 조류에 의한 접촉감염 • 고열, 기침, 인후통
광견병	바이러스	개	• 동물이 할퀸 상처, 찰과상 피부에 바이러스 침입 • 급성 뇌질환

안전관리

 01 개인안전관리

1. 개인안전사고 예방 및 사후조치

(1) 재해발생의 원인과 예방대책

재해는 근로자가 물체나 사람과의 접촉으로 혹은 몸담고 있는 환경의 갖가지 물체나 작업조건에 작업자의 동작으로 말미암아 자신이나 타인에게 상해를 입히는 것이지만 이를 방지하기 위해서 재해사고의 결과상태만을 놓고 봐서는 그 원인을 예측하기 힘들다. 이러한 재해사고는 시간적 과정에서 나타나게 되는 것이기 때문에 시간적인 과정에서 본다면 구성요소의 연쇄반응현상이라고도 말할 수 있다.

① 구성요소의 연쇄반응
  ㉠ 사회적 환경과 유전적 요소
  ㉡ 개인적인 성격의 결함
  ㉢ 불안전한 행위와 불안전한 환경 및 조건
  ㉣ 산업재해의 발생

② 재해발생의 원인
  ㉠ 부적합한 지식
  ㉡ 부적절한 태도의 습관
  ㉢ 불안전한 행동(위험장소 접근, 기계기구 잘못 사용, 복장 보호구의 잘못 사용 등)
  ㉣ 불충분한 기술
  ㉤ 위험한 환경

TIP

재해(100%)	간접원인(2%)	천재지변
	직접원인(98%)	불안전한 행동(인적 원인 : 88%)
		불안전한 상태(물적 원인 : 10%)

다음 중 안전의 제일 이념에 해당하는 것은?
① 품질향상　② 재산보호
③ 인간존중　④ 생산성 향상

답 ③

③ 안전사고 예방과정
  ㉠ 위험요인 제거
  ㉡ 위험요인 차단 : 안전방벽 설치
  ㉢ 예방(오류) : 위험사건을 초래할 수 있는 인적·기술적·조직적 오류를 예방하고 교정
  ㉣ 제한(심각도) : 위험사건 발생 이후 재발 방지를 위하여 대응 및 개선 조치

> **TIP 안전사고에 대한 예방(3E)**
> • 기술적(Engineering) 대책 : 안전설계, 작업행정개선, 안전기준 설정, 환경설비의 개선
> • 교육적(Education) 대책 : 안전교육 및 훈련 실시
> • 관리적(Enforcement) 대책

재해발생의 직접원인에 해당하지 않는 것은?
① 안전 수칙의 오해
② 물 자체의 결함
③ 위험 장소의 접근
④ 불안전한 조작
  답 ①

(2) 재해발생의 문제점

재해발생으로 인한 경제적 손실은 매년 증가하는 추세인데, 우리나라의 재해발생 비율은 선진국의 재해발생 비율에 비해 월등히 높은 수준이다. 이러한 재해발생 비율을 줄이기 위한 노력으로 재해관리를 전담할 수 있는 안전 관리자를 선임하는 것이 중요한데, 안전관리가 집중적으로 필요한 중소 규모의 사업장에 안전 관리자를 선임할 수 있는 법적 근거가 없는 것이 현실이다. 근로자는 자기 자신과 그 가족을 위하고, 기업주는 그 기업의 유지와 발전을 위해 그들의 입장에서 재해는 반드시 방지할 수 있다는 확신을 가지고 늘 안전제일에 임해야 한다.

> **재해예방의 4원칙**
> • 손실우연의 법칙(조건에 따라 손실 크기, 유무 결정)
> • 원인계기의 법칙(반드시 사고원인 존재)
> • 예방가능의 원칙(근본적인 원인 제거에 역점)
> • 대책선정의 원칙(안전대책 강구)

재해의 원인을 직접원인과 간접원인으로 나눌 때, 직접원인 중 불안전한 상태에 해당하는 것은?
① 기술적 원인 ② 관리적 원인
③ 교육적 원인 ④ 물적 원인
  답 ④

① 안전교육의 목적
  ㉠ 상해, 사망 또는 재산 피해를 불러일으키는 불의의 사고를 예방한다.
  ㉡ 일상생활에서 개인 및 집단의 안전에 필요한 지식, 기능, 태도 등 익힌다.
  ㉢ 자신과 타인의 생명을 존중하며, 안전한 습관을 형성시키는 것이다.
  ㉣ 개인과 집단의 안전을 최고로 인간생명 존엄성을 인식시키는 것이다.
  ㉤ 인간의 바람직하지 못한 행동은 지속적인 교육에 의해 개선시킬 수 있다.

② **응급조치의 목적** : 응급조치라 함은 다친 사람이나 급성 질환자에게 사고현장에서 즉시 취하는 조치로 119신고부터 부상이나 질병을 의학적 처치 없이도 회복될 수 있도록 도와주는 행위까지 포함한다.
  ㉠ 응급처치 현장에서의 자신의 안전을 확인한다.
  ㉡ 환자에게 자신의 신분을 밝힌다.
  ㉢ 최초로 응급환자를 발견하고 응급처치 전 환자의 생사 유무를 판정하지 않는다.
  ㉣ 응급환자를 처치할 때 원칙적으로 의약품을 사용하지 않는다.
  ㉤ 응급환자 처치 후 전문 의료요원에게 처치를 맡긴다.

주방 내 재해유형
- 화상과 데임
- 끼임 사고
- 전기감전 및 누전
- 절단, 찔림과 베임
- 미끄러짐 사고

③ **장비도구 안전작업**
  ㉠ **조리장비 도구의 안전관리지침**
    - 모든 조리 도구와 장비 사용방법과 기능을 충분히 숙지하고 사용한다.
    - 장비의 사용 시 이상이 있을 경우 즉시 사용을 중단하고 적절한 조치를 취한다.
    - 도구나 장비에 무리가 가지 않도록 한다.
    - 전기를 사용하는 장비는 전기 사용량과 특히 수분 접촉여부에 주의한다.
    - 청결하게 사용하여 모터에 이물질이 들어가지 않게 주의한다.
    - 도구사용 후 물기 없이 정리 정돈한다.

④ **조리도구 장비사용 및 관리**
  - **조리도구의 분류**
    ㉠ **준비도구** : 재료의 손질과 조리준비에 필요한 용품으로 위생복, 장갑, 바구니, 칼, 가위 등
    ㉡ **조리도구** : 준비된 재료를 조리하는 과정에 필요한 용품으로 솥, 냄비, 팬, 석쇠 등
    ㉢ **보조도구** : 준비된 재료를 조리하는 과정에 필요한 주걱, 국자, 뒤집개, 집개 등
    ㉣ **식사도구** : 식탁이나 상에 올려 먹기 위한 용품으로 그릇 및 쟁반류, 수저, 상 등
    ㉤ **정리도구** : 조리 및 식사 후의 뒤처리에 사용되는 수세미, 행주, 세제, 식기건조기 등

작업환경관리 중 독성이 없거나 적은 물질로 변경하는 직업병 관리방법은?
① 격 리
② 대 치
③ 환 기
④ 교 육

답 ②

⑤ 조리도구 장비의 점검방법
  ㉠ 음식절단기 : 각종 식재료를 필요한 형태로 얇게 썰 수 있는 장비
    • 전원 차단 후 기계를 분해하여 중성세제와 미온수로 세척하였는지 확인
    • 건조시킨 후 원래의 상태로 조립하고 안전장치 등에서 이상 없는지 확인
  ㉡ 튀김기
    • 사용한 기름은 식은 후 다른 용기에 기름을 받아내고 깨끗이 세척한 다음 확인
    • 기름때가 심한 경우 온수로 깨끗이 씻어내고 마른걸레로 물기를 제거한 다음 확인
    • 받아둔 기름을 다시 붓고 전원을 넣어 사용
  ㉢ 육절기
    • 전원을 끄고 칼날과 회전봉을 분해하여 중성세제와 이온수로 세척하였는지 확인
    • 물기제거 후 원상태로 조립 후 전원을 넣고 사용
  ㉣ 제빙기
    • 전원을 차단하고 정지시킨 후 뜨거운 물로 제빙기의 내부를 구석구석 녹였는지 확인
    • 중성세제로 깨끗하게 세척하였는지 확인
    • 마른 행주로 깨끗하게 닦고 건조시킨 후 작동
  ㉤ 식기세척기
    • 탱크의 물을 빼고 세척제를 사용하여 브러시로 깨끗하게 세척했는지 확인
    • 모든 내부 표면, 배수로, 여과기, 필터를 주기적으로 세척하고 있는지 확인
  ㉥ 그리들
    • 그리들 상판 온도가 80℃가 되었을 때 오븐크리너와 브러시로 깨끗이 세척 후 확인
    • 뜨거운 물로 오븐크리너를 완전하게 씻은 후 다시 세제와 뜨거운 물로 세척 후 확인
    • 세척이 끝난 면 철판 위에 기름칠을 하여 코팅하였는지 확인

주방에서의 위해요인에 대한 설명으로 틀린 것은?
① 고온·다습한 환경조건으로 인해 피부질환의 유발 가능성이 높다.
② 장화를 착용하기 때문에 무좀이나, 검은 발톱, 아킬레스건염이 걸릴 수 있다.
③ 작업장의 물기 기름이 있는 바닥상태로 인해 미끄럼 사고가 발생한다.
④ 조리실의 구조적 특성상 전기누전의 가능성은 적은 편이다.

답 ④

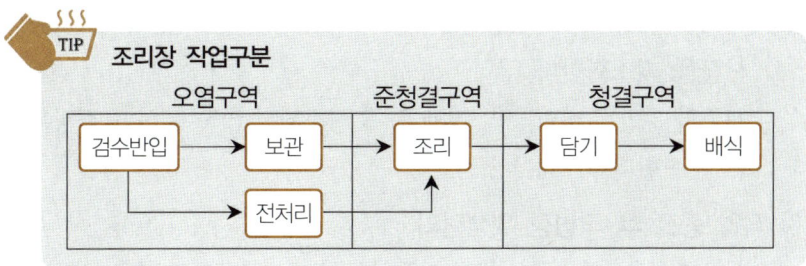

TIP 조리장 작업구분

02 작업환경 안전관리

1. 작업장 환경관리

(1) 작업장의 시설관리

① 바닥부분은 배수가 잘되어 교차오염이 없어야 하고, 파손, 구멍이 없어야 한다.(배수구에는 U자형 트랩 설치 → 곤충이나 설치류 등의 침입 방지)
② 내벽 부분은 파손구멍, 물이 새지 않고 배관, 환기구 등의 연결 부위가 밀폐되어 있어야 한다.
③ 가동장치와 벽 사이의 복도 또는 작업장소는 원활하게 작업할 수 있게 거리 폭을 유지한다.
④ 문·창문은 깨지거나 금이 간 곳이 없어야 하며 오염방지코팅을 한다.
⑤ 조명은 형광등 파손에 의한 유리조각의 비산을 막기 위해 커버가 설치되어 있어야 한다.
⑥ 작업실 조도는 정해진 기준 이상으로 해야 한다(220Lux 이상).
⑦ 작업장 환기상태가 좋아야하며 공기흐름이 좋고 급·배기시설이 좋아야 한다(조리장 적정온도는 21~22℃, 적정습도는 30~79%).
⑧ 작업장 배관부분은 파손으로 인한 제품오염 발생 가능성이 없어야 한다.

(2) 작업장의 안전관리

• 작업 시 작업장 위생관리 수칙
① 작업장이 15℃ 이하의 온도로 유지되어야 한다.
② 원료육의 적정 여부를 확인한다.
③ 원료육의 위생적인 전처리 실시여부를 확인한다.
④ 식육의 낙하 시 신속한 폐기나 소독을 한다.
⑤ 기계의 정상적인 작동여부와 원료 및 제품 포장재의 적절한 관리여부를 확인하여 제품에 이물이나 오염물질의 혼입을 방지한다.

조리작업장의 환경관리에 대한 설명으로 틀린 것은?
① 조명은 형광등 파손에 의한 유리조각의 비산을 막기 위하여 보호커버가 설치되어 있어야 한다.
② 작업장 배관부분은 하나의 배관으로 구성되어 유지되어야 한다.
③ 작업실 조도는 정해진 기준이 상으로 유지되도록 하여야 한다.
④ 내벽부분은 파손, 구멍, 물이 새지 않고 배관, 환기구 등의 연결 부위가 밀폐되어 있어야 한다.

답 ②

인화점에 대한 설명으로 옳은 것은?
① 인화점이 높을수록 위험하다.
② 인화점이 낮을수록 위험하다.
③ 인화점과 위험성은 관계없다.
④ 인화점이 0℃ 이상일 경우만 위험하다.

답 ②

⑥ 완제품은 신속히 저장창고 등으로 이동하여 작업장에 머무는 시간을 최소화한다.
⑦ 제품의 운반은 바닥, 벽, 기계 등에 접착되지 않도록 하고 적정온도로 운반한다.

(3) 작업 종료 후 작업장 위생관리
① 제조시설은 청결히 하고 기구류는 작업 후 열탕 또는 약품을 이용하여 필히 소독한다.
② 작업장(가공실, 원료처리실, 포장실) 냉장·냉동고는 작업 종료 후 청결하게 관리한다.
③ 작업 중 발생되는 폐기물은 외부에서 신속히 처리한다.

(4) 안전관리설비 및 안전용품관리
① 개인 안전보호구 착용
  ㉠ 사용목적에 맞는 보호구를 갖추고 작업 시 반드시 착용한다.
  ㉡ 항상 사용 할 수 있도록 하고 청결하게 보존·유지한다.
  ㉢ 개인전용으로 사용하도록 한다.
  ㉣ 작업자는 작업 시 보호구의 착용을 항상 착용하여야 한다.
② 개인 안전보호구 착용
  ㉠ 안전화 : 물체의 낙하, 충격 또는 날카로운 물체로 인한 위험으로부터 발, 발등을 보호하고 감전 또는 정전기의 대전을 방지한다.
  ㉡ 위생장갑 : 작업자의 손을 보호함과 동시에 조리위생을 개선
  ㉢ 위생모자 : 작업 시 음식에 머리카락이 들어가지 않도록 예방하는 보호구로 위생을 개선

다음 중 화재현장에서 인접 건물을 연소시키는 주요원인이 되는 것은?
① 전 도 ② 대 류
③ 복 사 ④ 연 쇄
 ③

소화 작업에 대한 설명 중 틀린 것은?
① 가연 물질의 공급을 차단시킨다.
② 유류화재 시 소화에 물 호스의 압력이 필요하다.
③ 산소의 공급을 차단한다.
④ 점화원을 발화점 이하의 온도로 낮춘다.
 ②

03 화재예방 및 조치방법

화재의 원인이 될 수 있는 곳을 점검하고 화재진압기를 배치·사용한다.
① 인화성 물질 적정보관 여부를 점검한다.
② 소화기구의 화재안전기준에 따른 소화전함, 소화기 비치 및 관리, 소화전함 관리상태를 점검한다.
③ 출입구 및 복도, 통로 등에 적재물 비치 여부를 점검한다.
④ 비상통로 확보 상태, 비상조명등 예비 전원 작동상태를 점검한다.
⑤ 자동 확산소화용구 설치의 적합성 등에 대해 점검한다.

(1) 연소

① **연소의 정의** : 가연물이 공기 중의 산소 또는 산화제와 반응하여 열과 빛을 발생하면서 산화하는 현상

② **연소의 3요소**
  ㉠ 가연물질 : 기체·액체 및 고체상태
  ㉡ 산소공급원 : 공기, 산화제, 자기반응성 물질
  ㉢ 점화원 : 전기불꽃, 충격 및 마찰, 단열압축, 자연발화, 복사열, 정전기불꽃

③ **연소 용어**
  ㉠ 인화점 : 연소범위에서 외부의 직접적인 점화원에 의해 인화될 수 있는 최저온도
  ㉡ 발화점(착화점) : 외부의 점화원 없이 가열된 열의 축적에 의해 발화에 이르는 최저온도
  ㉢ 연소점 : 연소상태가 계속될 수 있는 온도로 인화점보다 대략 10℃ 높은 온도

(2) 열 전달

① **전 도**
  ㉠ 하나의 물체가 다른 물체와 직접 접촉하여 열이 전달되는 과정으로 온도가 높은 물체의 분자운동이 충돌이라는 과정을 통해 분자운동이 느린 분자를 빠르게 운동시키는 열의 전달이다.
  ㉡ 전도라는 열 전달방식에 의해 화염이 확산되는 경우는 드물다.

② **대 류**
  ㉠ 기체 혹은 액체와 같은 유체의 흐름에 의하여 열이 전달되는 방식이다.
  ㉡ 난로에 의해 방안의 공기가 더워지는 것이 대류의 대표적인 예로 대류현상의 원인은 밀도차에 의한다.

③ **복 사**
  ㉠ 화재 시 열의 이동에 가장 크게 작용하는 열 이동방식으로 모든 물체의 온도 때문에 열에너지를 파장의 형태로 방사하는 에너지를 열복사라 말한다.
  ㉡ 화재에서 화염의 접촉 없이 인접 건물로 연소가 확산되는 것은 복사열에 의한 것이다.

조리작업장의 위치 선정 조건으로 가장 거리가 먼 것은?
① 방풍, 방서, 보온을 위해 지하인 곳
② 통풍이 잘되고 밝고 청결한 곳
③ 음식의 운반과 배선이 편리한 곳
④ 재료의 반입과 오물의 반출이 쉬운 곳

답 ①

(3) **소화방법**

① **제거소화** : 연소반응에 관계된 가연물이나 그 주위의 가연물 제거
  ㉠ 가스밸브의 폐쇄
  ㉡ 가연물 직접 제거 및 파괴
  ㉢ 촛불을 입으로 불어 가연성 증기를 순간적으로 날려 버리는 방법
  ㉣ 산불 화재 시 화재 진행방향의 나무 제거

② **질식소화** : 산소공급원을 차단하여 소화하는 방법(공기 중의 산소농도를 15% 이하로 억제)
  ㉠ 불연성 기체로 연소물을 덮는 방법
  ㉡ 불연성포말로 연소물을 덮는 방법
  ㉢ 불연성 고체로 연소물을 덮는 방법

③ **냉각소화** : 연소하고 있는 가연물로부터 열을 뺏어 연소물을 착화온도 이하로 내리는 방법
  ㉠ 주수에 의한 냉각작용
  ㉡ 이산화탄소(CO_2) 소화약재에 의한 방법

④ **억제소화** : 산화반응(연쇄반응)을 약화시켜 소화하는 방법(화학적 작용에 의한 소화방법)
  ㉠ 할로겐화합물, 청정소화약재에 의한 억제(부촉매)작용
  ㉡ 분말 소화약재에 의한 억제(부촉매)작용

CHAPTER 03 재료관리

01 식품재료의 성분

1. 수 분

(1) 수분의 종류
① 유리수(자유수) 식품 중에 유리상태로 존재하는 보통의 물
② 결합수 : 식품 중에 탄수화물이나 단백질 분자의 일부분을 형성하는 물

(2) 결합수와 유리수(자유수)의 차이

구 분	결합수	유리수(자유수)
용매작용	용질에 대하여 용매로 작용하지 않는다.	전해질을 잘 녹인다.
어는점	0℃ 이하에서도 동결하지 않는다.	0℃ 이하에서 동결한다.
건 조	건조되지 않는다.	쉽게 건조된다.
미생물 이용	미생물이 이용하지 못한다.	미생물이 생육, 번식에 이용한다.
기 타	유리수에 비해 밀도가 크다.	비점과 융점이 높다.

(3) 수분 활성도(Aw)
① 수분활성도란 어떤 임의의 온도에서 그 식품이 나타내는 수증기압(P)에 대한 그 온도에서의 순수한 물의 최대 수증기압의 비율을 말한다.

$$수분활성도(Aw) = \frac{식품이\ 나타내는\ 수증기압\ (P)}{순수한\ 물의\ 최대수증기압\ (P_0)}$$

② 물의 수분 활성도는 1이며, 일반식품은 항상 1보다 작다.
③ 일반 식품의 수분 활성도는 항상 1보다 작다.
④ 미생물은 수분활성도가 낮으면 생육이 억제된다.
⑤ 곡류나 건조식품은 육류, 과일, 채소류보다 수분 활성도가 낮다.

다음 중 자유수의 성질에 대한 설명으로 틀린 것은?
① 수용성 물질의 용매로 사용된다.
② 5대 영양소에 속하는 영양소이다.
③ 높은 열량을 공급하여 추위를 막을 수 있다.
④ 호르몬의 주요 구성성분이다.
답 ②

다음 중 결합수에 대한 설명으로 맞지 않는 것은?
① 미생물의 번식과 발아에 이용되지 못한다.
② 식품성분인 단백질, 당류와 결합되어 있다.
③ 수증기압이 보통 물보다 낮다.
④ 용질에 대한 용매로써 작용한다.
답 ④

2. 탄수화물

(1) 탄수화물의 특성

구 분	설 명	구 분	설 명
구성요소	탄소(C), 수소(H), 산소(O)	소화율	98%
1g당 열량	4kcal	최종분해산물	포도당
전체열량	65%	소화효소	프티알린, 말타아제, 아밀롭신, 사카라이제, 락타아제

(2) 탄수화물의 분류

구 분	종 류	내 용
단당류 (물에 녹음, 단맛 있음)	포도당(glutose)	쌀, 빵, 감자 등의 전분, 제일 작은형, 혈액 중 약 0.1%의 농도 포함
	과당(Fructose)	당류 중 가장 단맛이 강하며 벌꿀의 과즙 구성성분
	갈락토오즈(Galactose)	자연계에 단독으로 존재하지 못하며 유당에 함유
	만노오즈(Mannose)	곤약, 돼지감자의 구성성분
이당류	자당(Sucross)	설탕 또는 서당이라고 하며 포도당과 과당이 결합된 것
	젖당(유당)(Lactose)	유즙에 함유되어 있음. 포도당과 갈락토오스가 결합된 것
	맥아당(Maltose)	엿기름이나 발아 중의 곡류 중에 함유(엿당) 포도당+포도당이 결합
다당류 (물에 녹지 않음, 단맛 없음)	전분(Starch)	당질은 주로 곡류에 함유되어 있는 전분으로 가열하면 팽윤되어 점성 가짐
	글리코겐(Glycogen)	가수분해되면 포도당을 만들며 간이나 근육에 포함
	섬유소(Cellulose)	체내에서 분해효소가 없어 소화되지 않으나 정장작용 변비예방
	펙틴(Pectin)	세포벽에 존재하는 감귤류의 껍질에 많이 함유
	아가(Agar)	우뭇가사리와 한천에 함유
	키틴(Chitin)	새우, 게의 껍질에 함유

(3) 탄수화물의 기능적 성질

① 단백질의 절약작용과 지방의 완전 연소에 관여, 혈당량 유지(0.1%)
② 감미의 정도 : 과당 > 전화당 > 자당(설탕, 서당) > 포도당 > 맥아당 > 갈락토오즈 > 유당(젖당)

탄수화물을 구성하는 것이 아닌 것은?
① 산소(O) ② 탄소(C)
③ 질소(N) ④ 수소(H)

답 ③

칼슘과 단백질의 흡수를 돕고 정장효과가 있는 당은?
① 설 탕 ② 과 당
③ 유 당 ④ 맥아당

해설 유 당
칼슘과 단백질의 흡수를 돕고 정장효과가 있는 당으로 유아영양에 필수적이다.

답 ③

전화당의 구성성분과 그 비율로 옳은 것은?
① 포도당 : 과당이 3 : 1인 당
② 포도당 : 맥아당이 2 : 1인 당
③ 포도당 : 과당이 1 : 1인 당
④ 포도당 : 자당이 1 : 2인 당

해설 전화당
sucross(설탕)를 산화효소로 가수분해하여 얻은 포도당과 과당이 1:1인 혼합물로 말한다.

답 ③

3. 지질(Lipid)

(1) 지질(지방)의 특성

구 분	내 용	구 분	내 용
구성요소	탄소(C), 수소(H), 산소(O)	소화율	95%
1g당 열량	9Kcal	최종 분해산물	지방산과 글리세롤
전체열량	20%	소화효소	리파아제, 스테압신

(2) 지질의 종류
① 단순지질 : 지방산과 글리세롤만 결합된 형, 지질 중에서 가장 많은 양을 차지(지방, 왁스)
② 복합지질
  ㉠ 인지질 : 인과 결합된 지질(레시틴)
  ㉡ 당지질 : 당과 결합된 지질(세레브로사이트)
③ 유도지질 : 가수분해하여 얻어지는 물질(스테롤)

(3) 지방산의 종류
① 포화지방산
  ㉠ 상온에서 고체로 존재 : 동물성 지방에 함유
  ㉡ 이중결합이 없는 지방산(스테아린산, 팔미틴산)
② 불포화지방산
  ㉠ 융점이 낮아 상온에서 액체로 존재
  ㉡ 이중결합이 있는 지방산(올레인산, 리놀레인산, 아라키돈산)
③ 필수지방산
  ㉠ 신체성장과 정상적인 기능에 반드시 필요한 지방산으로 체내합성이 불가능해서 반드시 섭취해야 하는 지방산
  ㉡ 식물성 기름, 어류, 견과류에 함유
  ㉢ 결핍되면 피부염과 성장지연(리놀레산, 아라키돈산)

(4) 지방의 영양상 효과
① 지용성 비타민(비타민A, D, E, K, F)의 흡수를 좋게 한다.
② 1g당 9Kcal로 발생하는 열량이 높다.
③ 영양분의 손실을 막고, 세포막 구성성분의 역할을 한다.
④ 물에 녹지 않고 유기용매(에테르, 벤젠 등)에 녹는다.

다음 중 필수지방산이 아닌 것은?
① 리놀레산(linoleic acid)
② 스테아르산(stearic acid)
③ 리놀렌산(linolenic acid)
④ 아라키톤산(arachidonic acid)

답 ②

지방에 대한 설명으로 틀린 것은?
① 에너지가 높고 포만감을 준다.
② 모든 동물성 지방은 고체이다.
③ 기름으로 식품을 가열하면 풍미를 향상시킨다.
④ 지용성 비타민의 흡수를 좋게 한다.

해설 동물성 지방
• 고체 : 우지, 돈지, 버터
• 액체 : 어유, 간유

답 ②

요오드값(iodine value)에 의한 식물성 유의 분류로 맞는 것은?
① 건성유 - 호두기름, 땅콩기름
② 반건성유 - 채종유, 면실유
③ 불건성유 - 해바라기씨유, 동백유
④ 경화유 - 미강유, 야자유

답 ②

건성유에 대한 설명으로 옳은 것은?
① 고도의 불포화지방산 함량이 많은 기름이다.
② 포화지방산 함량이 많은 기름이다.
③ 공기 중에 방치해도 피막이 형성되지 않는 기름이다.
④ 대표적인 건성유는 올리브유와 낙화생유가 있다.

답 ①

다음 중 대두에 가장 많은 단백질은?
① 글로불린   ② 알부민
③ 글루테닌   ④ 프롤라민

답 ①

(5) 지질의 기능적 성질

① **유화(에멀전화)** : 물과 기름이 잘 섞이게 하는 작용으로 수중유적형과 유중수적형이 있다
  ㉠ **수중유적형(O/W)** : 물 중에 기름이 분산되어 있는 형태(우유, 마요네즈, 잣죽, 아이스크림, 프렌치드레싱, 크림수프)
  ㉡ **유중수적형(W/O)** : 기름 중에 물이 분산되어 있는 형태(버터, 마가린 등)
② **가수소화(경화)** : 액체 상태의 기름에 수소(H_2)를 첨가하고 니켈(Ni), 백금(Pt)을 촉매로 고체형의 기름으로 만든 것(마가린, 쇼트닝)
③ **연화작용(쇼트닝)** : 밀가루 반죽에 유지를 첨가하면 반죽 내에서 전분과 글루텐과의 결합을 방해(파이, 개성약과)
④ **검화(비누화)** : 지방이 수산화나트륨(NaOH)에 의하여 가수분해되어 지방산의 Na염(비누)을 생성하는 현상
⑤ **요오드가(불포화도)** : 유지100%중의 불포화 결합에 첨가되는 요오드의 g수로 요오드가가 높다는 것은 불포화도가 높다는 것을 의미한다.

구 분	요오드가	종 류
건성유	130 이상	들기름, 등유, 해바라기씨유, 정어리유, 호두기름
반건성유	100~130	대두유(콩기름) 옥수수기름, 참기름, 채종유, 면실유
불건성유	100 이하	피마자유, 올리브유, 야자유, 동백유, 땅콩유

4. 단백질

(1) 단백질의 특성

구 분	설 명	구 분	설 명
구성요소	탄소(C)수소(H)산소(O)질소(N)	소화율	92%
1g당 열량	4Kcal	최종분해산물	아미노산
전체열량	15%	소화효소	펩신, 트립신, 에렙신

(2) 단백질의 기능

① 에너지 공급원
② 성장 및 체조직의 구성성분
③ 효소, 호르몬, 항체 등을 구성
④ 삼투압력 유지를 통한 체내의 수분함량 조절
⑤ 체내의 pH를 조절

(3) 단백질의 분류
① 화학적 분류
  ㉠ 단순단백질 : 아미노산으로만 만들어진 것(난백, 혈청. 우유 → 알부민, 밀 → 글루테닌)
  ㉡ 복합단백질 : 단백질 이외의 물질과 단백질이 결합된 복합형
    • 당단백질(난백의 오보뮤코이드), 인단백질(우유의 카제인), 지단백질(난황의 리포키테린)
  ㉢ 유도단백질 : 단백질이 열, 산, 알칼리 등의 작용으로 변성되거나 분해된 단백질
    • 1차 유도단백질 : 젤라틴(분자의 구조는 변하지 않고 성질만 변한 단백질)
    • 2차 유도단백질 : 펩톤(단백질이 아미노산으로 가수분해될 때까지의 중간 생성물)
② 영양학적 분류
  ㉠ 완전단백질 : 동물이 성장과 생명유지에 필요한 모든 필수 아미노산이 골고루 들어있는 단백질(우유의 카제인, 달걀의 알부민, 대두의 글로불린)
  ㉡ 부분적으로 불완전한 단백질 : 생명유지는 되나 성장되지 않는 아미노산(곡류의 리신)
  ㉢ 불완전단백질 : 생명유지와 성장이 되지 않는 아미노산(옥수수의 제인)
③ 아미노산의 종류
  ㉠ 필수아미노산 : 체내에서 생성할 수 없으므로, 반드시 음식으로 공급
    • 성인이 필요한 필수아미노산 : 트립토판, 발린, 트레오닌, 이소루신, 루신, 리신, 페닐알라닌, 메티오닌
    • 성장기 어린이, 노인에게 필요한 필수아미노산 : 성인 필수아미노산 8가지 + 알기닌, 히스티딘
  ㉡ 불필수아미노산 : 인체 자체의 힘으로 만들 수 있는 아미노산

5. 무기질

(1) 무기질의 기능
① 산과 염기의 평형을 유지하는 데 관여
② 신경의 자극전달에 필수적
③ 생리적 반응을 위한 촉매제로 이용
④ 수분의 평형 유지에 관여
⑤ 세포의 삼투압 조절
⑥ 뼈, 치아의 구성성분

(2) 무기질의 종류와 특징
  ① 칼슘(Ca)
    ㉠ 기능 : 골격과 치아 구성, 비타민 K와 함께 혈액응고에 관여
    ㉡ 급원식품 : 우유 및 유제품, 멸치, 뼈와 함께 섭취하는 생선
    ㉢ 결핍증 : 골다공증, 골격과 치아의 발육 불량
    ㉣ 칼슘 흡수를 촉진시키려면 비타민 D와 함께 섭취, 칼슘 흡수를 방해하는 인자는 수산으로 칼슘과 결합하여 결석을 형성
  ② 인(P)
    ㉠ 기능 : 인지질과 핵단백질의 수성성분이며, 골격과 치아를 구성
    ㉡ 급원식품 : 곡류
    ㉢ 결핍증 : 골격과 치아의 발육 불량
    ㉣ 칼슘과 인의 섭취비율로 정상 성인은 1 : 1, 성장기 어린이는 2 : 1이 좋음
  ③ 나트륨(Na)
    ㉠ 기능 : 수분균형 유지 및 삼투압 조절, 산·염기의 평형 유지, 근육 수축에 관여
    ㉡ 급원식품 : 소금, 식품첨가물의 Na염
    ㉢ 과잉증 : 우리나라는 젓갈류와 인스턴트식품의 섭취 증가로 과잉증이 문제이며, 고혈압이나 심장병 유발원인
  ④ 칼륨(K)
    ㉠ 기능 : 근육수축, 삼투압 조절과 신경의 자극전달에 작용하며 세포 내역에 존재
    ㉡ 근원식품 : 채소류(감자, 토마토)
    ㉢ 결핍증 : 근육의 긴장 저하, 식욕부진
  ⑤ 철분(Fe)
    ㉠ 기능 : 헤모글로빈(혈색소)을 구성하는 성분이고, 혈액 생성 시 필수적인 영양소
    ㉡ 급원식품 : 간, 난황, 육류, 녹황색 채소류
    ㉢ 결핍증 : 철분 결핍성 빈혈(영양 결핍성 빈혈)
  ⑥ 불소(F)
    ㉠ 기능 : 골격과 치아를 단단하게 함
    ㉡ 급원식품 : 해조류 등
    ㉢ 결핍증 : 우치(충치), 과잉증(반상치)

다음 중 어떤 무기질이 결핍 시 갑상선종을 유발시킬 수 있는가?
① 칼슘(Ca)   ② 요오드(I)
③ 인(P)   ④ 마그네슘(Mg)

답 ②

⑦ 요오드(I)
　㉠ 기능 : 갑상선 호르몬(티록신)을 구성, 유즙 분비 촉진작용
　㉡ 급원식품 : 해조류, 미역, 다시마 등
　㉢ 결핍증 : 갑상선종, 발육정지
　㉣ 과잉증 : 바세도우씨병, 말단비대증, 갑상선기능항진증

⑧ 마그네슘(Mg)
　㉠ 기능 : 효소 반응의 촉매, 신경의 자극 전달작용, 근육 이완
　㉡ 급원식품 : 견과류, 코코아, 대두, 통밀 등
　㉢ 결핍증 : 근육 수축과 신경의 불안정, 떨림증

⑨ 황(S)
　㉠ 기능 : 조직의 호흡작용, 생물학적 산화 과정에 관여
　㉡ 급원식품 : 배아, 콩, 치즈, 살코기, 강낭콩, 땅콩, 조개 등
　㉢ 결핍증 : 현재까지 알려진 결핍증은 없음

(3) 산성 식품과 알칼리성 식품

① 산성 식품
　㉠ 무기질 중 P, S, Cℓ 등은 체내에서 분해되어 산성이 되므로 이들을 많이 함유한 것
　㉡ 곡류, 어류, 육류 등

② 알칼리성 식품
　㉠ 무기질 중 Ca, Na, K, Mg, Fe, Cu, Mn 등은 체내에서 분해되어 알칼리성이 되므로 이들 무기질을 많이 함유한 것
　㉡ 과일, 채소, 해조류, 우유 등

6. 비타민

(1) 비타민의 일반적 기능과 특성

① 체내 합성이 안 되므로 반드시 음식물로부터 섭취해야 한다.
② 인체 내에 필수 물질이지만 적은 양만 필요하다.
③ 에너지나 신체 구성물질로 사용되지 않는다.
④ 대사 작용 조절물질, 즉 보조효소의 역할을 한다.

물에 녹는 비타민은?
① 레티놀(Retinol)
② 토코페롤(Tocopherol)
③ 티아민(Thiamine)
④ 칼시페롤(Calciferol)

답 ③

다음 중 조리 과정에서 비타민 C의 손실이 가장 큰 것으로 맞는 것은?
① 무를 깍두기로 썰어서 1시간 정도 공기 중에 방치했다
② 시금치나물을 100℃에서 10분간 삶았다
③ 무생채에 당근을 넣어서 약 1시간 후에 무쳤다
④ 콩나물 볶음을 할 때 100℃에서 약 15분 볶았다.

해설 당근 호박 오이 등에 함유하고 있는 아스코르비나제는 비타민C의 파괴효소이다.
답 ③

(2) 지용성 비타민과 수용성비타민의 차이점

구 분	지용성 비타민	수용성 비타민
특 징	• 기름에 잘 용해 • 기름과 함께 섭취하면 흡수율 증가 • 과잉 섭취 시 체내 저장 • 결핍증이 서서히 나타남 • 식사 때마다 공급받을 필요 없음	• 물에 잘 용해 • 과잉 섭취 시 필요량 제외하고 체외 배출 • 결핍증이 바로 나타남 • 매일 식사에서 필요한 양 만큼 섭취
종 류	비타민 A, D, E, K	비타민B군(B_1, B_2, B_6, B_{12}), 비타민C, 나이아신

(3) 비타민의 종류

구 분	종 류	급원식품	결핍증	특징
지용성	비타민 A (레티놀)	간, 난황, 버터, 시금치, 당근 등	• 야맹증 • 안구건조증	• 상피 세포보호, 눈의 작용개선 • 식물성 식품체는 프로비타민으로 존재
	비타민 D (칼시페롤)	건조식품(말린생선류, 버섯류 등)	구루병	• 칼슘과 인의 흡수 촉진 • 자외선에 의해 인체 내에서 합성
	비타민 E (토코페롤)	녹색채소, 토마토, 콩, 달걀 등	혈액응고지연	• 혈액응고에 관여(지혈작용) • 장내 세균에 의해 인체 내에서 합성
수용성	비타민 B_1 (티아민)	돼지고기, 곡류의 배아 등	각기병	• 탄수화물 대사에 필수적인 보조효소 • 마늘의 알리신에 의해 인체 내에서 합성
	비타민 B_2 (리보플라빈)	우유, 간, 고기, 씨눈	구순염, 구각염	성장촉진과 피부점막 보호작용
	비타민 B_6 (피리독신)	간, 효모, 배아	피부염	• 항피부염 인자 • 단백질대사작용과 지방합성에 관여
	비타민 B_{12} (시아노코발라민)	살코기, 선지 등	악성빈혈	• 성장촉진과 조혈작용에 관여 • 코발트(Co)함유
	비타민 C (아스코르브산)	신선한 채소, 과일	괴혈병	• 체내산화, 환원작용에 관여 • 조리 시 가장 많이 손실됨
	나이나신 (니코틴산)	닭고기, 생선, 유제품, 땅콩, 두류 등	펠라그래(설사, 피부병, 우울증)	• 탄수화물 대사작용 증진 • 트립토판 60mg로 1mg 합성

다음 중 동물성 색소는?
① 클로로필
② 안토시안
③ 미오글로빈
④ 플라보노이드
답 ③

색소 성분의 변화에 대한 설명 중 맞는 것은?
① 엽록소는 알칼리성에서 갈색화
② 플라본 색소는 알칼리성에서 황색화
③ 안토시안 색소는 산성에서 청색화
④ 카로틴 색소는 산성에서 흰색화
답 ②

7. 식품의 색

식품의 색은 식품의 품질을 결정하는 척도이며 시각을 통해 선택되어지는 식욕과도 깊은 관계가 있다.

(1) 동물성 색소

미오글로빈	• 동물의 근육색소(Fe함유) • 신선한 생육은 적자색이며 공기 중 산소와 결합하여 선명한 적색의 옥시글로미오빈이 되고, 가열하면 갈색 또는 회색의 메트미오글로빈이 됨
헤모글로빈	• 동물의 혈액색소((Fe함유) • 육가공 시 질산칼륨이나 아질산칼륨을 첨가하면 선홍색 유지
헤모시아닌	• 문어, 오징어(연체류)에 포함되어 있는 파란색 색소 • 가열 시 적자색으로 변함
아스타산틴	• 새우, 게, 가재 등에 포함된 색소 • 가열 및 부패에 의해 아스타신이 붉은색으로 변함
멜라닌	오징어 먹물 색소

카로틴(carotene)은 동물체내에서 어떤 비타민으로 변하는가?
① 비타민 D ② 비타민 B
③ 비타민 A ④ 비타민 C

답 ③

(2) 식물성 색소

클로로필		• 녹색 채소의 색[마그네슘(Mg)]함유 • 물에 녹지 않음 • 산성(식초)에서 녹황색(페오피틴)으로 변함 • 알칼리(소다)에 진한 녹색(클로로필린 : 비타민C 등이 파괴되고 조직이 연화됨 • 구리(Cu)나 철(Fe) : 선명한 초록색(완두콩 가공 시 황산구리 첨가) • 오이나 배추로 김치를 담그거나, 시금치를 오래 삶았을 때 녹색이 갈색으로 변함
플라보노이드		• 식물에 넓게 분포하는 황색계통의 수용성 색소 • 옥수수, 밀가루, 양파의 색소 • 산성 → 흰색(우엉, 연근 + 식초물에 삶기 → 흰색) • 알칼리 : 진한 황색(밀가루반죽 + 소다 → 진한 황색 빵)
	안토잔틴	• 백색이나 담황색의 수용성 색소로 식물의 뿌리, 줄기, 잎 등에 분포 • 산성 : 백색 • 알칼리 : 황색 • 밀가루에 식소다(알칼리)를 넣어 빵을 만들면 누렇게 된다(우엉, 연근 + 식초물에 삶기 → 흰색).
	안토시안	• 꽃, 과일(사과, 딸기, 가지 등)의 적색, 자색의 색소 • 수용성 색소로 가공 중 쉽게 변색 • 산성(식초물)에 적색 • 알칼리(소다첨가)에 청색 • 가지를 삶을 때 백반을 넣으면 보라색을 유지하고 생강(담황색)을 식초에 절이면 분홍색으로 변한다.
카로티노이드		• 동·식물성 식품에 널리 분포 • 황색, 주황색, 적색의 색소(당근, 토마토, 고추, 감 등) • 비타민 A 기능 • 산, 알칼리 열에 안정적 • 베타카로틴(당근, 녹황색 색소), 라이코펜(토마토, 수박), 루테인(난황, 오렌지)

8. 식품의 갈변

식품을 조리하거나 가공, 저장하는 동안 갈색으로 변색 또는 색이 착색되는 현상

(1) 효소적 갈변

① 개념 : 채소류나 과일류를 파쇄하거나 껍질을 벗길 때 일어나는 현상이다.
② 원인 : 채소류나 과일류의 상처받은 조직이 공기 중에 노출되면 페놀 화합물이 산화효소인 옥시다아제에 의해 갈색 색소인 멜라닌으로 전환되기 때문이다.

폴리페놀옥시다아제	채소류나 과일류를 자르거나 껍질을 벗길 때의 갈변(홍차갈변)
티로시나아제	감자갈변

③ 효소에 의한 갈변 방지법
  ㉠ 열처리 : 데쳐서 고온에서 식품을 열처리하여 효소를 불활성화 시킨다.
  ㉡ 산 이용 : pH(수소이온농도) 3 이하로 낮추어 산의 효소작용을 억제한다.
  ㉢ 당 또는 염류 첨가 : 껍질을 벗긴 배나 사과를 설탕이나 소금물에 담근다.
  ㉣ 산소의 제거 : 밀폐용기에 식품을 넣어 공기를 제거하거나 공기 대신 이산화탄소나 질소가스를 주입한다.
④ 효소의 작용 억제 : 온도를 -10℃ 이하로 낮추어 보관한다.
⑤ 용기의 사용 : 구리 또는 철로 된 용기나 기구의 사용을 피한다.

(2) 비효소적 갈변

① 마이야르 반응(아미노카르보닐 반응)
  ㉠ 단백질과 당의 결합으로 인해 자연적으로 일어나는 반응이며 열에 의해 촉진된다.
  ㉡ 분유, 간장, 된장, 누룽지, 케이크, 쿠키, 오렌지주스 등의 갈변반응이 대표적이다.
② 캐러멜화 반응
  ㉠ 당류를 고온(180~200℃)으로 가열하였을 때 산화 및 분해산물에 의한 갈변을 말한다.
  ㉡ 캐러멜화는 간장, 소스, 합성청주, 약식 등에 이용된다.
③ 아스코르빈산의 산화반응
  ㉠ 감귤류의 가공품인 오렌지쥬스나 농축물 등에서 일어나는 갈변 반응이다.
  ㉡ 과자류의 가공식품에 이용된다.

식품의 조리 가공 시 발생하는 갈변현상 중 효소가 관계하는 것은?

① 페놀화합물이 산화·축합에 의한 멜라닌(Melanin)형성 반응
② 마이야르(Maillard) 반응
③ 캐러멜화(Caramelization) 반응
④ 아스코르빈산(Assorbic acid) 산화 반응

답 ①

9. 식품의 맛과 색

(1) 식품의 맛

① 맛의 종류
  ㉠ 기본적인 맛(Henning의 4원미 : 단맛, 쓴맛, 짠맛, 신맛)
  ㉡ 보조적인 맛 : 매운맛, 감칠맛, 떫은맛, 아린 맛, 금속미

② 온도에 따른 미각의 변화
  ㉠ 일반적으로 10~40℃에서 잘 느낄 수 있고 30℃ 전후에서 가장 예민하다.
  ㉡ 맛을 가장 잘 느낄 수 있는 온도 : 단맛 20~50℃, 짠맛 30~40℃, 신맛 25~50℃, 쓴맛 40~50℃, 매운맛 50~60℃

③ 맛의 4종류(Henning의 4원미)

단 맛	• 포도당, 과당 등의 단당류, 이당류(설탕, 맥아당) • 만니트 : 해조류
짠 맛	염화나트륨(소금)
신 맛	식초산, 구연산(감귤류, 살구 등), 주석산(포도)
쓴 맛	• 카페인 : 커피, 초콜렛 • 테인 : 차류 • 호프 : 맥주

④ 맛의 여러 가지 현상

맛의 대비 (강화현상)	• 서로 다른 2가지 맛이 작용해 주된 맛 성분이 강해지는 현상 • 설탕물+소금 약간 → 더 달게 느껴짐
맛의 변조	• 1가지 맛을 느낀 후 바로 다른 맛을 보면 원래의 식품 맛이 다르게 느껴지는 현상 • 쓴 약 먹고 난 후 물 마시면 물이 달게 느껴짐 • 오징어 먹고 귤을 먹으면 쓴 맛으로 느껴짐
맛의 상승	• 같은 맛 성분을 혼합하여 원래의 맛보다 더 강한 맛이 나게 되는 현상 • 설탕에 포도당을 넣으면 단맛이 더 강해지는 현상
맛의 상쇄	• 상반되는 맛이 서로 영향을 주어 각각의 맛을 느끼지 못하고 조화로운 맛을 느끼는 것(새콤달콤) • 간장의 소금맛과 감칠맛이 조화로운 것
맛의 억제	• 다른 맛이 혼합되어 주된 맛이 억제 또는 손실되는 현상 • 커피에 설탕을 넣었을 때 쓴맛이 억제 • 신맛이 강한 과일에 설탕을 넣으면 신맛이 억제
미맹현상	• 쓴 맛 성분을 느끼지 못하는 것 • 맛을 보는 감각에 장애가 있어 정상인이 느낄 수 있는 맛을 느끼지 못함
맛의피로	같은 맛을 계속 섭취하면 미각이 둔해져 그 맛을 알 수 없게 되거나 다르게 느끼는 현상

4가지 기본적인 맛이 아닌 것은?
① 단 맛   ② 신 맛
③ 떫은맛 ④ 쓴 맛

답 ③

짠맛에 소량의 유기산이 첨가되면 나타나는 현상은?
① 떫은맛이 강해진다.
② 신맛이 강해진다.
③ 단맛이 강해진다.
④ 짠맛이 강해진다.

해설 맛의 대비 현상
짠맛에 소량의 유기산이 첨가되면 짠맛이 강해진다.

답 ④

⑤ 기타 보조적인 맛

감칠맛 (맛난맛)	• 글루타민산(Glutamin acid) : 된장, 간장, 다시마 • 이노신산(Inosinic acid) : 가다랭이 말린 것, 멸치 • 타우린(Taurine) : 오징어, 문어, 조개류 • 구아닐산(Guanylic acid) : 표고버섯 • 베타인(Betaine) : 오징어, 새우
매운맛	• 통각에 의한 맛 • 캡사이신(capsaicine) : 고추 • 쇼가올(shogalos), 진저론(Zingerone) : 생강 • 알리신(Allicin) : 마늘, 양파 • 시니그린(Sinigrin) : 겨자 • 피페린(Piperine), 챠비신(chavicine) : 후추 • 시나믹 알레히드(Cinnamic aldehyde) : 계피
떫은맛	• 혀의 점막 단백질이 응고되어 미각신경이 마비되면서 느끼는 현상 • 탄닌 성분(미숙한 과일에 포함되어 있는 폴리페놀 성분)
아린 맛	• 쓴맛과 떫은맛의 혼합된 맛 • 가지, 죽순, 감자, 토란, 우엉, 도라지, 고사리의 맛 • 사용하기 전에 물에 담가 아린 맛을 제거한다.

(2) 식품의 냄새

① 향과 취 풍미

㉠ 향(香) : 쾌감을 주는 것

㉡ 취(臭) : 불쾌감을 주는 것

㉢ 풍미(風味) : 미각과 후각 및 맛의 고상한 맛

② 냄새의 분류

㉠ 향신료향 : 마늘, 생강 같은 소스류

㉡ 화향향(꽃향) : 꽃이나 자연물에서 나는 에스테르류

㉢ 과일향 : 사과, 밀감 같은 에스테르류

㉣ 수지향 : 테르펜유, 송정유의 냄새

㉤ 부패취 : 썩은 고기와 같은 황화물류

㉥ 초취(탄냄새) : 캐러멜류, 타르

③ 식물성 식품의 냄새

㉠ 알코올 및 알데히드류 : 주류, 감자, 복숭아, 오이, 계피 등

㉡ 테르펜류 : 녹차, 찻잎, 레몬, 오렌지, 등

㉢ 에스테르류 : 과일향

㉣ 황화합물 : 마늘, 양파, 파, 무, 부추, 냉이, 등

④ 동물성 식품의 냄새
  ㉠ 아민류 및 암모니아류 : 육류, 어류 등
  ㉡ 카르보닐 화합물 및 지방산 류 : 치즈, 버터 등의 유지류
  ㉢ 트리메틸아민(TMA) : 생선의 비린내

10. 식품의 물성

(1) 식품의 콜로이드 상태

① 콜로이드(colloid) 끈적거리는 상태
  ㉠ 전분, 젤라틴(gelatin) 등을 물에 용해하면 설탕이나 소금 용액과 달리 불용성의 침전물이 형성되며, 이와 같은 상태를 콜로이드, 교질 상태라 부른다.
  ㉡ 콜로이드 용액에서는 용매, 용질, 용액이라는 용어 대신 분산매, 분산질, 분산계라는 개념으로 사용한다.
    • 분산매 : 용액에서의 물과 같이 분산시키는 용매
    • 분산질 : 분산되어 있는 존재 즉, 콜로이드 상태에 있는 것
    • 분산매(용매) + 분산질(용질) → 분산계(용액)

② 콜로이드 유동성에 따른 분류
  ㉠ 졸(sol)
    분산매가 액체이고, 분산질이 고체 또는 액체 인 콜로이드로서 유동성이 있는 액체 상태를 나타내는 것을 말한다(우유, 된장국, 스프, 한천 등).
  ㉡ 젤(gel)
    졸이 가열조리 등에 의해 유동성을 잃어 반고체 상태로 굳어지는 상태를 말한다(두부, 치즈, 어묵, 밥, 삶은 달걀, 족편, 마요네즈, 젤리, 잼 등).

(2) 식품의 물성론

① 점성(viscosity)과 점조성(consistency)
  ㉠ 점성과 점조성은 유체에 대한 저항을 나타내는 성질들이다.
  ㉡ 점 성
    균일한 형태와 크기를 갖는 저분자의 단일 물질로 구성된 액체(물, 시럽)
  ㉢ 점조성
    다른 형태와 크기를 갖는 복합물질로 구성된 비액체(토마토케첩, 마요네즈)

젤(gel)의 분산질과 분산매를 순서대로 바르게 짝지은 것은?
① 고체 – 액체
② 액체 – 고체
③ 고체 – 고체
④ 액체 – 액체
답 ①

분산질의 크기에 따라 큰 것부터 나열된 것은?
① 현탁액 > 콜로이드용액 > 진용액
② 진용액 > 콜로이드용액 > 현탁액
③ 현탁액 > 진용액 > 콜로이드용액
④ 진용액 > 현탁액 > 콜로이드용액

해설 분산질의 크기
• 현탁액 : 진흙물처럼 작은 알갱이들이 용해되지 않은 채 액체 속에 퍼져 있는 것
• 진용액 : 직경 1μm 이하의 작은 분자들이 용해되어 있는 용액(설탕물)
답 ①

단백질 젤(gel) 식품이 아닌 것은?
① 삶은 달걀   ② 두 부
③ 족 편   ④ 우 유
답 ④

다음 중 콜로이드 상태가 아닌 것은?
① 난백거품
② 젤라틴 젤리
③ 우 유
④ 소금물
답 ④

② 가소성(plasticity)

외부의 힘에 의해 변형된 물체가 그 힘을 제거하여도 원래의 형태로 되돌아가지 않는다(버터, 마가린, 치즈 등).

③ 점탄성(viscoelastity)

㉠ 점성과 탄성을 동시에 갖고 있는 것이다.

㉡ 아마인유, 츄잉껌, 부드러운 떡, 밀가루 반죽 등이 대표적이다.

④ 항복값(yield value)

㉠ 생크림의 경우 작은 힘을 가한 상태에서는 탄성을 나타내지만 이어서 큰 힘이 가해지면 소성을 나타내어 부서진다.

㉡ 탄성에서 소성으로 변화시키는 한계의 힘을 항복값이라 한다.

11. 식품의 유독성분

(1) 흡입 경로에 따른 식품 유독성분의 분류

분류	정 의		예
내인성 유독물질	식품원료가 여러 가지 생육조건에 따라 합성하여 함유하는 물질		• 식물성 자연독 • 동물성 자연독
외인성 유독물질	• 식품에 의도적 또는 비의도적으로 잔존하여 식품에 존재하는 물질 • 환경으로부터 식품원료에 혼입 • 환경으로부터 혼입된 물질의 대사산물 • 조리가공 중 식품에서 생성된 독성물질	의도적 첨가물질	• 잔류 농약 • 잔류 동물용 의약품
		비의도적 혼입물질	• 유해성 금속물질 • 용기포장으로부터 용출된 물질 • 식품 내 환경 오염물질 • 미생물 생산 유독물질

(2) 내인성 유독물질

① 식물성 식품의 유독성분

㉠ 트립신 저해제(trypsin inhibitor) : 콩, 완두, 땅콩 등의 두류

㉡ 고시폴(gossypol) : 면실유

㉢ 솔라닌(solanine) : 감자 싹

㉣ 아미그달린(amygdalin) : 청매

㉤ 리신(rixin) : 피마자

② 동물성 식품의 유독성분

㉠ 테트로도톡신(tetrodotoxin) : 복어의 알, 난소, 간, 눈알, 피

㉡ 삭시톡신(saxitoxin) : 섭조개, 가리비, 대합조개

㉢ 베네루핀(venerupin) : 모시조개, 바지락

유독성분 연결이 잘못 연결된 것은?

① 감자 : 솔라닌
② 피마자 : 리신
③ 섭조개 : 베네루핀
④ 복어 : 테트로도톡신

해설 섭조개→삭시톡신

답 ③

(3) 외인성 유독물질
① 세균성
  ㉠ 엔테로톡신(enterotoxin) : 황색포도상구균
  ㉡ 보툴리눔 독소(botulinum toxin) : 클로스트리디움 보툴리누스균
  ㉢ 웰치 독소 : 클로스트리디움 퍼프린젠슨균
② 곰팡이성
  ㉠ 아플라톡신(afiatoxin) : 땅콩, 곡류
  ㉡ 오크라톡신(ochratoxin) : 옥수수, 밀
  ㉢ 시트리닌(citrinin) : 황변미
  ㉣ 파툴린(patulin) : 사과주스
③ 유해금속
  ㉠ 수은중독 : 미나마타병
  ㉡ 카드뮴중독 : 이타이이타이병
④ 환경호르몬
  ㉠ 내분비계 교란물질(Endocrine Disrupting Chemicals, EDCs)
  ㉡ 다이옥신, 비스페놀A, 프탈레이드, 벤조피렌, 스티렌다이머

02 효소

1. 식품과 효소

(1) 효소(enzyme)
① 효소의 정의 : 효소란 생물에 의하여 생산되며 아주 작은 양으로 분해 및 합성 등의 화학반응 속도를 촉진시키는 일종의 유기촉매라 할 수 있으며, 그 구성은 단백질이다.
② 효소의 식품에 대한 작용
  ㉠ 효소작용을 이용 : 육류, 치즈, 된장의 숙성
  ㉡ 효소작용을 억제 : 식품의 선도유지 및 변색방지
  ㉢ 식품의 질적 향상을 위한 이용 : 과즙, 포도주에 펙티나아제를 첨가하여 혼탁을 방지, 육류에 프로테아제를 첨가하여 연화하는 등
③ 효소의 성질
  ㉠ 기질 특이성 : 특정한 기질 또는 하나의 제한된 그룹에만 속하는 물질에만 작용한다.
  ㉡ 작용특이성 : 반응과정에서 스스로는 소모되거나 변화하지 않고, 한 종류의 화학반응 촉매역할을 한다.

효소에 대한 일반적인 설명으로 틀린 것은?
① 살아있는 생물체에서 만들어지며 화학반응으로 촉매한다.
② 일종의 단백질로서 가열하면 변성되어 불활성화 된다.
③ 1가지 효소는 2가지 이상의 반응을 촉매하는 반응 특이성이 있다.
④ 활성을 나타내는 최적 온도는 30~40℃이다.

답 ③

(2) 효소의 종류

① **산화환원효소** : 세포 내에서 생체성분을 산화적으로 분해하여 많은 에너지를 방출하는 데 관여하는 효소를 호흡효소라 한다.
- 산화반응, 탈수조반응, 수소첨가반응, 환원반응

② **전달효소** : 한 기질에서 다른 기질로 기 또는 원자단을 옮기는 반응을 촉매하는 효소이다.
- 메틸기, 아세틸기, 글루코스기, 아미노기, 인산기 등의 원자단을 전이하는 반응을 한다.

③ **가수분해효소** : 물분자 개입으로 기질의 공유결합을 가수분해하여 분해하는 반응을 촉매하는 효소이다.
- 단백질, 탄수화물, 지방의 분해는 모두 가수분해에 해당된다.

④ **분해효소**

기질에 이중결합을 생성하거나 이중 결합에 이들 원자단을 부가하는 반응을 촉매하는 효소이다.
- 물, 암모니아, 카르복실기, 알데하이드기 등의 원자단을 분해한다.

⑤ **이성화효소**

기질분자의 분해, 전이, 산화환원을 수반하지 않는 분자의 이성화 반응을 촉매하는 효소이다.
- 입체 이성화 반응, 시스트렌스 전환반응, 분자내의 산화환원 및 전이 반응 관여

⑥ **연결효소**

합성효소라고도 하며 ATP 또는 그것과 비슷한 TPA의 분해와 결합을 촉매하는 효소이다.
- ATP → AMP + PP 반응과 합성반응에 관여한다.

(3) 효소반응에 영향을 미치는 인자

① **온 도** : 온도가 상승하면 반응속도는 증가하고 최적온도 30~40℃이며 그 이상이 되면 불활성화 된다.

② **pH** : 효소반응에는 pH 조절이 필요하며, 작용최적 pH는 4.5~8.0이다.

③ **효소농도 및 기질농도**

일정한 효소량에 대해 기질의 농도를 증가시키면, 처음의 반응은 빠르게 진행되나, 그 후 기질의 농도를 증가시켜도 그에 따라 증가하지 않고 일정해진다.

④ 저해제 및 부활제
  ㉠ 저해제 : 효소작용을 억제하는 물질로 다른 효소 위치에 결합하여 구조변화가 발생하여, 이 경우 저해제의 농도를 감소시켜야만 한다.
  ㉡ 부활제 : 효소작용을 촉진하는 물질(Ca, Mg, Mn)

(4) 주요 효소

① 산화환원효소
  ㉠ 티로시나제(Tyrosinase) : 멜라닌 생성 조절, 버섯, 감자, 사과의 갈변에 관여
  ㉡ 아스코르브 옥시다제(Ascorbate Oxidase) : 비타민 C 산화, 효소적 갈변. 양배추, 오이, 당근 등에 존재
  ㉢ 리폭시다제(Lopoxydase) : 식물의 변색, 냄새형성, 유지의 변향, 두류, 곡류 등에 존재

② 가수분해효소

구분	효소	분해과정	소화액
탄수화물분해효소	아밀라제	전분 → 덱스트린+맥아당	침, 이자액
	수크라제	설탕 → 포도당+과당	소장, 효모
	말타제	맥아당 → 포도당+포도당	장액
	락타제	젖당 → 포도당+갈락토오즈	장액
단백질분해효소	펩신	단백질 → 펩톤	위액
	펩시다아제	펩티드 → 아미노산	소화액
	트립신	단백질 → 펩티드, 아미노산	췌액, 장액
지질분해효소	리파아제	지방+글리세롤	췌장액
응고효소	레닌	우유 응고 효소, 치즈제조	유아, 송아지의 위액

③ 식물성 단백질 분해효소
  ㉠ 파파인 : 파파야에서 추출, 육질연화작용
  ㉡ 브로멜린 : 파인애플에서 추출, 육류의 소화촉진
  ㉢ 휘신 : 무화과에서 추출
  ㉣ 프로타아제 : 배즙에서 추출

효소와 기질이 잘못 연결된 것은?
① 아밀라아제 : 전분
② 파파인 : 펙틴
③ 레닌 : 단백질
④ 리파아제 : 지방

[해설] 단백질 분해효소
파파인(papain)은 파파야에 들어 있는 식물성 단백질 분해효소이다.
답 ②

탄수화물의 분해효소는?
① 펩신   ② 트립신
③ 리파제 ④ 말타아제
답 ④

03 식품과 영양

1. 영양소의 기능 및 영양소 섭취기준

(1) 영양과 영양소
① **영양** : 인간이 식품을 섭취하여 소화, 흡수 과정을 거쳐 생명의 유지와 성장, 손상된 조직을 재생하고 불필요한 물질을 체외로 배설하는 일련의 과정이다.
② **영양소** : 생명 및 생리적 기능을 유지하기 위해 섭취하는 식품에 함유되어 있는 물질이다.

(2) 영양소의 기능 분류
① **열량영양소** : 체온유지 등 활동하는 데 필요한 열량[탄수화물(4kcal), 단백질(4kcal), 지방(9kcal)]
② **구성영양소** : 몸의 조직을 구성하는 성분을 공급(단백질, 무기질, 물)
③ **조절영양소** : 체내의 생리작용(소화, 호흡, 배설 등) 조절, 무기질, 비타민, 물

(3) 기초 대사량
호흡, 심장박동, 혈액운반, 소화 등에 필요한 열량을 말한다.

> **TIP 기초대사량**
> • 성인남자 : 1,400~1,800kcal
> • 성인여자 : 1,200~1,400kcal
>
> ■ 기초대사에 영향을 주는 인자
> • 체표면적이 클수록 소요 열량이 크다.
> • 남자가 여자보다 소요 열량이 크다.
> • 근육질인 사람이 지방질인 사람에 비해 소요 열량이 크다.
> • 발열이 있는 사람은 소요 열량이 크다.
> • 기온이 낮으면 소요 열량이 커진다.

(4) 식사구성원과 식품구성 자전거
① **식사구성안** : 일반인에게 영양섭취기준에 만족할 만한 식사를 제공할 수 있도록 식품군별 대표 식품과 섭취횟수를 이용하여 식사의 기본구성 개념을 설명한 것이다.
② **식품구성 자전거와 식품군별 1인 1회 분량** : 식품구성자전거는 6개의 식품군에 권장식사 패턴의 섭취횟수와 분량에 맞추어 바퀴면적을 배분한 형태로 기조의 식품구성탑보다 다양한 식품섭취를 통한 균형 잡힌 식사와 수분섭취의 중요성 그리고 적절한 운동을 통한 비만예방이라는 기본개념을 나타낸다.

다음 중 조절 영양소만으로 짝지어진 것은?
① 탄수화물, 단백질, 지방
② 단백질, 무기질, 수분
③ 탄수화물, 무기질, 비타민
④ 비타민, 무기질

 ④

다음 중 성인 남자의 기초대사량으로 알맞은 것은?
① 800kcal ~ 1,400kcal
② 1,400kcal ~ 1,800kcal
③ 1,800kcal ~ 2,400kcal
④ 2,400kcal ~ 3,000kcal

 ②

※ 식품구성자전거/자료출처 : 보건복지부·한국영양학회, 2015 한국인 영양소 섭취기준

(5) 식품군별 대표 식품의 1인 1회 분량

식품군	주요 식품별 1인 1회 분량
곡류	밥 1공기(210g), 국수 1대접(건면100g), 식빵(大) 2쪽(100g), 감자(中) 1개(130g), 밤(大) 5개(100g), 시리얼1접시(40g)
고기·생선·달걀·콩류	육류 1접시(생 60g), 닭고기 1조각(생 60g), 생선 1토막(생 60g), 콩 20g, 두부 2조각(80g), 달걀 1개(60g)
채소류	시금치나물 1접시(생 70g), 콩나물 1접시(생 70g), 배추김치 1접시(생 40g), 오이소박이 1접시(생 60g), 버섯 1접시(생 30g), 물미역 1접시(생30g)
과일류	사과(中) 1/2개(100g), 귤(中) 1개(100g), 참외(中) 1/2개(200g), 포도(中) 15알(100g), 오렌지주스 1/2c(100g)
우유·유제품류	우유 1c(200g), 치즈 1장(20g), 호상 요구르트 1/2c(100g), 액상 요구르트 3/4c(150g), 아이스크림 1/2c(100g)
유지·당류	식용유 1ts(5g), 버터 1ts(5g), 마요네즈 1ts(5g), 커피믹스 1봉(12g), 설탕 1Ts(10g)

* 다른 식품들 1회 분량의 1/2 에너지를 함유하고 있으므로 식단 작성 시 0.5회로 간주함

다음의 식단구성 중 편중되어 있는 영양가의 식품군은?

> 완두콩밥, 된장국, 장조림, 명란알찜
> 두부조림, 생선구이

① 탄수화물 군
② 단백질 군
③ 비타민/무기질 군
④ 지방 군

답 ②

땅콩, 호두, 잣, 아몬드는 식사구성단의 어떤 식품군에 포함되는가?

① 곡류 및 전분류
② 고기, 생선, 달걀, 콩류
③ 유지 및 당류
④ 채소류

답 ②

CHAPTER 04 구매관리

01 시장조사 및 구매관리

1. 시장조사

(1) 시장조사의 의의
① 마케팅 의사결정을 위해 실행 가능한 정보를 제공하는 목적으로 다양한 자료를 체계적으로 획득하고 분석하는 객관적이고 공식적인 과정이다.
② 구매활동에 있어서 요구되는 정보 및 자료를 수집하고 분석, 검토하여 최적 상태의 구매를 계획하고 생산 활동, 원가절감과 이익증대까지 효율적이고 경제적인 예측은 가격변동, 수급현황, 신자재의 개발, 공급업자와 업계의 동향을 파악하기 위해서 매우 중요하다.

(2) 시장 조사의 목적
① **식품재료비 산출** : 원가계산을 위한 구매 예정가격 결정
② **경제적인 식품구매** : 구매방법 개선을 통한 비용절감
③ **합리적인 식단작성** : 가격 대비 영양성을 고려한 식단 작성

(3) 시장조사의 내용
① **품 목** : 무엇을 구매해야 하는가(제조회사, 대체품 고려)
② **품 질** : 어떠한 품질과 가격의 물품을 구매할 것인가(가치=품질/가격으로 보았을 때 물품가치를 고려)
③ **수 량** : 어느 정도의 양을 구매할 것인가(예비구매량, 대량구매에 따른 원가절감, 보존성 고려)
④ **가 격** : 어느 정도의 가격에 구매할 것인가(물품의 가치와 거래조건 변경 등에 의한 가격인하 고려 여부)
⑤ **시 기** : 언제 구매할 것인가(구매가격, 사용시기와 시장시세)

식품구매관리에 있어 시장조사의 목적으로 가장 거리가 먼 것은?
① 식품 재료비 산출
② 경제적인 식품 구매
③ 합리적인 식단 작성
④ 소비자의 기호 확인

답 ④

⑥ 구매거래처 : 어디서 구매할 것인가를 위해서는 최소한 2곳 이상의 업체로부터 견적을 받은 후 검토해야 하고, 식품의 경우 수급량 및 기후조건에 의한 가격 변동이 심하고 저장성이 떨어지므로 한 군데와 거래하는 경우 구매자는 정기적인 시장가격조사를 통해 가격을 확인해야 한다.

⑦ 거래조건 : 어떠한 조건으로 구매할 것인가(인수, 지불조건)

(4) 시장조사의 종류

① 일반 기본시장조사 : 구매정책을 결정하기 위해서 시행하는 것으로 전반적인 경제계와 관련업계의 동향, 기초자재의 시가, 관련업체의 수급변동상황, 구입처의 대금결제조건 등을 조사한다.

② 품목별 시장조사 : 현재 구매하고 있는 물품의 수급 및 가격 변동에 대한 조사로 구매물품의 가격산정을 위한 기초자료와 구매수량 결정을 위한 자료로 활용된다.

③ 구매 거래처별 시장조사 : 계속 거래인 경우 안정적인 거래를 유지하기 위해서 주거래 업체의 개괄적 상황, 기업의 특색, 금융상황, 판매상황, 노무 상황, 생산 상황, 품질관리, 제조원가 등의 업무조사를 실시한다.

④ 유통경로별 시장조사 : 구매가격에 직접적인 영향을 미치는 유통경로를 조사한다.

(5) 시장조사의 원칙

① 비용 경제성 : 시장조사에 사용된 비용이 조사로부터 얻을 수 있는 이익을 초과해서는 안 되므로 소요비용이 최소가 되도록 하여 조사비용과 효용성 간에 조화가 이루어지도록 한다.

② 조사 적시성 : 시장조사의 목적은 조사 자체에 있는 것이 아니므로 구매업무를 수행하는 소정의 기간 내에 끝내야 한다.

③ 조사 탄력성 : 시장수급상황이나 가격변동과 같은 시장상황 변동에 탄력적으로 대응할 수 있는 조사가 되어야 한다.

④ 조사 계획성 : 시장조사는 그 내용이 정확해야 하므로 사전에 계획을 철저히 세워야 한다.

⑤ 조사 정확성의 원칙 : 조사하는 내용이 정확해야 한다.

구매 시장조사의 종류 중 구매물품의 가격 산정을 위한 기초자료와 구매수량 결정을 위한 자료로 활용할 수 있는 자료는?
① 일반 기본시장조사
② 품목별 시장조사
③ 구매거래처의 업태조사
④ 유통경로의 조사

답 ②

2. 식품구매관리

(1) 구매관리
구매자가 물품을 구입하기 위해 계약을 체결하고 그 계약조건에 따라 물품을 인수하고 대금을 지불하는 전반적인 과정을 의미한다.

(2) 구매관리의 목적
적정한 품질 및 적정한 수량의 물품을 적정한 시기에 적정한 가격으로 적정한 공급원으로부터 적정한 장소에 납품하도록 하는 데 있다. 특정물품, 최적품질, 적정수량, 최적가격, 필요시기를 기본으로 목적 달성을 위한 효율적인 경영관리를 달성하는 데 있다.

(3) 구매관리의 목표
① 필요한 물품과 용역을 지속적으로 공급해야 한다.
② 품질, 가격, 제반 서비스 등 최적의 상태를 유지해야 한다.
③ 재고와 저장관리 시 손실을 최소화한다.
④ 신용이 있는 공급업체와 원만한 관계를 유지하면서 대체 공급업체를 확보하여야 한다.
⑤ 구매 관련의 정보 및 시장조사를 통한 경쟁력을 확보한다.
⑥ 표준화·전문화·단순화의 체계를 확보한다.

(4) 식품구매 절차
필요성 인식 → 물품의 종류 및 수량결정 → 물품구매 명세서 작성 → 공급업체 선정 및 계약 → 물품발주 → 납품 → 대금지급 → 입고 및 검수 → 구매기록 보관

(5) 식품구매 시 유의사항
① 식품구입 계획 시 식품의 가격과 출회표에 유의한다.
② 육류는 중량과 부위에 유의하고, 냉장시설이 있으면 1주일분을 구입한다.
③ 과일류는 산지별, 품종, 상자당 개수를 확인하고 필요에 따라 수시 구입한다.
④ 과채류 및 어패류는 신선도를 확인하여 필요에 따라 수시 구입한다.
⑤ 곡류, 건어물, 조미료 등 장기보관이 가능한 식품은 1개월분을 한번에 구입한다.
⑥ 보관 및 저장에 제한이 없다면 대량 구입 또는 공동구입으로 저렴하게 구입한다.
⑦ 가공식품은 제조일, 유통기한을 확인하여 구입한다.

조리를 위한 구매관리가 옳은 것은?
① 장기 식단을 작성하여 계획 구입하도록 한다.
② 모든 식품 재료는 매일 구입하도록 한다.
③ 한 장소만 선정하여 구입하도록 한다.
④ 가공식 중심으로 구입하도록 한다.
답 ①

다음의 설명이 의미하는 것은?
구입하고자 하는 물품에 대하여 적정거래처로부터 원하는 수량만큼 적정시기에 최소의 가격으로 최적의 품질의 것을 구입할 목적으로 구매활동을 계획 통재하는 관리활동을 나타낸다.
① 구매관리   ② 위생관리
③ 시장관리   ④ 재고관리
답 ①

효율적인 구매관리가 이루어지면 얻을 수 있는 효과가 아닌 것은?
① 조리과정의 단순화
② 필요로 하는 물품의 원활한 공급
③ 투자의 최소화
④ 공급되는 음식의 품질유지
답 ①

(6) 식품구매 공급업체 선정방법

① 경쟁입찰계약
- ㉠ 공급업자에게 견적서를 제출받고 품질이나 가격을 검토한 후 낙찰자를 정하여 계약을 체결하는 방법
- ㉡ 공식적 구매방법
- ㉢ 일반경쟁입찰, 지명입찰로 바뀜
- ㉣ 쌀, 건어물 등 저장성이 높은 식품구매 시 적합
- ㉤ 공평하고 경제적

② 수의계약
- ㉠ 공급업자들을 경쟁시키지 않고 계약을 이행할 수 있는 특정업체와 계약을 체결하는 방법
- ㉡ 비공식적 구매방법
- ㉢ 복수견적, 단일견적으로 나뉨
- ㉣ 채소류, 두부, 생선 등 저장성이 낮고 가격변동이 많은 식품구매 시 적합
- ㉤ 절차 간편, 경비와 인원 감소 가능

(7) 발주량 산출 방법

① 총발주량

$$총발주량 = \frac{정미량}{(100-폐기율)} \times 100 \times 인원\ 수$$

② 필요비용

$$필요비용 = 필요량 \times \frac{100}{가식부율} \times 1Kg당\ 단가$$

③ 출고계수

$$출고계수 = \frac{100}{(100-폐기율)} = \frac{100}{가식부율}$$

④ 폐기율

$$폐기율 = \frac{폐기량}{전체중량} \times 100 = 100 - 가식부율$$

시금치 나물을 조리할 때 1인당 80g이 필요하다면, 식수인원 1500명에 적합한 시금치 발주량은? (단, 시금치 폐기율은 4%이다)

① 100kg ② 110kg
③ 125kg ④ 132kg

답 ③

급식인원이 500명인 단체급식소에서 가지조림을 하려고 한다. 가지의 1인당 중량이 30g이고, 폐기율이 6%일 때 총 발주량은?

① 약 15kg ② 약 16kg
③ 약 20kg ④ 약 25kg

해설

$$총발주량 = \frac{정미중량}{100-폐기물} \times 100 \times 인원수$$

$$= \frac{30}{100-6} \times 100 \times 500$$

$$= 15.9kg$$

∴ 약 16kg

답 ②

3. 식품재고관리

(1) 효율적인 재고관리

① 저장창고별로 품목의 위치정렬하고 품목명을 기록한다.
② 실사에 품목의 가격을 미리 기록한다.
③ 특히 냉동 저장물품은 꼬리표를 달아서 입고한다.
④ 재고조사표를 작성한다. 품목별 재고수량 및 중량 등을 확인하고 작성한다.
⑤ 경제적 발주량이 될 수 있도록 현재의 재고량을 고려하여 결정한다.
⑥ 구매명세서를 보고 구매발주서(주문서, 구매전표, 발주전표)를 작성한다.

4. 식품 재고관리의 본질

① 물품부족으로 인한 급식생산 계획의 차질을 미연에 방지
② 도난과 부주의로 인한 식품재료의 최소화
③ 급식 생산에 요구되는 식품재료와 일치하는 최소량의 재고량 유지
④ 정확한 재고 수량을 파악함으로써 불필요한 주문을 방지하여 구매비용 절약

5. 재고자산 평가방법

① 선입선출법(FIFO : First-in, First-out) : 먼저 구입한 재료부터 먼저 소비한다.
② 후입선출법(LIFO : Last-in, First-out) : 나중에 구입한 재료부터 먼저 소비한다.
③ 개별법 : 재료를 구입단가별로 가격표를 붙여서 보관하다가 출고 할 때 그 가격표에 붙어 있는 구입단가를 재료의 소비가격으로 하는 방법이다.
④ 평균법
  ㉠ 단순평균법 : 일정기간 동안 구입단가를 구입횟수로 나눈 구입단가의 평균을 재료 소비단가로 하는 방법이다.
  ㉡ 이동평균법 : 구입단가가 다른 재료를 구입할 때마다 재고량과의 가중 평균가를 산출하여 이를 소비재료의 가격으로 하는 방법이다.
  ㉢ 재료소비량의 계산법

계속기록법	재료의 입고 및 출고상황을 계속 기록하여 재료 소비량을 파악하는 방법
재고조사법	재고이월량과 재료구입량의 합계에서 잔여재고량을 차감함으로써 재료 소비량을 파악한다.

식품수불부의 기장법 중 최근에 구입한 식품부터 불출한 것처럼 기록하는 방법은?
① 선입선출법 ② 후입선출법
③ 이동평균법 ④ 총평균법

답 ②

재료소비량을 알아내는 방법과 거리가 먼 것은?
① 계속기록법
② 재고조사법
③ 선입선출법
④ 역계산법

답 ③

02 검수관리

1. 식재료의 품질확인 및 선별

① 검수관리 정의

납품된 물품의 품질, 선도, 위생상태, 수량, 규격이 발주서와 동일한가를 현품과 대조·점검하여 수령여부를 판단하는 과정을 말한다. 이러한 검수방법에는 주로 전수검사와 발췌검사가 주로 활용된다.

㉠ 전수검수법

물품이 소량이거나 소규모 단위일 때 일일이 납품된 품목을 검수하는 방법으로 정확성은 있으나 시간과 경비가 많이 소요되는 단점이 있다. 또 검수품목 종류가 다양하거나 고가품일 경우에도 많이 사용한다.

㉡ 샘플링(발췌) 검수법

대량 구매물품이나 동일 품목으로 검수물량이 많거나 파괴검사를 해야 할 경우 일부를 무작위로 선택해서 검사하는 방법이다.

㉢ 식재료의 검수절차

- 검수절차 : 납품·물품과 발주처 발품서 대조 → 품질검사 → 물품의 인수 또는 반품 → 인수 물품입고 → 검수기록 및 문서 정리
- 식품종류별 검수순서

  냉장식품 → 냉동식품 → 신선식품(과일, 채소) → 공산품

② 식품의 감별

㉠ 식품 감별의 목적

- 부정식품이나 불량식품의 적발
- 위생상 위해한 성분을 검출하여 식중독 등의 사고를 미연에 방지
- 식품위생상 위해도 판정

㉡ 각 식품별 검사기준

육류 및 가공품	• 부위등급(지방점유율, 육색, 지방색), 육질, 절단상태, 신선도 • 소고기는 선홍색을 띠며 윤기가 나고, 돼지고기는 분홍색을 띠는 붉은색이어야 함 • 육질에 탄력성이 있고 얼룩이나 반점이 없어야 한다. • 육가공품은 잘랐을 때 단면의 색깔이 좋고, 탄력이 좋고, 특유의 향기와 냄새가 나는 것
수산식품 및 가공품	• 신선도 색과 광택 외관 형태, 건조 상태(건어물) • 생선류: 눈이 투명하고, 아가미가 선홍색이며, 비린내가 나지 않으며, 탄력성이 있고, 눈이 돌출된 것 • 건어물 : 건조 상태가 좋고 이상한 냄새 및 불순물이 없는 것

납품된 물품 중에서 일부만 뽑아 검사하고 그 결과를 판정기준과 대조하여 적합여부를 결정하는 방법은?

① 전수검수법
② 발췌검수법
③ 무게검수법
④ 비규칙검수법

답 ②

검수원이 대조하여야 할 서류가 아닌 것은?

① 발주서
② 구매의뢰서
③ 거래명세서
④ 참고물품불출서

답 ④

식품과 감별항목의 연결이 옳지 않은 것은?

① 육류 : 부위등급, 중량
② 달걀 : 투시, 광택
③ 채소류 : 성숙도, 색과 광택
④ 곡류 : 건조 상태, 이물질 혼합여부

답 ③

식품의 감별법 중 틀린 것은?
① 감자 – 병충해, 발아, 외상, 부패 등이 없는 것
② 밀가루 – 색은 희고 덩어리진 것
③ 달걀 – 표면이 거칠고 광택이 없는 것
④ 소고기 – 선홍색을 띠며 윤기가 나는 것

답 ②

곡류 및 밀가루	• 품종, 수확연도, 산지, 건조 상태, 이물질 혼합여부, 광택 • 쌀 : 불순물이 섞이지 않고 알맹이가 고르며, 광택이 있고 산패취가 나지 않는 것 • 밀가루 : 건조 상태가 좋고 덩어리가 없으며, 이상한 냄새나 맛이 없는 것
서류	• 병충해 발아, 외상, 부패 등이 없는 것 • 특히 고구마는 밝은 껍질의 것이 좋다. • 토란 : 원형에 가까운 모양의 것으로 껍질을 벗겼을 때 살이 희고 자른 단면이 단단하고 끈적끈적한 감이 강한 것
난류 및 계류	• 계류 : 크기, 절단부위, 중량, 육색 • 난류 : 크기, 중량, 신선도 표면의 질감
과일류	• 크기, 외관형태, 숙성 정도, 색상, 향기, 등급 • 상처가 없고 색이 선명한 것
채소류	• 신선도, 크기, 중량, 색상, 등급, 잔류농약 • 오이 : 가시가 있고, 굵기는 고르고 무거운 느낌이 나는 것 • 당근 : 전체가 같은 색을 띠며 잘랐을 때 단단한 심이 없는 것 • 우엉 : 길게 쭉 뻗은 모양으로 통통하며 외피가 부드러운 것 • 배추 : 연백색으로 잎이 두껍지 않으며 속에 심이 없는 것 • 대파 : 시들거나 억세지 않고, 뿌리에 가까운 부분의 흰색이 굵고 긴 것
우유 및 유제품	• 우유 : 유백색으로 냄새가 없으며 신선도 pH 6.6, 물컵에 우유를 떨어뜨렸을 때 구름처럼 퍼지는 것 • 유제품 : 불쾌한 냄새가 나지 않으며 입안에서 감촉이 좋은 것
통조림	• 제조일자, 유통기한, 외관형태, 내용물 표시 • 겉이 찌그러지지 않고 녹슬지 않으며, 뚜껑이 돌출되지 않은 것

2. 조리기구 및 설비특성과 품질확인

(1) 전 처리설비의 종류 및 특성

① 전 처리설비 : 조리하고자 하는 원료의 입고·보관 세정 절단 등의 작업을 하는 공간의 장비

② 전 처리설비의 종류
  ㉠ 냉장·냉동고
  ㉡ 세정대
  ㉢ 작업대 찬장, 작업대, 도마작업대, 칼, 도마 소독기
  ㉣ 낮은 렌지

③ 전 처리설비의 설치 및 재질
  ㉠ 대형주방의 경우 냉장·냉동고를 건축 시 빌트인 장비로 설치하는 것이 유리하다.
  ㉡ 모든 주방기기는 스테인리스 스틸의 재질, 열기구의 경우 열이 접하는 부분은 주물재질이 좋다.

(2) 후 처리설비의 종류와 특성

㉠ 후 처리설비 : 조리한 음식을 손님에게 제공하기 위해 데코레이션, 혹은 반찬류 등을 제공하기 위한 설비와 식사 완료 후 퇴식, 식기세척 등에 사용되는 장비

㉡ 처리설비의 종류
- 냉장테이블, 찬 냉장고
- 작업대 찬장, 중탕기, 상부선반, 보온고, 보냉고
- 식기세척기 외 보조장비 등의 장비류

③ 후처리 설비의 재질 : 스테인리스 스틸 재질

3. 검수를 위한 설비 및 장비활용 방법

(1) 검수장소 및 시설

① 검수장소 선정 시 고려사항
㉠ 물품 납품시의 접근용이성 및 편리성
㉡ 입고와 관련된 운반 동선 공간 확보
㉢ 사무실 설치 시 유리 설치로 외부에서 검수작업 확인
㉣ 사무실 외부의 충분한 공간 확보
㉤ 동선거리의 최소화 용이성

② 검수시설 조건
㉠ 물품검사를 실시하기 위한 검수대(바닥에 물품을 놓지 않도록 주의)
㉡ 물품검수에 필요한 적절한 조명(540lux 이상)
㉢ 물품과 사람이 이동하기에 충분한 공간 및 동선구축 및 기기류의 배치
㉣ 안전성이 확보될 수 있는 장소
㉤ 위생이 확보될 수 있는 장소(급·배수시설, 구충·구서·구배, 온도, 조명시설)
㉥ 청소하기 쉬운 시설

(2) 검수장비

① 저울 : 플랫폼형 저울, 디지털전자저울, 배식저울 등
② 측량 및 측정 도구 : 계량기, 계량컵, 온도계, 당도계, 계산기 등
③ 운반도구 : 카트, 돌리카트 등
④ 기 타
㉠ 칼, 망치, 캔따개 등
㉡ 검수 기록일지 작성 및 보관을 위한 책상 및 캐비닛 등

물품검수시설의 조건으로 틀린 것은?
① 물품검사를 할 수 있는 검수대를 설치한다.
② 안정성이 확보될 수 있는 장소
③ 물품검수에 적당한 조명을 설치한다.
④ 바닥에 물품을 놓고 검수한다.

답 ④

(3) 온도계의 종류
  ① 전자식 온도계
    ㉠ 냉장이나 냉동 상태로 운송되는 식품에 사용된다.
    ㉡ 탐침식으로 액정판에 온도가 표시된다.
    ㉢ 반응속도가 빠르고 탐침 끝 1~2mm 부분에서 온도 감지가 이루어진다.
  ② 적외선 비접촉식 온도계
    ㉠ 식품검수 시 유용하다.
    ㉡ 식품에 접촉하지 않으므로 살균처리가 불필요하다.
    ㉢ 식품 및 포장에 손상을 주지 않는다.
    ㉣ 온도를 순간적으로 읽어 시간적 지체가 없지만, 가격이 비싸다.

03 원 가

1. 원가의 의의 및 종류

(1) **원가의 의의** : 원가란 특정한 제품의 판매·제조, 서비스의 제공을 위해 소비된 경제가치의 총합을 의미한다. 즉 기업이 생산하는 데 소비한 경제가치이다.

(2) **원가계산의 목적**
  ① 원가관리의 목적 : 원가계산은 원가관리의 기초자료를 제공하고, 경영활동에 있어서 가능한 한 원가를 절감하도록 관리하는 기업이다.
  ② 가격결정의 목적
    ㉠ 제품을 생산하는 데 실질적으로 소비된 원가가 얼마인가를 산출하여 일정한 이윤을 가산하고 결정하게 된다.
    ㉡ 제품의 판매가격을 정하는 목적으로 원가를 계산한다.
  ③ 재무제표의 작성 목적
    ㉠ 원가계산은 재무제표를 작성하는 데 기초자료를 제공한다.
    ㉡ 일정 기간 동안의 경영활동 결과를 재무제표로 작성하여 기업의 외부 이해관계자들에게 보고하는 것이다.
  ④ 예산 편성의 목적 : 예산을 편성할 때 기초자료로 이용하기 위하여 원가를 계산하는 것이다.

(3) **원가계산기간** : 경우에 따라서 3개월 또는 1년에 한 번씩 실시하기도 하지만 보통 1개월에 한 번씩 실시하는 것이 원칙이다.

총원가에 대한 설명으로 맞는 것은?
① 제조간접비와 직접원가의 합이다.
② 판매관리비와 제조원가의 합이다.
③ 판매관리비, 제조간접비, 이익의 합이다.
④ 직접재료비, 직접노무비, 직접경비, 직접원가, 판매관리비의 합이다.

답 ②

(4) 원가의 종류

① 원가의 3요소
  ㉠ 재료비 : 제품제조에 소비된 물품의 원가(단체급식시설에 있어 재료비는 급식재료비를 의미)
  ㉡ 노무비 : 제품제조에 소비된 물품의 원가로 임금, 급료, 잡금 등(노동의 가치)으로 구분
  ㉢ 경비 : 제품제조에 소비된 재료비, 노무비 이외의 수도, 전력비, 광열비, 감가상각비, 보험료 등

② 제조원가·직접원가·총원가
  ㉠ 직접원가(기초원가) : 직접재료비 + 직접노무비 + 직접경비
  ㉡ 제조원가 : 직접원가 + 제조간접비
  ㉢ 총원가 : 판매관리비 + 제조원가
  ㉣ 판매원가 : 총원가 + 이익

			이익
		판매관리비	
	제조간접비		총원가
직접재료비 직접노무비 직접경비	직접원가	제조원가	
직접원가	제조원가	총원가	판매원가

③ 직접비·간접비
  ㉠ 직접비 : 여러 가지 제품이 생산되는 경우에 한 제품의 제조에 직접적으로 발생하는 원가
  ㉡ 간접비 : 여러 가지의 제품에 공동적으로 발생하는 원가

④ 실제원가·예상원가·표준원가·판매원가
  ㉠ 실제원가(확정원가, 현실원가, 보통원가) : 제품이 제조된 후 실제로 소비된 원가
  ㉡ 예상원가(추정원가, 견적원가, 사전원가) : 제품제조 이전에 제조에 소비될 것으로 예상되는 원가를 산출한 사전 원가
  ㉢ 표준원가 : 이상적으로 제조활동을 할 경우에 예상되는 원가로 과학적·통계적 방법에 의하여 미리 표준이 되는 원가를 설정하고 이를 실제원가와 분석, 비교하기 위한 것

불고기를 만들어 파는 데 1kg 기준으로 비용은 등심 18,000원, 양념비 3,500원이 소요되었다. 1인분에 200g을 사용하고 식재료 비율을 40%로 하려고 할 때 판매가격은?

① 9,000원 ② 10,750원
③ 14,000원 ④ 17,750원

해설 판매가격
1kg 원가=18,000+3,500=21,000원
1인분 200g 원가=21,000÷5=4,300원
식재료 비율 40%이므로
4,300÷40%=10,750원

답 ②

닭고기 20kg으로 닭강정 100인분을 판매한 매출액이 1,000,000원이다. 닭고기의 kg당 단가가 12,000원이고 총양념 비용으로 80,000원이 들었다면 식재료의 원가비율은?

① 24% ② 28%
③ 32% ④ 40%

해설 식재료의 원가비율
닭고기 20kg×kg당 단가 12,000=240,000원
240,000+80,000(양념비)=320,000원
판매금액 1,000,000원에 재료비 320,000원이므로 32%

답 ③

ㄹ) 판매원가(판매가격) : 각 원가요소가 어떠한 범위까지 원가계산에 집계되는가의 관점에서 분류한 것

(5) 원가계산의 법칙
① 확실성의 원칙
② 비교성의 원칙
③ 진실성의 법칙
④ 계산경제성의 원칙
⑤ 발생기준의 법칙
⑥ 상호 관리의 원칙
⑦ 정상성의 위치

2. 원가분석 및 계산

(1) 원가계산의 구조
① 1단계 : 요소별 원가계산
  ㄱ) 직접비 : 직접(주요) 재료비, 직접 노무비(임금 등), 직접경비(외주 가공비 등)
  ㄴ) 간접비 : 간접(보조) 재료비, 간접 노무비(잡급, 수당 등), 간접경비(감가상각비, 보험료, 가스비, 수선비, 전력비, 수도광열비)
② 2단계 : 부분별 원가계산
  ㄱ) 전 단계에서 파악된 원가요소를 분류, 집계하는 계산 원가계산방식이다.
  ㄴ) 원가부분이란 넓은 의미로는 발생한 작능에 따라 원가를 집계하고자 할 때 설정되는 계산상의 구분, 좁은 의미에서는 원가가 발행한 장소를 의미한다.
③ 3단계 : 제품별 원가계산
  ㄱ) 요소별 원가계산에서 이루어진 직접비 : 제품별로 직접 집계
  ㄴ) 부분별 원가계산에서 파악된 직접비 : 기준에 따라 제품별로 배분하여 집계
  ㄷ) 최종적으로 각 제품의 제조원가를 계산하는 절차

(2) 재료비의 계산
① 재료비 : 제조과정에서 실제로 소비되는 재료의 가치를 화폐액수로 표시한 금액(재료소비량 × 재료소비단가)

재료소비량의 계산법에 적당하지 않은 것은?
① 재고조사법   ② 계속기록법
③ 역계산법   ④ 정액법

[해설] 정액법 : 감가상각계산방법

답 ④

② 재료소비량의 계산법
  ㉠ 재고조사법 : 전기의 재료 이월량을 당기의 재료 구입량의 합계에서 기말 재고량을 차감함으로써 재료의 소비된 양을 파악하는 방법
  ㉡ 계속기록법 : 재료를 동일한 종류별로 분류하고 들어오고 나갈 때마다 수입, 불출 및 재고량을 계속하여 기록함으로써 재료소비량을 파악하는 방법
  ㉢ 역계산법 : 일정단위를 생산하는 데 소요되는 재료의 표준소비량을 정하고, 그것에다 제품의 수량을 곱하여 전체의 재료소비량을 산출하는 방법

③ 재료 소비가격의 계산
  ㉠ 선입선출법 : 재료의 구입순서에 따라 먼저 구입한 재료를 먼저 소비한다는 가정 아래에서 재료의 소비가격을 계산하는 방법
  ㉡ 후입선출법 : 선입선출법과 정반대로 나중에 구입한 재료부터 먼저 사용한다는 가정 아래에서 재료의 소비가격을 계산하는 방법
  ㉢ 개별법 : 재료를 구입단가별로 가격표를 붙여서 보관하다가 출고할 때 그 가격표에 붙어있는 구입단가를 재료의 소비가격으로 하는 방법
  ㉣ 단순평균법(총평균법) : 일정기간 동안의 구입단가를 구입횟수로 나눈 구입단가의 평균을 재료소비단가로 하는 방법
  ㉤ 이동평균법 : 구입 단가가 다른 재료를 구입할 때마다 재고량과의 가중 평균가를 산출하여 이를 소비재료의 가격으로 하는 방법

(3) 표준 원가계산 및 감가상각
① 표준 원가계산
  ㉠ 원가관리 : 원가의 통제를 통하여 가능한 절감하려는 경영기법
  ㉡ 손익분기점 : 수입과 총비용이 일치하는 점
② 감가상각
  ㉠ 감가상각의 개념 : 기업의 자산은 고정자산(토지, 건물, 기계 등)과 유동자산(현금, 예금, 원재료 등) 및 기타자산으로 구분된다. 이중 고정자산은 시일이 경과함에 따라 내려가고 그 금액을 감가상각이라 한다.
  ㉡ 감가상각 계산법
    • 정액법 : 고정자산의 감가총액을 내용연수로 균등하게 할당하는 방법
    • 정률법 : 기초가격에서 감가상각비 누계를 차감한 미 상각액에 대하여 매년 일정률을 곱하여 산출한 금액을 산출하는 방법

재료 소비가격의 계산방법이 아닌 것은?
① 후입선출법   ② 선입선출법
③ 이동평균법   ④ 역계산법
답 ④

감가상각의 계산방법 중에서 고정자산의 감가총액을 매년 연수로 균일하게 할당하는 방법은?
① 정률법   ② 비례법
③ 정액법   ④ 연수합계법
답 ③

ⓒ 감가상각의 3요소
- 기초가격 : 취득원가(기초가격)
- 내용연수 : 취득한 고정자산이 유효하게 사용될 수 있는 추산자산(사용한 연수)
- 잔존가격 : 고정자산이 내용연수에 도달했을 때 매각하여 얻을 수 있는 추정가격(기초가격의 10%)

(4) 단체급식의 원가요소
① 노무비 : 급식업무에 종사하는 사람들의 노동력에 대한 대가로 지불되는 비용
② 급식재료비 : 급식원재료, 조리제식품, 반제품, 조미료 등의 급식에 소요된 재료에 대한 비용
③ 시설사용료 : 급식 시설의 사용에 따른 지불 비용
④ 관리비 : 시설의 규모가 큰 경우 직접경비 외에 소요되는 간접경비
⑤ 수도, 광열비 : 수도료, 전기료, 연료비
⑥ 소모품비 : 업무에 사용되는 소모품의 사용에 지불되는 비용
- 내구성 소모품 : 집기, 식기 등
- 완전소모품 : 세제, 소독저 등
⑦ 전화 사용료 : 업무상 사용한 전화료
⑧ 기타 경비 : 위생비, 피복비, 세척비, 기타 잡비 등

단체급식이 원가요소가 아닌 것은?
① 노무비　　② 급식재료비
③ 수도광열비　④ 교제비

답 ④

CHAPTER 05 기초조리실무

01 조리준비

1. 조리의 정의 및 기본 조리조작

(1) 조리의 정의
① 식품을 맛있고 영양가 있게 먹을 수 있도록 만드는 과정으로 물리적, 화학적 조작을 가하여 합리적인 음식물을 섭취하고 소화하기 쉽도록 하여 식욕이 나도록 하는 과정이다.
② 식사계획에서부터 식품의 선택, 조리 조작 및 식탁 차림 등 준비에서부터 마칠 때까지의 전과정이다.

(2) 조리의 목적
① **영양적 효용성**: 소화를 쉽게 하며 식품의 영양효율을 높인다.
② **기호성 증진**: 식품의 향미와 외관을 보기 좋게 하여 식욕이 나도록 한다.
③ **위생과 안전성 향상**: 유해한 것을 제거하여 위생상 안전한 음식으로 만든다.
④ **저장성과 운반성 향상**: 조리를 통해 부피를 줄여 운반을 쉽게 하고, 식품의 저장성을 높인다.

(3) 기본 조리조작
① 다듬기
  ㉠ 식품재료를 조리할 수 있도록 전처리하는 과정으로 먹을 수 없는 부분을 제거하는 과정이다.
  ㉡ 제품전체의 무게에서 폐기되는 식품무게의 백분율을 폐기율이라 한다.
    • 생선류 30~50%, 육류 30%, 채소류 6~10%
    • 폐기율(%) = $\dfrac{\text{폐기량}}{\text{전체중량}} \times 100 = 100 - \text{가식부율}$

다음 중 조리를 하는 목적으로 적합하지 않은 것은?
① 소화 흡수율을 높여 영양 효과를 증진
② 식품 자체의 부족한 영양성분을 보충
③ 풍미, 외관을 향상시켜 기호성을 증진
④ 세균 등의 위해요소로부터 안전성 확보

답 ②

패류는 폐기율이 75~83%로 식품 중 폐기율이 가장 높다.

기본조리 조작 순서로 맞는 것은?
① 씻기 → 다듬기 → 담그기
② 다듬기 → 씻기 → 썰기
③ 다듬기 → 썰기 → 섞기
④ 썰기 → 씻기 → 담그기

답 ②

② 씻 기
  ㉠ 식품에 부착되어 있는 불순물과 미생물, 기생충 알, 농약 등의 위해 성분을 제거하고 불필요한 맛을 내는 성분을 제거한다.
  ㉡ 식품의 수용성 성분의 손실을 줄이기 위해서 썰기 전에 손질하거나 또는 크기를 조절하여 물과의 접촉부분이 식품에 미치는 손해를 최소화 한다.

③ 담그기
  ㉠ 식품을 물이나 조미액에 담그는 조작이다.
  ㉡ 채소는 시들거나 수분의 손실을 막고, 건조식품에는 수분을 공급하고 조직을 연화시키며 떫은맛, 쓴맛 등의 수용성 성분이나 불필요한 성분을 용출시키고, 식품의 갈변을 방지하며 조미성분을 가감할 때 용매로 사용한다.

④ 썰 기
  ㉠ 식품에서 먹을 수 없는 부분이나 불필요한 부분을 제거하고 먹기 좋은 크기, 보기 좋은 형태로 만드는 과정이다.
  ㉡ 썰기를 통해 표면적이 증가되면 열전도율이 증가되고 조미료의 침투가 쉬워져 가열시간이 줄고 소화 및 흡수도 증가한다.

⑤ 섞 기
  ㉠ 재료의 균질화, 열전도율의 균질화, 맛의 균질화 효과가 있다.
  ㉡ 균일하게 섞는 혼합, 블렌더를 이용한 교반, 반죽 등도 섞기 조작에 해당된다.

⑥ 다지기
  ㉠ 일정한 크기의 아주 작은 조각으로 자르는 조작이다.
  ㉡ 조리의 용도에 따라 크기가 정해진다.

⑦ 압착·여과
  ㉠ 식품에 물리적인 힘을 가해 물기를 짜내고 고형물과 액체를 분리하는 과정이다.
  ㉡ 조직을 파괴시켜 균일한 상태로 만든다.

⑧ 냉 각
  ㉠ 가열 조리된 음식의 온도를 식히는 과정이다.
  ㉡ 자연 상태의 바람, 냉수, 냉장고 등을 이용한다.

⑨ 냉 동
  ㉠ 식품을 0℃ 이하로 냉각시켜 식품중의 수분을 동결시키는 방법으로 미생물의 번식을 억제하고 효소작용 및 산화를 억제하여 품질저하를 방지한다.
  ㉡ 냉동 시 -40℃ 이하로 급속 동결시키면 식품의 조직 파괴를 방지할 수 있다.
⑩ 해 동
  ㉠ 냉동된 식품을 냉동 이전의 상태로 만드는 조작으로 해동과정에서 단백질의 변성으로 인한 조직의 파괴로 정미성분이 손실될 수 있다.
  ㉡ 완만해동 : 0℃ 가까운 온도에서 서서히 해동하는 것으로 표면과 중심부의 온도 차이가 적어서 원래 상태로 회복하기가 쉽다.
  ㉢ 급속해동 : 반조리 또는 조리된 상태의 냉동식품을 그대로 가열하거나 전자레인지를 이용한다.

식품해동방법으로 제일 좋은 방법은?
① 전자렌지에 해동한다.
② 뜨거운 물에 담가 해동한다.
③ 냉장실에서 서서히 해동한다.
④ 실온에서 해동한다.
답 ③

2. 기본 조리법 및 대량 조리기술

(1) 한국음식의 기본 조리법

① 비가열조리
  ㉠ 비가열조리의 의의
    • 식품 그대로의 감촉과 맛을 느끼기 위해 열을 사용하지 않는 조리방법이다.
    • 채소나 과일을 생식함으로써 비타민과 무기질의 파괴를 줄일 수 있으나 기생충에 오염될 우려가 있다.
  ㉡ 비가열조리의 특성
    • 성분의 손실이 적어 수용성, 열분해성 비타민, 무기질 등의 이용률이 높다.
    • 식품 본래의 색과 향의 손실이 적어 식품 자체의 풍미를 유지할 수 있다.
    • 조리가 간단하고 시간이 절약된다.
    • 위생적으로 취급하지 않으면, 오염, 감염의 위험이 따른다.
② 가열조리
  ㉠ 가열조리의 특징
    • 재료조직의 연화, 단백질의 응고, 색의 안정과 발색, 불미성분의 제거, 전분의 호화, 지방의 용해 등 식품의 조직과 성분의 변화를 일으켜 섭취 시 다양한 맛과 영양가를 제공한다.
    • 살균·제균하여 위생적이고 안전한 식품으로 만든다.

습열조리에 해당되는 것은?
① 생선구이
② 수육, 전골
③ 멸치볶음
④ 나물볶음

[해설] 건열조리
생선구이, 멸치볶음, 나물볶음

답 ②

ⓒ 가열조리의 분류
- 습열조리 : 끓이기, 찜, 조림, 삶기, 데치기
- 건열조리 : 볶기, 튀기기, 지지기, 굽기
- 기타 조리 : 극초단파(전자파)

습열	삶기 (poaching)	• 목적에 따라 찬물에서부터 넣어 삶거나 끓는 물에 넣어 주는 방법 • 식품의 조직이 부드러워지고 단백질이 응고되며 감칠맛이 좋아짐 • 수육, 편육, 국수 등
	끓이기 (boiling)	• 100℃의 물속에서 재료를 가열하는 방법 • 조미를 하는 것이 삶기와의 차이점 • 영양분의 손실이 많고 식품의 모양이 변형되기 쉬움 • 국물로 먹는 음식(찌개, 전골, 국, 곰국 등)
	데치기 (Blanching)	• 다량의 끓는 물에서 식품을 익히는 방법으로 짧은 시간에 이루어진다. • 1~2%의 식염을 첨가하면 채소가 부드러워지고 고유의 색을 고정 • 조직을 연하게 하고 효소작용을 억제해 미생물의 번식을 억제함
	찌기 (Steaming)	• 수증기의 잠재열(1g당 593kcal)을 이용하여 식품을 가열하는 조리법 • 영양소의 손실이 적고 온도의 분포도 골고루 되므로 식품이 흩어지거나 탈 염려가 없다. • 식품 형태유지에 좋다
	졸이기 (braising)	• 단단한 재료를 먼저 넣어 전체가 동일하게 잘 무르도록 한다. • 조절은 센 불에서 시작하여 끓기 시작하면 불을 줄여 밑이 타지 않도록 한다. • 생선 조림의 경우 양념장을 먼저 끓이다가 생선을 넣어야 살이 부서지지 않고 영양손실도 적다.
건열	굽기 (roasting)	• 가장 오래된 조리법 • 다른 조리법보다 높은 온도에서 가열 • 직접구이(석쇠), 간접구이(철판 프라이팬), 오븐구이(baking)
	볶음 (saute&pan frying)	• 기름을 사용하여 100℃ 이상의 고온에서 단시간 조리 • 색이나 형태가 그대로 유지 • 좋은 풍미, 수용성 성분의 용출 감소 • 영양소 및 비타민 손실이 적음
	튀김 (frying)	• 기름을 고온에서 가열하여 대류작용으로 기름의 온도가 상승되고 열이 식품에 전도되어 익혀지는 방법 • 가열시간이 짧고 영양소 손실이 적음 • 높은 열량을 공급
	초단파 (전자파)	• 주파수 2450MHz를 이용한 요리 • 사용 적합한 그릇 : 도자기, 유리, 내열성 플라스틱 등 • 사용 부적합한 그릇 : 캔, 알루미늄, 법랑, 금속성분 등

(2) 대량 조리기술

국	• 건더기는 국물의 1/3 정도 • 국물의 맛을 내는 육수(멸치, 다시마, 육류 등)을 이용
찌개	• 건더기는 국물의 2/3 정도 • 센불에서 끓이다가 어느 정도 끓으면 약불로 끓임
조림	• 국물 맛을 내기보다 재료 맛을 들게 조리 • 어느 부분이나 같은 맛이 나도록 함
구이	• 불이 너무 세면 겉면만 타고 속은 익지 않음 • 재료가 너무 두꺼우면 조미료가 속까지 배어들어 가지 못해 맛이 좋지 않으면서도 양념만 태울 수 있음 • 미리 달군 석쇠를 이용하거나 오븐구이나 소금구이가 좋음
튀김	• 식물성 유지를 사용 • 온도조절에 유의
무침	• 채소를 데쳐 사용할 때는 완전히 식힌 후 무침 • 먹기 직전에 무침 • 건나물은 충분히 불려 사용

찌개조리의 국물양은?
① 건더기와 국물이 동량
② 건더기는 2/3, 국물은 1/3 정도
③ 건더기는 1/3, 국물은 2/3 정도
④ 건더기는 3/4, 국물은 1/4 정도

답 ②

3. 기본 칼기술 습득

• **칼의 종류와 사용 용도**

한식조리작업에는 약 30cm 정도의 순강철로 된 일반 조리용 칼을 많이 사용

아시아형 (low tip)	• 칼날 길이를 기준으로 18cm 정도 • 칼등 곡선, 칼날 직선인 안정적인 모양 • 칼이 부드럽고 똑바로 자르기 좋음 • 채 썰기, 동양요리 적합
서구형 (center tip)	• 칼날 길이를 기준으로 20cm정도 • 칼등과 칼날이 곡선 • 주로 자르기에 편하며 힘이 들지 않음 • 부엌칼, 회칼 사용
다용도칼 (high tip)	• 칼날 길이를 기준으로 16cm 정도 • 칼등이 곱게 뻗어있고 칼날이 곡선으로 되었다. • 도마 위에서 롤링하며 뼈를 발라내기도 하는 다양한 작업에 사용

4. 기본 썰기 방법

(1) 썰기의 목적

① 모양과 크기를 정리하여 조리하기 쉽게 한다.
② 먹지 못하는 부분을 버린다.
③ 씹기를 편하게 하여 소화하기 쉽게 한다.
④ 열의 전달이 쉽고, 조미료의 침투를 좋게 한다.

냉동육에 대한 설명으로 틀린 것은?
① 냉동육은 일단 해동 후에 다시 냉동하지 않는 것이 좋다.
② 냉동육의 해동 방법에는 여러 가지가 있으나 냉장고에서 해동하는 것이 좋다.
③ 냉동육은 해동 후 조리하는 것이 조리 시간을 단축시킬 수 있다.
④ 냉동육은 신선한 고기보다 더 좋은 맛과 질감을 갖는다.

답 ④

(2) 칼질법의 종류

밀어 썰기	• 모든 칼질법의 기본 • 피로도와 소리가 가장 작아 많이 사용 • 안전사고 적음
작두 썰기	• 배우기 쉬운 방법 • 칼이 잘 들지 않을 때 편리 • 칼의 길이가 27cm 이상이 적합 • 두꺼운 재료 썰기에 부적당
깔끝 대고 밀어 썰기	• 밀어썰기+작두썰기 • 두꺼운 재료 썰기에 부적당 • 양식조리에 주로 사용 • 고기 썰기 적합
후려 썰기	• 속도가 빠르고 손목의 스냅 이용 • 많은 양을 썰 때 적당 • 정교함이 떨어지고 소리가 큼
칼끝 썰기	• 양파의 뿌리 쪽을 그대로 두어 한쪽을 남기며 써는 방법 • 한식에서 다질 때 주로 사용
당겨 썰기	오징어 채썰기나 파채 썰기
당겨서 눌러 썰기	호박이나 김밥을 썰 때 사용
당겨서 밀어 붙여 썰기	• 회 썰 때 주로 사용 • 칼을 당겨서 썰어 놓은 횟감을 차곡차곡 옆으로 밀어붙여 겹쳐가며 써는 방법
당겨서 떠내어 썰기	• 발라낸 생선살을 일정한 두께로 떠내는 방법 • 탄력이 좋은 생선을 자를 때 주로 사용
뉘어 썰기	오징어 칼집을 넣을 때 45° 정도 눕혀 사용하는 칼질
밀어서 깎아썰기	우엉을 깎아 썰거나 무를 모양 없이 썰 때 사용
톱질 썰기	말아서 만든 것이나 잘 부서지는 것을 썰 때 사용
돌려깎아썰기	엄지손가락에 칼날을 붙이고 일정한 간격으로 돌려가며 껍질을 까는 방법
손톱박아썰기	마늘처럼 작고 모양이 불규칙하여 잡기가 불편할 때 손톱 끝으로 재료를 고정시키고 써는 방법

(3) 식재료 썰기 방법

편썰기 (얄팍썰기)	• 마늘이나 생강 등의 재료를 다지지 않고 향을 내면서 깔끔하게 사용 • 생밤이나 삶은 고기를 모양 그대로 얇게 썰 때 사용
채썰기	• 재료를 얇게 저며 썬 후 가지런히 모아 놓고 가늘고 길게 써는 방법 • 젓가락을 사용하는 한국음식에 가장 많이 사용하는 썰기 방법 • 보통 생채, 구절판이나 생선회에 곁들이는 채소를 썰 때 사용
다지기	• 채 썬 재료를 가지런히 모아 놓고 가늘고 길게 써는 방법 • 파, 마늘, 생강, 양파 등 양념을 만드는 데 주로 사용
막대썰기	무장과나 오이장과 등을 만들 때 사용

kyungrok.com

골패썰기	• 중국의 마작게임에서 사용되는 골패모양으로 써는 것 • 무, 당근 등의 둥근 재료의 가장자리를 잘라내어 직사각형으로 만들어 얇게 써는 방법
나박썰기	가로 세로가 비슷한 사각형으로 반듯하고 얇게 써는 방법
깍둑썰기	• 무, 감자 등의 단단한 채소를 가로 세로 두께 모두 2cm 정도의 같은 크기의 정육면체로 써는 방법 • 깍두기, 찌개, 조림 등에 사용
둥글려 깎기	• 모서리를 둥글게 만드는 방법 • 오랫동안 끓이거나 졸여도 재료의 모양이 둥그러지지 않아서 조리 후에 음식이 보기에 좋음
반달썰기	통으로 썰기에 너무 큰 재료들을 길이로 반을 자라 둥근 모양을 살려가며 써는 방법
은행잎썰기	반달썰기한 것을 다시 한번 더 썰거나 둥근 재료를 길이로 4등분한 후 써는 방법 주로 조림이나 찌개에 이용
통썰기	• 모양이 둥글고 긴 오이, 당근, 연근 등을 통째로 써는 방법 • 볶음 절임 등에 이용
어슷썰기	• 오이, 파, 고추 등 가늘고 길쭉한 재료를 도마 위에 놓고 칼을 사선으로 향하여 옆으로 어슷하게 써는 방법 • 주로 볶음, 찌개 등에 이용
깎아썰기	우엉 등의 재료를 얇게 써는 방법
저며썰기	표고나 오이 또는 생선포를 뜰 때 이용
마구썰기	주로 채소의 조림에 이용
돌려깎기	• 오이, 호박 등에는 속에 무른 씨가 있으므로 이를 제거하고 채를 썰기 위해 여러 겹으로 돌려 깎는 방법 • 가늘게 채를 썰 때 이용
솔방울썰기	갑오징어나 오징어를 조리할 때 큼직하게 솔방울 모양내어 써는 방법

깍두기를 만들 때 무의 써는 방법은?
① 깍둑썰기   ② 통썰기
③ 어슷썰기   ④ 마구썰기

답 ①

(4) 칼 관리

① 숫돌의 종류(입자의 크기를 측정하는 단위 : 입도)
  ㉠ 400# 칼날이 두껍고 이가 많이 빠진 칼을 가는 데 사용
  ㉡ 1,000# 일반적인 칼갈이에 많이 사용
  ㉢ 4,000~6000# 마무리 숫돌, 칼날을 더욱 더 윤기 나고 광이 나게 갈아줄 때 사용

② 칼 가는 방법
  ㉠ 숫돌을 물에 담가 수분이 충분히 흡수된 후 사용
  ㉡ 젖은 행주를 숫돌 밑에 깔거나 숫돌 고정틀을 사용하여 고정
  ㉢ 칼날의 갈아야 할 부분과 중점적으로 갈아야 할 부분을 확인
  ㉣ 칼을 오른손으로 꼭 잡고, 왼손을 손끝으로 칼 표면을 지그시 누르고 갈기

(5) 조리도구의 종류와 용도

① 가스레인지 등

㉠ 가스레인지 : 불 조절 조리온도는 음식의 품질을 좌우하는 중요한 요소이다. 따라서 조리법에 따라 음식의 맛을 가장 좋게 하는 불 조절이 필요하다.

구 분	설 명	적용 예
센 불	• 가스레인지의 레버를 전부 열어놓은 상태 • 불꽃이 냄비 바닥 전체에 닿는 정도의 불 세기	볶음, 구이, 찜 등의 요리에서 처음에 재료를 익힐 때, 국음식의 내용을 익힐 때 또는 국물음식을 팔팔 끓일 때
중 불	• 가스레인지의 레버가 꺼짐과 열림의 중간위치 • 불꽃의 끝과 냄비 바닥 사이에 양간의 틈이 있는 정도의 불 세기	국물요리에서 한번 끓어오른 다음 부글부글 끓는 상태를 유지할 때
약 불	• 가스레인지의 레버를 꺼지지 않을 정도까지 최소한으로 줄인 상태 • 중간 불보다 절반 이상으로 약한 불의 세기	오랫동안 지글지글 끓이는 조리요리나 뭉근히 끓이는 국물요리

㉡ 불의 세기에 따른 물 끓는 시간

구 분	500g	1kg	2kg	비고
센 불	3분	5분	9분	• 채소와 달걀 이용 • 25℃ 물 기준 • 20cm 냄비 사용
중 불	6분	10분	15분	
약 불	30분	45분	60분	

② 온도계 : 조리온도 측정

적외선 온도계	비접촉식으로 표면온도를 잴 때 사용
봉상 액체 온도계	기름이나 당액 같은 액체의 온도를 잴 때 사용(200~300℃)
육류용 온도계	육류의 내부 온도를 측정할 때 사용

③ 조리용 시계 : 조리시간을 측정할 때 스톱워치나 타이머를 사용

(6) 식재료 계량방법

① 계량도구

㉠ 저 울
- 무게를 측정하는 기구로 g, kg으로 나타냄
- 저울을 사용할 때는 평평한 것에 수평으로 놓고 지시침이 숫자 0에 놓여 있어야 함

② 계량컵

㉠ 부피를 측정하는 데 사용

㉡ 미국 등 외국 1컵 240ml, 우리나라 1컵 200ml

계량방법 표시가 틀린 것은?
① 우리나라 1컵은 200cc
② 1큰술은 15cc
③ 1작은술은 5cc
④ 1큰술은 20cc

답 ④

③ 계량스푼
  ㉠ 양념 등의 부피를 측정하는 데 사용
  ㉡ 큰술(Table spoon, Ts), 작은술(tes spoon, ts)로 구분

5. 조리장의 시설 및 설비관리

(1) 조리장의 시설
- 조리장의 3원칙 및 우선적 고려 사항
  위생 > 능률 > 경제

(2) 조리장의 위치
① 통풍, 채광, 배수가 잘되고 악취, 먼지, 유독가스가 들어오지 않는 곳
② 비상 시 출입문과 통로에 방해되지 않는 장소
③ 음식의 운반과 배선이 편리한 곳
④ 재료의 반입과 오물의 반출이 쉬운 곳
⑤ 주변에 피해를 주지 않는 곳
⑥ 사고 발생 시 대피하기 쉬운 곳

TIP 조리장 시설과 기기를 배치할 때 작업의 흐름 순서
식재료의 구매·검수 → 전처리 → 조리 → 장식·배식 → 식기의 세척·수납

조리장의 시설로 우선적으로 고려할 사항은?
① 능률   ② 경제
③ 위생   ④ 편의성
답 ③

(3) 조리장의 면적
① 식당면적의 1/3이 기준
② 일반급식소는 0.1m²/L, 사업소 급식은 0.2m²/L식이 기본
③ 조리장 면적을 산출할 때 고려할 사항 : 조리인원, 식단, 조리기기 등

6. 조리장의 설비관리

(1) 조리장의 구조
① 개방식 구조, 객실과 객석을 구분한다.
② 식품 및 식기류의 세척을 위한 세척시설과 종업원 전용의 수세시설을 완비한다.
③ 급수 및 배수시설을 갖추어야 한다.

(2) 바 닥
① 바닥과 1m까지 높이의 내벽은 물청소가 용이한 내수성 자재를 사용한다.
② 미끄럽지 않고 내수성, 산, 염, 유기용액에 강한 자재를 사용한다.
③ 영구적으로 색상을 유지할 수 있어야 하며, 유지비가 저렴해야 한다.
④ 청소와 배수가 용이하도록 물매는 1/100 이상으로 한다.

(3) 작업대

① **작업대의 설비** : 높이는 신장의 약 52%(80~85cm), 너비는 55~60cm가 적당하다.

> ✿ **작업대의 배치순서**
> 준비대 → 개수대 → 조리대 → 가열대 → 배선대

② **작업대의 종류**
- ㉠ ㄴ자형 : 동선이 짧은 좁은 조리장에 사용된다.
- ㉡ ㄷ자형 : 면적이 같을 경우 가장 동선이 짧으며 넓은 조리장에 사용된다.
- ㉢ 일렬형 : 작업동선이 길어 비능률적이지만 조리장이 굽은 경우 사용된다.
- ㉣ 병렬형 : 180° 회전을 요하므로 피로가 빨리 온다.
- ㉤ 아일랜드형 : 작업대의 어느 한 면도 벽에 붙지 않으므로 공간활용이 자유로우며, 동선을 단축시킬 수 있다. 조리기구를 한곳에 모아 놓았기 때문에 환풍기나 후드의 수를 최소한으로 줄일 수 있다.

(4) 급수설비

① 급수방법에는 직접 급수법과 고가수도 급수법 등이 있다. 수압은 일반적으로 1.35kg/cm³ 이상, 수압세기는 0.7kg/cm³, 그 외에 수압과 수량에 의해서 0.5kg/cm³ 이상이어야 한다.

② 화장실이나 욕실은 0.7kg/cm³가 최저 수압이다. 또한 수도꼭지에서 방출하는 물이 물건에 맞아 튀기는 일이 없도록 포말을 사용한다.

③ 급수관은 보통 아연도금 강관을 사용하며 수도관의 동파를 막기 위하여 충분한 보온시설이 필요하다.

(5) 급탕설비

① 중앙급탕법일 경우 보일러에서 꼭지까지 2개의 파이프로 연결하는 이관식 급탕법과 1개의 파이프로 연결하는 일관식 급탕법이 있는데 대부분 공사비 절약으로 일관식을 사용하나 불편하다. 가스 순간 온탕기는 1ℓ의 물을 1분간 25℃ 높이는 힘이 있는 것을 1호라 한다.

② 가스 온탕기에는 반드시 환풍장치가 필요하다. 급탕은 중앙급탕법이라 해서 일정한 장소에서 각 탕에 급탕하는 방법과 국소급탕법이라 해서 필요한 장소에 분탕기를 두고 급탕하는 순간탕기의 급탕장치와 같은 방법이 있다. 중앙급탕법은 대조리장, 국소급탕법은 소조리장에 적합하다.

조리대 배치 형태 중 환풍기와 후드의 수를 최소화할 수 있는 것은?
① 일렬형　　② 병렬형
③ ㄷ자형　　④ 아일랜드형

해설 아일랜드형
작업대의 어느 한 면도 벽에 붙지 않은 주방으로 주방기구와 크기를 맞출 필요가 없어 최소한의 후드를 설치할 수 있다.

답 ④

(6) **냉장고·냉동고·창고** : 냉장고는 5℃ 내외의 내부 온도를 유지하는 것이 표준이며, -50~-30℃의 온도가 필요할 경우도 있다. 냉동식품을 오랫동안 보존하려면 -30℃로 한다.

(7) **조명시설**
① 작업하기 충분하고 균등한 조도 유지
② 기준조명 : 객석 30Lux, 단란주점 30Lux, 조리실 50Lux 이상

02 식품의 조리원리

1. 농산물의 조리

(1) **농산물의 조리 및 가공·저장**
① 전분의 구조 : 곡류의 주성분은 탄수화물이고 탄수화물 대부분이 전분이다. 멥쌀, 수수, 조 등은 아밀로펙틴 80%, 아밀로오스 20%로 구성되어 있고 찹쌀, 찰옥수수, 차조 등은 대부분이 아밀로펙틴으로 구성되어 있다.
　㉠ 전분의 알파화 = α(호화) : 탄수화물의 대부분은 전분이고 이를 물속에 가열할 시 물을 흡수하여 녹말의 입자가 반투명해지고 크게 팽창하여 점성이 높은 콜로이드 상태가 되는 현상을 호화라고 한다.
　㉡ 호화(α화)에 영향을 주는 요소
　　• 가열온도가 높을수록 호화↑
　　• 전분크기가 클수록 호화↑
　　• pH가 알칼리성일 때 호화↑
　　• 염류, 알칼리(NaOH)첨가 시 호화↑
② 호정화(덱스트린화)

전분(β전분) $\xrightarrow{160℃ \ 가열}$ 덱스트린(전분의 호정화)

　㉠ 건조상태의 전분을 160℃ 이상 가열하면 여러 단계의 가용성 녹말을 거쳐 호정(덱스트린)으로 분해되는데 이 현상을 호정화라 한다.
　㉡ 종류 : 쌀과자, 강냉이튀밥, 쌀튀밥, 미숫가루 등

곡류에 대한 설명 중 틀린 것은?
① 찹쌀에는 멥쌀보다 아밀로펙틴이 많아서 끈기가 있다.
② 식혜는 맥아의 효소작용을 이용해 만든다.
③ 곡류의 전분을 가열하면 β화 된다.
④ 밀의 주된 단백질은 글리아딘과 글루테닌이다.

답 ③

★ 호화와 호정화의 차이점

호화	호정화
보존기간 짧다.	보존기간 길다.
노화가 일어난다.	노화 ×

③ 노화(베타화 = β)
  ㉠ 호화된 전분을 상온에 방치해 두면 다시 점차 β형으로 되는 현상을 노화라 한다.
  ㉡ 노화 방지법
    • 전분의 수분함량을 15% 이하로 낮춘다(미숫가루, 비스켓, 센베이).
    • 환원제나 유화제를 첨가(모노글리세라이드 첨가)
    • 설탕 다량 첨가(떡고물, 카스테라)
    • 냉동법(냉장은 노화촉진)
  ㉢ 노화가 잘되는 요인
    • 전분의 종류(아밀로오스의 함량이 많을 때) : 멥쌀＞찹쌀
    • 수분함량이 30~60%일 때
    • 온도가 0~5℃일 때(냉장은 노화촉진)

호화와 노화에 대한 설명으로 옳은 것은?
① 쌀과 보리는 물이 없어도 호화가 잘된다.
② 떡의 노화는 냉장고보다 냉동고에서 더 잘 일어난다.
③ 호화된 전분을 80℃ 이상에서 급속이 건조하면 노화가 촉진된다.
④ 설탕의 첨가는 노화를 지연시킨다.

답 ④

2. 곡류의 가공 및 저장

(1) 쌀

① 쌀의 수분함량
  ㉠ 대부분의 쌀의 수분함량은 14~15% 정도이다.
  ㉡ 30~50분 정도 불리면 수분은 20~35%가 된다.
  ㉢ 100℃에서 가열하여 밥을 지으면 중량이 2.5배 증가하여 수분이 65% 정도가 된다.

② 쌀의 구조 : 현미 80%, 왕겨층 20%(현미는 왕겨층을 벗겨낸 것이다)
  ㉠ 백미 : 현미를 도정하여 배유만 남은 것(주로 전분)
  ㉡ 백미의 소화율 : 98%, 현미의 소화율 : 90%(도정도가 높을수록 영양소는 적어지고 소화율은 높아진다.)

 **쌀의 가공품**
• 강화미 : 비타민 B1을 첨가하여 영양가치를 높인 쌀
• 팽화미 : 쌀 전분이 호정화된 것을 건조시킨 것(뻥튀기, 튀밥)

③ 밥맛의 구성요소

 ㉠ pH 7~8(약알칼리)일 때 밥맛이 가장 좋다.
 ㉡ 쌀의 저장기간이 짧을수록(햅쌀) > 묵은쌀
 ㉢ 약간의 소금(0.02~0.03)을 첨가하면 밥맛이 좋다.
 ㉣ 쌀의 일반성분은 밥맛과 거의 관계가 없다.

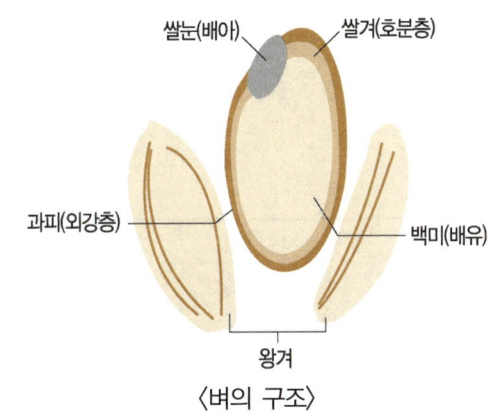

〈벼의 구조〉

※ 쌀의 종류에 따른 물의 분량

쌀 종류	쌀 중량에 대한 물의 분량	부피(체적)에 대한 물 분량
백미(보통)	1.5배	1.2배
햅 쌀	1.4배	1.1배
찹 쌀	1.1~1.2배	0.9~1배
불린 쌀	1.2배	1배(쌀과 동량)

(2) 보리

- **압맥** : 보리쌀의 수분을 14~16%로 조절하여 가열한 후 다시 포화증기로 수분을 25~30%로 하여 조직을 변화시켜 압착롤러 사이를 통과시켜 호분층 조직을 파괴한 정맥

① 할맥 : 보리골의 섬유소를 제거한 정맥
② 맥아·단맥아 : 맥조 양조에 사용
③ 장맥아 : 식혜나 물엿 제조에 사용
④ 보리의 고유한 단백질 : 호르테인
⑤ 압맥이나 할맥은 수분흡수가 빨라서 소화율을 향상시킴
⑥ 맥아는 보리의 싹을 틔운 것으로서 맥주 제조에 이용

밥을 지을 때 적당한 물의 양으로 맞는 것은?
① 백미는 중량의 1.5배
② 햅쌀은 중량의 0.9배
③ 백미는 부피의 1.5배
④ 찹쌀은 중량의 0.9배

답 ①

(3) 수 수
날 것으로 과량 섭취 시 중독현상을 일으킴
① **차수수** : 단백질과 지방함량이 높다.
② **메수수** : 단백질과 지방함량이 낮다.

(4) 조 : 소화율이 보리류보다 좋고 칼슘 함량이 많음
① 전분의 성질에 따라 메조와 차조로 구분
② **메조** : 쌀이나 보리와 혼식용, 죽, 단자 등 이용
③ **차조** : 밥, 엿, 떡, 민속주의 원료로 이용

(5) 밀
① 밀가루의 종류

종 류	글루텐 함량	용 도
강력분	13% 이상	빵·마카로니·파스타 등
중력분	10~13%	국수류(면류)·만두피 등
박력분	10% 미만	튀김옷·약과·케이크 등

② 밀가루 반죽에 영향을 주는 물질
  ㉠ **설탕** : 열을 가하면 음식의 표면을 착색시켜 외관을 좋게 하고 부드럽게 만든다.
  ㉡ **소금** : 글루텐이 늘어나는 성질이 강해져 잘 끊어지지 않게 된다.
  ㉢ **달걀**
   • 구조 형성, 팽창제, 유화성이 있어 부드럽고 풍미가 있다.
   • 지나치게 많이 사용하면 질겨질 수 있다.
  ㉣ **지방** : 글루텐 형성을 방해하여 층이 생겨 바삭하고 부드럽게 한다.
   • **팽창제** : 탄산가스(CO_2)로 인해 가볍게 부푼다.
   • 효모(이스트), 베이킹파우더, 중조(중탄산나트륨)
   • **글루텐 형성 도움** : 소금, 달걀, 우유
   • **방해** : 설탕, 지방

③ 밀(소맥)
  ㉠ 제 분
   • 밀의 입자는 보리에 비하여 골이 깊어서 정백은 곤란하나 가루로 만들기는 쉽다.
   • 일반적으로 곡물을 제분하면 입자가 작아지면서 표면적이 넓어져 소화율이 높아진다.
  ㉡ **숙 성** : 만들어진 제분을 일정기간 동안 숙성시키면 흰 빛깔을 띠게 되며, 제빵에도 영향을 미친다.

밀가루 종류와 연결이 잘못된 것은?
① 강력분 : 빵, 파스타
② 강력분 : 만두, 빵
③ 중력분 : 국수, 만두피
④ 박력분 : 튀김옷, 약과

답 ②

> ✿ **소맥분 개량제** : 밀가루의 빠른 숙성과 표백효과
> - 과산화벤조일
> - 이산화염소
> - 과황산암모늄
> - 브롬산칼륨
> - 과붕산나트륨

　　ⓒ 글루텐(Gluten)의 형성 : 글리아딘(점착성이 있는 단백질) + 글루테닌 (탄성이 있는 단백질) + 물로 반죽 → 글루텐 형성

3. 두류의 조리

(1) 두류의 성분
두류 중 대두는 고단백질(주단백질 : 글리시닌) 식품으로 단백질 함량이 약 40%이다.

(2) 두류의 가열에 의한 변화
① 단백질 이용률과 소화율의 증가

　날콩 속에는 단백질의 소화효소인 트립신의 분비를 억제하는 안티트립신과 혈소판의 응집을 일으키는 성분이 있지만 가열 시 파괴된다.

② 독성물질의 파괴 : 대두와 팥에는 사포닌이라는 용혈독성분이 있지만 가열 시 파괴된다.

③ 조리수의 pH와 조리
　㉠ 콩의 단백질인 글리시닌은 수용성이다.
　㉡ 약염기 상태에서는 더욱 촉진되지만 pH4~5에서는 거의 불용성 상태가 된다.

(3) 두부의 제조
① 단백질(글리시닌)이 무기염류에 응고되는 성질을 이용하여 만든 음식이다.

> ✿ **불린 대두**
> 갈아서 두유 —(65~70°C 가열)→ 비지 + 응고제 : 무기염류 첨가 → 순두부 → 두부

② 두부 응고제 : 무기염류(염화칼슘, 황산칼슘, 황산마그네슘, 염화마그네슘)
③ 식용 소다를 사용하면 빨리 무르나 비타민 B_1이 손실되기에 소금물 1%를 사용한다.
④ 표면을 부드럽게 하기 위해서는 1% 전분, 0.5% 식염수, 0.2% 중조를 사용한다.

대두의 단백질 함량은?
① 단백질 15% 정도
② 단백질 20% 정도
③ 단백질 30% 정도
④ 단백질 40% 정도

답 ④

두부에 가장 많이 사용하는 응고제는?
① 황산칼슘
② 염화마그네슘
③ 염화칼슘
④ 황산마그네슘

[해설] 황산칼슘은 두부를 부드럽게 응고시킨다.

답 ①

(4) 두류의 가공식품

① 두부
  ㉠ 원리
   - 단백질인 글리시닌이 무기염류에 의해 응고되는 성질을 이용
   - 응고제 : 황산마그네슘($MgSO_4$), 황산칼슘($CaSO_4$), 염화마그네슘($MgCl_2$), 염화칼슘($CaCl_2$)
  ㉡ 제조방법
   - 콩 불리기 : 대두를 2.5배가 될 때까지 불린다.
   - 마쇄 : 소량의 물을 첨가하여 간다.
   - 가열 : 마쇄한 콩에 2~3배의 물을 넣고 30~40분간 가열한다.
   - 여과 : 냉각 전에 자루에 넣고 압착시켜 두유와 비지를 분리한다.
   - 70~80℃가 되면 두유에 2~3%의 간수를 2~3회 나누어 첨가
   - 착즙(무거운 것으로 눌러둠)
   - 두부완성

② 유부 : 두부의 수분을 뺀 뒤 기름에 튀긴 것

③ 콩나물
  ㉠ 콩을 발아시킨 것
  ㉡ 비타민 C, 비타민 B_1, B_2가 발아와 함께 급격하게 생성(재배 후 6~7일경에 최고치)된다.

④ 숙주나물
  ㉠ 녹두를 발아시켜 키운 것이다.
  ㉡ 숙주나물을 데칠 때 뚜껑을 열면 비린내가 나므로 주의한다.

⑤ 피넛버터 : 낙화생(땅콩)을 볶아 마쇄시킨 것

⑥ 장류
  ㉠ 된장 : 전분질 원료를 쪄서 종국(황곡균)을 넣고 국자(누룩)를 만들어 소금에 섞어 놓았다가 콩을 쪄서 국자(누룩)와 혼합한 후 마쇄하여 통에 담아 숙성시킨다.
  ㉡ 간장 : 콩과 볶은 밀을 마쇄하여 혼합하고 황곡균을 뿌려 국자(누룩)를 만든 후 소금물에 담가 발효시켜 짠 것
  ㉢ 청국장 : 콩을 삶아 60℃까지 식힌 후 납두균(Bacillus Natto)을 번식(40~50℃로 보온)시켜 콩의 단백질을 분해한 다음 마늘, 파, 고춧가루, 소금 등의 양념을 가미한 것으로 최적번식온도는 40~45℃이다.

4. 서류의 조리

(1) 서류의 특징 : 식물의 뿌리
① 전분의 함량이 많고 칼륨, 인 등의 무기질이 풍부하다.
② 수분 70~80%로 많아 곡물에 비해 저장성이 낮다.

(2) 서류의 종류

감자	• 껍질에 비타민C를 많이 함유(삶을 때 껍질째) • 공기 중 효소적 갈변이 일어남
고구마	• 감자에 비해 수분이 적고 무기질과 비타민이 많음 • 가열하면 B-amylase가 활성화되어 단맛 증가
토란	• 추석절기에 음식 이용 • 아린 맛을 가지고 있으며 물에 담아 제거함 • 껍질로 둘러싸여 있어 소금으로 문지르거나 끓는 물에 데쳐 사용
마	• 서류 중 유일하게 생식 가능 • 부패 빠름 • 참마 : 가장 일반적이고 수분이 많고 점성이 적음

(3) 서류 조리 시 변화
① 감자 껍질을 벗긴 후 갈변은 효소적 갈변현상에 의해 감자의 티로신이 티로시나아제 효소에 의해 갈변되는 것으로 물에 담그거나 밀폐용기에 담아 산소를 차단시킨다.
② 가지, 연근, 고구마를 칼로 자르면 식품 속에 존재하는 탄닌과 철이 결합하여 갈색으로 변하므로 물, 식촛물, 소금물에 담가 놓는다.
③ 효소적 갈변현상의 예방법
열탕처리, 식염수 침지(저농도), 설탕용액 침지(고농도), pH3 이하로 처리, 진공포장(산소제거), 아황산 침지 등이 있다.

5. 채소류의 조리

(1) 채소의 특징
수분함량이 많고, 향기와 색, 비타민, 무기질 등의 영양소가 많다.

(2) 채소의 분류 : 섭취하는 부위에 따라 분류한다.
① 엽채류 : 배추·상추·시금치·쑥갓·갓·아욱·근대·양배추 등
② 과채류 : 오이·가지·고추·호박·토마토·수박·참외 등
③ 근채류 : 고구마·감자·우엉·당근·연근·무 등
④ 종실류 : 옥수수·콩·수수 등
⑤ 화채류 : 브로콜리, 아티초크, 콜리플라워

청국장의 납두균 발효 온도는?
① 30~35℃ ② 40~50℃
③ 20~30℃ ④ 50~60℃

답 ②

(3) 채소류 가열조리에 의한 변화
① 녹색채소의 경우 삶는 물의 양은 재료의 5배가 좋고 소금은 물의 1% 정도로 넣고 고온 단시간에 데친 후 찬물로 헹구면 클로로필은 푸른색이 선명한 클로로필린으로 변한다.
② 토란이나 우엉, 죽순의 아린 맛 성분은 무기염류, 배당체, 탄닌, 유기산 등이 관계한다. 삶을 때 찬물에 담그면 아린 맛을 제거하고 쌀뜨물에 삶으면 효소 작용으로 인해 조직이 연화되고 깨끗하고 하얗게 삶아진다.
③ 수산(옥살산)이 많은 시금치, 근대, 아욱은 뚜껑을 열고 데쳐 수산을 제거한다. 수산은 체내에서 칼슘의 흡수를 방해하여 신장결석을 일으킨다.
④ 당근에는 비타민C를 파괴하는 효소인 아스코르비나아제가 있어 무, 오이 등과 같이 섭취할 경우 비타민C의 파괴가 커진다.
⑤ 녹색채소를 데칠 때 중탄산소다를 넣으면 푸른색이 더욱 선명해지고 조직이 연해지나 비타민C가 파괴된다.
⑥ 녹색채소(클로로필)는 식초를 첨가할 경우 갈변(페오피틴)되므로 조리 시 식초를 가장 마지막에 넣어야 한다.

(4) 채소의 색
① 엽록소(클로로필 : Mg)
  ㉠ 산, 열에 불안정하다 : 클로로필(녹색) → 페오피틴(갈색)
  ㉡ 알칼리에 안정하다 : 클로로필(녹색) → 클로로필린(선명한 녹색)
  ㉢ 시금치, 열무, 근대, 아욱 등이 있다.
② 안토시아닌 : pH의 영향을 가장 많이 받는 색소

㉠	산 성	중 성	알칼리성
	적색	자색	청색

  ㉡ 딸기, 포도, 생강, 비트, 붉은 양배추, 가지 등이 있다.
③ 카로티노이드
  ㉠ 알칼리, 열, 산에는 영향을 받지 않으며, 빛에 약하다.
  ㉡ 당근, 호박, 토마토 등이 있다.

수산(옥살산)이 많은 식품은?
① 시금치, 근대, 아욱
② 열무, 배추, 시금치
③ 당근, 쑥갓, 우엉
④ 양배추, 상추, 근대

답 ①

안토시아닌 색소의 pH 변화로 맞는 것은?
① 산성에서 적색
② 산성에서 자색
③ 중성에서 청색
④ 알칼리성에서 적색

답 ①

④ 플라보노이드
  ㉠ 알칼리에 불안정 : 찐빵에 식소다를 넣을 경우 빵의 색이 노랗게 변화한다.
  ㉡ 산에서는 안정하여 백색으로 변한다.

$$우엉, 연근 \xrightarrow{식초} 흰색고정$$

  ㉢ 흰콩, 옥수수, 우엉, 연근 등이 있다.

6. 과일의 가공과 저장

과일은 수분의 함유량이 많고 조직이 연하여 저장성이 약하므로 건조시키거나 농축하고, 가열하여 가공·저장하거나 주스를 만들어 용기에 보관한다.

(1) 과일의 일반성분

① **당질** : 포도당·과당·자당으로 된 당분을 많이 함유한다.
② **무기질**(Ca·P·Fe), 비타민(C)이 함유되어 있다.
③ **특수성분** : 방향성분인 Terepene 등
④ **유기산** : 사과산·주석산·탄닌산
⑤ **색소** : 카로틴·안토시안·플라본
⑥ **효소** : 갈색으로 변하는 원인
⑦ **펙틴질** : 응고하는 데 작용(잼이나 젤리의 응고에 관여)

(2) 과일류의 조리

① **잼**(jam)·**젤리**(jelly) : 과즙에 설탕(70%)을 넣고 가열, 농축하여 응고시킨 것
  *마말레이드(marmalade) : 오렌지나 레몬 껍질로 만든 잼
② **잼**(Jam)
  ㉠ 펙틴은 응고의 비율 : 펙틴은 1.0~1.5%, 산의 pH는 3.46, 당분 60~65%, 그러므로 펙틴과 산이 많은 사과·포도·딸기 등으로 잼을 만든다.
  ㉡ 그 밖에 용기에 있어서 과일의 즙이 변색되지 않는 스텐리스 스틸·알루미늄 솥이 좋다.
  ㉢ 농축하는 정도 : 당도계 측정(60~65%), 온도는 103~104℃ 정도, cup test(흩어지지 않고 밑바닥까지 침전), spoon test
  ㉣ 잼의 종류 : 딸기잼·사과잼·오렌지잼·포도잼(펙틴 및 산이 적은 배 및 감 등은 잼의 원료로 사용하지 않는다)

잼을 만들 때 적당하지 않은 과일은?
① 사 과   ② 감, 배
③ 딸 기   ④ 포 도

해설 감, 배는 펙틴이 적게 함유되어 잼용으로 적당하지 않다.

답 ②

고구마 저장온도로 적합한 온도는?
① 0~5℃
② 5~10℃
③ 13~16℃
④ 20~30℃

답 ③

(3) 과일·채소의 저장

저장의 목적은 신선한 과일의 판매와 가공 시까지 보존기간을 연장시키고, 생과일을 후숙시키고 품질을 향상시키는 데 있다.

① 호흡작용
   ㉠ 과일·채소는 수확한 후에도 호흡작용을 하며 성분의 변화를 일으킨다.
   ㉡ 동시에 증산작용을 하므로 신선도와 풍미가 떨어진다.
   ㉢ 저장 시에는 이 작용을 억제시키기 위해 냉장보존과 가스 저장이 필요하다.
   ㉣ 가스 저장에서 호흡작용은 CO_2의 농도가 높아지면 호흡작용이 감퇴되므로 이 원리를 이용하여 가스저장을 말한다.
   ㉤ 적당한 조건은 10%의 CO_2와 5~8%의 O_2가 적당하다.

② 저온장해
   저온 보존 중에도 열대·아열대산 청과물은 저온 감수성이 커서 대사작용이 일어나지 못하여 장해를 받게 된다.

③ 채소의 저장
   움저장(10℃) 및 냉각·냉장법으로 0~4℃로 저장한다.

(4) 과일·채소의 가공

① 가 공
   채소에 있어서 중요한 것은 가공으로 인한 성분의 변화가 오는 것이다.
   *비타민 C·B_1·B_2는 가공 중에 손실이 많으므로 유의하여야 한다.

② 침채류
   김치·단무지·김치절임·오이절임·송이절임·마늘절임 등
   ㉠ 침채 발효와 소금
      삼투압작용으로 탈수되어 세포의 파괴가 일어나 반투성이 없어져 세포 내외의 성분교류로 발효가 활발히 진행되어 변화가 일어난다.
   ㉡ 침채 후 변화
      전분은 당으로, 단백질은 amino acid로 각각 분해되어 감미와 지미가 생기고 그 밖에 alcohol과 ester가 생성되어 특유한 방향을 낸다.
      • 침채류에 사용되는 소금은 정제염보다 제염이나 호염이 좋다 (Mg^{++}·Ca^{++}이 채소의 조직을 단단히 해 준다).

- 김치의 발효, 숙성과정에 관여하는 미생물 : 혐기성균은 숙성기간 중 점차 증가하고, 호기성균은 50일까지 점차 감소하다가 증가한다.
- 김치 발효 숙성 중 비타민의 변화는 거의 3주 후에 비타민이 증가되었다가 갑자기 감소한다. : $B_1 \cdot B_2 \cdot Niacin$

03 축산물 조리 및 가공 및 저장

1. 육류의 조리 및 가공·저장

(1) 육류의 성분과 조직

① 미오신과 액틴을 기본으로 하는 단백질 분자들이 모여 근원섬유를 만들고 근육을 만든다.
② 근육조직은 연령이 낮을수록 연하며, 운동이 적은 등심, 안심과 같은 부분의 고기가 연하다.

근육조직	• 동물조직의 30~40%를 차지하고 있으며, 동물의 운동을 담당 • 미오신, 액틴, 미오겐, 미오알부민으로 구성
결합조직	• 콜라겐과 엘라스틴으로 구성 • 콜라겐을 장시간 물에 넣어 가열하면 젤라틴으로 변함 • 엘라스틴은 거의 변하지 않음
지방조직	• 피하, 복부, 내장기관의 주위에 많이 분포 • 마블링(근대지방) : 근육 속에 미세한 흰색의 점이 퍼져 있는 지방으로 고기를 연하게 하고 맛과 질도 좋게 하여 고기품질에 대한 등급을 결정

융점이 가장 높은 고기는?
① 돼지고기 ② 소고기
③ 닭고기   ④ 양고기

답 ④

(2) 육류의 조리법

① 습열조리법 : 탕, 편육, 조림, 찜 등이 있다. 특히 결합조직이 많은 부위(양지, 사태, 꼬리)는 찬물에 넣고 장시간 끓이면 결합조직(콜라겐)이 젤라틴화되어 부드러워진다.
② 건열조리법 : 구이, 튀김, 적 등이 있는데 구울 경우 고기 수분이 빠져나가지 않게 센 불에서 표면 단백질만 응고시킨 후 약한 불에서 중심부까지 익히는 것이 좋다.

③ 육류 가열시 변화
  ㉠ 중량 및 보수성 감소
  ㉡ 색의 변화 및 고기 단백질(미오신, 미오겐)의 응고
  ㉢ 결합조직의 연화(콜라겐-젤라틴) 및 풍미의 변화(글루타민산, 이노신 산생성)
  ㉣ 지방의 융해

TIP 육류 지방의 융점

지방의 종류	융 점	지방의 종류	융 점
양고기	44~55℃	돼지고기	33~46℃
소고기	40~50℃	닭고기	31~32℃

(3) 육류의 사후경직과 숙성
  ① 사후강직
    ㉠ 글리코겐으로부터 형성된 젖산이 축적되어 산성으로 변하면서 액틴(근단백질)과 미오신(근섬유)이 결합되면서 액토미오신이 생성되어 근육이 경직되는 현상을 말한다.
    ㉡ 사후강직은 동물의 품종, 나이, 도살 전 운동, 온도에 의해 달라진다.
  ② 숙 성
    ㉠ 사후경직이 완료되면 서서히 경직이 풀리면서 자기소화를 거치면서 숙성된다.
    ㉡ 쇠고기는 4~7℃에서 7~10일, 2℃에서 2주간 숙성한다.

(4) 육류의 연화법
  ① 고기를 섬유의 반대 방향으로 썰거나 두들겨서 칼집을 넣어준다.
  ② 설탕이나 청주를 넣으면 연해진다.
  ③ 단백질 분해효소에 의한 고기 연화법
    ㉠ 파파야(파파인 Papain)
    ㉡ 무화과(피신 Ficin)
    ㉢ 파인애플(브로멜린 Bromelin)
    ㉣ 배(프로테아제 Protease)
    ㉤ 키위(액티니닌 Actinidin)

단백질 분해효소의 연결이 잘못된 것은?
① 파인애플 : 브로멜린
② 배 : 프로테아제
③ 무화과 : 파파인
④ 키위 : 액티니닌

답 ③

(5) 육류의 부위별 조리법과 특징

① 소고기

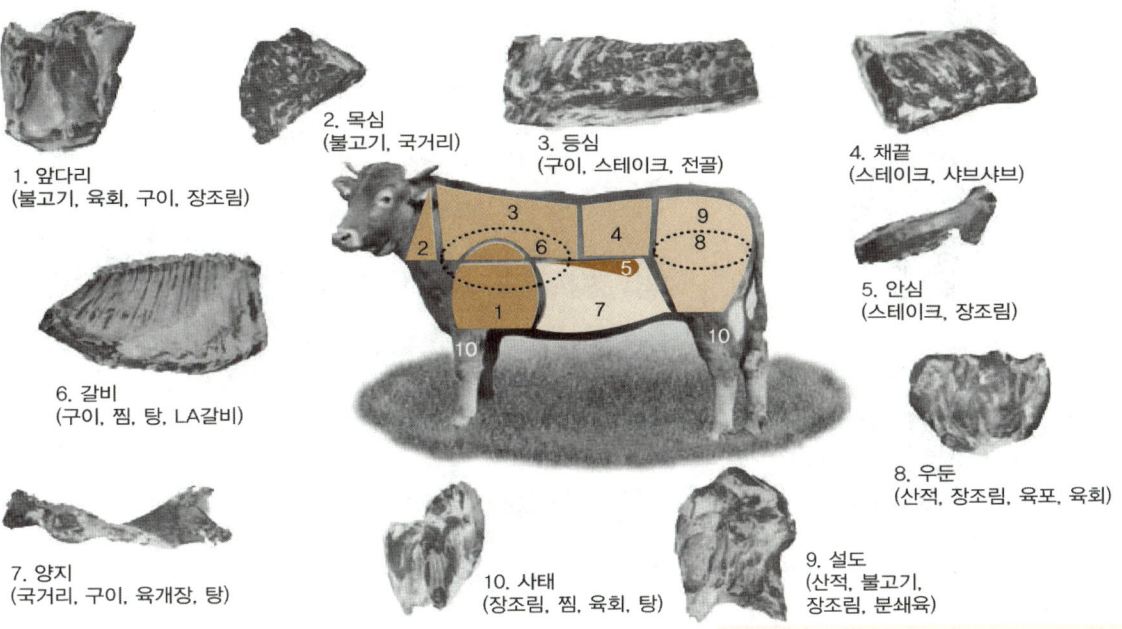

1. 앞다리 (불고기, 육회, 구이, 장조림)
2. 목심 (불고기, 국거리)
3. 등심 (구이, 스테이크, 전골)
4. 채끝 (스테이크, 샤브샤브)
5. 안심 (스테이크, 장조림)
6. 갈비 (구이, 찜, 탕, LA갈비)
7. 양지 (국거리, 구이, 육개장, 탕)
8. 우둔 (산적, 장조림, 육포, 육회)
9. 설도 (산적, 불고기, 장조림, 분쇄육)
10. 사태 (장조림, 찜, 육회, 탕)

명 칭	명칭 및 특징	조리용도
소머리	• 육질이 질기고 결합조직이 많으며, 지방이 적어 오래 끓여야 한다.	찜, 편육, 설렁탕, 곰탕
장정육 양지육	• 어깨 안쪽 살부터 복부 아래까지 부위로 육질이 질기고 근막이 형성되어 있다.	조림, 탕류, 편육 편육, 탕류
등 심 갈 비 쇠악지	• 살이 두껍고 얼룩지방(상강육) 있으며 질이 좋다. • 갈비 위쪽에 붙은 살로 육질이 곱고 연하여 지방이 적절히 있어 맛이 좋다	구이, 볶음, 전골 구이, 볶음, 찜 구이, 볶음, 조림
채끝살 안심(로스) 대접살	• 부드러운 살코기로서 맛이 좋다. • 등심 안쪽에 위치한 부위로 가장 연하며, 고깃결이 곱고 지방이 적어 담백하다.	구이, 조림, 산적 구이, 볶음 육포, 회
우둔육 홍두깨살	• 상부에 지방이 약간 있으며 맛이 있고 연하다 • 다릿살의 바깥쪽 부위로 살결이 거칠고 약간 질기나 지방 및 근육막이 적은 살코기로 맛이 좋고 젤라틴이 풍부하다.	육포, 회, 장조림 육포, 장조림, 조림, 탕, 산적
업진육 사태육 꼬리	• 지방과 고기가 층을 이루며 질기다. • 골질이 많고 지방이 적다. • 다리 오금에 붙은 살로 결합조직이 많아 찌거나 가열하면 젤라틴이 되어 부드럽다	찜, 편육, 탕 편육, 찜, 탕 곰탕, 찜

부드러운 살코기로서 맛이 좋으며 구이, 전골, 산적용으로 적당한 소고기 부위는?
① 양지, 사태, 목심
② 안심, 채끝, 우둔
③ 갈비, 삼겹살, 안심
④ 양지, 설도, 삼겹살

답 ②

② 돼지고기

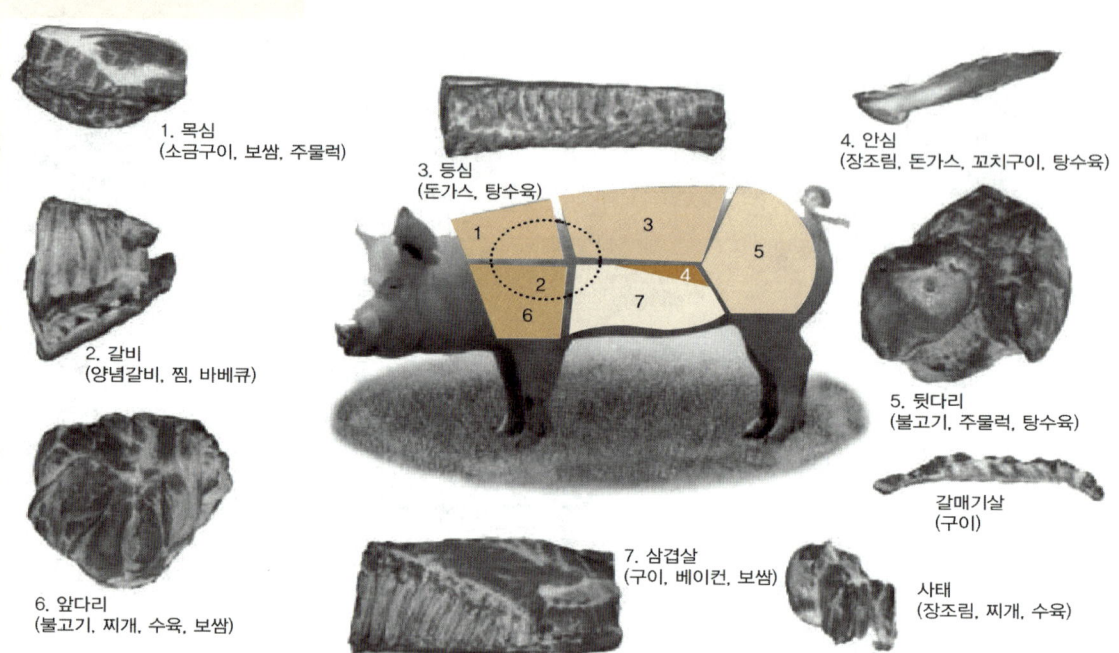

1. 목심 (소금구이, 보쌈, 주물럭)
2. 갈비 (양념갈비, 찜, 바베큐)
3. 등심 (돈가스, 탕수육)
4. 안심 (장조림, 돈가스, 꼬치구이, 탕수육)
5. 뒷다리 (불고기, 주물럭, 탕수육)
6. 앞다리 (불고기, 찌개, 수육, 보쌈)
7. 삼겹살 (구이, 베이컨, 보쌈)
갈매기살 (구이)
사태 (장조림, 찌개, 수육)

돼지고기 부위별 조리로 연결이 틀린 것은?
① 구이 : 갈비, 삼겹살, 목심
② 수육 : 목심, 앞다리, 삼겹살
③ 찜 : 갈비
④ 불고기 : 갈비, 삼겹살

답 ④

부위명칭	명칭 및 특징	용 도
안 심	안심살 허리부분의 안쪽에 위치, 안심 주변은 약간의 지방과 밑변의 근막이 형성되어 육질이 부드럽고 연하다.	로스구이, 스테이크, 주물럭
등 심	등심살, 알등심살, 등심덧살 표피 쪽에 두터운 지방층이 덮인 지방이 거의 없고 방향이나 진한 맛이 없고 담백하다.	돈까스, 잡채, 폭찹, 탕수육, 스테이크
목 심	목심살 등심에서 목 쪽으로 이어지는 부위, 근육막 사이에 지방이 적당히 박혀 있어 좋은 풍미를 가지고 있다.	구이, 주물럭, 보쌈
앞다리	앞다리살, 사태살, 항정살 어깨부위의 고기로서 안쪽에 어깨뼈를 떼어낸 넓은 피막이 나타난다.	찌개, 수육, 불고기
뒷다리	볼깃살, 설깃살, 도가니살, 보섭살, 사태살 볼기 부위의 고기로서 살집이 두터우며 지방이 적다.	돈가스 탕수육
삼겹살	삼겹살, 갈매기살 갈비를 떼어 낸 부분에서 복부까지 넓고 납작한 모양의 부위, 근육과 지방이 막을 형성하며 풍미가 좋다.	구이, 베이컨, 수육
갈 비	갈 비 옆구리 늑골(갈비)의 첫 번째부터 다섯 번째는 골부위를 말하며 근육 내 지방이 잘 박혀 있어 풍미가 좋다.	구이, 찜

③ 닭고기

부위 명칭	특 징
가슴살, 안심	지방이 가장 적고 맛이 담백
다릿살	육질이 단단하며 필수아미노산 풍부
어깨살, 닭봉	육질이 부드러우며 지방이 적음
날 개	단백질과 콜라겐 풍부
닭 발	콜라겐 풍부

(6) 육류의 감별

① 소고기
- 색깔이 빨갛고 윤택이 나며 수분이 충분하게 함유되어 있고 손가락으로 누르면 탄력성이 있는 것이 좋다.
- 고기의 빛깔이 진하게 빨간 것은 늙고 오래되거나 노동을 많이 한 고기이므로 질기고 좋지 못하다.

② 돼지고기
- 기름지고 윤기가 있으며 살이 두껍고 살코기의 색이 엷은 것이 좋다.
- 살코기의 색이 진하게 빨간 것은 늙은 돼지고기이다.

(7) 고기의 가열 정도와 내부 상태

① 레 어 : 내부온도가 55~65℃의 온도로, 고기의 표면을 불에 살짝 굽는다. 자르면 육즙이 흐르고 안은 생고기에 가깝다.

② 미디움 : 내부온도가 65~70℃의 온도로, 고기 표면의 색깔은 회갈색이나 내부는 장미색 정도이고, 자르면 육즙이 약간 있다.

③ 웰 던 : 내부온도가 70~80℃로 고기의 표면과 내부 모두 갈색 정도로 구우며 육즙은 거의 없다.

(8) 젤라틴(gelatin)

① 동물의 가죽이나 뼈에 다량 존재하는 불완전 단백질인 콜라겐(collagen)의 가수분해로 생긴 물질이다.
② 설탕의 첨가량이 많으면 젤 강도를 감소시켜 농도가 증가할수록 응고력은 감소(설탕첨가량은 20~25%가 적당)한다.
③ 산 첨가 시 응고가 방해되어 부드럽다.
④ 염류(소금) 첨가 시 응고가 촉진되어 단단해진다.
⑤ 단백질 분해효소 사용 시 응고력이 약해진다.
⑥ 젤라틴의 농도가 높을수록 빠르게 응고된다.
⑦ 용도 : 족편, 마시멜로, 젤리, 아이스크림 등

2. 달걀

(1) 달걀의 구성

난 각	• 껍질 부분으로 탄산칼슘으로 구성되어 있으며 내부를 보호한다. • 95% 정도가 탄산칼슘으로 구성 • 신선도 판별기준으로 난각의 표면이 까슬까슬하면 신선한 달걀이다.
난 백	• 흰자 부분으로 수분과 단백질을 포함하고 있는 투명한 액체, 달걀의 약 60%를 차지한다. • 달걀의 55~60%를 차지하며, 산란 직후에는 농후난백의 함량이 많으나 시간이 지날수록 자기 소화가 일어나 수양난백으로 변한다.
난 황	• 노른자 부분으로 수분, 단백질, 지방을 포함하고 있으며, 달걀의 30%를 차지한다. • 레시틴은 유화제로서의 역할을 한다. • 수중유적형의 유탁액

(2) 달걀의 응고성(농후제)
① 응고가 되는 온도는 난백 60~65℃, 난황 65~70℃이다.
② 설탕을 넣으면 응고 온도가 높아지고 우유, 소금 등의 Ca, 산은 응고를 촉진한다.
③ 소화율 : 프라이<생란<완숙<반숙 순으로 잘된다.
④ 응고성을 이용한 식품 : 계란찜, 커스터드, 푸딩

(3) 달걀의 녹변 현상
① 난백(황화수소)+난황(철분) → 황화 제1철 형성(암녹색 띠를 형성)
② 녹변현상의 조건
　㉠ 가열온도 높을수록
　㉡ 삶는 시간 길수록
　㉢ 오래된 달걀일수록(pH가 알칼리성일 때)
　㉣ 찬물에 바로 헹구지 않을 때

(4) 달걀의 유화성
① 난황의 인지질인 레시틴이 유화제로 작용된다.
② 유화성을 이용한 식품 - 마요네즈, 소스 등
③ 마요네즈(노른자, 식초, 기름, 소금, 설탕) 분리원인
　㉠ 마요네즈를 얼릴 경우
　㉡ 기름을 한꺼번에 너무 많이 넣고 젓는 속도가 느릴 경우
　㉢ 유화제에 비해 기름이 많을 경우
　㉣ 난황의 선도가 낮을 경우

달걀 난백의 응고 온도는?
① 60~65℃
② 65~70℃
③ 70~75℃
④ 75~80℃
답 ①

달걀 녹변현상의 영향을 주는 것이 아닌 것은?
① 가열온도가 높을수록
② 삶는 시간이 길수록
③ 신선한 달걀일수록
④ 삶아서 찬물에 바로 헹구지 않을 때
답 ③

달걀에서 시간이 지남에 따라 나타나는 변화가 아닌 것은?
① 호흡작용을 통해 알칼리성으로 된다.
② 흰자의 점성이 커져 끈적끈적해진다.
③ 흰자에서 황화수소가 검출된다.
④ 주위의 냄새를 흡수한다.
답 ②

(5) 달걀의 접착성
- 접착성 이용한 식품 : 전유어, 크로켓

(6) 달걀의 기포성(팽창제)
① 단백질인 글로불린은 난백의 기포성에 관여한다.
② 기포성을 이용한 식품 : 스펀지 케이크, 머랭(난백+설탕+크림+색소) 등
③ 난백의 기포성에 영향을 미치는 요인
　㉠ 수양난백이 많은 달걀(오래된 달걀)을 사용하면 거품성 ↑
　㉡ 달걀의 적온은 30℃ 정도에서 거품성 ↑
　㉢ 난백을 적당히 거품을 낸 후 설탕을 넣으면 안전도 ↑
　㉣ 밑이 좁고 둥근바닥의 그릇을 이용할 경우 거품성 ↑
　㉤ 첨가물의 영향
　　- 거품성 ↑ - 식초,
　　- 거품성 ↓ - 지방, 난황, 우유, 주석산, 식염, 설탕

(7) 달걀의 신선도 판별법
① 달걀을 흔들었을 때 소리가 나면 오래되고 기실이 커진 것이다.
② 깨뜨려 봤을 때 난황의 높이를 보고 신선도를 알 수 있다. 흰자가 퍼지지 않고, 노른자는 구형이어야 한다.
③ 삶은 달걀의 단면을 보는 법 : 오래된 것은 난백의 가장자리가 양쪽이 고르지 못하며 난황이 한쪽에 쏠려 있고, 신선한 것은 난황이 중심에 위치해 있다.
④ 표면에 윤택이 나지 않으며, 난각은 두껍고 강한 것이 좋다.
⑤ 물 1컵에 식염 1큰술을 용해한 물에 달걀을 넣어 가라앉으면 신선한 것이다.
⑥ 혀에 대보았을 때 둥근 부분은 따뜻하고, 뾰족한 부분은 찬 것이 좋다.
⑦ 난백계수와 난황계수의 측정법
　㉠ 난백계수(난백의 높이÷지름) : 0.1 이하는 오래된 것, 0.15 이상은 신선한 것
　㉡ 난황계수(난황의 높이÷지름) : 0.25 이하는 오래된 것, 0.36 이상은 신선한 것
　*오래된 달걀일수록 난백계수, 난황은 작아지고 pH는 높아진다.

달걀의 신선도 판별방법 중 틀린 것은?
① 달걀을 흔들었을 때 소리가 나면 오래되고 기실이 커진 것이다.
② 깨뜨려 봤을 때 난황의 높이를 보고 신선도를 알 수 있다. 흰자가 퍼지지 않고, 노른자는 구형이어야 한다.
③ 표면에 윤택이 나지 않으며, 난각은 두껍고 강한 것이 좋다.
④ 물 1컵에 식염 1큰술을 용해한 물에 달걀을 넣어 뜨면 신선한 것이다.

답 ④

3. 우유의 조리 및 가공·저장품

(1) 우유의 성분과 작용

단백질	카제인	• 칼슘과 인이 결합한 인 단백질 • 우유단백질의 양 80% • 열에 의해 응고가 되지는 않는다. • 산이나 효소(레닌)에 의한 응고 • 요구르트와 치즈 만들 때 활용
	유청 단백질	• 카제인이 응고된 후에도 남아 있는 단백질 • 우유단백질의 약 20% • 열에 의해 응고된다. • 산과 효소(레닌)에 의해서는 응고되지 않는다. • α-락토알부민, β-락토글로불린 등이 있음 • 우유가열 시 유청 단백질은 피막을 형성하고 냄비 밑바닥에 침전물이 생기게 하는데 이 피막은 저으며 끓이거나 뚜껑을 닫고 약한 불에서 은근히 끓이면 억제 가능하다.
지방		• 3~4% 정도 함유 • 대부분 중성 재질
탄수화물		• 4~5% 정도 함유 • 대부분 유당
무기질		• 칼슘, 마그네슘, 칼륨 등 함유 • 철, 구리 부족
비타민		• 비타민 A, D, 나이아신 등 대부분 함유 • 비타민 C, E 부족

(2) 우유의 조리

① 우유 중에는 카제인 입자나 미세한 지방구가 많이 포함되어 있어 여러 가지의 것을 흡착하는 성질이 있다.
　＊ 생선을 우유에 담가 놓으면 비린내가 없어진다.

② 우유 중의 칼슘, 기타의 염류는 단백질의 겔화를 용이하게 하여 겔 강도도 강하게 한다. 커스타드 푸딩을 만들 수 있다.

③ 스튜, 스프, 크림을 끓일 때 우유가 콜로이드용액이기 때문에 우유를 넣으면 특유의 부드러운 풍미를 준다.

④ 우유를 이용한 화이트소스와 같이 요리를 하얗게 할 수 있다.

⑤ 설탕의 캐러멜 형성 반응과 우유 중의 아미노산 환원당의 반응에 의해 과자류에 우유를 사용하여 구워내면 빛깔이 좋게 된다.

⑥ 우유를 가열하게 되면 냄새가 나고 표면에 피막(락토알부민)이 생긴다. 이 피막은 지방구가 가열에 의해 응고한 단백질과 엉겨 표면에 뜬 것이기 때문에 이것을 제거하면 영양소에 손실이 된다.
　＊ 60~65℃ 이상에서 이 현상이 일어나기 때문에 우유를 끓일 경우에는 저어주면서 끓이거나 중탕으로 데우는 것이 좋다.

(3) 우유의 가공

① 버 터
- ㉠ 우유의 지방분을 모아 가열 살균한 후 젖산균을 넣어 발효시키고 소금으로 간을 한 것으로 유지방 함량이 80% 이상, 수분 함량이 18% 미만인 것
- ㉡ 비타민 A와 D, 카로틴 등이 풍부하고 소화흡수가 잘 됨

② 크 림
- ㉠ 우유를 장시간 방치하여 생긴 황백색의 지방층을 거두어 만든 것
- ㉡ 지방함량에 따라 커피크림(지방분 18%)과 휘핑크림(지방분 36% 이상)으로 구분

③ 치 즈
- ㉠ 우유 단백질을 레닌으로 응고시킨 것
- ㉡ 우유보다 단백질과 칼슘이 풍부

④ 분 유
- ㉠ 우유의 수분을 제거하여 분말 상태로 한 것
- ㉡ 전지분유, 탈지분유, 가당분유, 조제분유 등

⑤ 연 유
- ㉠ 우유를 농축시켜 만든 것
- ㉡ 16%의 설탕을 첨가하여 약 1/3의 부피로 농축시킨 가당연유와 우유를 그대로 1/3 부피로 농축시킨 무당연유로 구분

⑥ 기 타
- ㉠ 탈지유 : 우유에서 지방을 뺀 것
- ㉡ 요구르트 : 탈지유를 1/2로 농축시켜 8%의 설탕에 넣고 가열, 살균한 후 젖산 발효시킨 것(종균은 락토바실러스 불가리커스)
- ㉢ 아이스크림 : 우유 및 유제품에 설탕, 향료와 버터, 달걀, 젤라틴, 색소 등 기타 원료를 적당하게 넣어 저어가면서 동결시킨 것

우유의 가공식품이 아닌 것은?
① 버 터   ② 치 즈
③ 분 유   ④ 두 유

답 ④

붉은살 생선이 아닌 것은?
① 고등어 ② 광 어
③ 꽁 치   ④ 참 치

답 ②

04 수산물의 조리 및 가공과 저장

1. 수산물의 조리

(1) 수산물의 종류

어 류	흰살생선	• 수온이 낮고 깊은 곳에 서식 • 운동량이 적고 지방함량이 5% 이하 • 조기, 광어, 가자미, 도미 등
	붉은살 생선	• 수온이 높고 얕은 곳에 서식 • 수분함량이 적고 지방함량이 5~20%로 많음 • 꽁치, 고등어, 다랑어 등
	담수어	• 강이나 호수에 살며 생식은 감염의 위험으로 익혀 먹어야 한다. • 송어, 산천어, 메기, 붕어 등
패 류		• 딱딱한 껍질 속에 먹을 수 있는 근육 조직 • 대합, 모시조개, 바지락, 소라, 홍합 등
갑각류		• 키틴질의 딱딱한 껍질로 쌓여 있고 여러 조각의 마디를 가짐
연체류		• 몸이 부드럽고 뼈와 마디가 없음 • 오징어, 낙지, 문어 꼴뚜기 등

(2) 수산물의 성분

단백질	• 15~20% 함유 • 미오신, 액틴 등으로 구성 • 필수아미노산 다량 함유
지 방	• 약 80% 불포화지방산, 약 20% 포화지방산으로 구성 • 산란기 직전에 지방함량이 높음
무기질	• 1~2% 정도 함유 • 주로 인(P), 칼륨(Ca), 나트륨(Na), 요오드(I)
비타민	• 지방함량이 많은 어유와 간유에 비타민 A와 D가 많음

생선의 비린내를 억제하는 방법으로 부적합한 것은?
① 물로 깨끗이 씻어 수용성 냄새 성분을 제거한다.
② 처음부터 뚜껑을 닫고 끓여 생선을 완전히 응고시킨다.
③ 조리 전에 우유에 담가 둔다.
④ 생선 단백질이 응고된 후 생강을 넣는다.

답 ②

(3) 수산물의 조리

① 콜라겐과 엘라스틴의 함량이 적어 육류보다 연하다.
② 산란기 직전에 지방이 많고 살이 올라 가장 맛이 좋다.
③ 해수어(바닷물고기)는 담수어보다 지방함량이 많고 맛이 좋다.
④ 육류와 다르게 사후강직 후 동시에 자기소화와 부패가 일어난다.
⑤ 신선도가 저하되면 TMA가 증가하고 암모니아 생성한다.
⑥ 2~3%의 소금을 뿌리면 생선살이 단단해진다.
⑦ 조림이나 탕 조리 시 가열하는 처음 수분간은 뚜껑을 열어야 비린내를 휘발시킬 수 있다.

(4) 수산물의 특징

① 어류의 사후변화

사후강직	• 1~4시간 동안에 최대 강직현상을 보임 • 붉은살 생선이 흰살 생선보다 사후강직이 빨리 시작됨 • 생선은 사후강직 전 또는 경직 중이 신선하며, 사후경직 시에 가장 맛이 좋음
자기소화 (자가소화)	• 사후경직이 끝난 후 어패류 속에 존재하는 단백질 분해효소에 의해 일어남 • 어육이 연해짐, 풍미 저하
부패	• 세균에 의한 부패가 시작 • 담수어는 자체 내 효소의 작용으로 해수어보다 부패속도 빠름

※ 어류 부패 시 발생하는 냄새 물질 : 암모니아, 피페리딘, 트리메틸아민(TMA), 황화수소, 메르캅탄 등

② 수산물의 신선도 판별 기준

관능검사	아가미	• 아가미가 선홍색이고 단단하며 꽉 닫혀있는 것 • 신선도가 저하되면 점액질의 분비가 많아지고 부패취가 증가하여 점차 회색으로 변함
	눈	• 안구가 외부로 도출되거나 생선의 눈이 투명한 것 • 신선도가 저하될수록 눈이 흐리고 각막은 눈 속으로 내려앉음
	복부	• 탄력성이 있는 것(신선한 생선일수록 복부의 탄력성이 좋음)
	표면	• 비늘이 밀착되어 있고 광택이 나며 점액이 별로 없는 것
	근육	• 탄력성이 있고 살이 뼈에 밀착되어 있는 것
	냄새	• 악취, 시큼한 냄새, 암모니아 등의 냄새가 나지 않는 것
생균수 검사		• 세균수가 10^7~10^8인 경우 초기 부패
이화학적 검사		• 휘발성 염기질소(VBN), 트리메틸아민(TMA), 히스타민의 함량이 낮을수록 신선

③ 생선의 비린내(어취) 제거방법

㉠ 레몬즙, 식초 등의 산 첨가

㉡ 생강, 파, 마늘, 고추냉이, 술, 겨자 등의 향신료 사용, 생강은 생선이 익은 후 첨가

㉢ 수용성인 트리메틸아민을 물로 씻어서 제거

㉣ 비린내 흡착성질이 있는 우유(카제인)에 미리 담가두었다가 조리

㉤ 생선을 조릴 때 처음 몇 분간은 뚜껑을 열고 비린내 제거

㉥ 술을 넣으면, 알코올에 의해 어취 약화

㉦ 된장, 고추장, 간장 등을 이용하면 어취 제거 효과

2. 해조류의 조리

(1) 해조류의 성분

탄수화물	40~50% 정도 함유, 호화율 낮음
단백질	15~60% 정도 함유, 대부분의 필수아미노산 포함
무기질	요오드(I) 풍부, 인(P), 칼륨(K) 칼슘(Ca) 철(Fe) 등의 함유량 높음
비타민	비타민 A가 많고 비타민 B, C도 함유

(2) 해조류의 종류

구 분	특 징	종 류
녹조류	• 얕은 바다(20m 이내)에 서식 • 클로로필(녹색) 풍부, 소량의 카로티노이드 함유	파래, 매생이, 청각, 클로렐라 등
갈조류	• 좀 더 깊은 바다(20~40m 이내)에 서식 • 카로티노이드 β-카로틴과 푸코잔틴 풍부	미역, 다시마, 톳, 모자반 등
홍조류	• 깊은 바다(40~50m 이내)에 서식 • 피코에리스린(적색) 풍부, 소량의 카로티노이드 함유	김, 우뭇가사리 등

(3) 한천(우뭇가사리)

① 우뭇가사리 등의 홍조류를 삶아서 점액이 나오면 이것을 냉각 응고시킨 다음 잘라서 동결 건조시킨 것
② 체내에서 소화되지 않아 영양가는 없으나 물을 흡착하여 팽창함으로써 정장작용 및 변비예방
③ 응고온도는 25~35℃, 용해온도는 80~100℃
④ 산, 우유 첨가 시 겔의 강도 감소
⑤ 설탕 첨가 시 투명감, 점성, 탄력증가, 설탕의 농도가 녹으면 겔의 농도도 증가
⑥ 한천은 양갱, 과자, 양장피의 원료로 사용된다.

우뭇가사리를 주원료로 이들 점액을 얻어 굳힌 해조류 가공제품은?
① 젤라틴
② 곤 약
③ 한 천
④ 키 틴

답 ③

05 유지 및 유지 가공품

1. 유지의 조리
상온에 액체 상태인 것을 유(油), 고체 상태인 것을 지(脂)라고 하여 이를 합쳐 유지라고 부른다.

(1) 유지의 종류
① 식물성 지방 : 대두유, 옥수수유, 포도씨유, 참기름, 들기름, 유채기름
② 동물성 지방 : 우지(소기름), 라드(돼지기름), 어유(생선기름)
③ 가공유지 : 마가린, 쇼트닝 등

(2) 유지의 성질
① 발연점 : 유지를 가열할 때 표면에 푸른 연기가 나기 시작할 때의 온도를 발연점이라 한다. 이때 아크롤레인이 형성되어 청백색의 연기와 자극적인 냄새가 난다.
  ㉠ 발연점이 낮아지는 경우
   • 여러 번 사용하여 유리지방산의 함량이 높을수록
   • 기름에 이물질이 많이 있을 때
   • 기름의 표면적이 넓을수록 낮다(1인치 넓을 때 발연점은 2℃ 낮아진다).
  ㉡ 각종 유지의 발연점
   • 대두유 256℃, 옥수수유 227℃, 포도씨유 250℃
   • 버터 208℃, 라드 190℃, 올리브유 175℃
② 유화성을 이용한 식품 : 유화성이란 기름과 물이 잘 섞이지 않으나 매개체인 유화제를 넣으면 기름과 물이 혼합되는 것을 말한다.
  ㉠ 수중유적형 O/W : 물속에 기름이 분산된 형태(우유, 마요네즈, 아이스크림, 크리스프, 생크림 등)
  ㉡ 유중수적형 W/O : 기름에 물이 분산된 형태(버터, 쇼트닝, 마가린 등)
③ 융 점
  ㉠ 고급지방산과 포화지방산이 많을수록 융점이 높아진다.
  ㉡ 불포화지방산이 많은 액체기름(식물성기름)은 융점이 낮고 포화지방산인 고체지방산(라드, 버터 등)은 융점이 높다.
④ 유지의 산패
  ㉠ 유지는 가열을 반복해서 사용할 경우 중합반응에 의해 거품이 형성되고 유리지방산 함량의 증가와 점도가 증가한다.

튀김기름으로 적당하지 않은 것은?
① 대두유 ② 포도씨유
③ 옥수수유 ④ 올리브유

해설 올리브유는 발연점이 낮아서 튀김용으로 적당하지 않다.

답 ④

* 시간이 지나면서 산패 촉진인자에 의해 찌든 냄새가 나면서 맛이 저하되는 경우를 산패라 한다.

ⓒ 산패를 늦추려면 공기 접촉을 막고 색깔 있는 병에 담아 저온에 보관하는 것이 좋다.

> **TIP 산패를 촉진시키는 인자**
> 산소, 빛, 수분, 금속(Cu > Fe > Ni > Sn), 온도, 지방산의 불포화도, 효소

(3) 유지의 가공
식용유지는 대별해서 식물유지와 동물유지로 나눈다.

① 유지 채취법
  ㉠ **압착법** : 식물성 원료의 착유에 쓰이는데, 원료에 기계적인 압력을 가하여 기름을 짜는 방법
  ㉡ **추출법** : 원료를 휘발성인 용제에 담그고 유지를 용제에 녹여서 그 용제를 휘발
  ㉢ **용출법** : 동물성 원료를 처리할 때 쓰이는데, 가열시켜 유지를 녹아 나오게 하는 방법

② 유지의 정제
  ㉠ **물리적 정제** : 침전·여과·원심분리
  ㉡ **화학적 정제** : 탈검(Lecithin 제거)·탈산(알칼리로 중화)·탈색(카로티노이드와 클로로필 제거)·탈취(가열증기·CO_2·수소·질소로)

③ 가공유지(경화유) 제조원리
불포화지방산에 수소(H_2)를 첨가하고 촉매제로 니켈(Ni)·백금(Pt) 등을 사용하여 만든 유지·마가린과 쇼트닝이 있다.

> **✿ 마가린 제조**
> 식물성·동물성 기름을 이용하여, 유화제인 레시틴(lecithin)을 첨가하는데, 소금·비타민·착색제(베타카로틴)로 25~35℃에서 유화시킨다. 이때 방향성분을 첨가한다.

06 냉동식품의 조리

1. 냉동식품의 원리와 냉동방법

(1) 냉동식품의 가공원리

① 미생물은 10℃ 이하면 생육이 억제되고 0℃ 이하에서는 거의 작용을 하지 못한다.
② 저장은 −15℃ 이하의 저온에서 주로 수산물과 축산물의 장기 저장에 이용된다.
③ 냉동에 의한 식품의 품질저하를 막기 위해 물의 결정을 미세하게 하려면 −40℃ 이하에서 급속동결 또는 −70℃에서 심온동결을 한다.

2. 냉동식품의 해동방법

(1) 육류·어류

① 높은 온도에서 해동하면 조직이 상해서 액즙이 많이 나오기 때문에 맛과 영양소의 손실이 크므로 냉장고에 자연 해동하는 것이 가장 좋은 방법이고 흐르는 냉수에 필름을 싼 채 해동하는 것도 좋다.
② 냉동생선은 반 정도 해동한 후 조리하는 것이 좋다.

(2) 채소류

날로는 동결하지 못하므로 채소를 데친(Blanching) 후 냉동시키는데 끓이거나 찌거나 볶을 때에는 동결된 채로 조리하는 것이 좋다.

(3) 조리식품, 반조리식품

전자렌지를 이용한 해동이 가장 좋다.

(4) 과일류

해동하면 조직이 부서져서 좋지 않기 때문에, 동결한 그대로 주스로 하거나 반동결 상태에서 먹는 것이 좋다.

다음 중 식육의 동결과 해동 시 조직 손상을 최소화할 수 있는 방법은?

① 급속동결, 급속해동
② 급속동결, 완만해동
③ 완만동결, 급속해동
④ 완만동결, 완만해동

답 ②

07 조미료와 향신료

1. 한식 기본양념

양념은 음식을 만들 때 식품이 지닌 고유한 맛을 살리면서 음식의 특유한 맛을 내기 위해 사용되는 여러 가지 재료

	짠 맛	함(鹹)	소금, 간장, 된장, 젓갈 등
	단 맛	감(甘)	설탕, 꿀, 조청, 과당, 포도당, 물엿 등
오 미	신 맛	산(酸)	식초, 감귤류의 즙, 과일초 등
	매운맛	신(辛)	고추, 겨자, 산초, 후추, 파, 마늘, 생강 등
	쓴 맛	고(苦)	생강 등

4미에 속하지 않은 맛은?
① 단 맛 ② 신 맛
③ 쓴 맛 ④ 매운맛

답 ④

2. 한식의 조미료

간 장	• 콩으로 만든 고유의 발효식품 • 염도 16~26% • 짠맛과 감칠맛을 주거나 색을 낼 때 사용 • **국간장(청장)** : 국, 전골 • **진간장** : 찌개, 나물 무칠 때, 조림, 포, 육류
소 금	• 음식의 맛을 내는 가장 기본적인 조미료 • **천일염(호렴)** : 굵은 소금, 염화마그네슘 함유, 소금의 종류 중 불순물이 가장 많이 함유, 가정에서 배추나 생선을 절이거나 오이나 젓갈을 담글 때 주로 사용
된 장	• 콩으로 메주를 쑤어 띄운 다음, 소금물에 담가 숙성시킨 후 간장을 떠내고 남은 것 • 단백질의 좋은 급원
고추장	• 매운맛을 내는 복합 조미료
식 초	• 곡물이나 과일을 발효시켜 만드는 것 • 음식에 신맛과 상쾌한 맛을 줌 • 음식에 청량감을 주고, 식욕을 증가시켜 소화와 흡수를 도움 • 살균이나 방부의 효과
꿀, 조청	• **설탕** : 사탕수수나 사탕 무 로부터 당액을 분리하여 정제, 결정화, 탈수성, 보존성 • **꿀** : 인류가 사용한 가장 오래된 감미료, 흡습성 • **조청** : 곡류를 엿기름으로 당화시켜 오래 고아서 걸쭉하게 만든 갈색의 묽은 엿
젓 갈	• 어패류에 소금을 넣어 숙성시킨 것 • 소금 간보다 감칠맛

조미료의 첨가 순서로 옳은 것은?
① 설탕→소금→간장→식초
② 설탕→소금→식초→간장
③ 소금→간장→식초→설탕
④ 간장→소금→설탕→식초

해설
조미의 순서는 분자가 큰 순서로 넣는다.

답 ①

✿ 조미료의 침투속도를 고려한 조미료의 사용 순서
설탕→소금→식초→간장→된장→고추장

3. 한식의 향신료

자체가 좋은 향기가 나거나 매운맛, 쓴맛, 고소한 맛 등을 내는 것

고추	• 매운맛의 캡사이신은 소화촉진제 역할 • 자극적이며 음식에 넣으면 감칠맛 • 굵은 고춧가루 : 김치에 적당 • 중간 고춧가루 : 김치, 깍두기용 • 고운 고춧가루 : 고추장, 일반 조미용
기름	• 참기름, 들기름, 식용유, 고추기름 등 • 참기름 : 독특한 향기를 지닌 대표적인 식물성 기름 • 들기름 : 구수하고 깊은 맛, 불포화지방산 다량 함유, 산패되기 쉬움 • 식용유 : 옥수수기름, 면실유, 채종유, 부침이나 튀김에 많이 사용
마늘	• 매운맛(알리신)과 냄새는 황을 함유 • 고기 누린내나 생선비린내를 없애는 데 사용 • 한국음식의 필수 향신료
생강	• 특유의 향과 매운맛(진저롤)이 나는 뿌리 이용 • 매운맛은 가열해도 분해되지 않음
후추	• 매운맛(차비신) • 검은 후추가 흰 후추에 비해 매운맛이 강함 • 고기 누린내나 생선비린내를 없애는 데 사용 • 식욕 증진
겨자	• 황색인 백겨자와 적갈색인 흑겨자 • 매운맛(시니그린) • 40~45℃에서 가장 강한 매운 맛
산초	• 상쾌한 향과 매운 맛 • 생선의 비린내를 없애주고 음식의 맛을 깔끔하게 해줌

겨자의 발효 온도는?
① 20~25℃   ② 25~30℃
③ 35~40℃   ④ 40~45℃

답 ④

CHAPTER 06 조리실무

01 한식의 개요

1. 한식의 개요

(1) 한식의 특징

① 주식과 부식이 뚜렷이 구분
② 농경민족으로 다양한 곡물음식 발달
③ 음식의 종류와 조리법 다양
④ 음식 맛이 다양하고 향신료 많이 사용
⑤ 음식에 있어서 약식동원의 사상을 중히 여김
⑥ 음식 맛을 중요하게 여기고, 잘게 썰거나 다지는 방법이 많이 쓰임
⑦ 일상식과 의례음식의 구분이 있음
  ㉠ 일상식 : 매일 먹는 식사
  ㉡ 의례음식 : 통과의례(돌, 혼례, 회갑, 상례, 제례 등)에 먹는 음식

백일상	백설기, 수수경단, 미역국, 흰밥
돌 상	떡(백설기, 송편, 수수경단, 찹쌀경단), 쌀밥, 국수
회 갑	고배상(떡, 숙과, 생실과, 유과) 면상
폐백상	편포 또는 육포, 폐백 대추, 술, 메, 갱, 삼탕, 삼적, 편, 포
제 상	전, 해, 나물, 건과, 생실과, 제주

⑧ 절식과 시식의 풍습이 있음
  ㉠ 절식(節食) : 매월 절기(節氣)에 먹는 명절 음식(음력 기준)

설날(1월 1일)	떡국, 배추김치, 장김치, 누름적, 전 인절미, 식혜, 수정과, 약식
정월대보름(1월 15일)	오곡밥, 묵은나물, 김구이, 나박김치, 귀밝이술, 부럼
중화절(2월 1일)	노비송편, 약주, 실과, 약포
삼짇날(3월 3일)	진달래 화전, 진달래 화채, 포 절편
초파일(4월 8일)	느티떡, 미나리나물, 어만두
단오(5월 5일)	수리떡, 증편, 앵두화채

명절이나 축하연, 회식 등 많은 사람이 함께 식사할 때 차리는 상차림은?
① 다과상 ② 교자상
③ 입맷상 ④ 수라상

답 ②

한식의 통과의례 음식의 연결이 바른 것은?
① 돌상 : 육포
② 백일상 : 백설기
③ 폐백상 : 미역국
④ 제상 : 수수경단

답 ②

유두(6월 15일)	편수, 밀전병, 화전, 보리수단
칠석(7월 7일)	밀전병, 육개장, 오이소박이, 규아상
한가위(8월 15일)	토란탕, 송편, 햇과일, 햅쌀밥, 송이산적, 삼색나물, 배숙, 잡채, 갈비찜
중구(9월 9일)	국화전, 국화주, 유자화채, 호박떡
상달(10월 10일)	무시루떡, 장국
동지(12월 22일)	팥죽, 전약, 편육, 동치미, 수정과
그믐(12월 31일)	비빔밥, 완자탕, 장김치

⑨ 한식 상차림의 특징

㉠ 공간전개형 상차림으로 한상에 차려 놓고 먹는 식사법이다.

㉡ 밥은 상의 앞 왼쪽, 국은 밥 오른쪽으로 상의 배치가 정해져 있고, 수저의 위치는 숟가락을 왼쪽, 젓가락을 오른쪽에 놓는다.

㉢ 유교의 영향으로 상차림이나 식사예절이 엄격하다.

⑩ 한식 상차림의 구분

㉠ 목적 및 주식에 따른 구분

초조반상	• 새벽자리에서 일어나 처음 먹는 음식 • 응이, 미음, 죽, 등의 유동식 중심 • 맵지 않은 반찬을 올림
반상	• 밥을 주식으로 하는 일상식 상차림 • 첩수에 따라 3첩, 5첩, 7첩, 9첩, 12첩 반상
장국상	• 국수장국을 주식으로 하는 상차림 • 생일 회갑례 등 손님 접대 시 많이 사용
주안상	• 손님에게 술을 대접하기 위해 차리는 상 • 술과 안주를 함께 낸다.
큰상	• 혼례, 회갑례, 회혼례 등의 잔치를 축하하기 위한 상차림 • 주식은 국수이며 편, 유과, 등 높게 고여 올린다.
입맷상	• 잔치 때 큰 상을 받기 전에 먼저 간단히 차려 대접하는 상차림 • 주로 장국상으로 차린다.
교자상	• 명절이나 축하연, 회식 등 많은 사람이 함께 식사할 때 차리는 상 • 주안상 형식의 건교자, 밥상 형식의 식교자, 합쳐진 얼교자가 있다.
다과상	• 차와 과자류를 차리는 상 • 손님 접대 시 바깥손님은 주안상, 안손님은 다과상을 차려냈다.

TIP 반상(첩수에 따른 구분)
- 5첩 이상의 반상을 품상이라 하며, 접대용 요리상이다.
- 기본음식(첩수에 포함 안 됨) : 밥, 국, 찌개, 찜, 전골, 김치, 장류
- 첩수에 포함된 음식 : 생채, 숙채, 구이, 조림, 전, 장아찌, 마른찬, 젓갈, 회, 편육

한국 음식 상차림의 특징으로 맞지 않는 것은?
① 발효음식으로 술, 장, 김치, 젓갈, 장아찌 등이 발달했다.
② 곡물을 이용한 음식이 발달했다.
③ 밥은 상의 앞 오른쪽, 국은 밥 왼쪽으로 상의 배치가 정해져 있다.
④ 공간전개형 상차림으로 한상에 차려 놓고 먹는 식사법이다.
답 ③

한국의 상차림에 장국상은?
① 장을 주원료로 끓인 음식을 먹는 밥상이다.
② 국수나 면을 차리는 상이다.
③ 3첩 이내의 간소한 상차림이다.
④ 술과 간단한 안주를 함께 낸다.
답 ②

초조반상에 대한 설명으로 바른 것은?
① 밥을 주식으로 하는 상차림이다.
② 해장을 위한 매운 음식을 먹는다.
③ 죽, 같은 유동식으로 부담 없는 가벼운 식사이다.
④ 반주를 함께하는 식사이다.
답 ③

서울 음식의 특징으로 거리가 먼 것은?
① 음식의 분량은 적으나 가짓수는 많다.
② 설렁탕이나 곰탕의 탕반이 유명하다.
③ 사치스럽고 화려한 음식이 발달하였다.
④ 감자떡, 메밀막국수, 명태식해가 유명하다.

답 ④

ⓒ 지역에 따른 구분
지역에 따라 나는 특산물로 향토음식이 발달

지역	특징	주요 향토 음식
서울·경기도	• 간이 적당하다. • 크기가 작고 모양이 정갈하다 • 음식의 종류가 다양하다	• 서울 : 설렁탕, 떡국, 육개장, 탕평채, 너비아니, 장김치, 약식 등 • 경기도 : 조랭이떡국, 개성순대, 갈비탕, 오미자화채, 보쌈김치, 무찜 등
강원도	• 산에서 난 나물, 감자 등과 바다에서 수확한 해산물을 주재료로 한다. • 소박하고 구수하다.	감자밥, 메밀막국수, 오징어회, 명태식해, 오징어순대 등
충청도	• 농업이 발달하여 떡 종류가 발달함 • 해산물을 주로 한 음식이 많으며 인삼, 버섯을 사용한다.	쇠머리떡, 호박범벅, 넙치아욱국, 게국지, 인삼정과, 인삼약과 등
전라도	• 음식의 종류가 다양하고 조리과정이 정성스럽다. • 감칠맛이 나고 해산물을 많이 사용한다.	콩나물국밥, 홍어찜, 꼬막무침, 낙지호롱 등
경상도	• 된장, 마늘, 고추를 많이 사용한다. • 투박하고 간이 맵고 짠 편이다. • 방앗잎과 산초를 넣어 독특한 향을 즐긴다.	아구찜, 안동식해, 추어탕, 재첩국, 상어, 고래고기, 파김치 등
제주도	쌀이 거의 생산되지 않아 콩, 보리, 조 등 잡곡을 사용하고, 재료본연의 맛을 살린다.	전복죽, 소라회, 미역국, 옥돔구이, 고사리전, 오메기떡 등

다른 만두와 피(껍질)의 재료가 다른 것은?
① 편 수   ② 난만두
③ 규아상   ④ 병 시

해설 난만두
밀가루 피를 만들지 않고 만두소에 달걀을 끼얹어 찐 음식이다.

답 ②

(2) 한식의 종류

① 주식류

㉠ 밥

㉡ 죽, 미음, 응이(곡물로 만든 유동식)

죽	곡물에 물을 많이 넣고 오랫동안 끓여 완전히 호화시킨 것
미음	곡식을 푹 고아서 체에 밭친 것
응이	곡물을 곱게 갈아서 전분을 가라 앉혀 가루로 말렸다가 물에 풀어 익혀 마실 수 있는 형태

㉢ 국수

• 곡물이나 전분 재료에 따라 밀국수, 메밀국수, 녹말국수, 칡국수 등이 있다.
• 따뜻한 국물에 먹는 온면, 찬 육수나 동치미 육수에 먹는 냉면, 비빔국수 등이 있다.

ㄹ 떡국, 만두
- 간단한 주식의 역할
- 떡국은 남쪽지방, 만두는 북쪽지방 사람이 더 즐겨먹는다.
- 떡국은 정월 초하루, 설날에 먹는 음식이다.

② 부식류

ㄱ 국, 탕

ㄴ 찌개, 지짐이, 조치

찌 개	국에 비해 건더기가 많고 국물을 적게 조리한 음식
지짐이	국물이 찌개보다 적고 조림보다는 많은 음식
조 치	궁중에서 찌개를 일컫는 말

ㄷ 전골
육류와 채소를 밑간하여 화로 위에 전골틀을 올려놓고 즉석에서 끓여먹는 음식

ㄹ 찜·선

찜	육류, 어패류, 채소류 등을 국물과 함께 끓여서 익히는 것과 생선, 새우, 조개 등을 주재료로 하여 증기에 익히는 음식
선	배추, 호박, 오이, 가지 등에 다진 고기류나 채소류의 부재료로 소를 넣거나 올려 끓여내거나 찌는 음식

ㅁ 조림·초

조 림	• 주로 반상에 오르는 반찬거리 • 맛이 담백한 흰살 생선은 간장으로, 붉은살 생선이나 비린내가 나는 것은 고추장이나 고춧가루로 조림
초	• 볶는다는 의미 • 물에 간장 양념을 하여 재료를 넣고 국물이 거의 없을 정도로 바짝 조리하는 방법 • 홍합과 전복을 많이 사용

ㅂ 나물
- 가장 기본적인 반찬으로 생채나 숙채를 두루 일컬으나 대부분 숙채를 말한다.
- 푸른 잎채소 : 파랗게 데쳐내어 갖은 양념으로 무친다.
- 고사리, 고비, 도라지 : 삶아서 양념하여 볶거나 졸인다.
- 말린 취, 고춧잎, 시래기 : 불렸다가 삶아서 볶는다.
- 여러 재료를 혼합하여 맛을 내는 구절판, 잡채, 탕평채, 죽순채 등도 숙채이다.

만두의 종류가 아닌 것은?
① 석류창
② 규아상
③ 편 수
④ 조랭이떡국

답 ④

ⓢ 생채
- 채소를 깨끗이 씻어 생으로 먹는 반찬류이다.
- 날것을 소금에 살짝 절이거나 그대로 썰어서 초장, 초고추장, 겨자, 초간장 등에 무친다.
- 해파리, 미역, 파래, 톳 등의 해조류나 오징어, 조개, 새우 등을 데쳐 함께 무치기도 한다.

ⓞ 구이, 적, 전

적	육류, 채소, 버섯 등을 양념하여 고치에 꿰어 구운 것이다.	
	산 적	익히지 않은 재료를 꼬치에 꿰어서 지지거나 구운 것이다.
	누름적	재료를 양념하여 익힌 다음 꼬치에 꽂아 반죽옷을 입혀 전을 지지듯 뒤집게로 누르며 지지는 것이다.

ⓩ 전유어, 지짐

전유어	• 기름을 두르고 번철(팬)에 지지는 조리법 • 전유화, 전유어, 저냐, 전 등으로 불림 • 제사에 쓰는 전유어를 간남, 간납, 갈납이라고 함
지 짐	• 재료들을 밀가루 푼 것에 섞어서 기름에 지져 내는 음식 • 파전, 빈대떡 등

ⓩ 회, 숙회 : 육류, 어패류, 채소류를 또는 익혀서 초간장, 초고추장, 겨자즙, 소금기름 등에 찍어 먹는 음식
- 육회 : 안심, 우둔살 등 소고기의 연한 살코기 이용
- 갑회 : 간, 천엽, 양 등의 내장류

ⓚ 편육, 족편
- 편육 : 소고기나 돼지고기를 삶아 눌러서 물기를 빼고 굳혀서 썬 음식
- 족편 : 쇠머리나 쇠족 등을 장시간 고아서 응고시켜 썬 음식

ⓔ 마른반찬
- 고기나 생선, 해산물, 채 소등을 소금 또는 간장으로 간을 하여 바싹 말려서 오랜 기간 동안 두고 먹을 수 있도록 만든 저장음식

포	고기나 생선을 얇게 저며 말린 것
부 각	찹쌀 풀이나 각종 가루를 짭짤하게 소금으로 간하여 채소의 잎이나 열매 등에 발라 쪄서 말린 후 기름에 튀긴다.
튀 각	다시마를 기름에 튀긴 것
자 반	생선 또는 해산물 등에 소금 간을 하여 말린 것
무 침	말린 생선이나 해조 등에 여러 양념을 하여 국물 없이 무친 것

  kyungrok.com

ㄹ 김치, 장아찌, 젓갈

김치	• 남도 쪽으로 내려갈수록 따듯한 기후 때문에 젓갈과 소금, 고춧가루를 많이 사용하여 간이 세고 맛이 진함 • 북쪽 지방에는 간이 세지 않으며 젓갈을 많이 쓰지 않아 국물이 시원한 것이 특징
장아찌	• 무, 고추, 오이 등의 재료를 소금 또는 간장, 된장, 고추장 등에 절인 음식 • 삼투압현상으로 수분이 빠지고 재료의 부피가 줄어 조직이 단단해지며 내용물의 속까지 짭짤한 간이 배어 오랫동안 먹을 수 있음
젓갈	• 어패류의 살, 내장, 알 등에 20% 안팎의 소금으로 간을 하여 발효시킨 것 • 발효과정에서 생성된 아미노산 성분들이 독특한 감칠맛을 냄

③ 후식류

㉠ 떡

찐 떡	백설기, 콩설기, 팥시루떡, 증편, 송편, 쇠머리찰편 등
삶은 떡	수수경단, 오색경단
지지는 떡	화전 수수부꾸미, 주악 등

㉡ 음청류 : 차, 화채, 식혜, 수정과

㉢ 한과 : 찹쌀을 발효시켜 만들고, 밀가루를 꿀이나 설탕에 반죽하여 기름에 튀긴 것

(3) 한식 상차림

① 한식의 그릇

주발	• 유기, 사기, 은기로 된 밥그릇, 주로 남성용이며 사기 주발을 사발이라고 한다. • 아래는 좁고 위로 차츰 넓어지며, 뚜껑이 있다.
바리	유기로 된 여성용 밥그릇으로 주발보다 밑이 좁고 가운데가 부르고 위쪽은 좁아 들고 뚜껑에는 꼭지가 있다.
탕기	국을 담는 그릇으로 주발과 모양이 비슷하다.
대접	숭늉, 면, 국수를 담는 그릇으로 숭늉이나 면, 국수를 담아내며 요즘은 국 대접으로 흔히 사용되며, 재질에 따라 형태에 따라 다양하다.
조치보	찌개를 담는 그릇으로 주발과 같은 모양으로 탕기보다 한 치수가 작은 크기이다.
보시기	김치를 담는 그릇으로 쟁첩보다 약간 크고 조치보다는 운두가 낮다.
쟁첩	전, 구이, 나물, 장아찌 등 대부분의 찬을 담는 그릇으로 작고 납작하며 뚜껑이 있다.
종지	간장, 초장, 초고추장 등의 장류와 꿀을 담는 그릇으로 주발의 모양과 같고, 그릇 중에서 제일 작다.
합	작은 합은 밥그릇으로 쓰이고 큰 합은 떡, 약식, 찜 등을 담는다.
조반기	떡국, 면, 약식 등을 담는다.

김치의 적당한 발효온도는?
① 0~1℃ ② 1~3℃
③ 3~6℃ ④ 6~10℃

답 ③

한국음식의 그릇과 그 설명의 연결이 바른 것은?
① 주발 : 여성용 밥그릇
② 바리 : 남성용 밥그릇
③ 대접 : 국을 담는 그릇
④ 조반기 : 떡, 면, 약식을 담는 그릇

답 ④

반병두리	면, 떡국, 떡, 약식 등을 담는다.
접시	군두가 낮고 납작한 그릇으로 찬 과실, 떡을 담는다.
옴파리	사기로 만든 입이 작고 오목한 그릇
밥소라	떡, 밥, 국수 등을 담는 큰 유기 그릇
쟁반	주전자, 술병, 찻잔을 담아 놓거나 나르는 데 사용
놋양푼	음식을 담거나 데우는 놋그릇

② 한식의 담음새

㉠ 그릇의 형태

원형	• 가장 전통적이고 기본적인 형태 • 편안함과 고전적인 느낌 • 고급스럽고 안정적인 이미지를 부여
사각형	• 모던함을 연출할 때 쓰임 • 안정되고 세련된 느낌과 함께 친근한 인상 • 창의성이 강한 요리에 사용
타원형	• 우아함, 여성이고 원만하며 기품 있다.
삼각형	• 이등변삼각형, 피라미드형, 삼각형 등은 전통적인 구도 • 자유로운 이미지의 요리에 사용
역삼각형	• 강한 이미지를 연출
이미지사각형	• 평행사변형, 마름모형 접시 • 쉽게 이미지가 변해서 움직임과 속도감을 느낄 수 있음

㉡ 담는 방법

좌우대칭	• 가장 균형적인 구성 형식 • 고급스러워 보이며 안정감이 느껴지나 단순화되기 쉬움
대축대칭	• 접시 중심에 좌우 균등한 열십자를 그려서 요리의 배분이 똑같은 것 • 통일에 의한 안정감, 화려함, 높은 완성도를 나타냄 • 클래식한 스타일
회전대칭	• 요리의 배열이 일정한 방향으로 회전하며 균형이 잡혀 있음 • 대칭의 안정감, 차분함 가운데서도 움직임, 리듬과 흐름을 느낌
비대칭	• 중심축에 대해 양쪽 부분의 균형이 잡혀있지 않은 것 • 새로운 창의적 요리를 시도해보고 싶을 때 사용

㉢ 담는 양

음식의 종류	양
국, 찜, 선, 생채, 나물, 조림, 초, 전유어, 구이, 적, 회, 쌈, 편육, 족편, 튀각, 부각, 포, 김치	식기의 70%
탕, 찌개, 전골, 볶음	식기의 70~80%
장아찌, 젓갈	식기의 50%

탕 또는 찌개를 그릇의 몇 % 담는 것이 보기 좋은가?
① 30~40% ② 40~50%
③ 70~80% ④ 80~100%

 ③

02 밥 조리

1. 한식 밥 재료 준비하기

(1) 밥재료의 종류

쌀	• 멥쌀 : 아밀로오스 20% : 아밀로팩틴 80% • 찹쌀 : 아밀로팩틴 100% • 현미 : 벼에서 왕겨층(껍질)을 제거한 것 • 백미 : 겨층을 제거하고 흰부분(배유)만 남은 것 • 도정을 많이 할수록 단백질, 지방, 회분, 섬유질, 무기질, 비타민 함량 감소 • 당질 함량증가, 수분이 16% 이하 • 쌀 전분은 체내 인슐린 분비를 낮추어 비만을 예방하는 데 효과적이다.
보리	• 주성분 : 전분 • 셀룰로오스의 함량도 많아서 소화율이 나쁘다. • 탄수화물 70%, 단백질 8~12%, 비타민 B군이 많음 • 도정해도 손실이 적음. 수분이 14% 이하 • β-글루칸 함유 : 콜레스테롤 저하 및 변비예방
두류	• 식물성 단백질 함유, 전분의 함량은 0.1~0.2% • 주단백질 : 글리시닌(완전 단백질) • 대두에는 비타민 B군, 칼륨, 인 다량 함유 • 건조 후 장기저장 가능(껍질이 두껍다) • 생 대두의 독성물질 : 사포닌, 트립신 저해물질
조	• 단백질 중 프롤라민이 많고 소화율이 좋음 • 겨는 식용색소로 사용함(단무지)
기장	• 주성분은 당질 • 쌀과 비교하여 조단백질 95%는 순수단백질 • 소화율이 떨어짐 • 단백질, 지방질, 비타민 A등이 풍부 • 팥과 혼식

멥쌀의 아밀로팩틴의 함량은?
① 20% ② 30%
③ 50% ④ 80%

답 ④

(2) 조리도구

돌솥	보온성이 좋고 천연 재질이라 음식고유의 맛을 살림
압력솥	• 내부 증기를 모아 압력을 높여 물의 비점을 상승시키는 원리 이용 • 영양소 파괴가 적고 재료의 색상을 그대로 유지 • 연료와 시간절약

2. 밥 조리

(1) 밥 재료 계량

밥의 레시피를 기준으로 곡류, 채소류, 육류, 어패류의 필요한 양을 계량 저울을 이용하여 계량한다.

불림(수침)의 목적으로 잘못된 것은?
① 조리시간이 단축된다.
② 부드러운 식품에 탄력 있는 식감을 제공한다.
③ 부드러운 식품의 변색을 방지한다.
④ 불미성분을 제거한다.

 ②

밥의 냄새와 향미가 가장 좋아지는 뜸들이기 시간은?
① 5분   ② 10분
③ 15분   ④ 30분

 ③

(2) 밥 재료 세척 및 침지

세척하는 이유는 식품에 부착된 불결 물, 유해물이나 불미성분을 제거하기 위해서이며, 색과 외관을 좋게 하고 맛과 입에서의 촉감을 좋게 한다.

① 곡류 세척
  ㉠ 곡류 세척은 맑은 물이 나올 때까지 세척한다.
  ㉡ 쌀을 씻을 때는 전분, 수용성 단백질, 지방, 섬유소 등 백미의 0.5~1%가 손실되며, 비타민 B_1은 백미의 20~60%가 유실된다.

② 곡류 세척 시 유의사항
  ㉠ 헹구는 작업을 3~5회 반복하여 유해물질이 잔류되지 않도록 한다.
  ㉡ 수용성 물질인 수용성 단백질, 수용성 비타민, 향미물질 등의 손실을 최소화하기 위해 큰 체로 씻는다.
  ㉢ 단시간에 흐르는 물에 씻는다.

③ 침지(浸漬)
  ㉠ 쌀의 침지는 쌀 전분의 호화에 소요되는 수분을 가열하기 전에 쌀알의 내부까지 충분히 수분을 흡수시키기 위한 작업이다.
  ㉡ 보통 취반 전에 실온에서 30~60분간 행한다.
  ㉢ 쌀을 침지할 때의 수분 흡수속도는 품종, 저장시간, 침지온도와 시간, 쌀알의 길이와 폭의 비등과 관계가 있다.
  ㉣ 만일 내부까지 물을 흡수시키지 않고 가열을 개시하면 미립 표층부에 호층이 생기고 이 호층에 의해 내부로의 열전도를 막기 때문에 밥의 표면이 물컹해지고 내부는 딱딱해진다.

(3) 물 붓기

불린 쌀의 1.2배, 백미 1.4~1.5배, 햅쌀 1.4배, 찹쌀 1.1~1.2배이며 일반적으로 맛있게 지어진 밥은 쌀 무게의 1.2~1.4배 정도의 물을 흡수한 밥이다.

(4) 뜸들이기 (15분 정도가 가장 좋음)

① 고온으로 끓인 후 일정 시간 지나 온도를 낮추어 준다.
② 쌀알 중심부의 전분이 호화되어 맛있는 밥이 된다.
③ 뜸 들이는 시간이 너무 길면 수증기가 밥알 표면에서 응축되어 밥맛이 떨어진다.
④ 뜸 들이는 도중에 밥을 가볍게 섞어 물의 응축을 막도록 한다.

3. 밥 담기

(1) 돌솥밥
① 고슬고슬하게 지은 밥을 그릇에 담는다.
② 밥 위에 볶은 재료들을 색이 겹치지 않도록 돌려 담고, 밥이 보이지 않게 고명을 올린다.
③ 맑은 장국을 곁들인다.

(2) 오곡밥
① 고슬고슬하게 지어진 오곡밥을 주걱을 이용하여 위 아래로 잘 섞는다.
② 골고루 섞인 오곡밥을 더울 때 그릇에 담아낸다.

(3) 콩나물밥
① 밥이 완성되면 콩나물과 소고기를 주걱을 이용하여 살살 고루 섞는다.
② 그릇에 고루 섞인 콩나물밥을 예쁘게 담는다.
③ 만들어진 양념장을 따로 그릇에 담아내어 먹는 사람의 식성에 맞추어 끼얹어 비벼 먹도록 한다.
④ 콩나물밥을 지어 오래 두면 콩나물의 수분이 빠져 가늘고 질겨져서 맛이 없으므로 먹는 시간에 맞추어 밥을 짓는다.

4. 고명 및 양념장

(1) 고 명
① 고명은 음식을 보고 아름답게 느껴 먹고 싶은 마음을 갖도록 음식의 맛보다 모양과 색을 좋게 하기 위해 장식하는 것을 말하며 '웃기' 또는 '꾸미'라고도 한다.
② 고명의 종류

고명색	고명재료	사용되는 모양	사용되는 음식
흰 색	계란 흰자	채, 골패모양, 마름모 (완자모양)	나물, 잡채, 떡국, 만둣국, 석류탕, 탕평채, 국수, 선, 찜, 신선로, 삼계탕, 용봉탕 등
노란색	계란 노른자	채, 골패모양, 마름모 (완자모양)	나물, 잡채, 떡국, 만둣국, 탕평채, 석류탕, 국수, 선, 찜, 신선로, 삼계탕, 용봉탕 등
녹 색	미나리, 실파, 호박, 오이, 풋고추, 쑥갓	미나리초대, 채, 어슷썰기 등	알찜, 나물, 잡채, 떡국, 만둣국, 탕평채, 국수, 선, 찜, 신선로 등
붉은색	다홍고추, 당근, 실고추, 대추	어슷채, 골패모양	알찜, 어채, 선, 찜, 신선로 등

쌀의 조리에 관한 설명으로 맞는 것은?
① 쌀을 너무 문질러 씻으면 지용성 비타민의 손실이 크다.
② pH3~4의 산성물을 사용해야 밥맛이 좋다.
③ 수세한 쌀은 3시간 이상 물에 담가 놓아야 흡수량이 적당하다.
④ 묵은 쌀로 밥을 할 때에는 햅쌀보다 밥 물량을 더 많이 한다.

해설 쌀의 조리
- 쌀의 조리 : 쌀을 너무 문질러 씻으면 수용성 비타민(비타민 B₁)의 손실이 크다.
- 밥맛을 좋게 하기 위해서는 0.03% 정도의 소금을 넣을 수 있다.
- 쌀의 호화를 돕기 위한 최대 수분량은 20~30% 이며, 침수시간은 30분(찹쌀은 50분)정도 소요된다.

답 ④

쌀의 도정도가 증가할 때 나타나는 현상은?
① 빛깔이 좋아진다.
② 조리시간이 증가한다.
③ 소화율이 낮아진다.
④ 영양분이 증가한다.

해설 쌀의 도정도
도정도가 높을수록 영양소는 적어지지만 소화율은 높아진다. 또한 도정이 이루어지는 동안 쌀알 사이의 마찰력에 의해 쌀알 면이 매끈하게 되고, 빛깔이 생기며 알맹이가 고르게 된다.

답 ①

죽 조리의 특징에 대한 설명으로 맞는 것은?
① 죽의 열량은 100g당 30~50kal 정도로 밥의 1/3~1/4 정도이다.
② 조리의 특성 상 주재료는 곡물로 제한된다.
③ 일반적으로 곡물에 물을 2~3배가량 붓고 오래 끓인다.
④ 고온에서 빠른 시간 안에 가열하는 조리 방법이다.

해설 죽 조리의 특징
- 주재료는 곡물이지만 다른 어떤 재료도 죽의 소재가 될 수 있어 변화의 폭이 넓다.
- 죽은 곡물에 물을 6~7배가량 붓고 오래 끓여서 알이 부서지고 녹말이 완전 호화상태로까지 무르익게 만든 유동식 상태의 음식이다.
- 가열시간이 길어 오랫동안 끓여서 소화되기 좋은 상태로 조리한다.

답 ①

고명색	고명재료	사용되는 모양	사용되는 음식
검은색	석이버섯, 표고버섯	석이+달걀흰자=석이지단, 표고채	떡국, 만둣국, 탕평채, 국수, 선, 찜, 신선로, 용봉탕 등
흰 색	잣(실백)	잣가루, 비늘잣(세로 반쪽), 통잣	너비아니, 장산적, 구절판, 두부선, 호박선, 사슬적, 월과채, 음청류, 간장, 초장 등
초 록	은 행	살짝 볶아 껍질 제거한 은행알	신선로, 갈비찜, 도미면, 등
흰 색	밤	채	장김치
노란색	호 두	데쳐 껍질 벗긴 호두알	도미면, 신선로, 전골 등
붉은색	대 추	돌려깎은 채, 꽃	장김치, 화전, 서여향병, 음청류 등
노란색	소고기	완자(봉오리), 채, 편	국수, 만둣국, 신선로, 갈비찜, 도미면

* 음양오행설(다섯 가지 색)

(2) 양념
① 양념은 음식을 만들 때 재료가 지닌 고유한 맛을 살리면서 음식마다 특유한 맛을 낼 때 사용된다.
② 음식에 맛을 주어 맛있게 먹도록 하고 색을 주어 식욕을 돋구며 음식의 약리 효과를 높이기도 한다.

죽 조리 방법에 대한 설명으로 틀린 것은?
① 주재료인 곡물을 미리 물에 담가서 충분히 수분을 흡수시켜야 한다.
② 간은 곡물이 완전히 호화되어 부드럽게 퍼진 후에 한다.
③ 죽을 쑤는 동안에 너무 자주 젓지 않도록 하며, 반드시 금속 주걱으로 젓는다.
④ 불의 세기는 중불 이하에서 서서히 오래 끓인다.

해설 죽 조리 방법
죽을 쑤는 동안에 너무 자주 젓지 않도록 하며, 반드시 나무주걱으로 젓는다.

답 ③

03 죽 조리

1. 죽 재료 준비

① 죽은 곡물에 물을 6~7배를 붓고 오래 끓여서 알이 부서지고 녹말이 완전 호화상태까지 무르익게 만든 유동식 상태의 음식이라 일컫고 있다.
② 죽이 갖는 조리 형태적 특징은 가열시간이 길어 오랫동안 끓여서 소화되기 좋은 상태로 조리하고, 많은 물을 붓고 끓여 양을 많게 하므로 소량의 재료로 많은 사람이 먹을 수 있게 한다.
③ 죽의 열량은 100g당 30~50Kcal 정도로 밥의 1/3~1/4Kcal 정도이다.
④ 주재료는 곡물이지만 다른 어떤 재료도 죽의 소재가 될 수 있어 변화의 폭이 넓다.

2. 죽 조리

① 주재료인 곡물을 미리 물에 담가서 충분히 수분을 흡수시켜야 한다.
② 일반적인 죽의 물 분량은 쌀 용량의 5~6배 정도가 적당하다.
③ 죽에 넣을 물을 계량하여 처음부터 전부 넣어서 끓인다.
  * 도중에 물을 보충하면 죽 전체가 어우러지지 않는다.
④ 죽을 쑤는 냄비나 솥은 두꺼운 재질의 것이 좋다. 돌이나 옹기로 된 것이 열을 부드럽게 전하여 오래 끓이기에 적합하다.
⑤ 죽을 쑤는 동안에 너무 자주 젓지 않도록 하며, 반드시 나무주걱으로 젓는다.
⑥ 불의 세기는 중불 이하에서 서서히 오래 끓인다.
⑦ 간은 곡물이 완전히 호화되어 부드럽게 퍼진 후에 하며, 간은 아주 약하게 하고 먹는 사람의 기호에 따라 간장·소금·설탕·꿀 등으로 맞추도록 한다.

3. 죽 담기

(1) 죽 담아 완성하기

① 죽은 부드러운 유동식으로 이른 아침에 간단하게 차려지는 죽상으로 초조반이라 한다.
② 죽상에는 간단한 찬을 차리게 되는데 맵지 않은 국물 있는 나박김치나 동치미를 올린다.
③ 찌개는 젓국이나 소금으로 간을 한 맑은 조치가 차려진다.
④ 그 외 찬으로는 육포나 북어무침, 매듭자반 등의 마른 찬이나 장조림, 장산적 등이 차려진다.

(2) 종류별 죽 담기

① 장국죽
  ㉠ 잘 어우러진 죽에 간장으로 색과 간을 맞춘 장국죽을 뜨거울 때 그릇에 담는다.
  ㉡ 장국죽 위에 버섯을 고명으로 장식한다.
  ㉢ 죽이 거의 다 되었을 시 달걀을 풀어 넣어 반숙 정도로 익혀서 먹어도 맛이 잘 어울린다.
  ㉣ 그릇에 담긴 죽을 중앙에 놓고 오른편에는 조금씩 덜어 먹을 수 있도록 공기를 놓으며 짜고 매운 찬들은 죽상에 어울리지 않는다.

호화와 노화에 대한 설명 중 맞는 것은?
① 쌀이나 보리 같은 수분이 적은 곡류는 물이 없어도 잘 호화한다.
② 떡에 설탕을 넣으면 노화가 느리다.
③ 떡의 노화는 냉장고보다 냉동고에서 더 잘 일어난다.
④ 호화된 전분을 80℃ 이상에서 급속히 건조하면 노화가 쉬워진다.
답 ②

죽 상차림과 어울리지 않는 찬은?
① 나박김치 ② 장조림
③ 북어보푸라기 ④ 갈비찜
답 ④

우유와 쌀가루를 이용하여 끓인 죽은?
① 타락죽 ② 옹근죽
③ 원미죽 ④ 무리죽
답 ①

밥과 죽을 만들 때의 차이점은?
① 곡류의 재료
② 물의 함량
③ 소금의 양
④ 육수의 사용여부

답 ②

죽의 물 분량으로 적당한 것은?
① 쌀과 물을 동량으로 넣는다.
② 멥쌀을 6배, 찹쌀을 4배로 물을 넣는다.
③ 멥쌀과 찹쌀은 5배의 물을 넣는다.
④ 멥쌀은 4배, 찹쌀은 2배로 넣는다.

답 ②

② 전복죽
  ㉠ 잘 퍼진 죽이 완성되면 따뜻할 때 나무주걱을 이용하여 그릇에 담는다.
  ㉡ 전복죽 상에는 동치미, 장산적, 매듭자반을 곁들여 낸다.
  ㉢ 먹을 때 소금으로 간을 맞춘다.

③ 녹두죽
  ㉠ 쌀알이 잘 퍼져서 완성된 녹두죽을 불에서 내려놓는다.
  ㉡ 소금으로 간을 하거나 설탕, 꿀을 넣어서 먹어도 좋다.
  ㉢ 녹두죽이 따뜻할 때 그릇에 담고 물김치를 곁들인다.

④ 잣 죽
  ㉠ 죽이 알맞은 농도로 완성되면 더울 때 그릇에 퍼서 담아낸다.
  ㉡ 잣에 고깔을 떼어내고 죽 위에 고명을 올려 장식한다.
  ㉢ 소금과 설탕, 꿀 등을 따로 작은 그릇에 담아내어 먹을 때 각자 기호에 따라 넣도록 한다.
  ㉣ 잣죽 상에는 동치미, 북어무침, 매듭자반을 함께 차린다.

옹근죽	쌀알을 그대로 사용 예 대부분의 죽
원미죽	쌀을 반으로 으깨서 사용 예 장국죽
무리죽	쌀을 갈거나 쌀가루를 사용 예 타락죽, 잣죽

04 국·탕 조리

1. 국·탕 재료준비

(1) 국

① 국은 고기, 생선, 채소 따위에 물을 많이 붓고 간을 맞추어 끓인 음식으로, 밥을 주식으로 하는 밥상에서 같이 먹는 국물요리이다.
② 국은 쇠고기, 닭고기, 생선, 채소류, 해조류 등이 주재료로 쓰인다.
③ 국의 종류
  ㉠ 맑은장국 : 소금이나 국 간장으로 간을 한다.
  ㉡ 된장국 : (토장국)된장으로 간을 한다.
  ㉢ 곰국 : 뼈나 살코기, 내장을 푹 고아 만든 국이다.
  ㉣ 냉국 : 국물을 차게 만든 국이 있다.

(2) 국 물

① 국물은 국, 찌개 따위의 음식에서 건더기를 제외한 물을 의미한다.

② 국물의 기본

　㉠ 쌀 씻은 물 : 쌀을 처음 씻은 물은 버리고 2~3번째 씻은 물을 이용하여 사용하면 쌀의 전분성의 농도가 국물에 진한 맛과 부드러움을 준다.

　㉡ 멸치 또는 조개 국물 : 멸치는 머리와 내장을 뗀 뒤, 조개는 해감시킨 후 사용한다.

　㉢ 다시마 육수 : 감칠맛을 내는 물질인 글루탐산 등을 물로 우려내어 국이나 전골 등의 국물로 사용한다.

　㉣ 소고기 육수 : 사태, 양지머리와 같은 부위를 쓰고, 육수가 우러나기 전에는 간을 하지 않는다.

　㉤ 사골 육수 : 국, 전골, 찌개 요리 등에 중심이 되는 맛을 내는 육수, 쇠뼈를 이용한 육수이다.

2. 계절별 국의 종류

봄	• 쑥국, 생선 맑은장국, 생고사리국 등의 맑은 장국 • 냉이 토장국, 소루쟁이 토장국 등 봄나물로 끓인 국
여 름	• 미역냉국, 오이냉국, 깻국, 등의 냉국 류 • 보양을 위한 육개장, 백숙, 삼계탕, 초계탕
가 을	무국, 토란국, 버섯맑은 장국 등의 맑은 장국류
겨 울	시금치토장국, 우거짓국, 선짓국, 꼬리 탕, 곰국류

05 찌개 조리

1. 찌개 재료준비

• 찌개의 특징과 구분

① 찌개는 조치라고도 하며, 국보다 국물은 적고 건더기가 많은 음식이다.

② 찌개의 종류

　찌개를 궁중에서는 조치라 불렀다.

맑은 찌개	소금, 새우젓	두부젓국찌개, 명란젓국찌개 등
탁한 찌개	된장, 고추장	된장찌개, 생선찌개, 순두부찌개, 청국장찌개, 두부고추장찌개, 호박찌개(감정), 오이찌개(감정), 게 찌개(감정)

③ 찌개 담기

　㉠ 찌개그릇 : 냄비, 뚝배기, 오지남비

　㉡ 식기 : 조치보(찌개를 담는 그릇)

소고기육수를 끓일 때 적당한 방법은?

① 핏물을 빼고 찬물을 넣고 끓인다.
② 끓는 물에 넣고 끓인다.
③ 물에 처음부터 간장으로 간하여 끓인다.
④ 물에 처음부터 소금으로 간하여 끓인다.

해설 물에 처음부터 간을 하면 고기맛이 우러나지 않고 고기가 질기다.

답 ①

국물이 적고 고추장으로 간을 한 찌개의 용어는?

① 탕　　② 전 골
③ 감 정　④ 지짐이

해설 감정
고추장과 된장을 넣어 간하여 끓인 찌개로 게감정, 오이감정이 있다.

답 ③

06 전·적 조리

육류, 가금류, 어패류, 채소류 등을 지지기 좋은 크기로 하여 얇게 저미거나 채 썰기 또는 다져서 소금과 후추로 조미한 다음 밀가루와 달걀 물을 입혀서 번철이나 프라이팬에 기름을 두르고 부쳐 낸다. 부쳐 낸 전은 겹치지 않도록 펴서 식히고 접시에 담아 초장을 곁들여 낸다.

> **TIP 적(炙)**
> 고기를 비롯한 재료를 꼬치에 꿰어서 불에 구워 조리하는 것이라고 정의하고 있으며, 석쇠에 굽는 직화구이와 번철에 굽는 간접구이로 구분하며 대표적인 음식으로 산적, 누름적이 있다.

1. 전류 조리의 특징

① 재료의 제약을 받지 않고 여러 가지 재료를 사용하여 만들 수 있다.
② 달걀이나 곡물에 씌워 기름에 지지는 조리방법으로 영양소 상호보완 작용을 한다.
③ 모듬전으로 다양하게 만들 수 있고 전골이나 신선로에 넣어서도 사용한다.
④ 생선요리 시 어취 해소에 좋은 조리법이다.

2. 전류의 영양

① 식물성 기름을 사용한 건강식품
② 재료에 따라 단백질, 탄수화물, 지방의 기본 영양소 이외에 비타민, 무기질 같은 미량 원소까지 동시에 보유

3. 전을 반죽할 때 재료 선택방법

밀가루, 멥쌀가루, 찹쌀가루를 사용해야 하는 경우	반죽이 너무 묽어서 전의 모양이 형성되지 않고 뒤집기에 어려움이 있을 때는 달걀 넣는 것을 줄이고 밀가루나 쌀가루를 추가로 사용
달걀흰자와 전분을 사용해야 하는 경우	전을 도톰하게 만들 때 딱딱하지 않고 부드럽게 하고자 할 경우, 흰색을 유지하고자 할 때 사용
달걀과 밀가루, 멥쌀가루, 찹쌀가루를 혼합하여 사용해야 하는 경우	전의 모양을 형성하기도 하고 점성을 높이고자 할 때 사용
속 재료를 더 넣어야 하는 경우	전이 넓게 처지게 될 때 사용

4. 전·적의 특징과 종류

구분	특징	종류
전	• 밀가루, 달걀 물을 섞어 지진다. • 가루를 먼저 입혀 수분조절 후 달걀을 입혀 지진다.	양동구리, 오징어전, 애호박전, 표고전, 배추전, 녹두전, 생선전,
산적	날 재료를 양념하여 꼬챙이에 꿰어 굽거나, 살코기 편이나 섭산적처럼 다진 고기를 반대기지어 석쇠로 굽는다.	소고기산적, 섭산적, 장산적, 닭산적, 생치산적, 어산적, 해물산적, 떡산적 등
누름적	재료를 꿰어서 굽지 않고 밀가루, 달걀물을 입혀 번철에 지져 익힌다.	김치적, 두릅적, 잡누름적, 지짐누름적
	재료를 썰어서 번철에서 기름을 두르고 익혀 꿴 것을 말한다.	화양적

5. 전·적 재료 전처리

① 육류, 해산물 : 신선하게 해동된 것의 수분을 제거하고, 오그라들지 않게 잔 칼집을 주어야 하며 껍질 쪽에 더 많이 칼집을 주고, 채소의 길이보다 길게 잘라 익었을 때 길이를 맞춘다.
② 주재료의 크기가 알맞은 경우 원형을 그대로 살려서 전감을 준비한다.
③ 양파, 깻잎, 피망, 호박, 표고버섯, 양송이 등과 같이 소를 채워서 전을 만들 수 있는 공간을 가지고 있거나 공간을 임의로 만들어 사용할 수 있는 경우에는 소를 만들어 채운다.
④ 두 종류 이상의 재료를 꿴 것을 꼬치전, 또는 사슬적이라고 하는데 재료 중 비중이 큰 재료명에 따라 이름을 붙여 준비한다.
⑤ 전을 만들 수 있는 재료는 모두 이용할 수 있되, 특히 어느 요리재료보다 신선해야 한다.

6. 전·적류 조리방법

① 고기, 생선, 채소 등의 재료를 다지거나 얇게 저며서 간을 하여, 밀가루, 달걀로 옷을 입혀서 번철에 기름을 두르고 납작한 양면을 뜨겁게 지져 내는 일반적인 전의 조리법으로 조리한다.
② 주재료와 부재료를 일정한 크기와 굵기로 잘라 꼬치에 꿴 다음 밀가루, 달걀을 씌워서 지져 낸 후에 꼬치를 빼서 상에 내는 방법으로 조리한다.
③ 녹말이나 밀가루의 즙, 쌀가루 등을 연결제로 사용하여 여러 가지 채소나 육류(특히 돼지고기)를 섞어 번철에 기름을 두르고 눌러 부치듯 익혀 조리한다.

④ 다진 재료에 양념과 밀가루, 녹말가루, 달걀 등을 함께 넣어서 둥글납작하게 부치는 방법으로 조리한다.
⑤ 전의 맛을 돋우기 위해서는 재료의 간을 소금과 후추로 하는데, 소금 간을 2% 정도로 하는 것이 알맞다.
⑥ 밀가루는 재료의 5% 정도로 준비하여 너무 꼭꼭 눌러가며 묻히지 말고 물기를 가시게 할 정도로 살짝 묻힌다.
⑦ 특히 달걀 푼 것에 소금으로 간을 해야 하는데 너무 짜면 옷이 벗겨지므로 주의해야 한다.
⑧ 전을 부칠 때 사용하는 기름은 콩기름, 옥수수기름 등과 같이 발연점이 높은 기름이 좋고, 참기름, 들기름 등과 같이 발연점이 낮은 기름에서는 재료가 타기 쉽기 때문에 좋지 않다.
⑨ 전을 지질 때는 번철에 기름을 두르고 양면을 지져 익힌다.

 07 생채·회 조리

1. 생채·회·숙회의 정의

	정 의	종 류
생 채	익히지 않고 날로 무친 나물류와 채소류	무생채, 도라지, 더덕, 오이, 생채, 쌈 등
회	육류, 어패류, 채소류를 썰어서 날것으로, 초간장, 소금, 기름 등에 먹는 것	육회, 간, 천엽, 생선회, 어패류, 해산물, 채소류 등
숙 회	육류, 어패류, 채소류 등을 익혀서 초간장, 소금, 기름, 초고추장 등으로 먹는 것	문어숙회, 오징어숙회, 미나리강회, 파강회, 어채, 두릅회 등

- 생채·회의 특징
① 생채는 익히지 않고 날로 무친 나물을 의미하며 계절마다 나오는 싱싱한 채소들을 익히지 않고 초장, 고추장, 겨자장으로 무친 일반적인 반찬이다.
② 채소를 생것으로 먹는 생채는 자연의 색, 향, 맛을 그대로 느낄 수 있으며, 씹을 때의 아삭아삭한 촉감과 신선한 맛을 느끼게 되는 것이 특징이다.
③ 생채는 나쁜 맛이 없고 조직은 연해야 하며 위생적으로 다루어야 한다. 씻을 때는 조직에 상처가 나지 않도록 하고 풍미와 영양소 손실을 적게 해야 한다.

2. 생채·회 조리

(1) 생채조리

① 무생채조리

㉠ 무생채의 양념으로 다진 파, 다진 마늘, 다진 생강, 고운 고춧가루, 식초, 설탕, 소금, 깨소금을 준비한다.

㉡ 무는 일정한 굵기(0.2cm×0.2cm×6cm)로 썰어서 고춧가루로 버무려 색을 입혀준다.

㉢ 제공하기 직전에 붉은 물을 들인 무에 양념장을 넣고 살살 버무린다.

> ✿ 무생채조리의 순서 : 다듬기 > 씻기 > 수분제거 > 썰기 > 양념하기 > 담기

② 도라지생채

㉠ 도라지생채의 재료로는 통도라지, 대파, 마늘, 고추장, 고춧가루, 설탕, 식초, 소금, 깨소금을 준비한다.

㉡ 도라지는 깨끗이 씻은 후 껍질은 돌려가면서 벗겨 낸 후 굵기(0.3cm×0.3cm×6cm)로 채를 썬다.

㉢ 채를 썬 도라지는 굵은 소금을 넣고 주물러서 쓴맛을 없앤 후 물기를 꼭 짜서 준비한다.

㉣ 양념장을 만든 후 쓴맛을 제거한 도라지를 넣고 버무린다.

(2) 회 조리

① 육회 조리

㉠ 재료로는 소고기, 배, 잣, 마늘, 대파, 후춧가루, 설탕, 소금, 참기름, 깨소금을 준비한다.

㉡ 육회에 사용하는 고기는 힘줄이나 기름기가 없는 살코기로 신선한 우둔부위를 선택한다.

㉢ 소고기는 일정한 굵기(0.3cm×0.3cm×6cm)로 결 반대 방향으로 채를 썬다.

㉣ 다진 파, 마늘과 양념을 소고기와 버무려 채 썰어 돌려 담은 배 위에 얹는다.

㉤ 생마늘 편을 고기에 기대어 돌려 얹고, 고깔 제거한 잣가루를 얹어 마무리한다.

> ✿ 육회조리의 순서 : 채썰기 > 설탕에 재워 핏물빼기 > 양념하기 > 담기

② 미나리강회
　㉠ 재료로는 소고기, 미나리, 생 홍고추, 달걀, 고추장, 식초, 설탕, 소금, 식용유를 준비한다.
　㉡ 소고기는 끓는 물에 향채와 함께 덩어리째 넣어 삶은 후 편육용으로 눌러 둔다.
　㉢ 삶은 소고기는 식힌 후 1.5cm×5cm×0.3cm로 썬다.
　㉣ 미나리는 잎을 제거하여 다듬고 굵기가 일정한 것을 선택하여 끓는 물에 살짝 데쳐 찬물에 헹구어 물기를 짠다.
　㉤ 달걀은 황·백 지단을 두툼하게 부치고 1.5cm×5cm×0.3cm의 폭으로 썬다.
　㉥ 홍고추는 씨를 제거하고 0.5cm×4cm로 썬다.
　㉦ 소고기, 백지단, 황지단, 홍고추 순으로 잡고 데친 미나리로 중앙을 돌돌 감는다.
　㉧ 미나리강회는 고추장, 식초, 설탕으로 초고추장을 만들어 곁들인다.

08 조림·초 조리

1. 조림·초 재료 준비

(1) 장조림 재료의 종류

종류	부위	특징
소	사태 우둔 우설 홍두깨	• 교질이 많고 지방분이 적은 사태육이나, 우둔, 홍두깨살은 육질이 연하여 장조림으로 많이 사용한다. • 소고기는 색이 빨갛고 윤기가 나는 것이 좋다. • 손가락으로 눌러보았을 때 탄력성이 있는 고기가 신선하다.
돼지	뒷다리 등심 안심	• 돼지고기의 색은 분홍색이 좋으며 색깔이 지나치게 창백한 것은 조리 시 감량이 크고 조리 후에는 퍽퍽한 맛이 난다. • 앞다리살은 지방이 적당히 함유되어 있고 뒷다리 살은 지방이 적고 살이 많다.
닭고기	안심, 가슴살	가슴살과 안심은 혈액의 잔류가 적어 희고 단백질은 많으나, 지방이 적어 담백하고 독특한 풍미가 있다.

(2) 소고기 돼지고기 조림장 만들기

① 고기는 찬물에 담가 핏물을 뺀다.
② 향신채를 넣고 끓여 면포에 내려 고기를 넣고 끓으면 약한 불에서 익힌다.
③ 고기가 익으면 간장을 넣고 조린다.

TIP 고기 장조림 할 때 주의사항
- 고기에 간장을 처음부터 넣으면 질기다.
- 센불에서 조리면 많이 수축하여 단단하고 양이 적어진다.
- 닭고기 가슴살이나 안심은 육질이 부드러워서 처음부터 향신채 끓인 물과 간장을 넣고 조린다.

(3) 초의 종류

① 초(炒)의 뜻은 볶음을 의미하며 국물 없이 볶거나 조리는 음식을 말한다.

② 초의 종류는 반찬과 후식이 있다.

    ㉠ 반찬 : 홍합초, 전복초, 삼합초, 연계초

        간장, 물엿, 설탕. 청주 등 양념장을 만드는 반찬이다.

    ㉡ 후식 : 대추초, 밤초

        물, 설탕, 물엿, 꿀을 넣고 조리는 후식이다.

2. 조림·초 조리

(1) 장조림 조리

① 장조림의 주재료 및 부재료를 준비한다.

    ㉠ 이물질의 혼입에 주의하고 재료의 청결관리를 철저히 한다.

    ㉡ 소고기, 꽈리고추, 메추리알과 양념장을 배합 비율에 맞게 준비한다.

    ㉢ 소고기와 메추리알을 양념장에 조린다.

    ㉣ 소고기와 메추리알, 양념장을 일정 비율로 혼합한 후 95℃에서 20~30분간 조리한다.

    ㉤ 국물을 조리는 정도에 따라 간이 달라지므로 불의 세기와 시간을 잘 조절한다.

    ㉥ 소고기와 메추리알이 다 조려질 때 쯤 꽈리고추를 넣어 살짝 더 조린다.

    ㉦ 꽈리고추는 적합한 조직감을 유지될 수 있도록 살짝 조린다.

(2) 홍합초 조리

① 홍합초 : 건홍합 또는 생홍합을 양념장에 조린 음식이다.

② 생홍합은 끓은 물에 살짝 데치고 건홍합은 불린다.

③ 홍합초의 주재료 및 부재료를 준비한다.

    ㉠ 이물질의 혼입에 주의하고 재료의 청결관리를 철저히 한다.

    ㉡ 마늘과 생강은 0.2cm 두께로 편으로 썰고, 대파의 흰 부분은 2cm 길이로 썬다.

    ㉢ 전분 물의 비율은 물과 전분 가루를 각각 1:1로 잘 섞는다.

ㄹ. 냄비에 양념장을 넣고 끓이다가 데친 홍합과 마늘, 생강을 넣고 중불로 줄여 국물을 끼얹어가면서 윤기 나게 조린다.
ㅁ. 거의 완성되어 갈 때 대파를 넣는다. 대파는 거의 졸여졌을 때 넣어야 숨이 죽지 않는다.
ㅂ. 윤기 나게 졸여지면 참기름을 넣어 고루 섞어 그릇에 담고 잣가루를 올려 낸다.

3. 조림 초 담기

식기의 색감과 음식의 색감이 조화를 이룰 때 나타나는 효과는 담음새에서 가장 큰 영향을 미친다. 한식의 색감은 고명 색, 식재료 고유의 색, 숙성된 색, 양념색 등으로 나타낼 수 있다. 이 색감을 가장 잘 담을 수 있는 식기의 색감을 정하는 것이 중요하다. 한식에 어울리는 식기 색감은 백색이 가장 잘 어울린다.

한식은 주로 돔 형식으로 소복이 담거나 겹쳐서 담는 방식 등을 사용하는 것이 보편적이나 요즘 들어서는 다양한 방법으로 담아내어 한식의 색다른 느낌을 주고 있다. 한식에 가장 어울리는 음식 담는 방법은 돔형(소복이 쌓는 방법)이 가장 잘 어울린다.

(1) 완성된 장조림 담기
① 국물이 있게 조리한 장조림을 담을 수 있는 오목한 그릇을 준비한다.
② 소고기를 접시 중앙에 소복이 담는다.
③ 메추리알과 꽈리고추를 접시 가장자리에 보기 좋게 담는다.
④ 장조림 고기 표면이 촉촉해 보이도록 국물을 끼얹어 주면서 자박하게 담는다.

(2) 완성된 홍합초 담기
① 홍합초를 담을 수 있는 오목한 그릇을 준비한다.
② 접시 중앙에 소복하게 홍합을 담고 홍합초 국물을 한 숟갈 끼얹는다.
③ 파는 세우고 마늘 편은 홍합초와 섞어 소복이 담는다.
④ 다진 잣가루를 홍합 중앙에 모아서 얹어 낸다.

09 구이 조리

1. 구이 재료 준비

구이는 건열조리법으로 육류, 가금류, 어패류, 채소류 등의 재료를 그대로 또는 소금이나 양념을 하여 불에 직접 굽거나 철판 및 도구를 이용하여 구워 익힌 음식이다.

2. 구이 조리의 방법

직접조리방법 : 브로일링(broiling)	• 복사열을 위에서 내려 직화로 식품을 조리하는 방법이다. • 복사에너지와 대류에너지로 구성된 직접 열을 가하여 굽는 방법이다.
간접조리방법 : 그릴링(griling)	• 석쇠 아래 열원이 위치하여 전도열로 구이를 진행하는 조리방법이다. • 석쇠가 아주 뜨거워야 고기가 잘 달라붙지 않는다.

꿩을 편으로 뜨거나 칼집을 내어 양념장에 재어 두었다가 구운 구이의 명칭은?
① 너비아니구이 ② 생치구이
③ 장포육   ④ 제육구이

답 ②

(1) 주재료의 전처리

① 너비아니 : 소고기는 요구하는 크기로 잘라 앞뒤로 잔 칼집을 넣고, 두드려 부드럽게 만든다.

② 생선구이 : 생선의 비늘을 제거하고 내장도 제거한 후 2cm 간격으로 앞 뒤 옆면에 칼집을 넣는다.

③ 제육구이 : 돼지고기는 요구하는 크기로 잘라 앞뒤로 잔 칼집을 넣고, 두드려 부드럽게 만든다.

④ 오징어구이 : 먹물이 터지지 않도록 내장을 제거하고 몸통과 다리의 껍질을 벗겨 깨끗하게 씻은 후 오징어 안쪽에 0.3cm 간격으로 가로와 세로 사선으로 어슷하게 칼집을 넣는다.

⑤ 북어구이 : 북어포는 물에 불려 머리, 꼬리, 지느러미를 제거하고 물기를 짠 다음 뼈 발라 자른다.

(2) 재료에 적합한 양념

소금구이	방자구이	춘향전의 방자가 양념할 새도 없이 얼른 구워 먹었다는 데서 유래
	청어구이	청어는 비늘을 제거하고 칼집을 내어 소금을 뿌려 굽는다.
	고등어구이	고등어를 내장 제거 후 반을 갈라서 소금을 뿌려서 굽는다.
	김구이	김에 들기름이나 참기름을 바르고 소금을 뿌려서 굽는다.
간장 양념 구이	갈비구이	소갈비 살을 편으로 이어 뜨고 칼집 내어 양념장에 재어 두었다가 굽는다.
	너비아니 구이	• 소고기를 저며서 양념장에 재어두었다가 직화로 굽는다(불고기). • 너비아니는 궁중식 불고기로 소고기를 너붓너붓 썰어서 붙여진 이름이다.
	장포육	소고기를 도톰하게 저며서 두들겨 부드럽게 한 후 양념하여 굽고 또 반복해서 구운 포육
	염통구이	염통을 저며서 잔칼질 하여 양념장에 재어두었다가 구운 음식
	닭구이	닭을 토막 내어 양념장에 재어 두었다가 구운 음식
	생치(꿩) 구이	꿩을 편으로 뜨거나 칼집을 내어 양념장에 재어 두었다가 구운 음식
	도미구이	도미를 포를 떠서 양념장에 재어 두었다가 구운 음식
	민어구이	민어를 포를 떠서 양념장에 재어 두었다가 구운 음식
	삼치구이	삼치를 포를 떠서 양념장에 재어 두었다가 구운 음식
	낙지호롱	낙지머리를 나무젓가락이나 볏짚에 끼우고 다리는 돌돌 감아서 양념장을 발라가며 구운 음식
고추장 양념 구이	제육구이	돼지고기를 고추장 양념장에 재어 두었다가 구운 음식
	병어구이	병어를 내장제거 후 통째로 칼집을 내고 애벌구이한 후 고추장 양념장을 발라 구운 음식
	북어구이	북어를 부드럽게 불려서 유장에 재어 애벌구이한 후 고추장 양념장을 발라 구운 음식
	장어구이	장어 머리와 뼈를 제거하고 애벌구이한 후 고추장 양념장을 발라 구운 음식
	오징어구이	오징어를 내장과 껍질을 제거하고 안쪽에 칼집을 넣어 토막 낸 후 고추장 양념장에 재어 두었다가 구운 음식
	뱅어포구이	뱅어포에 고추장 양념장을 발라 구운 음식
	더덕구이	더덕을 두드려 펴서 유장에 재워 애벌구이하여 양념장을 발라 구운 음식

3. 구이 담기

(1) 구이그릇
① 구이 재료와 구이 형태를 파악하여 그릇을 선택한다.
② 구이 양념장 특징을 파악한다. 구이에 사용한 양념장을 색을 고려하여 그릇을 선택한다.
③ 선택한 그릇에서 분량과 인원수를 고려하여 적절한 크기의 그릇을 선택한다.

(2) 구이 담아 제공하기
① 너비아니
　㉠ 잣은 뾰족한 쪽의 고깔을 떼어 낸 후 마른행주로 닦는다.
　㉡ 도마 위에 종이를 깔고 잣을 칼로 곱게 다져 잣가루를 만든다.
　㉢ 접시에 너비아니를 담고 잣가루(고명)를 올려 제공한다.
② 생선구이
　㉠ 생선의 머리가 왼쪽, 배가 아래쪽으로 향하도록 담는다.
　㉡ 생선의 형태가 흐트러지지 않도록 담아 제공한다.

10 숙채 조리

1. 숙채 재료준비

(1) 숙채의 정의
① 물에 데치거나 기름에 볶아 익힌 나물을 말한다.
② 콩나물, 시금치, 숙주나물, 기타 등은 끓는 물에 데쳐 색을 보존하고 조직을 부드럽게 무친다.
③ 호박·오이·도라지 등은 소금에 절였다가 팬에 기름을 두르고 볶아서 익힌다.
④ 시금치·쑥갓 등의 나물은 끓는 물에 소금을 약간 넣어 살짝 데치고 찬물에 헹구어 무친다.

(2) 재료의 전 처리

① 시금치나물
  ㉠ 시금치는 지저분하거나 누렇게 된 잎은 정리하고, 뿌리 부분은 제거해서 다듬는다.
  ㉡ 다듬은 시금치는 깨끗한 물에 살살 씻어서 체에 밭쳐 물기를 뺀다.
  ㉢ 시금치를 데칠 때에는 약간의 소금을 넣고 녹색 빛이 선명하게 나타나도록 살짝 데친다.
  ㉣ 데칠 때에는 뚜껑을 열고 데쳐 낸다.
  ㉤ 시금치나물의 양념은 다진 파, 다진 마늘, 소금, 깨소금, 참기름을 준비한다.

② 고사리나물
  ㉠ 건고사리는 이물질을 정리하고 깨끗이 씻은 후 6시간 정도 물에 불린다.
  ㉡ 불린 고사리는 충분히 연하게 될 때까지 끓는 물에서 푹 삶아 준다.
  ㉢ 삶은 고사리는 단단한 줄기 부분을 잘라 내고 5cm 정도 먹기 좋은 크기로 잘라서 준비한다.
  ㉣ 고사리나물의 양념은 다진 파, 다진 마늘, 간장, 소금, 깨소금, 참기름을 준비한다.

2. 숙채조리

(1) 숙채조리 조리법의 특징

① 끓이기와 삶기(습열조리)
  ㉠ 채소를 데칠 때에는 나물로서 적합한 질감을 가질 정도로 데쳐야 한다.
  ㉡ 많은 양의 물에 넣고 데치며, 조리시간이 짧고 골고루 익혀야 한다.
  ㉢ 데칠 때 주의할 점은 맛, 수용성, 영양소 등이며, 국물까지 이용이 가능하다.

② 데치기(습열조리)
  ㉠ 끓는 물에 데치는 녹색 채소는 선명한 푸른색을 나타내야 하고 비타민C의 손실이 적어야 한다.
  ㉡ 데친 채소를 찬물에 넣으면 채소의 온도를 급격히 저하시켜 비타민C의 자가분해를 방지할 수 있다.

③ 찌기(습열조리)
   ㉠ 가열된 수증기로 식품을 익히며, 식품 모양이 그대로 유지된다.
   ㉡ 끓이기나 삶기보다 수용성 영양소의 손실이 적다.
④ 볶기(건열조리)
   ㉠ 냄비나 프라이팬에 기름을 두르고 식품이 타지 않게 뒤적이며 조리한다.
   ㉡ 재료를 잘게 또는 가늘게 썰어 센 불에서 조리하며, 지용성 비타민의 흡수를 돕고, 수용성 영양소의 손실이 적다.

(2) 숙채조리
  ① 시금치나물
   ㉠ 깨끗이 씻은 시금치는 끓는 물에서 약간의 소금을 넣고 뚜껑을 열어 재빨리 삶아낸다.
   ㉡ 삶은 시금치는 찬물에 헹궈서 물기를 짜서 준비한다.
   ㉢ 삶은 시금치와 무침 양념으로 다진 파, 다진 마늘, 소금, 깨소금, 참기름을 준비한다.
   ㉣ 삶은 시금치와 혼합양념을 넣고 양념이 잘 배합되도록 무친다.
  ② 고사리나물
   ㉠ 고사리나물의 재료로 고사리, 다진 파, 다진 마늘, 간장, 깨소금, 참기름을 준비한다.
   ㉡ 삶은 고사리와 고사리나물의 무침 양념장을 준비한다.
   ㉢ 고사리와 다진 파, 다진 마늘, 국간장, 소금, 참기름, 깨소금, 섞어 양념을 무친다.
   ㉣ 프라이팬에 식용유를 두르고 양념에 무친 고사리를 볶은 후 뚜껑 덮어 뜸을 들인다.

3. 숙채 담기
  ① 시금치나물
   ㉠ 시금치나물에 맞는 그릇을 선택한다.
   ㉡ 양념에 무친 시금치나물을 선택한 그릇에 담는다.
   ㉢ 시금치나물을 그릇에 담은 후에 깨소금을 뿌려 완성한다.
  ② 고사리나물
   ㉠ 고사리나물에 맞는 그릇을 선택한다.
   ㉡ 양념에 무쳐서 볶은 고사리나물을 선택한 그릇에 담는다.
   ㉢ 고사리나물을 그릇에 담은 후에 깨소금을 뿌려 완성한다.

 **볶음조리**

1. 볶음 재료준비

(1) 볶음조리와 조리 도구

① 볶음을 할 때 큰 냄비를 사용하여 바닥에 닿는 면이 넓어야 재료가 균일하게 익는다.
② 바닥에 닿는 면이 넓어야 양념장이 골고루 배어들어 볶음의 맛이 좋아진다.
③ 볶음은 소량의 지방을 이용해 뜨거운 팬에서 음식을 익히는 방법이다.
④ 팬을 달군 후 소량의 기름을 넣어 높은 온도에서 단시간에 볶아 질감, 색과 향을 얻을 수 있다.

(2) 볶음 양념장 만들기

① 볶음 냄비에 간장(고추장), 설탕, 물을 넣고 설탕이 잘 녹도록 골고루 섞어 준다.
② ①에 다진 마늘, 물엿, 참기름, 후춧가루를 넣어준다.
③ 모든 재료를 넣어 냄비를 약 불에 올려 잘 섞이도록 저어주고 끓기 바로 전 불에서 내려준다.
④ 양념장이 식은 후 사용한다.

2. 볶음조리

(1) 육류의 조리

① 프라이팬에 기름의 연기가 비춰질 정도로 뜨거워지면 육류를 넣고 색을 낸다.
② 낮은 온도에서 조리하면 육즙이 유출되어 퍽퍽해지고 질겨진다. 이때 손잡이를 위로 하고 불꽃을 팬 안쪽에서 끌어들여 훈제되어지는 향을 유도하면 특유의 볶음요리가 되는 것이다.

(2) 채소의 조리

① 색깔이 있는 재료(당근, 오이)는 소금에 절이지 말고 중간 불에 볶으면서 소금을 넣는다.
② 기름을 적게 두르고 볶는다. 기름을 많이 넣으면 색이 누레진다.
③ 오이 또는 당근 즙이 볶는 과정에서 침출되는데, 그대로 흡수될 정도로 볶아 준다.
④ 마른 표고버섯 볶을 때는 약간의 물을 넣어 준다.

⑤ 기본적인 간(조림간장, 식초 약간, 설탕 등)을 한 다음 볶는다.
⑥ 일반 버섯은 물기가 많이 나오므로 센 불에 재빨리 볶거나 소금에 살짝 절인 후 볶는다.
⑦ 요리의 부재료로 넣는 채소(낙지볶음 등 볶음 요리에 넣는 채소)는 연기가 날 정도로 센 불에 채소를 넣고 먼저 볶은 다음 주재료를 넣고 다시 볶은 후 마지막에 양념을 한다.

3. 볶음조리 담기

- **그릇에 볶음 담기**
  ① 볶음에 맞는 그릇을 준비한다.
  ② 양념이 골고루 잘 섞어지고, 윤기 나게 담는다.
  ③ 볶음을 그릇에 담은 후에 알맞은 고명을 얹어낸다.

12 김치조리

김치는 주원료인 절임 채소에 고춧가루, 마늘, 생강, 파 및 무 등의 여러 가지 양념류와 젓갈을 혼합하여 제품의 보존성과 숙성도를 확보하기 위하여 저온에서 젖산 생성을 통해 발효된 식품을 통틀어 일컫는다.

1. 김치 재료준비

(1) 김치의 역사

김치의 역사는 정착 농경 생활을 시작한 삼국 형성기 이전부터 시작되었으며, 김치는 소금의 발견과 더불어 동절기에 영양 섭취의 주요한 방법이었다. 『제민요술』(A.D 439)에 의하면, 배추는 소금물에 담가 두었고, 순무는 말려서 소금을 친 후 기장죽, 보리누룩, 소금을 넣어 담갔다는 기록이 있다.

고려시대 『한약구급방』에 배추에 관한 기록이 나오는데 김치 재료로 순무가 주로 사용되었으며, 장으로 절인 순무 장아찌는 여름용으로, 소금에 절인 순무 절임은 겨울 및 봄·가을용으로 담갔다는 기록이 있다. 이것은 김치가 계절에 따라 먹는 조리 가공 식품으로 발전한 것이라 할 수 있다.

한편, 조미료의 발달로 인해 단순한 소금 절임이 아닌 향신료를 섞어 만든 김치가 생겼다. 조선 초기에는 고려의 김치 전통에서 크게 벗어나지 않는 범위에서 발전했는데, 태종실록에 의하면, 초겨울 배추와 무를 절여 저장한다는 '침장고'라는 말이 나온다.

또한 『세종실록』에서도 김치를 뜻하는 저(菹)라는 단어가 나온다. 이때는 고려 후기와 마찬가지로 단순한 소금 절임의 김치가 아니라 각종 향신료가 많이 사용되었다. 오늘날과 같은 모습으로 김치가 발전한 것은 임진왜란 이후인 조선 후기이다.

김치에 대한 설명으로 바르지 않은 것은?
① 김치는 우리나라의 부식 가운데 가장 기본이다.
② 오늘과 같은 김치의 형태는 고려시대에 형성되었다.
③ 젖산 생성을 통해 발효된 제품이다
④ 칼슘과 칼륨 등 무기질과 식이 섬유가 풍부하다

[해설]
• 김치가 오늘날과 같은 모습으로 발전한 것은 임진왜란 이후인 조선 후기에 고추가 보급되면서부터이다.

답 ②

▶ 김치의 시대별 변천사

시대	참고문헌	기록내용	김치형태
삼국시대	산국지위지동이전	저(菹: 소금 절임) 제조라는 단어 등장	산채류와 야생채류를 이용한 소금 절임 위주의 김치의 근간 등장
	정창원고문서	수수보리자: 김치 무리라는 용어 등장	
	제민요술	김치 담그는 법 소개	
통일신라	삼국사기 신문왕	혜(醯): 김치 무리라는 용어 등장	
고려시대	한약구급방	배추에 관한 기록 등장	순무 장아찌(여름)와 순무 소금절이(김치류)가 있었으며, 김치는 단순히 겨울용 저장 식품뿐만 아니라 계절에 따라 즐겨 먹는 조리 가공식품으로 변신
	산촌잡영	소금절이 김치 소개	
	동국이상국집	순무를 절이는 방법 소개	
조선 전기	태종실록	침장고 용어 등장	절이는 채소의 종류와 향신료 사용이 다양해져 가는 시기
	사시찬요초	침채저(沈菜菹)	
	수운잡방	무김치, 가지김치 등 소개	
조선 후기	음식디미방	산갓 김치, 생치김치, 나박김치, 생치짠지, 생치지 등 소개	고추 및 결구배추가 도입되면서 오늘날과 같은 김치로 발전함.
	증보산림경제	마늘, 파, 부추 양념으로 사용되었다는 내용	
	농가월령가	여름의 장과 겨울의 김치는 민가에서 일 년의 중요한 계획	

(2) 배추의 특성과 유형

배추는 서늘한 기후를 좋아하는 식물로 우리나라 전역에 걸쳐 재배된다. 발육 적온이 20℃이고, 배추 포기가 결구(結球)되는 온도는 15~16℃이다. 동해(凍害)를 입는 최저 온도는 -8℃이고 생육 기간은 60~90일이다.

배추는 생육 온도 특성상 가을 재배에 가장 적합하고 전국적으로 생산량이 가장 많다. 배추는 형태적으로 결구 상태에 따라 결구형(結球型)과 불결구형(不結球型)이 있다. 결구형은 다시 하반부만 결구하고 상반부는 열려 있는 반결구형(半結球型)과 완전히 결구하는 결구형이 있다. 또 외엽의 끝이 겹치지 않는 포합형(抱合型)과 외엽의 끝이 겹치는 포피형(包被型), 권심형(捲心型)으로 구분된다.

일반적으로 김치 공장에서는 푸른 겉잎이 적고 절임 후에도 수율이 좋은 결구가 잘 된 배추를 김치 생산용으로 선호한다. 특히, 봄, 여름에 걸쳐 노지에서 나는 배추는 재배 기간 중 기온이 높아 결구가 불완전하고 푸른 겉잎이 많아 절임 후에도 폐기율이 높아 생산성이 떨어진다.

(3) 김치의 효능

효 능	비 고
항균 작용	김치는 숙성 발효됨에 따라 항균 작용이 증가한다. 숙성 과정 중에 유산균이 생육번성하여 김치 내의 유해 미생물의 번식을 억제시켜 김치가 위생적으로 안전하게 될 뿐만 아니라, 새콤한 신맛을 내어 김치의 맛을 더해 준다. 또한 김치 유산균은 체내에서 창자 속의 다른 균을 억제하여 이상 발효를 막아 주고, 장내 유해세균의 번식을 억제하여 정장 작용을 한다.
중화 작용	김치에 사용되는 주재료들은 알칼리성 식품이므로 육류나 산성 식품을 과잉 섭취 시 혈액의 산성화를 막아 주고, 산중독증을 예방해 준다.
다이어트 효과	김치는 수분이 많아 에너지가 매우 낮고 식이섬유소가 다량 함유되어 다이어트 효과가 있다. 김치를 많이 먹으면 에너지는 적으면서 포만감을 주므로 다른 에너지원의 섭취를 제한시킨다. 또한 고추에 들어 있는 성분 중 하나인 캡사이신(capsaicin)은 에너지 대사작용을 활발하게 하여 체지방을 연소시키는 작용을 하여 체내 지방 축적을 막아 준다.
항암 작용	김치의 주재료로 이용되는 배추 등의 채소는 대장암을 예방해 주고, 김치의 재료로 꼭 들어가는 마늘은 위암을 예방해 준다. 뿐만 아니라 김치에는 베타카로틴의 함량이 비교적 높기 때문에 폐암도 예방할 수 있다. 고추의 매운 성분인 캡사이신(capsaicin)은 엔돌핀을 비롯한 호르몬 유사물질의 분비를 촉진시켜 폐 표면에 붙어있는 니코틴을 제거해 주며 면역을 증강시켜 준다.
항산화·항노화 작용	김치는 지방질의 과산화 방지 또는 활성산소종(불안정한 산소를 포함하는 화학물질들)이나 각종 유리 라디칼의 제거 능력을 갖는 항산화물질(또는 유리라디칼 소거 물질)이 존재하고 있다. 김치에 함유되어 있는 항산화 물질로는 카로틴, 플라보노이드, 안토시아닌을 포함하는 폴리페놀과 비타민C, 비타민E 및 클로로필 등의 많은 성분들이 있다.
동맥경화, 혈전증 예방 작용	혈청 지방질 중 콜레스테롤은 동맥경화를 일으키는 위험 인자이다. 김치 섭취는 혈중 중성지질, 혈중 콜레스테롤, 인지질 함량을 감소시켜 지질대사에 좋은 효과를 나타내어 동맥경화 예방에 도움을 준다. 또한 김치의 양념 중 하나인 마늘은 혈전을 억제하여 심혈관 질환 예방에 효과적이다.

김치의 효능으로 바르지 않은 것은?
① 중화 작용
② 다이어트 효과
③ 항균 효과
④ 고혈압 예방

해설
- 김치의 단점은 소금과 젓갈이 사용되기 때문에 소금 섭취를 많이 하면 발생할 수 있는 고혈압, 위암 등을 예방하기 위해 김치를 싱겁게 담그는 것이 바람직하다.

답 ④

(4) 재료 준비

① 재료 선별 및 다듬기

배 추 김 치	배추품질 확인	배추김치의 맛은 주재료인 배추의 품질이 좌우하다. 결구 정도가 단단하고 배추 속잎이 노란색이고, 단맛과 고소한 맛이 나며, 잎의 백색부가 넓고 얇으며, 겉잎의 색은 진한 녹색이고, 엽수가 많은 것이 좋다. 그리고 냉해, 상해(짓눌림)의 상처 또는 벌레, 흙, 지푸라기 등의 이물질이 없는 것이 좋다.
	다듬기	배추 다듬기는 배추김치로 이용이 될 수 없는 병충해를 입은 부위와 소비자의 선호도에 따라 배추 잎과 줄기 부위가 억센 청잎 부위 그리고 배추 수확 과정에 미처 다듬어지지 못한 뿌리 부위를 제거하여 식용이 가능한 부위만을 작업하는 과정이다.
	자르기	배추를 절임하기 위해서는 다듬어진 배추를 2등분하여 배추 잎 사이로 소금물이 잘 스며들게 하여야 한다. 칼로 밑동 부분을 먼저 5~10cm가량 칼집을 낸 다음 양손으로 벌려서 이등분하거나 그대로 칼로 잘라서 이등분한다.
	절이기	절이기는 주재료에 알맞게 간이 배게 하고 재료의 숨을 죽여 부재료의 혼합이 용이하도록 하며, 주재료가 가지고 있는 수분 일부를 용출시켜 미리 제거함으로써 김치가 과량의 수분을 가지지 않게 조절한다. 절이기는 소금의 삼투압작용으로 염분이 식물 세포 안으로 침투하고 세포 안의 수분이외부로 용출되는 과정이다. 따라서 절이기의 가장 중요한 목적은 식물성 주재료인 배추의 세포 활동을 정지시키는 것이다. 배추의 세포 활동을 적절한 순간에 정지시키지 않으면 세포의 자기 소화 현상에 의하여 배추의 연화 현상 및 부패 현상이 진행된다. 절이기를 위해서는 소금의 농도가 만드는 외부의 삼투압이 세포 내부의 삼투압보다 높아야 한다(김명희·김은미·박혜은 외, 2014). 절이기 방법에는 마른 소금을 배추 사이에 직접 뿌리는 마른 소금법과 염수에 주재료를 담가 놓는 염수법이 있다. 봄과 여름에는 소금 농도를 7~10%로 8~9시간 정도를, 겨울에는 12~13%로 12~16시간 정도 절이는 것이 좋다.
	세척 및 물빼기	배추 절이기 과정이 끝나면 세척을 하고 물빼기를 한다. 물빼기 정도는 배추의 염농도가 2~3%가 되도록 맞추고, 이물질이 발생하지 않도록 3~4회 세척한다. 이때 염분 제거와 함께 맛 성분도 일부 손실된다. 염도가 낮으면 김치의 조직감이 아삭아삭하고 색은 좋으나 저장성이 나쁘고, 염도가 6% 이상에서는 배추가 너무 짤 뿐만 아니라 배추 조직에서 수분이 과도하게 빠져 질긴 느낌을 줄 수 있다.
	배추김치 부재료 전처리	배추김치의 부재료(고춧가루, 대파, 생강, 마늘, 갓, 새우젓, 양파 등)를 준비하여 전처리를 한다.

배추김치 선별법으로 바른 것은?
① 배추는 결구 정도가 단단한 것으로 고른다.
② 무는 잔뿌리가 많은 것을 고른다.
③ 생강은 발이 3개 정도인 것을 고른다.
④ 배추절임에 꽃소금을 사용한다.

해설
• 무는 잔뿌리가 적고 묵직한 것, 생강은 발이 6~8개로 고르고 굵은 것, 배추절임에는 천일염(호염)을 사용한다.

답 ①

배추김치 담그기의 설명으로 바르지 않은 것은?
① 배추의 중심과 밑동이 달고 고소한 맛이 나는 것을 고른다.
② 겨울 배추절임 시 소금 농도는 30% 이상으로 한다.
③ 물빼기 정도는 배추의 염 농도가 2~3%가 되도록 맞춘다.
④ 양념소는 잎 부위보다 줄기 부위에 많이 채워준다.

해설
• 겨울 배추절임 시 소금 농도는 12~13%로 한다.

답 ②

배추김치 담그기에서부터 저장법에 대한 설명으로 바른 것은?
① 유산균은 산소를 좋아해서 공기가 조금 들어가게 한다.
② 산패의 원인은 소금의 농도가 높은 경우에 일어난다.
③ 저온(4℃)에서 온도 변화 없이 저장한다.
④ 김치의 발효가 진행되면 pH가 올라간다.

해설
• 유산균은 산소를 싫어해서 공기가 들어가지 않도록 밀폐시키고, 소금의 농도가 낮은 경우 산패의 원인이 되며, 발효가 진행되면 젖산 및 유기산들이 생성되어 pH가 내려간다.

답 ③

깍두기	무의 품질 확인	무는 좌우 대칭이 반듯하고 매끈한 모양으로 잔뿌리가 적고 묵직한 것이어야 한다. 외상이 없고 병충해를 입지 않은 진한 녹색의 탄력 있고 광택 있는 무청이 달려 있는 것이 싱싱하다.
	무 다듬기	병충해 입은 부위를 손으로 떼거나 칼로 제거한다. 그리고 이물질과 흙이 묻은 청잎과 잔뿌리를 제거하고 밑둥을 제거한다. 불가식부는 다듬기가 끝나면 분리수거용 봉투에 담아 처리한다.
	무 세척 및 물빼기	무를 절이기 위해서는 다듬은 무를 수세미 등을 이용하여 무 전체를 고루 문질러 세척하고 이물질이 완전히 제거되도록 세척을 반복하여 실시하며 채반에 놓고 물빼기를 한다.
	무 깍둑썰기	세척된 무를 채반에 건져 물기를 제거한다. 그런 다음 폭 2cm로 둥글게 썬 후 뉘어서 다시 2cm의 정육각형으로 깍둑썰기를 한다.
	무 절이기	깍둑썰기를 한 무를 절임 용기에 넣고 소금을 뿌려 절이기를 한다.
	절인 무 세척 및 물빼기	절인 무를 세척 후 채반에서 물빼기를 한다.
	깍두기 부재료 전처리	깍두기의 부재료(미나리, 쪽파, 생굴, 마늘, 생강, 고춧가루, 젓갈류, 설탕, 소금) 등을 준비하여 전처리를 한다.
열무김치	열무 품질 확인	열무의 외관이 싱싱하고 청결하며, 병해 및 상해의 흔적이 없고 벌레, 흙, 지푸라기 등 이물질이 없는 것이 좋다.
	열무 다듬기	병충해 입은 부위를 손으로 떼거나 칼로 제거하고 이물질과 흙의 잔뿌리를 제거하며 불가식부는 다듬기가 끝나면 분리수거용 봉투에 담아 처리한다.
	열무 자르기	열무를 절임하기 위해서는 다듬어진 열무를 5cm 정도로 자른다.
	열무 절이기	자른 열무를 절임 용기에 넣고 소금을 고루 뿌려 절이기를 한다.
	열무 세척 및 물빼기	열무 절이기 과정이 끝나면 열무를 세척 용기에 놓고 지푸라기 등 이물질이 발생하지 않도록 맑은 물이 나올 때까지 깨끗이 세척한 뒤 채반에 놓고 물빼기를 한다.
파김치	쪽파 품질 확인	쪽파의 외관이 싱싱하고 청결하며, 크기가 일정한 것끼리 잘 골라서 묶은 것으로 잎의 끝부분이 시든 것이 없고 진한 녹색으로 부드러우며 연하고 탄력과 연백색의 육질이 좋고 치밀하며 유연하고 곧고 긴 것이 좋다.
	쪽파 다듬기	쪽파의 겉껍질을 벗기고 뿌리 부분과 끝 부분은 잘라 낸다. 병충해를 입은 부위는 손으로 떼거나 칼로 제거하고, 이물질과 불가식부는 다듬기가 끝나면 분리수거용 봉투에 담아 처리한다.
	쪽파 세척 및 물빼기	쪽파를 세척 용기에 놓고 지푸라기 등 이물질이 발생하지 않고 맑은 물이 나올 때까지 깨끗이 세척하며 채반에 놓고 물빼기를 한다.

쪽파 절이기	쪽파를 절임 용기에 넣고 액젓으로 절이기를 한다.
파김치 부재료 전처리	파김치의 부재료(고춧가루, 멸치액젓, 마늘, 생강, 설탕, 통깨, 소금, 찹쌀가루 등)를 준비하여 전처리를 한다.

② 김치를 담그기 위한 조건

좋은 재료의 선택	좋은 품질의 싱싱한 주재료를 선택하여야 한다. 특히, 주재료 채소의 조직이 살아 있는 상태를 유지하려면 채소 중의 펙틴질이 분해되기 전에 담가야 한다. 펙틴질은 펙티네이스(pectinase)라고 하는 효소에 의해 분해되어 조직이 연해지거나 물러진다. 이 효소는 세포 내에 존재하나 세포막이 파괴되면 세포 밖으로 나와 펙틴을 분해하게 된다.
절임 조건	소금 절임은 주재료 중의 수분을 감소시켜 저장성을 부여하면서 발효가 잘 일어나게 해준다. 주재료와 온도에 따라 염도, 절이는 시간을 달리 해야 한다. 특히, 주재료의 조직감을 아삭아삭한 상태로 유지하려면 천일염을 사용하여 절여야 한다. 천일염 중의 칼슘이 펙틴질과 펙틴-칼슘 복합체를 만들어 펙티네이스(pectinase)에 의한 분해를 막아 준다. 또, 채소 중의 수분을 빨리 배출하고, 조미료가 주재료에 쉽게 침투하도록 하기 위해 돌로 눌러주는 등 압력을 가해 준다.
고춧가루	양념 중에서는 좋은 품질의 고춧가루를 사용해야 김치의 맛과 색이 좋다.
저장온도	저온(4℃ 이하)에서 온도 변화 없이 저장해야 유산균이 맛있는 성분을 만들고 생성된 이산화탄소가 날아가지 않아 톡 쏘는 탄산수 같은 맛을 준다.
공기	유산균은 산소를 싫어하고 김치를 부패시키는 균은 산소를 좋아하므로 밀폐시킨다. 김치 보관 중 뚜껑을 자주 열지 말고 김치에 공기가 들어가지 않도록 잘 밀봉한다. 포기김치가 썰어서 만드는 맛김치 보다 맛이 있는 이유이다.

다음의 빈칸에 들어갈 말을 고르시오.

김치를 잘 담그려면 좋은 재료의 선택이 중요한데 특히 주재료 채소의 조직이 살아 있는 상태를 유지하려면 채소 중의 펙틴질이 분해되기 전에 담가야 한다. 펙틴질은 ( )라고 하는 효소에 의해 분해되어 조직이 물러지거나 연해진다.

① 아밀라아제(Amylase)
② 디아스타아제(Diastase)
③ 펙티네이스(Pectinase)
④ 아스코르비나제(Ascorbinase)

해설
• 펙티네이스는 세포 내에 존재하나 세포막이 파괴되면 세포 밖으로 나와 펙틴을 분해하게 된다. 아밀라이제는 전분을 맥아당으로 분해하는 효소, 아스코르비나제는 비타민C를 파괴하는 효소로 호박, 당근, 오이, 가지 등에 들어 있다.

답 ③

김치 양념류의 특징으로 바르지 않은 것은?
① 논마늘은 저장성이 좋고 매운맛이 강하다.
② 고추씨에는 불포화 지방산이 풍부하다.
③ 쪽파는 양념과 김치 주재료로도 사용된다.
④ 적갓(붉은갓)에는 안토시아닌 색소가 많다.

해 설
· 논마늘은 저장성이 약하고 매운맛이 덜하며 한지형 밭마늘은 저장성이 좋다.

답 ①

2. 김치 양념 배합하기

(1) 김치 양념 배합

① **양념의 기능**

양념은 음식을 만들 때 재료가 지닌 고유한 맛을 살리면서 음식마다 특유한 맛을 낼 때 사용된다. 양념은 한자로 약념(藥念)으로 표기하는데, "먹어서 몸에 약처럼 이롭기를 바라는 마음으로 여러 가지를 고루 넣어 만든다."라는 뜻이 담겨 있다. 음식에 맛을 주어 맛있게 먹도록 하고 색을 주어 식욕을 돋우며 음식의 약리 효과를 높이기도 한다.

② **양념의 종류**

조미료와 향신료로 나누며, 조미료의 기본 양념은 짠맛, 단맛, 신맛, 매운맛, 쓴맛의 5가지 기본 맛을 낸다. 음식에 따라 이 조미료들을 적당히 혼합하여 알맞은 맛을 내는 것으로 소금, 간장, 고추장, 된장, 식초, 설탕 등이 있다.

향신료는 그 자체로 좋은 향기를 내거나 매운맛, 쓴맛, 고소한 맛 등을 내는 것으로 생강, 겨자, 후추, 고추, 참기름, 들기름, 깨소금, 파, 마늘, 천초 등이 있다.

(2) 김치 양념류의 특징

고추	품종 및 산지	고추는 가지과 채소에 속하며 남아메리카가 원산지이다. 고추는 크게 생고추와 건고추로, 또는 붉은 고추와 풋고추로 구분한다. 보은, 영양, 음성, 청양에서 재배된 고추가 유명하다. 붉은 고추를 건조시켜 가루를 내어 김치, 고추장과 많은 음식에 사용한다. 고추의 종류는 꽈리고추, 청양고추, 오이맛고추, 아삭이 고추 등이 있다.
	영양 성분 및 효능	고추에는 비타민 A, B1, B2, C, E, 칼륨 및 칼슘이 많이 들어 있다. 이 중 비타민C가 제일 많은데 마른 고추 100g에 비타민C가 200mg 정도 함유되어 있다. 이외에도 고추에는 포도당, 과당, 자당, 갈락토오스 등이 있으며, 고추씨에는 단백질과 불포화지방산이 풍부하다. 고추의 빨간색은 캡산틴(capsantin)과 카로틴(carotene)의 성분을 갖고 있으며, 매운성분은 캡사이신(capsacin)에 있고, 감칠맛 성분은 베타인(betain)과 아데닌(adenine)에 있다. 고추씨에도 베타인과 아데닌이 들어 있어 감칠맛을 낸다. 캡사이신은 고추 끝보다 씨가 있는 부위와 꼭지 쪽에 많으며, 생선의 비린내와 육류의 누린내 제거, 지방 산패 억제, 방부 효과, 유산균 발육 증진 등 다양한 작용을 한다. 고추는 생체 내에서 마취, 진정, 항산화, 염증 억제, 암 예방 효과가 있다. 특히 캡사이신은 체지방을 연소하여 비만 예방에 효과적이며 혈중 콜레스테롤의 수치를 낮춘다. 이외에도 식욕 증진, 소화 촉진, 혈액순환 촉진, 만성기관지염의 예방, 거담에도 효과가 있다.

마늘	품종 및 산지	마늘은 백합과 파속(allium 속)에 속하며, 중앙아시아가 원산지이다. 고대 이집트에서는 피라미드 건설 노동자에게 공급하였다는 기록이 있다. 마늘의 품종은 난지형과 한지형이 있으며, 난지형은 남해, 무안 등에서 5월 중순부터 출하되고, 한지형은 서산, 의성, 단양 등 중북부 내륙 지방에서 6월 중순 이후 출하된다. 또 마늘의 쪽수에 따라서 6쪽마늘, 여러 쪽 마늘 및 장손마늘로 나누기도 한다. 매운맛이 강한 6쪽 마늘과 여러 쪽 마늘이 김장용으로 적합하며, 장손마늘은 마늘장아찌용, 잎마늘용으로 좋다.
	영양 성분 및 효능	마늘은 당질 24%, 단백질 9.2%, 무기질 1.6% 함유되어 있으며, 비타민 B1, B2, C, K, Ca, P이 많고 셀레늄, 아연, 게르마늄, 사포닌, 폴리페놀이 풍부하다. 알리티아민(allithiamine)은 알리신에 비타민 B1이 결합된 것으로 비타민 B1의 체내 흡수 및 이용률을 높여주어 신진대사 촉진, 피로 회복에 좋다. 마늘을 다질 때 나는 매운맛과 냄새는 황을 함유한 알리신(allicin)에 기인되며, 무미무취의 알린(alliin)에 알리네이즈(allinase)가 작용하여 생성된다. 알리신은 항균력이 뛰어나 천연항생제라고 불린다. 피로회복, 강장, 항암, 항산화, 항동맥경화, 항혈전, 혈액순환 촉진, 항당뇨, 해독, 면역 증강 등 다양한 효능이 있다.
파	품종 및 산지	파는 백합과에 속하는 채소이며 중국이 원산지이다. 우리나라는 삼국시대 이전부터 재배한 기록이 있으며, 대파는 온대성 채소이나 현재는 세계 전역에 재배된다. 열대지방에서는 부드럽고 얇은 잎파, 한대지방에서는 두껍고 긴 줄기파, 온대지방은 겸용종이 재배된다. 종류로는 대파, 실파, 쪽파 등이 있으며, 대파는 주로 양념으로, 쪽파는 양념뿐만 아니라 김치 주재료로도 사용한다. 대파는 봄과 가을 두 차례 파종하며, 봄파는 12월에 가을파는 8월에 출하된다.
	영양 성분 및 효능	대파의 성분은 수분 90%, 탄수화물 6.7%, 단백질이 1~2%이며, 당이 많아 단맛이 난다. 칼슘, 철분 등 무기질이 많지만 유황이 풍부하여 산성 식품이다. 파의 녹색 잎 부분에는 베타카로틴, 비타민 B1, C, K가 많으며, 흰 줄기 부분에는 비타민C가 많다. 대파의 자극성 성분은 마늘과 같은 알릴설파이드(allysulfide)류로서 소화액 분비를 촉진시키고 진정 작용과 발한 작용도 있다. 파의 매운 성분은 알린(allin)이 효소 알리네이즈(allinase)에 의해 분해된 알리신(allicin) 때문이며, 알리신은 체내에서 흡수되어 비타민B1의 이용률을 높여 준다(김미리·김재한·김병광 외, 2009).

생강	품종 및 산지	생강은 생강과에 속하고 인도, 말레이시아 등 아시아가 원산지이다. 연노란색의 덩이 모양으로 뿌리를 식용한다. 품종으로는 대생강(봉상생강), 중생강(황생강), 소생강(아생강)이 있으며, 주산지는 서산, 산청, 완주 등이다.
	영양 성분 및 효능	생강은 당질, 식이섬유가 많고 당질의 40~60%는 전분이다. 비타민과 무기질이 소량 들어 있다. 생강의 매운맛 성분은 진저론(gingerone), 진저롤(gingerol), 쇼가올(shogaol)이며, 향기 성분은 시트랄(citral), 리나울(linalool)이다. 생강의 매운맛 성분은 육류의 누린내와 생선의 비린내를 제거하고 항균, 항산화, 항염, 혈전 예방작용이 있다. 또한 위액 분비를 증가시키고 소화를 촉진하며, 발한 작용이 있어 감기에 효과적이다. 기침, 냉증, 요통 등에도 효능이 있다. 멀미가 날 때 생강을 씹으면 도움이 된다.
갓	품종 및 산지	갓은 십자화과에 속하며 중앙아시아가 원산지이다. 갓의 종류는 잎의 색깔에 의해서 적갓, 청갓이 있으며, 전남 여수지방에서는 돌산갓이 유명하다.
	영양 성분 및 효능	갓의 성분은 단백질 3.5%, 당질 7.3%가 들어 있으며, 베타카로틴과 비타민 B1, B2, C의 함량이 높다. 갓의 매운맛 성분은 이소티오시아네이트(isothiocyanate)로 항균, 항암, 호흡기 질환, 가래에 효과적이고, 적갓은 안토시아닌 색소가 많다.
소금	특성	소금의 주성분은 염화나트륨(NaCl)으로 순수한 짠맛을 낸다. 그 외 CaSO4, MgCl2, KCl, MgSO4 등의 불순물도 소량 들어 있어 약간은 쓴맛을 나타낸다. 소금은 오늘날 식탁용 및 식품가공용으로 널리 사용되고 있으며, 간장에는 15~22%, 된장에는 7~12%, 버터에는 2%, 김치류에는 1.5~3.5% 정도가 함유되어 있다. 소금으로 인해 인체에 흡수되고 있는 나트륨(Na)은 세포외액에 가장 많이 존재하는 양이온으로 세포외액량, 산과 염기의 평형, 세포막 전위의 조절, 세포막 물질의 수송 등 여러 가지 주요한 생리적 작용을 하고 있다. 인체에서 나트륨 평형을 유지하는 데 필요한 나트륨 함량은 5~10mg/day(Na 3,450mg, NaCl 8.7g)을 넘지 않도록 권하고 있다. 그러나 우리나라 사람들이 하루에 먹는 소금의 양은 보통 20g이므로 짜게 먹지 않도록 권장하고 있다. 나트륨의 과잉 섭취는 고혈압 등을 유발시킬 수 있기 때문이다.
	중요성 종류 및 특징	김치 등 절임식품에 소금을 사용한 것은 인류가 창안한 중요한 식품가공 저장법의 하나였다. 이때 소금은 맛을 부여하고 저장성을 향상시키며 적절한 발효 조절 작용을 행한다. 소금의 저장성 향상과 발효 조절 기능은 소금이 갖는 삼투작용, 효소 활성 억제 작용, 그리고 기타 작용으로 나누어진다. 소금 농도는 미생물의 생육에 직접 관련이 있으며, 미생물의 균주 특성, 균의 수, 그리고 pH 등에 따라 생육 억제 한계가 다르다. 보통 세균은 소금 농도가 10% 이상이면 생육이 억제되고 여러 가지 종류의 병원균이나 부패균들도 2% 농도 또는 6~12% 농도 범위에서 생육이 억제된다. 일반적으로 소금에 대한 저항성은 병원균보다는 대체로 부패균들이 더 강하고, 간균(桿菌)보다는 구균(球菌)이, 그리고 포자가 있는 균들

		이 더 강하다. 그러나 내염세균(耐鹽細菌, halophobic bacteria) 또는 호염세균(好鹽細菌, halophilic bacteria)도 있는데, 내염성 세균들은 염도가 높은 젓갈류나 장류 등의 식품 제조 시에 살아남아 발효에 관여한다.
젓갈	영양 성분 및 효능	젓갈 중 새우젓은 칼슘 함량이 높고 지방 함량이 적어 담백한 맛을 낸다. 숙성하는 동안 비타민의 함량이 증가한다. 멸치젓은 에너지와 지방, 아미노산의 함량이 높다. 젓갈은 소금의 농도가 13~18% 정도인 고염 식품이다. 김치에 첨가할 때는 젓갈의 염도를 고려하여 소금의 양을 0.2~0.4% 줄여야 한다.
	분류	젓갈류: 어패류에 소금만 넣고 2~3개월 발효시킨 것으로 새우젓, 조개젓, 갈치속젓, 멸치젓 등이 있다. 양념 젓갈류: 고춧가루, 마늘, 생강, 깨, 파 등을 첨가한 것으로 명란젓, 창난젓, 오징어젓, 꼴뚜기젓, 어리굴젓, 아가미젓 등이 있다.
		식해류: 쌀, 엿기름, 조 등의 곡류와 소금, 고춧가루, 무채 같은 부재료를 혼합하여 숙성 발효시킨 것으로 가자미식해, 명태식해 등이 있다.
		액젓: 장기간(6~24개월) 소금으로 발효 숙성시켜 생선의 육질이 효소에 의해 가수분해되어 형체가 없어지게 되고 이를 여과한 것으로 어장유라고도 한다.
	보관 및 선별법	새우젓의 새우는 붉은색을 띠며, 살이 통통하고 단단해야 좋음. 어체의 15~35% 소금이 사용된다. 멸치젓의 멸치는 검붉은 담홍색으로 비린내가 없고 단내가 나는 것이 푹 삭아 좋으며 숙성이 덜 되면 비린내가 나게 된다. 젓국 위의 기름을 제거하지 않으면 산패되어 쓴맛과 떫은맛을 낸다.

(3) 양념 배합하기

1) 배추김치

① 배추김치의 재료 및 분량을 확인한다.

재료	분량	재료	분량	재료	분량
배추	5kg(2포기)	절임염수	천일염 300g, 물 3L	무	75g
배	1/2개	갓	80g	미나리	80g
대파	20g	쪽파	100g	생새우	60g
마늘	40g	생강	10g	고춧가루	80g
새우젓	20g	멸치액젓	100g	설탕	20g
소금	약간	찹쌀풀	찹쌀가루 15g, 물 200ml	양파	20g

② 무를 채썰기 한다.
　㉠ 세척된 무는 0.3cm 두께의 얄팍썰기를 한다.
　㉡ 얄팍썰기 한 무는 4cm 정도 길이의 채썰기를 한다.

다음 소금에 대한 설명으로 바르지 않은 것은?

① 천일염은 배추절임, 오이지 등에 사용함
② 꽃소금은 천일염을 물에 녹여 재결정시킨 것
③ 맛소금은 김구이 등 각종 요리에 사용
④ 식탁염은 정제염에 MSG를 첨가한 것이다.

해설
• 식탁염은 정제염에 방습제인 탄산칼슘과 염화마그네슘을 첨가한 것으로 식탁 위에서 완성된 요리에 뿌려 먹는 데 사용하고 정제염에 MSG를 첨가한 것은 맛소금이다.

답 ④

다음 젓갈에 대한 설명으로 바르지 않은 것은?

① 소금의 농도가 13~18%로 고염도 식품이다.
② 어패류에 소금만 넣고 6~24개월 숙성시킨 것을 젓갈이라 한다.
③ 김치에 첨가 시 염도를 고려하여 소금의 양을 0.2~0.4% 줄여야 한다.
④ 멸치젓은 지방과 아미노산의 함량이 높다.

해설
• 장기간(6~24개월) 소금으로 발효 숙성시켜 생선의 육질이 효소에 의해 가수분해되어 형체가 없어지게 된 것을 액젓이라 한다. 젓갈은 어패류에 소금만 넣고 2~3개월 발효시킨 것이다.

답 ②

③ 기타 재료를 용도에 맞게 준비한다.
　㉠ 쪽파, 갓, 미나리는 다듬어서 씻은 후 3cm 길이로 썰고, 대파는 어슷썰기를 하며, 배는 채썰기를 한다.
　㉡ 생새우는 소금물에 흔들어 씻어 건져 물기를 제거한다.
　㉢ 마늘과 생강, 양파는 다듬어서 곱게 다지거나 분마기에 다진다.
　㉣ 물 200ml에 찹쌀가루 15g을 넣어 찹쌀풀을 쑨 후 식힌다.

④ 양념을 버무리기 한다.
　㉠ 양념 배합 용기에 계량된 분량의 무채를 넣는다.
　㉡ 무채에 고춧가루를 넣고 고루 버무려서 빨갛게 색을 들인다.
　㉢ 다진 마늘, 생강, 양파 등을 넣고 젓갈을 넣어 섞은 후 간을 본다.
　㉣ 미나리, 갓, 쪽파, 파를 넣고 섞는다.
　㉤ 간이 부족하면 소금, 설탕으로 간을 맞춘다.
　㉥ 마지막으로 생새우를 넣고 버무려서 섞는다.

2) 깍두기

① 깍두기의 재료 및 분량을 확인한다.

재료	분량	재료	분량	재료	분량
무	1kg	미나리	100g	쪽파	100g
생굴	100g	고춧가루	40g	마늘	20g
생강	3g	새우젓	60g	멸치젓	60g
설탕	8g	소금	24g		

② 기타 재료를 용도에 맞게 준비한다.
　㉠ 쪽파, 미나리는 3cm 길이로 썰고 생굴은 소금물에 흔들어 씻어 건진다.
　㉡ 마늘, 생강은 곱게 다지고 새우젓 건지도 대강 다진다.

③ 양념을 버무리기 한다.
　㉠ 양념 배합 용기에 깍둑 썬 무를 담는다.
　㉡ 고춧가루를 넣고 고루 버무려서 색을 곱게 들인다.
　㉢ 다진 마늘, 생강, 젓갈류, 설탕을 넣고 잘 섞는다.
　㉣ 쪽파, 미나리, 생굴을 넣어 고루 버무려서 소금, 설탕으로 간을 맞춘다.

3) 열무김치

① 열무김치의 재료 및 분량을 확인한다.

재료	분량	재료	분량	재료	분량
열무	2kg	고춧가루	30g	홍고추	40g
풋고추	80g	파	50g	마늘	30g
생강	15g	밀가루풀 : 물 800g, 밀가루 30g, 소금 30g			
소금	100g				

② 기타 재료를 용도에 맞게 준비한다.
   ㉠ 파는 어슷하게 채썰기를 한다.
   ㉡ 풋고추와 홍고추는 어슷하게 채로 썰고 물에 헹구어서 씨를 없앤다.
   ㉢ 냄비에 물 800g에 밀가루 30g을 잘 풀어서 끓여 소금으로 간을 맞춘 후 식힌다.

③ 양념을 버무리기 한다.
   ㉠ 양념배합 용기에 절인 열무를 준비한다.
   ㉡ 고춧가루, 파, 마늘, 생강, 풋고추, 홍고추를 넣고 살짝 버무린다.

4) 파김치

① 파김치의 재료 및 분량을 확인한다.

재료	분량	재료	분량	재료	분량
쪽파	1kg	고춧가루	100g	멸치액젓	180g
마늘	15g	생강	5g	설탕	12g
통깨	7g	소금	약간	찹쌀풀	찹쌀가루15g, 물 200ml

② 기타 재료를 용도에 맞게 준비한다.
   ㉠ 마늘과 생강은 곱게 다지거나 분마기에 다진다.
   ㉡ 물 200g에 찹쌀가루 15g을 넣고 찹쌀풀을 쑨 후 식힌다
   ㉢ 고춧가루와 물을 섞어서 잠시 두어 불린다.

③ 양념을 버무리기 한다.
   ㉠ 양념 배합 용기에 불린 고춧가루와 다진 마늘, 생강, 설탕, 통깨를 넣고 섞는다.
   ㉡ 파를 절였던 액젓을 넣고 골고루 버무려 양념을 만들며 모자라는 간은 소금으로 맞추어 걸쭉한 양념을 만든다.

다음중 김치의 산패 원인에 들지 않는 것은?
① 소금의 농도가 높은 경우
② 김치의 주재료와 부재료가 청결하지 못한 경우
③ 김치의 저장온도가 높은 경우
④ 발효의 마지막에 곰팡이나 효모들에 오염된 경우

[해설]
• 소금의 농도가 낮은 경우 김치의 산패 원인이 된다.

답 ①

김치에 사용되는 재료 중 지방산패 억제와 비만예방의 효과가 있는 것은?
① 마늘
② 생강
③ 갓
④ 고추

[해설]
• 고추의 성분 중 캡사이신(Capsaicin)은 체지방을 연소시키는 작용을 하여 체내 지방축적을 막아 다이어트에 효과가 있다.

답 ④

김치의 미생물 중 발효 중반 이후 내산성이 강한 유산균으로 pH를 떨어뜨리고 젖산을 풍부하게 생성하여 김치 맛의 숙성에 관여하는 것은?
① 류코노스톡 메센테로이데스 (Leuconostoc mesenteroides)
② 락토바실러스 브레비스 (Lactobacillus brevis)
③ 락토바실러스 플랜타럼 (Lactobacillus plantarum)
④ 락토바실러스 사키 (Lactobacillus sakei)

[해설]
• ①은 초기의 김치 발효균주, ②와 ④는 김치의 산패, 조직의 연화, 맛이 시어짐에 관여함

답 ③

3. 김치 담그기

(1) 김치의 영양학적 성분

김치는 채소를 주원료로 한다. 여기에 소금을 사용하여 오랜 시간 저장할 수 있게 만든 염장식품이 김치이다. 구성 성분은 대부분이 수분이므로 에너지원이나 단백질원으로는 큰 의미가 없다. 하지만 비타민과 섬유질 및 무기질 등이 많이 들어있고, 독특한 성분들 때문에 영양학적 의의가 있다.

1) 세계가 인정한 최고의 음식

미국의 건강 잡지 〈Health〉지에서 한국의 김치는 일본의 낫또, 그리스의 요쿠르트, 스페인의 올리브, 인도의 렌틸콩과 함께 5대 건강식품으로 선정하였다.

2) 김치의 주재료

김치의 주재료인 배추, 무, 알타리, 열무, 갓 등에는 겨울철 부족하기 쉬운 비타민이 함유되어 있으며, 서양인들 식단에서 부족하기 쉬운 칼슘과 무기질 함량이 높아서 체액을 알칼리성으로 만드는 음식이다.

김치의 주재료인 채소들은 섬유질이 풍부하여 변비를 예방하고 비타민 B 복합체를 공급해 주는 역할을 한다. 섬유질은 음식이 덩어리가 되는 것을 막아 주고 중간에 공간을 형성하여 효소나 위산의 혼합이 원활하도록 해준다.

3) 김치의 부재료

부재료인 고추 및 마늘의 특수 성분들은 인체 내에서 발암물질이나 돌연변이 유발을 억제함에 따라 대표적인 항산화·항암 식품이다.

(2) 유산균이 풍부한 발효식품

김치는 채소에 각종 부재료들을 넣고 소금 절임을 하여 발효시킨 식품이다. 소금 절임 과정에서 대부분의 미생물은 죽어 버리지만 염분에 잘 견디는 내염성 세균인 유산균(Latic acid bacteria)이 남아서 김치를 익힌다.

1) 김치의 부재료

① 김치의 pH

갓 담근 김치는 약간의 유해세균이 있을 수도 있지만, 김치가 익어감에 따라 번식된 유산균은 장내 유해세균들을 억제하여 이상 발효를 막아 준다. 적당히 익은 김치는 pH 4.5~5.0 정도이며, 이때가 영양성분과 유익한 유산균이 가장 많은 상태로 유제품보다 10배 정도 많은 유산균을 섭취할 수 있다.

② **유산균의 효능**

비타민뿐만 아니라 유산균과 섬유질이 풍부한 김치는 변비 예방에 좋으며, 유산균에 의해 생성되는 각종 유기산들은 칼슘이나 철 등의 무기질 성분의 인체 내 대사를 도와주어 소화 촉진의 효능도 있다. 이러한 김치 발효 중 생성되는 성분들은 항암 작용과 질병에 저항하는 면역력까지 우수하여 여러 바이러스를 예방한다는 보고들이 나옴에 따라 해외로부터 각광받고 있으며, 식품 분야에서 대표적인 수출 상품이 되었다

③ **정장 작용 식품**

채소류와 식염의 복합 작용에 의해서 장내를 깨끗이 청소하는 정장(整腸) 작용을 한다. 위장 내의 단백질 소화 효소인 펩신(pepsin) 분지를 촉진해 주며, 펙틴질을 비롯한 고분자 복합 다당류들이 물과 함께 친수성 콜로이드(colloid)를 이루므로 장내 이동을 부드럽게 해준다.

④ **식욕 증진 효과**

고추의 매운맛 성분인 '캡사이신(capsaicin)' 등으로부터 나오는 김치 특유의 풍미는 식욕 증진 효과가 있다. 숙성 과정 중 생성되는 새콤한 맛을 내는 '유기산'과 '에스테르'는 침샘을 자극하여 식욕을 돋운다. 이러한 유기산은 김치가 숙성되는 동안 증가하여 신맛을 증가시키며, 김치의 특유의 맛과 각종 향을 낸다.

⑤ **저칼로리 식품**

김치의 주재료들은 가식부 100g당 10kcal(배추, 생것), 19kcal(조선 무, 잎), 9kcal(오이)로 낮은 열량을 가진 저칼로리 식품으로 현대인들의 다이어트에 도움이 된다.

그리고 배추나 무에 있는 부드러운 식이섬유는 정장 작용을 하고, 아밀라아제, 프로티아제 등의 소화효소는 소화를 돕는 일을 한다.

⑥ **단백질과 칼슘 보충원**

김치 주재료인 채소에서 부족하기 쉬운 단백질은 동물성 젓갈에 함유되어 있는 아미노산을 통해 보충할 수 있다. 김치가 익으면서 새우젓, 멸치젓, 황석어젓, 갈치젓 등의 단백질이 아미노산으로 분해되고, 특히 식물성 식단을 위주로 먹는 사람들에게 부족하기 쉬운 '리신(Lysine)'과 '메티오닌(Methionine)'의 공급원이 된다.

또한 젓갈류에는 칼슘 함량도 높을 뿐만 아니라, 알칼리성 식품으로 체액을 중화시켜 주는 역할도 한다.

(3) 김치담그기의 필요지식

1) 김치의 발효에 영향을 미치는 미생물

김치는 여러 미생물들의 작용으로 발효가 진행되는데, 숙성은 순수 발효균에 의해서 진행되는 것이 아니고 재료들의 오염균으로 존재했던 야생균들 중에서 환경에 적응할 수 있는 것들이 관여하게 된다. 미생물은 김치 재료의 종류, 담금 방법에 따라서 많이 달라질 수 있고, 이는 김치의 풍미에도 영향을 준다.

2) 김치 숙성에 관여하는 혐기성 세균

김치 숙성에 관여하는 혐기성 세균은 락토바실러스 플랜타럼(Lactobacillus plantarum), 류코노스톡 메센테로이데스(Leuconostoc mesenteroides), 스트렙토코쿠스 피칼리스(Streptococcus faecalis), 락토바실러스 브레비스(Lactobacillus brevis), 페디오코커스 세레비지아에(Pediococcus cerevisiae) 등 200여 종이 넘는 미생물이 밝혀졌다. 이들 중 초기의 김치 발효 균주는 이상 젖산 발효를 하여 젖산과 함께 이산화탄소, 초산, 에탄올을 생산하는 류코노스톡 메센테로이데스(Leuconostoc mesenteroides)이다.

3) 김치 발효 중반에 관여하는 세균

김치 발효 중반 이후 내산성이 강한 유산균인 락토바실러스 플랜타럼이 주요 숙성균주로 등장한다. 각종 유산균 음료에도 풍부한 락토바실러스 플랜타럼은 젖산 발효를 하는 유산균으로 김치의 pH를 떨어뜨리고 젖산을 풍부하게 생성하여 김치 맛의 숙성에 관여하고 김치 발효 마지막까지 군집을 유지한다.

4) 김치를 장기간 보관 시 관여하는 세균

김치를 장기간 보관하며 숙성시키는 경우 김치는 pH가 낮아지고 포도당이 감소하며 미생물의 성장이 어려운 환경으로 바뀌게 된다. 환경에서 내산성이 강하고 포도당 이외의 식물에 존재하는 오탄당을 원활히 소비할 수 있는 락토바실러스 브레비스(Lactobacillus brevis), 락토바실러스 사키(Lactobacillus sakei), 페디오코코스(Pediococcus sp.) 등이 다수의 군집을 이루며, 김치의 산패, 조직의 연화, 맛이 시어짐에 관여하게 된다.

5) 김치의 산패원인

초기 김치 주재료 및 부재료가 청결하지 못한 경우, 김치 발효 초기에 과량의 산패균주가 존재하는 경우, 유산균에 의한 김치의 숙성 과정에서 젖산 발효에 의한 낮은 pH와 혐기성 조건을 이루는 데 상대적으로 많은 시간이 걸린다. 이 기간에 유산균이 아닌 다른 균들이 성장하면 김치 특유의 맛을 내지 못하고 김치의 풍미를 저하시킨다.

(4) 김치 완성하기

1) 배추김치 담그기

① 양념소 넣기 작업대의 양념 배합 용기에 양념을 담아 양념소 넣기를 준비한다.
② 절임 배추의 바깥쪽 잎부터 차례로 펴서 배춧잎 사이사이에 고르게 양념소를 넣는다.
③ 배추 밑동 안쪽부터 양념소를 넣어 펴 바른다. 이때 양념의 밑동 쪽에 양념소가 충분히 들어가도록 넣고 잎 부위는 양념이 묻도록 고루 바른다.
④ 맨 겉쪽 부위의 잎을 바른 다음 차례로 다음 겹의 잎을 펼쳐서 같은 방법으로 양념소를 펼쳐 바른다.
⑤ 양념소 넣기가 끝나면 김치 포기 형태가 이루어지도록 모은 다음 보관할 용기에 담는다.

2) 깍두기 담그기

① 양념을 배합하여 버무리기가 끝난 깍두기는 항아리나 용기에 담근다.
② 버무린 깍두기를 담글 시 꼭꼭 눌러서 담고 뚜껑을 잘 덮어 익힌다.
③ 김장철에는 열흘 정도면 먹기에 알맞게 익는다.

3) 열무김치 담그기

① 버무리기가 완성되면 항아리나 용기에 열무김치를 담는다.
② 식힌 밀가루풀물을 김칫국물로 붓고 뚜껑을 덮어 익힌다.
③ 더운 여름철에는 하루 만에 익으므로 바로 냉장고나 김치냉장고에 넣는다.

4) 파김치 담그기

① 절인 파를 양념에 가지런히 넣고 고루 주무른다.
② 파를 두서너 가닥씩 손에 잡고 한데 감아 묶는다.
③ 항아리나 용기에 차곡차곡 담아 꼭꼭 눌러서 익힌다.

> **참고 : 캡사이신 규정**
> - 매운맛과 순한맛의 기준은 KS규격에서는 캡사이신 함량 42.3mg%가 기준으로 김치의 경우 60mg% 이상 매운 맛, 30mg% 이하를 순한 맛, 그사이를 보통 맛으로 구분한다.

14개년 주요 기출문제

01 집단급식소는 상시 1회 몇 인에게 식사를 제공하는 급식소인가?
① 5인 이상
② 10인 이상
③ 20인 이상
④ 50인 이상

02 다음 중 조리사 면허 취소 사유에 해당하지 않는 것은?
① 조리사가 식중독 기타 위생상 중대한 사고를 발생하게 하여 3차 위반을 한 경우
② 조리사가 타인에게 면허를 대여하여 이를 사용하게 한 경우
③ 조리사가 업무 정지기간 중에 조리사의 업무를 한 때
④ 조리사가 「식품위생법」에 의한 교육을 받지 아니한 경우

03 식품 등의 위생적 취급에 관한 기준이 아닌 것은?
① 식품 등을 취급하는 원료보관실, 제조가공실, 포장실 등의 내부는 항상 청결하게 관리한다.
② 식품 등의 원료 및 제품 중 부패 및 변질되기 쉬운 것은 냉동 및 냉장시설에 보관 관리한다.
③ 유통기한이 경과된 식품 등을 판매하거나 판매의 목적으로 진열, 보관하여서는 아니 된다.
④ 모든 식품 및 원료는 냉장, 냉동시설에 보관, 관리한다.

04 식품 등의 표시기준을 수록한 식품 등의 공전을 작성, 보급하여야 하는 자는?
① 식품의약품안전처장
② 보건소장
③ 시·도지사
④ 식품위생감시원

05 식품위생법규상 영업에 종사하지 못하는 질병의 종류에 해당하지 않는 것은?
① 「감염병예방법」에 의한 제1군 감염병 중 장출혈성 대장균감염증
② 「감염병예방법」에 의한 제3군 감염병 중 결핵 (비감염성인 경우를 제외한다.)
③ 피부병 기타 화농성질환
④ 「감염병예방법」에 의한 제2군 감염병 중 홍역

06 일반적으로 복어의 독성이 가장 강한 시기는?
① 2~3월
② 5~6월
③ 8~9월
④ 10~11월

07 살모넬라(Salmonella)균으로 인한 식중독에 대한 설명으로 틀린 것은?
① 주요 증상으로 급성위장염을 일으킨다.
② 주로 통조림 등의 산소가 부족한 식품에서 유발된다.
③ 장내세균의 일종이다.
④ 계란, 육류 및 어육가공품이 주요 원인식품이다.

08 식품과 관련 독소의 연결이 잘못된 것은?
① 감자 – 솔라닌
② 목화씨 – 고시폴
③ 바지락 – 엔테로톡신
④ 모시조개 – 베네루핀

09 HACCP의 의무적용 대상 식품에 해당하지 않는 것은?
① 빙과류
② 비가열음료
③ 껌 류
④ 레토르트식품

10 다음 식품첨가물 중 보존료가 아닌 것은?
① 데히드로초산
② 소르빈산
③ 프로피온산
④ 부틸히드록시 아니솔

11 노로바이러스에 대한 설명으로 틀린 것은?
① 발병 후 자연 치유되지 않는다.
② 크기가 매우 작고 구형이다.
③ 급성 위장관염을 일으키는 식중독 원인체 이다.
④ 감염되면 설사, 복통, 구토 등의 증상이 나타난다.

12 빵을 비롯한 밀가루제품에서 적당한 형태를 갖추게 하기 위해서 첨가되는 첨가물은?
① 팽창제
② 유화제
③ 피막제
④ 산화방지제

13 다음 중 독소형 식중독은?
① 장염 비브리오균 식중독
② 아리조나균 식중독
③ 포도상구균 식중독
④ 살모넬라균 식중독

14 식품의 신선도 또는 부패의 이화학적 판정에 이용되는 항목이 아닌 것은?
① 히스타민 함량
② 수소이온 농도
③ 휘발성 염기질소 함량
④ 트리메틸아민 함량

15 다음 중 청매의 유독 성분은?
① 셉 신
② 아미그달린
③ 시큐톡신
④ 마이코톡신

16 식품의 수분활성도를 올바르게 설명한 것은?
① 임의의 온도에서 식품이 나타내는 수증기압에 대한 같은 온도에 있어서 순수한 물의 수증기압의 비율
② 임의의 온도에서 식품이 나타내는 수증기압
③ 임의의 온도에서 식품의 수분함량
④ 임의의 온도에서 식품과 동량의 순수한 물의 최대수증기압

17 과일잼 가공시 펙틴은 주로 어떤 역할을 하는가?
① 신맛 증가
② 구조 형성
③ 향 보존
④ 색소 보존

18 오이나 배추의 녹색이 김치를 담갔을 때 점차 갈색을 띠게 되는데 이것은 어떤 색소의 변화 때문인가?
① 카로티노이드
② 클로로필
③ 안토시아닌
④ 안토잔틴

19 조리와 가공 중 천연색소의 변색요인과 거리가 먼 것은?
① 산 소
② 효 소
③ 질 소
④ 금 속

20 변성된 단백질 분자가 집합하여 질서정연한 망상 구조를 형성하는 단백질의 기능성과 관계가 먼 식품은?
① 두 부
② 어 묵
③ 빵 반죽
④ 북 어

21 수분활성도(Aw)에 대한 설명으로 틀린 것은?
① 말린 과일은 생과일보다 Aw가 낮다.
② 세균은 생육최저 Aw가 미생물 중에서 가장 낮다.
③ 효소활성은 Aw가 클수록 증가한다.
④ 소금이나 설탕은 가공식품의 Aw를 낮출 수 있다.

22 감자류(서류)에 대한 설명으로 틀린 것은?
① 열량 공급원이다.
② 수분함량이 적어 저장성이 우수하다.
③ 탄수화물 급원식품이다.
④ 무기질 중 칼륨(K) 함량이 비교적 높다.

23 꽁치 160g의 단백질 양은? (단, 꽁치 100g당 단백질 양 : 24.9g)
① 28.7g   ② 34.6g
③ 39.8g   ④ 43.2g

24 식품의 냉장효과를 가장 바르게 나타낸 것은?
① 식품의 영구보존
② 식품의 동결로 세균의 멸균
③ 오염 세균의 사멸
④ 식품의 보존효과 연장

25 칼슘과 단백질의 흡수를 돕고 정장 효과가 있는 당은?
① 설 탕   ② 과 당
③ 유 당   ④ 맥아당

26 갈변반응으로 향기와 색이 좋아지는 식품이 아닌 것은?
① 홍 차   ② 간 장
③ 된 장   ④ 녹 차

27 플라보노이드계 색소로 채소와 과일 등에 널리 분포해 있으며 산화방지제로도 사용되는 것은?
① 루테인   ② 케르세틴
③ 아스타산틴   ④ 크립토산틴

28 미역에 대한 설명 중 틀린 것은?
① 탄수화물의 대부분은 난소화성이다.
② 단백질의 질이 낮다.
③ 칼슘의 함량이 많다.
④ 당질은 글리코겐 형태로만 존재한다.

29 달걀에 대한 설명으로 틀린 것은?
① 식품 중 단백가가 가장 높다.
② 난황의 레시틴은 유화제이다.
③ 난백의 수분이 난황보다 많다.
④ 당질은 글리코겐 형태로만 존재한다.

30 다음 중 견과류에 속하는 식품은?
① 호 두   ② 살 구
③ 딸 기   ④ 자 두

31 튀김기름을 여러 번 사용하였을 때 일어나는 현상이 아닌 것은?
① 불포화지방산의 함량이 감소한다.
② 흡유량이 작아진다.
③ 튀김 시 거품이 생긴다.
④ 점도가 증가한다.

32 소화효소의 주요 구성성분은?
① 알칼로이드   ② 단백질
③ 복합지방   ④ 당 질

33 직영급식과 비교하여 위탁급식의 단점에 해당하지 않는 것은?
① 인건비가 증가하고 서비스가 잘 되지 않는다.
② 기업이나 단체의 권한이 축소된다.
③ 급식경영을 지나치게 영리화하여 운영할 수 있다.
④ 영양관리에 문제가 발생할 수 있다.

34 밀가루 반죽에 첨가하는 재료 중 반죽의 점탄성을 약화시키는 것은?
① 우 유   ② 설 탕
③ 달 걀   ④ 소 금

35 급식부문의 원가요소에서 직접원가의 급식재료비에 해당하지 않는 것은?
① 조미료비 ② 급식용구비
③ 보험료 ④ 조리제 식품비

36 각 식품에 대한 대치식품의 연결이 적합하지 않은 것은?
① 돼지고기 – 두부, 소고기, 닭고기
② 고등어 – 삼치, 꽁치, 동태
③ 닭고기 – 우유 및 유제품
④ 시금치 – 깻잎, 상추, 배추

37 두부를 부드러운 상태로 조리하려고 할 때의 조치사항으로 적합하지 않은 것은?
① 찌개를 끓일 때에는 두부를 나중에 넣는다.
② 소금을 가하여 두부를 조리한다.
③ 칼슘이온을 첨가하여 콩 단백질과의 결합을 촉진시킨다.
④ 식염수에 담가두었다가 조리한다.

38 달걀의 난황 속에 있는 단백질이 아닌 것은?
① 리포비텔린 ② 리포비텔리닌
③ 리비틴 ④ 레시틴

39 밀가루 반죽에 사용되는 물의 기능이 아닌 것은?
① 반죽의 경도에 영향을 준다.
② 소금의 용해를 도와 반죽에 골고루 섞이게 한다.
③ 글루텐의 형성을 돕는다.
④ 전분의 호화를 방지한다.

40 식품첨가물에 대한 설명으로 틀린 것은?
① 바베큐소스와 우스터소스는 가공조미료이다.
② 맥주의 쓴맛을 내는 호프는 조미료에 속한다.
③ HVP, HAP는 화학적 조미료이다.
④ 설탕은 감미료이다.

41 생선의 조리 방법에 관한 설명으로 옳은 것은?
① 선도가 낮은 생선은 양념을 담백하게 하고 뚜껑을 닫고 잠깐 끓인다.
② 지방함량이 높은 생선보다는 낮은 생선으로 구이를 하는 것이 풍미가 더 좋다.
③ 생선조림은 오래 가열해야 단백질이 단단하게 응고되어 맛이 좋아진다.
④ 양념간장이 끓을 때 생선을 넣어야 맛 성분의 유출을 막을 수 있다.

42 식소다(중조)를 넣고 채소를 데치면 어떤 영양소의 손실이 가장 크게 발생하는가?
① 비타민 A, E, K
② 비타민 B_1, B_2, C
③ 비타민 A, C, E
④ 비타민 B_6, B_{12}, D

43 다음 중 원가의 구성으로 틀린 것은?
① 직접원가＝직접재료비＋직접노무비＋직접경비
② 제조원가＝직접원가＋제조간접비
③ 총원가＝제조원가＋판매경비＋일반관리비
④ 판매가격＝총원가＋판매경비

44 영리를 목적으로 계속적으로 특정다수인에게 음식물을 공급하는 기숙사는 식품위생법규상 집단급식소에 해당하지 않는다. 그 이유는?
① 집단급식소는 계속적으로 음식물을 공급하지 않는다.
② 기숙사 식당은 급식시설에 해당하지 않는다.
③ 집단급식소는 특정다수인에게 음식물을 공급하지 않는다.
④ 집단급식소는 영리를 목적으로 하지 않는다.

45 영양소와 소화효소가 바르게 연결된 것은?
① 단백질 – 리파아제
② 탄수화물 – 아밀라아제
③ 지방 – 펩신
④ 유당 – 트립신

46 다음 식단 작성의 순서를 바르게 나열한 것은?

> ㉠ 영양기준량의 산출
> ㉡ 음식수 계획
> ㉢ 식품섭취량 3식 영양 배분 결정
> ㉣ 주부식 구성의 결정
> ㉤ 식단표 작성

① ㉠-㉢-㉣-㉡-㉤
② ㉠-㉡-㉢-㉣-㉤
③ ㉠-㉢-㉡-㉣-㉤
④ ㉠-㉡-㉢-㉤-㉣

47 생선의 신선도를 판별하는 방법으로 잘못된 것은?
① 생선의 육질이 단단하고 탄력성이 있는 것이 신선하다.
② 눈의 수정체가 투명하지 않고 아가미색이 어두운 것은 신선하지 않다.
③ 어체의 특유한 빛을 띄는 것이 신선하다.
④ 트리메틸아민이 많이 생성된 것이 신선하다.

48 채소의 조리가공 중 비타민 C의 손실에 대한 설명으로 옳은 것은?
① 시금치를 데치는 시간이 길수록 비타민 C의 손실이 적다.
② 당근을 데칠 때 크기를 작게 할수록 비타민 C의 손실이 적다.
③ 무채를 곱게 썰어 공기 중에 장시간 방치하여도 비타민 C의 손실에는 영향이 없다.
④ 동결처리한 시금치는 낮은 온도에 저장할수록 비타민 C의 손실이 적다.

49 다음 중 비결정형 캔디가 아닌 것은?
① 캐러멜   ② 퐁당
③ 마시멜로우 ④ 태피

50 커피를 끓이는 방법에 대한 설명으로 옳은 것은?
① 알칼리도가 높은 물로 끓이면 커피 중의 산이 중화되어 커피의 맛이 감퇴된다.
② 탄닌은 쓴맛을 주는 성분으로 커피를 끓여도 유출되지 않는다.
③ 원두커피는 냉수에 넣고 오래 끓이면 모든 성분이 잘 우러나와 맛과 향이 증진된다.
④ 굵게 분쇄된 원두커피는 여과법으로 준비하는 경우 맛과 향이 최대, 최적의 상태로 우러나온다.

51 다음 중 이타이이타이병의 유발물질은?
① 수은   ② 납
③ 칼슘   ④ 카드뮴

52 소고기를 가열하지 않고 회로 먹을 때 생길 수 있는 가능성이 가장 큰 기생충은?
① 민촌충   ② 선모충
③ 유구조충   ④ 회충

53 간디스토마는 제2중간숙주인 민물고기 내에서 어떤 형태로 존재하다가 인체에 감염을 일으키는가?
① 피낭유충(metacer caria)
② 레디아(redia)
③ 유모유충(miracidium)
④ 포자유충(sporocyst)

54 일산화탄소(CO)에 대한 설명으로 틀린 것은?
① 헤모글로빈과의 친화성이 매우 강하다.
② 일반 공기 중 0.1% 정도 함유되어 있다.
③ 탄소를 함유한 유기물이 불완전 연소할 때 발생한다.
④ 제철, 도시가스 제조 과정에서 발생한다.

55 다음 중 먹는 물 소독에 가장 적합한 것은?
① 염소제   ② 알코올
③ 과산화수소   ④ 생석회

56 WHO에 의한 건강의 정의를 가장 잘 나타낸 것은?
① 질병이 없으며 허약하지 않은 상태
② 육체적·정신적 및 사회적 안녕의 완전한 상태
③ 식욕이 좋으며 심신이 안락한 상태
④ 육체적 고통이 없고 정신적으로 편안한 상태

57 중금속과 중독 증상의 연결이 잘못된 것은?
① 카드뮴-신장기능 장애
② 크롬-비중격천공
③ 수은-홍독성 성분
④ 납-섬유화 현상

58 장티푸스, 디프테리아 등이 수십 년을 한 주기로 대유행되는 현상은?
① 추세변화   ② 계절적 변화
③ 순환변화   ④ 불규칙 변화

59 감염병 예방대책 중 특히 감염경로에 대한 대책은?
① 환자를 치료한다.
② 예방 주사를 접종한다.
③ 면역혈청을 주사한다.
④ 손을 소독한다.

60 다음 중 자외선을 이용한 살균 시 가장 유효한 파장은?
① 250~260nm   ② 350~360nm
③ 450~460nm   ④ 550~560nm

14개년 주요 기출문제

01 식품공전에 따른 우유의 세균 수에 관한 규격은?
① 1㎖당 10000 이하이어야 한다.
② 1㎖당 20000 이하이어야 한다.
③ 1㎖당 100000 이하이어야 한다.
④ 1㎖당 1000 이하이어야 한다.

02 식품공전에 의한 조리용 칼, 도마, 식기류의 미생물 규격은?(단, 사용 중의 것은 제외한다.)
① 살모넬라 음성, 대장균 양성
② 살모넬라 음성, 대장균 음성
③ 황색포도상구균 음성, 대장균 음성
④ 황색포도상구균 음성, 대장균 양성

03 질병에 걸린 경우 동물의 몸 전부를 사용하지 못하는 질병은?
① 리스테리아병
② 염 증
③ 종 양
④ 기생충증

04 식품을 구입하였는데 포장에 아래와 같은 표시가 있었다. 어떤 종류의 식품표시인가?

① 방사선 조사식품
② 녹색신고식품
③ 자진회수식품
④ 유기농법제조식품

05 식품이 아닌 것은?
① 비타민 C약제
② 식용얼음
③ 유산균 음료
④ 채종유

06 식중독에 대한 설명 중 잘못된 것은?
① 오염된 음식물에 의하여 일어난다.
② 세균의 독소에 의하여 일어난다.
③ 장티푸스균, 콜레라균 등에 의하여 일어난다.
④ 급성위장장애를 일으킨다.

07 진균독(곰팡이독, mycotoxin)과 그 독성을 나타낸 것 중 잘못 짝지어진 것은?
① 아플라톡신(Aflatoxin) - 간장독
② 시트리닌(Citrinin) - 신장독
③ 스포리데스민(Spiridesmin) - 광과민성피부염 물질
④ 지아라레논(Zearalenone) - 세균성 무백혈구증

08 식사 후 식중독이 발생했다면 평균적으로 가장 빨리 식중독을 유발시킬 수 있는 원인균은?
① 살모넬라균
② 리스테리아
③ 포도상구균
④ 장구균

09 감자의 싹과 녹색부위에서 생성되는 독성 물질은?
① 솔라닌(solanine)
② 리신(Ricin)
③ 시큐톡신(Cicutoxin)
④ 아미그달린(Amygdalin)

10 식품의 부패를 판정하는 기준으로 생균수를 측정하는 방법 중 일반적으로 식품 1g 중 생균수가 약 얼마 이상일 때 초기 부패로 판정하는가?
① 10^2개　　② 10^6개
③ 10^7개　　④ 10^{15}개

11 밀폐된 포장식품 중에서 식중독이 발생했다면 주로 어떤 균에 의해서인가?
① 살모넬라균(Salmonella)
② 대장균(E. coli)
③ 아리조나균(Arisona)
④ 클리로스트리디움 보튤리늄(Cl. botulinum)

12 화학물질에 의한 식중독으로 일반 중독증상과 시신경의 염증으로 실명의 원인이 되는 물질은?
① 납　　② 수 은
③ 메틸알코올　　④ 청 산

13 다음 중 치사율이 가장 높은 독소는?
① 삭시톡신(Saxitoxin)
② 베네루핀(Venerupin)
③ 테트로도톡신(Tetrodotoxin)
④ 엔테로톡신(Enterotoxin)

14 다음 중 위생 지표세균에 속하는 것은?
① 리조푸스균　　② 캔디다균
③ 대장균　　④ 페니실리움균

15 다음 중 현재 사용이 허가된 감미료는?
① 글루타민산나트륨(MSG)
② 에틸렌글리콜(Ethylene glycol)
③ 사이클라민산나트륨(Sosium cyclamate)
④ 삭카린 나트륨(Saccharin sodium)

16 식품의 수분활성도(Aw)란?
① 식품의 수증기압과 그 온도에서의 물의 수증기압의 비
② 자유수와 결합수의 비
③ 식품의 단위시간당 수분증발량
④ 식품의 상대습도와 주위의 온도와의 비

17 육류의 사후강직의 원인 물질은?
① 액토미오신(actomyosin)
② 젤라틴(gelatin)
③ 엘라스틴(elastin)
④ 콜라겐 (collagen)

18 유지의 발연점과 관련된 설명 중 옳은 것은?
① 발연점이 높은 유지가 조리에 유리하다.
② 가열 횟수가 많으면 발연점이 높아진다.
③ 정제도가 높으면 발연점이 낮아진다.
④ 유리 지방산의 양이 많으면 발연점이 높아진다.

19 육류의 글리코겐(glycogen) 함량이 적을 때는?
① 심한 운동으로 피로가 심할 때
② 사료를 충분히 섭취하였을 때
③ 운동을 하지 않고 휴식을 하였을 때
④ 적온에 방치하여 두었을 때

20 다음 설명 중 잘못된 것은?
① 식품의 셀룰로오스는 인체에 중요한 열량 영양소이다.
② 덱스트린은 전분의 중간분해산물이다.
③ 아밀로덱스트린은 전분의 가수분해로 생성되는 덱스트린이다.
④ 헤미셀룰로오스는 식이섬유소로 이용된다.

21 하루 동안에 섭취한 음식 중에 단백질 70g, 지질 35g, 당질 400g이 있었다면 이 때 얻을 수 있는 열량은?
① 1995kcal ② 2095kcal
③ 2195kcal ④ 2295kcal

22 잼 또는 젤리를 만들 때 가장 적당한 당분의 양은?
① 20~25% ② 40~45%
③ 60~65% ④ 80~85%

23 지방의 산패를 촉진시키는 요인과 거리가 먼 것은?
① 효소 ② 자외선
③ 금속 ④ 토코페롤

24 단당류에 속하는 것은?
① 맥아당 ② 포도당
③ 설탕   ④ 유당

25 다음 가공 장류 중 삶은 콩에 코지(koji)를 이용하여 만든 장류가 아닌 것은?
① 간장   ② 된장
③ 청국장 ④ 고추장

26 비타민에 관한 설명 중 잘못된 것은?
① 카로틴은 프로비타민 A이다.
② 비타민 E는 토코페롤이라고도 한다.
③ 비타민 B_{12}는 코발트(Co)를 함유한다.
④ 비타민 C가 결핍되면 각기병이 발생한다.

27 마이야르(maillard)반응에 영향을 주는 인자가 아닌 것은?
① 수분   ② 온도
③ 당의 종류 ④ 효소

28 어묵의 탄력과 가장 관계 깊은 것은?
① 수용성 단백질 : 미오겐
② 염용성 단백질 : 미오신
③ 결합 단백질 : 콜라겐
④ 색소 단백질 : 미오글로빈

29 사과를 깎아 방치했을 때 나타나는 갈변현상과 관계 없는 것은?
① 산화효소 ② 산소
③ 페놀류   ④ 섬유소

30 난황에 함유되어 있는 색소는?
① 클로로필 ② 안토시아닌
③ 카로티노이드 ④ 플라보노이드

31 일반적으로 채소의 조리 시 가장 손실되기 쉬운 성분은?
① 비타민 A ② 비타민 E
③ 비타민 C ④ 비타민 B_6

32 오징어 12kg을 25,000원에 구입하였다. 모두 손질한 후의 폐기율이 35%였다면 실사용량의 kg당 단가는 약 얼마인가?

① 5,556원 ② 3,205원
③ 2,083원 ④ 714원

33 조리장의 관리에 대한 설명 중 부적당한 것은?

① 충분한 내구력이 있는 구조일 것
② 배수 및 청소가 쉬운 구조일 것
③ 창문, 출입구 등은 방서, 방충을 위한 금속망 설비 구조일 것
④ 바닥과 바닥으로부터 10cm까지의 내벽은 내수성 자재의 구조일 것

34 우리 음식의 갈비찜을 하는 조리법과 비슷하여 오랫동안 은근한 불에 끓이는 서양식 조리법은?

① 브로일링 ② 로스팅
③ 팬브로일링 ④ 스튜잉

35 높은 열량을 공급하고, 수용성 영양소의 손실이 가장 적은 조리방법은?

① 삶 기 ② 끓이기
③ 찌 기 ④ 튀기기

36 전분의 호정화는 일반적으로 언제 일어나는가?

① 전분에 물을 넣고 100℃로 끓일 때
② 전분에 물을 넣지 않고 160℃이상으로 가열할 때
③ 전분에 액화효소를 가할 때
④ 전분에 염분류를 가할 때

37 단체급식의 식품구입에 대한 설명으로 잘못된 것은?

① 폐기율을 고려한다.
② 값이 싼 대체식품을 구입한다.
③ 곡류나 공산품은 1년 단위로 구입한다.
④ 제철식품을 구입하도록 한다.

38 꽁치 50g의 단백질량은? (단, 꽁치 100g당 단백질량은 24.9g)

① 12.45g ② 19.19g
③ 25.96g ④ 49.18g

39 조리대를 배치할 때 동선을 줄일 수 있는 효율적인 방법 중 잘못된 것은?

① 조리대의 배치는 오른손잡이를 기준으로 생각할 때 일의 순서에 따라 우에서 좌로 배치한다.
② 조리대에는 조리에 필요한 용구나 기기 등의 설비를 가까이 배치한다.
③ 각 작업공간이 다른 작업의 통로로 이용되지 않도록 한다.
④ 식기와 조리용구의 세정장소와 보관장소를 가까이 두어 동선을 절약시킨다.

40 생선의 어취 제거 방법으로 옳지 않은 것은?

① 미지근한 물에 담갔다가 그 물과 함께 조리
② 조리 전 우유에 담갔다가 꺼내어 조리
③ 식초나 레몬즙 첨가
④ 고추나 겨자 사용

41 달걀의 조리 중 상호관계로 가장 거리가 먼 것은?

① 응고성 : 계란찜
② 유화성 : 마요네즈
③ 기포성 : 스펀지케이크
④ 가소성 : 수란

42 총원가에서 판매비와 일반관리비를 제외한 원가는?

① 직접원가 ② 제조원가
③ 제조간접비 ④ 직접재료비

43 제빵 시 베이킹파우더의 주 사용목적은?

① 팽창제 ② 윤택제
③ 향미제 ④ 유화제

44 식수가 1000명인 단체급식소에서 1인당 20g의 풋고추조림을 주려고 한다. 발주할 풋고추의 양은? (단, 풋고추의 폐기율은 6%이다)
① 18.868kg ② 20kg
③ 21.277kg ④ 25kg

45 구이에 의한 식품의 변화 중 틀린 것은?
① 살이 단단해 진다.
② 기름이 녹아 나온다.
③ 수용성 성분의 유출이 매우 크다.
④ 식욕을 돋구는 맛있는 냄새가 난다.

46 단체급식에서 생길 수 있는 문제점으로 틀린 것은?
① 심리 면에서 가정식에 대한 향수를 느낄 수 있다.
② 비용 면에서 물가 상승으로 인한 부식비 부족으로 재료비가 충분치 못하다.
③ 대량조리 중 불청결로 위생상의 사고위험이 있다.
④ 불특정인을 대상으로 하므로 영양관리가 안 된다.

47 체온유지 등을 위한 에너지 형성에 관계하는 영양소는?
① 탄수화물, 지방, 단백질
② 물, 비타민, 무기질
③ 무기질, 탄수화물, 물
④ 비타민, 지방, 단백질

48 마요네즈의 저장 중 분리되는 경우가 아닌 것은?
① 얼렸을 경우
② 고온에 저장할 경우
③ 뚜껑을 열어 건조시킨 경우
④ 실온에 저장할 경우

49 조리에서 후추가루의 작용과 가장 거리가 먼 것은?
① 생선 비린내 제거
② 식욕증진
③ 생선의 근육형태 변화방지
④ 육류의 누린내 제거

50 어패류의 동결냉장에 대한 설명으로 옳은 것은?
① 원료 상태의 신선도가 떨어져도 저장성에 영향을 주지 않는다.
② 지방 함량이 높은 어패류도 성분변화 없이 저장된다.
③ 조개류는 내용물만 모아 찬물로 씻은 뒤 냉동시키기도 한다.
④ 어묵, 어육소시지의 경우 -20℃로 저장하는 것이 가장 적당하다.

51 자외선 살균의 특징으로 틀린 것은?
① 피조물에 조사하고 있는 동안만 살균효과가 있다.
② 비열(比熱)살균이다.
③ 단백질이 공존하는 경우에도 살균효과에는 차이가 없다.
④ 가장 유효한 살균대상은 물과 공기이다.

52 집단감염이 잘 되며 항문 주위에서 산란하는 기생충은?
① 요 충 ② 회 충
③ 구 충 ④ 편 충

53 무색, 무취, 무자극성 기체로서 불안전연소 시 잘 발생하며 연탄가스 중독의 원인물질인 것은?
① CO ② CO_2
③ SO ④ NO

54 호흡기계 감염병의 예방대책과 가장 관계 깊은 것은?
① 파리, 바퀴의 구제
② 음료수의 소독
③ 환자의 격리
④ 식사 전 손의 세척

55 세계보건기구(WHO)의 주요 기능이 <u>아닌</u> 것은?
① 국제적인 보건사업의 지휘 및 조정
② 회원국에 대한 기술지원 및 자료공급
③ 개인의 정신보건 향상
④ 전문가 파견에 의한 기술자문 활동

56 위생해충과 이들이 전파하는 질병과의 관계가 <u>잘못</u> 연결된 것은?
① 바퀴 : 사상충
② 모기 : 말라리아
③ 쥐 : 유행성 출혈열
④ 파리 : 장티푸스

57 다음 중 공해로 분류되지 <u>않는</u> 것은?
① 대기오염 ② 수질오염
③ 식품오염 ④ 진동, 소음

58 상수를 여과함으로서 얻는 효과는?
① 온도조절 ② 세균감소
③ 수량조절 ④ 탁도증가

59 잠복기가 하루에서 이틀 정도로 짧으며 쌀뜨물 같은 설사를 동반한 1군 감염병이며 검역감염병인 것은?
① 콜레라 ② 파라티푸스
③ 장티푸스 ④ 세균성 이질

60 주로 동물성 식품에서 기인하는 기생충은?
① 구 충 ② 회 충
③ 동양모양선충 ④ 유구조충

14개년 주요 기출문제

01 알레르기성 식중독을 유발하는 세균은?
① 병원성 대장균(E. coli O157 : H7)
② 모르가넬라 모르가니(Morganellamorganii)
③ 엔테로박터 사카자키(Enterobactersakazakii)
④ 비브리오 콜레라(Vibrio cholerae)

02 식품의 위생과 관련된 곰팡이의 특징이 아닌 것은?
① 건조식품을 잘 변질시킨다.
② 대부분 생육에 산소를 요구하는 호기성 미생물이다.
③ 곰팡이독을 생성하는 것도 있다.
④ 일반적으로 생육 속도가 세균에 비하여 빠르다.

03 다음 중 대장균의 최적 증식 온도 범위는?
① 0~5℃   ② 5~10℃
③ 30~40℃ ④ 55~75℃

04 모든 미생물을 제거하여 무균 상태로 하는 조작은?
① 소 독   ② 살 균
③ 멸 균   ④ 정 균

05 60℃에서 30분간 가열하면 식품 안전에 위해가 되지 않는 세균은?
① 살모넬라균
② 클로스트리디움 보툴리눔균
③ 황색포도상구균
④ 장구균

06 육류의 발색제로 사용되는 아질산염이 산성조건에서 식품 성분과 반응하여 생성되는 발암성 물질은?
① 지질 과산화물(aldehyde)
② 벤조피렌(benzopyrene)
③ 니트로사민(nitrosamine)
④ 포름알데히드(formaldehyde)

07 사용이 허가된 산미료는?
① 구연산   ② 계피산
③ 말 톨   ④ 초산 에틸

08 식품과 자연독의 연결이 맞는 것은?
① 독버섯 : 솔라닌(solanine)
② 감자 : 무스카린(muscarine)
③ 살구씨 : 파세오루나틴(phaseolunatin)
④ 목화씨 : 고시폴(gossypol)

09 식품첨가물 중 보존료의 목적을 가장 잘 표현한 것은?
① 산도 조절
② 미생물에 의한 부패 방지
③ 산화에 의한 변패 방지
④ 가공과정에서 파괴되는 영양소 보충

10 식품에 존재하는 유기물질을 고온으로 가열할 때 단백질이나 지방이 분해되어 생기는 유해물질은?

① 에틸카바메이트(ethylcarbamate)
② 다환방향족탄화수소(polycyclic aromatic hydrocarbon)
③ 엔-니트로소아민(N-nitrosoamine)
④ 메탄올(methanol)

11 「식품위생법」상 식품위생 수준의 향상을 위하여 필요한 경우 조리사에게 교육을 받을 것을 명할 수 있는 자는?

① 관할시장
② 보건복지부장관
③ 식품의약품안전처장
④ 관할 경찰서장

12 「식품위생법」의 정의에 따른 "기구"에 해당하지 않는 것은?

① 식품섭취에 사용되는 기구
② 식품 또는 식품첨가물에 직접 닿는 기구
③ 농산품 채취에 사용되는 기구
④ 식품운반에 사용되는 기구

13 즉석판매제조·가공업소 내에서 소비자에게 원하는 만큼 덜어서 직접 최종 소비자에게 판매하는 대상 식품이 아닌 것은?

① 된 장   ② 식 빵
③ 우 동   ④ 어육제품

14 「식품위생법」상 조리사가 식중독이나 그 밖에 위생과 관련한 중대한 사고 발생의 직무상 책임에 대한 1차 위반 시 행정처분기준은?

① 시정명령   ② 업무정지 1개월
③ 업무정지 2개월   ④ 면허취소

15 「식품위생법」상 식품접객업 영업을 하려는 자는 몇 시간의 식품위생교육을 미리 받아야 하는가?

① 2시간   ② 4시간
③ 6시간   ④ 8시간

16 카제인(casein)은 어떤 단백질에 속하는가?

① 당단백질   ② 지단백질
③ 유도단백질   ④ 인단백질

17 달걀 100g 중에 당질 5g, 단백질 8g, 지질 4.4g이 함유되어 있다면 달걀 5개의 열량은 얼마인가? (단, 달걀 1개의 무게는 50g이다)

① 91.6kcal   ② 229kcal
③ 274kcal   ④ 458kcal

18 과실 저장고의 온도, 습도, 기체 조성 등을 조절하여 장기간 동안 과실을 저장하는 방법은?

① 산 저장   ② 자외선 저장
③ 무균포장 저장   ④ CA 저장

19 유지를 가열할 때 생기는 변화에 대한 설명으로 틀린 것은?

① 유리지방산의 함량이 높아지므로 발연점이 낮아진다.
② 연기 성분으로 알데히드(aldehyde), 케톤(ketone) 등이 생성된다.
③ 요오드값이 높아진다.
④ 중합반응에 의해 점도가 증가된다.

20 완두콩 통조림을 가열하여도 녹색이 유지되는 것은 어떤 색소 때문인가?

① chlorophyll(클로로필)
② Cu-chlorophyll(구리-클로로필)
③ Fe-chlorophyll(철-클로로필)
④ chlorophylline(클로로필린)

21 신맛 성분과 주요 소재 식품의 연결이 틀린 것은?
① 구연산(citric acid) – 감귤류
② 젖산(lactic acid) – 김치류
③ 호박산(succinic acid) – 늙은 호박
④ 주석산(tartaric acid) – 포도

22 산성 식품에 해당하는 것은?
① 곡 류　　② 사 과
③ 감 자　　④ 시금치

23 전분 식품의 노화를 억제하는 방법으로 적합하지 않은 것은?
① 설탕을 첨가한다.
② 식품을 냉장 보관한다.
③ 식품의 수분함량을 15% 이하로 한다.
④ 유화제를 사용한다.

24 근채류 중 생식하는 것보다 기름에 볶는 조리법을 적용하는 것이 좋은 식품은?
① 무　　② 고구마
③ 토란　　④ 당근

25 다음 중 단백가가 가장 높은 것은?
① 소고기　　② 달 걀
③ 대 두　　④ 버 터

26 가정에서 많이 사용되는 다목적 밀가루는?
① 강력분　　② 중력분
③ 박력분　　④ 초강력분

27 미생물의 생육에 필요한 수분활성도의 크기로 옳은 것은?
① 세균 > 효모 > 곰팡이
② 곰팡이 > 세균 > 효모
③ 효모 > 곰팡이 > 세균
④ 세균 > 곰팡이 > 효모

28 아미노산, 단백질 등이 당류와 반응하여 갈색물질을 생성하는 반응은?
① 폴리페놀 옥시다아제(polyphenol oxidase)
② 마이야르(Maillard) 반응
③ 캐러멜화(caramelization) 반응
④ 티로시나아제(tyrosinase) 반응

29 제조과정 중 단백질 변성에 의한 응고 작용이 일어나지 않는 것은?
① 치즈 가공　　② 두부 제조
③ 달걀 삶기　　④ 딸기잼 제조

30 난황에 주로 함유되어 있는 색소는?
① 클로로필　　② 안토시아닌
③ 카로티노이드　　④ 플라보노이드

31 다음 원가의 구성에 해당하는 것은?

직접원가 + 제조간접비

① 판매가격　　② 간접원가
③ 제조원가　　④ 총원가

32 식품구매시 폐기율을 고려한 총발주량을 구하는 식은?
① 총발주량 = (100 − 폐기율) × 100 × 인원수
② 총발주량 = [(정미중량 − 폐기율)/(100 − 가식률)] × 100
③ 총발주량 = (1인당 사용량 − 폐기율) × 인원수
④ 총발주량 = [정미중량/(100 − 폐기율)] × 100 × 인원수

33 달걀의 기능을 이용한 음식의 연결이 잘못된 것은?
① 응고성 : 달걀찜
② 팽창제 : 시폰 케이크
③ 간섭제 : 맑은 장국
④ 유화성 : 마요네즈

34 냉장고 사용방법으로 틀린 것은?
① 뜨거운 음식은 식혀서 냉장고에 보관한다.
② 문을 여닫는 횟수를 가능한 한 줄인다.
③ 온도가 낮으므로 식품을 장기간 보관해도 안전하다.
④ 식품의 수분이 건조되므로 밀봉하여 보관한다.

35 식품을 고를 때 채소류의 감별법으로 틀린 것은?
① 오이는 굵기가 고르며 만졌을 때 가시가 있고 무거운 느낌이 나는 것이 좋다.
② 당근은 일정한 굵기로 통통하고 마디나 뿌리 없는 것이 좋다.
③ 양배추는 가볍고 잎이 얇으며 신선하고 광택이 있는 것이 좋다.
④ 우엉은 껍질이 매끈하고 수염뿌리가 없는 것으로 굵기가 일정한 것이 좋다.

36 조리장의 설비에 대한 설명 중 부적합한 것은?
① 조리장의 내벽은 바닥으로부터 5cm까지 수성자재로 한다.
② 충분한 내구력이 있는 구조여야 한다.
③ 조리장에는 식품 및 식기류의 세척을 위한 위생적인 세척 시설을 갖춘다.
④ 조리원 전용의 위생적 수세 시설을 갖춘다.

37 고추장에 대한 설명으로 틀린 것은?
① 고추장은 곡류, 메주가루, 소금, 고춧가루, 물을 원료로 제조한다.
② 고추장의 구수한 맛은 단백질이 분해하여 생긴 맛이다.
③ 고추장은 된장보다 단맛이 더 약하다.
④ 고추장의 전분 원료로 찹쌀가루, 보리가루, 밀가루를 사용한다.

38 튀김옷의 재료에 관한 설명으로 틀린 것은?
① 중조를 넣으면 탄산가스가 발생하면서 수분도 증발되어 바삭하게 된다.
② 달걀을 넣으면 달걀 단백질의 응고로 수분 흡수가 방해되어 바삭하게 된다.
③ 글루텐 함량이 높은 밀가루가 오랫동안 바삭한 상태를 유지한다.
④ 얼음물에 반죽을 하면 점도를 낮게 유지하여 바삭하게 된다.

39 조리 시 일어나는 현상과 그 원인으로 연결이 틀린 것은?
① 장조림 고기가 단단하고 잘 찢어지지 않음 – 물에서 먼저 삶은 후 양념간장을 넣어 약한 불로 서서히 조렸기 때문
② 튀긴 도넛에 기름 흡수가 많음 – 낮은 온도에서 튀겼기 때문
③ 오이무침의 색이 누렇게 변함 – 식초를 미리 넣었기 때문
④ 생선을 굽는데 석쇠에 붙어 잘 떨어지지 않음 – 석쇠를 달구지 않았기 때문

40 식단을 작성할 때 구비해야 하는 자료로 가장 거리가 먼 것은?
① 계절 식품표
② 설비, 기기 위생점검표
③ 대치 식품표
④ 식품영양구성표

41 탈수가 일어나지 않으면서 간이 맞도록 생선을 구우려면 일반적으로 생선 중량 대비 소금의 양은 얼마가 가장 적당한가?

① 0.1%　② 2%
③ 16%　④ 20%

42 소고기 40g을 두부로 대체하고자 할 때 필요한 두부의 양은 약 얼마인가? (단, 100g당 소고기 단백질 함량은 20.1g, 두부 단백질 함량은 8.6g으로 계산한다)

① 70g　② 74g
③ 90g　④ 94g

43 다음 중 일반적으로 폐기율이 가장 높은 식품은?

① 쇠살코기　② 달 걀
③ 생 선　④ 곡 류

44 육류 조리에 대한 설명으로 맞는 것은?

① 육류를 오래 끓이면 질긴 지방조직인 콜라겐이 젤라틴화 되어 국물이 맛있게 된다.
② 목심, 양지, 사태는 건열조리에 적당하다.
③ 편육을 만들 때 고기는 처음부터 찬물에서 끓인다.
④ 육류를 찬물에 넣어 끓이면 맛성분 용출이 용이해져 국물 맛이 좋아진다.

45 단체급식에서 식품의 재고관리에 대한 설명으로 틀린 것은?

① 각 식품에 적당한 재고기간을 파악하여 이용하도록 한다.
② 식품의 특성이나 사용 빈도 등을 고려하여 저장 장소를 정한다.
③ 비상시를 대비하여 가능한 한 많은 재고량을 확보할 필요가 있다.
④ 먼저 구입한 것은 먼저 소비한다.

46 식혜에 대한 설명으로 틀린 것은?

① 전분이 아밀라제에 의해 가수분해 되어 맥아당과 포도당을 생성한다.
② 밥을 지은 후 엿기름을 부어 효소반응이 잘 일어나도록 한다.
③ 80℃의 온도가 유지되어야 효소반응이 잘 일어나 밥알이 뜨기 시작한다.
④ 식혜 물에 뜨기 시작한 밥알은 건져내어 냉수에 헹구어 놓았다가 차게 식힌 식혜에 띄워 낸다.

47 중조를 넣어 콩을 삶을 때 가장 문제가 되는 것은?

① 비타민 B1의 파괴가 촉진됨
② 콩이 잘 무르지 않음
③ 조리수가 많이 필요함
④ 조리시간이 길어짐

48 고기를 연하게 하기 위해 사용하는 과일에 들어 있는 단백질 분해효소가 아닌 것은?

① 피신(ficin)　② 브로멜린(bromelin)
③ 파파인(papain)　④ 아밀라제(amylase)

49 찹쌀떡이 멥쌀떡보다 더 늦게 굳는 이유는?

① pH가 낮기 때문에
② 수분함량이 적기 때문에
③ 아밀로오스의 함량이 많기 때문에
④ 아밀로펙틴의 함량이 많기 때문에

50 약과를 반죽할 때 필요 이상으로 기름과 설탕을 넣으면 어떤 현상이 일어나는가?

① 매끈하고 모양이 좋아진다.
② 튀길 때 둥글게 부푼다.
③ 튀길 때 모양이 풀어진다.
④ 켜가 좋게 생긴다.

51 하수오염 조사방법과 관련이 없는 것은?
① THM의 측정　② COD의 측정
③ DO의 측정　④ BOD의 측정

52 다음 중 가장 강한 살균력을 갖는 것은?
① 적외선　② 자외선
③ 가시광선　④ 근적외선

53 호흡기계 감염병이 아닌 것은?
① 폴리오　② 홍역
③ 백일해　④ 디프테리아

54 공중보건사업과 거리가 먼 것은?
① 보건교육　② 인구보건
③ 감염병 치료　④ 보건행정

55 채소로부터 감염되는 기생충으로 짝지어진 것은?
① 편충, 동양모양선충
② 폐흡충, 회충
③ 구충, 선모충
④ 회충, 무구조충

56 감각온도의 3요소가 아닌 것은?
① 기온　② 기습
③ 기류　④ 기압

57 인수공통감염병에 속하지 않는 것은?
① 광견병
② 탄저
③ 고병원성 조류인플루엔자
④ 백일해

58 아메바에 의해서 발생되는 질병은?
① 장티푸스　② 콜레라
③ 유행성 간염　④ 이질

59 폐기물 소각 처리시의 가장 큰 문제점은?
① 악취가 발생되며 수질이 오염된다.
② 다이옥신이 발생한다.
③ 처리방법이 불쾌하다.
④ 지반이 약화되어 균열이 생길 수 있다.

60 학교 급식의 교육 목적으로 옳지 않은 것은?
① 편식 교육
② 올바른 식생활 교육
③ 빈곤 아동들의 급식 교육
④ 영양에 대한 올바른 교육

14개년 주요 기출문제

01 사람이 평생 동안 매일 섭취하여도 아무런 장해가 일어나지 않는 최대량으로 1일 체중 kg당 mg수로 표시하는 것은?
① 최대무작용량(NOEL)
② 1일 섭취 허용량(ADI)
③ 50% 치사량(LD_{50})
④ 50% 유효량(ED_{50})

02 바지락 속에 들어 있는 독성분은?
① 베네루핀(venerupin)
② 솔라닌(solanine)
③ 무스카린(muscarine)
④ 아마니타톡신(amanitatoxin)

03 다음 중 잠복기가 가장 짧은 식중독은?
① 황색포도상구균 식중독
② 살모넬라균 식중독
③ 장염 비브리오 식중독
④ 장구균 식중독

04 관능을 만족시키는 식품첨가물이 아닌 것은?
① 동클로로필린나트륨
② 질산나트륨
③ 아스파탐
④ 소르빈산

05 세균성식중독과 병원성 소화기계 감염병을 비교한 것으로 틀린 것은?

	세균성 식중독	병원성 소화기계 감염병
①	많은 균량으로 발병	균량이 적어도 발병
②	2차 감염이 빈번함	2차 감염이 없음
③	「식품위생법」으로 관리	「염병예방법」으로 관리
④	비교적 짧은 잠복기	비교적 긴 잠복기

06 세균 번식이 잘되는 식품과 가장 거리가 먼 것은?
① 온도가 적당한 식품
② 수분을 함유한 식품
③ 영양분이 많은 식품
④ 산이 많은 식품

07 생선 및 육류의 초기 부패 판정 시 지표가 되는 물질에 해당되지 않는 것은?
① 휘발성염기질소(VBN)
② 암모니아(ammonia)
③ 트리메틸아민(trimethylamine)
④ 아크롤레인(acrolein)

08 중금속에 대한 설명으로 옳은 것은?
① 비중이 4.0 이항의 금속을 말한다.
② 생체기능유지에 전혀 필요하지 않다.
③ 다량이 축적될 때 건강장해가 일어난다.
④ 생체와의 친화성이 거의 없다.

09 이타이이타이병과 관계있는 중금속 물질은?
① 수은(Hg) ② 카드뮴(Cd)
③ 크롬(Cr) ④ 납(Pb)

10 오래된 과일이나 산성 채소 통조림에서 유래되는 화학성 식중독의 원인물질은?
① 칼슘 ② 주석
③ 철분 ④ 아연

11 소분업 판매를 할 수 있는 식품은?
① 전분 ② 식용유지
③ 식초 ④ 빵가루

12 「식품위생법」상 출입·검사·수거에 대한 설명 중 틀린 것은?
① 관계 공무원은 영업소에 출입하여 영업에 사용하는 식품 또는 영업시설 등에 대하여 검사를 실시한다.
② 관계 공무원은 영업상 사용하는 식품 등을 검사를 위하여 필요한 최소량이라 하더라도 무상으로 수거할 수 없다.
③ 관계 공무원은 필요에 따라 영업에 관계되는 장부 또는 서류를 열람할 수 있다.
④ 출입·검사·수거 또는 열람하려는 공무원은 그 권한을 표시하는 증표를 지니고 이를 관계인에 내보여야 한다.

13 일반음식점의 모범업소의 지정기준이 아닌 것은?
① 화장실에 1회용 위생종이 또는 에어타월이 비치되어 있어야 한다.
② 주방에는 입식조리대가 설치되어 있어야 한다.
③ 1회용 물컵을 사용하여야 한다.
④ 종업원은 청결한 위생복을 입고 있어야 한다.

14 우리나라 「식품위생법」 등 식품위생 행정업무를 담당하고 있는 기관은?
① 환경부 ② 고용노동부
③ 보건복지부 ④ 식품의약품안전처

15 조리사 또는 영양사 면허의 취소처분을 받고 그 취소된 날부터 얼마의 기간이 경과되어야 면허를 받을 자격이 있는가?
① 1개월 ② 3개월
③ 6개월 ④ 1년

16 간장, 다시마 등의 감칠맛을 내는 주된 아미산은?
① 알라닌(alanine)
② 글루탐산(glutamic acid)
③ 리신(lysine)
④ 트레오닌(threonine)

17 색소를 보존하기 위한 방법 중 틀린 것은?
① 녹색채소를 데칠 때 식초를 넣는다.
② 매실지를 담글 때 소엽(차조기 잎)을 넣는다.
③ 연근을 조릴 때 식초를 넣는다.
④ 햄 제조 시 질산칼륨을 넣는다.

18 효소적 갈변반응에 의해 색을 나타내는 식품은?
① 분말 오렌지 ② 간장
③ 캐러멜 ④ 홍차

19 단맛 성분에 소량의 짠맛성분을 혼합할 때 단맛이 증가하는 현상은?
① 맛의 상쇄현상 ② 맛의 억제현상
③ 맛의 변조현상 ④ 맛의 대비현상

20 브로멜린(bromelin)이 함유되어 있어 고기를 연화시키는 데 이용되는 과일은?
① 사 과　② 파인애플
③ 귤　　　④ 복숭아

21 지방의 경화에 대한 설명으로 옳은 것은?
① 물과 지방이 서로 섞여 있는 상태이다.
② 불포화지방산에 수소를 첨가하는 것이다.
③ 기름을 7.2℃까지 냉각시켜서 지방을 여과하는 것이다.
④ 반죽 내에서 지방층을 형성하여 글루텐 형성을 막는 것이다.

22 어류의 염장법 중 건염법(마른간법)에 대한 설명 중 틀린 것은?
① 식염의 침투가 빠르다.
② 품질이 균일하지 못하다.
③ 선도가 낮은 어류로 염장을 할 경우 생산량이 증가한다.
④ 지방질의 산화로 변색이 쉽게 일어난다.

23 대두를 구성하는 콩단백질의 주성분은?
① 글리아딘　② 글루텔린
③ 글루텐　　④ 글리시닌

24 탄수화물의 조리가공 중 변화되는 현상과 가장 관계 깊은 것은?
① 거품생성　② 호 화
③ 유 화　　④ 산 화

25 맥아당은 어떤 성분으로 구성되어 있는가?
① 포도당 2분자가 결합된 것
② 과당과 포도당 각 1분자가 결합된 것
③ 과당 2분자가 결합된 것
④ 포도당과 전분이 결합된 것

26 가열에 의해 고유의 냄새성분이 생성되지 않는 것은?
① 장어구이　② 스테이크
③ 커 피　　④ 포도주

27 연제품 제조에서 탄력성을 주기위해 꼭 첨가해야 하는 것은?
① 소 금　　② 설 탕
③ 펙 틴　　④ 글루타민산 소다

28 어떤 단백질의 질소함량이 18%라면 이 단백질의 질소계수는 약 얼마인가?
① 5.56　② 6.30
③ 6.47　④ 6.67

29 열에 의해 가장 쉽게 파괴되는 비타민은?
① 비타민 C　② 비타민 A
③ 비타민 E　④ 비타민 K

30 1g당 발생하는 열량이 가장 큰 것은?
① 당 질　② 단백질
③ 지 방　④ 알코올

31 다음 중 단체급식 조리장을 신축할 때 우선적으로 고려할 사항 순으로 배열된 것은?

| ㉠ 위생 | ㉡ 경제 | ㉢ 능률 |

① ㉢→㉡→㉠ ② ㉡→㉠→㉢
③ ㉠→㉢→㉡ ④ ㉡→㉢→㉠

32 식품의 감별법 중 틀린 것은?
① 쌀알은 투명하고 앞니로 씹었을 때 강도가 센 것이 좋다.
② 생선은 안구가 돌출되어 있고 비늘이 단단하게 붙어 있는 것이 좋다.
③ 닭고기의 뼈(관절) 부위가 변색된 것은 변질된 것으로 맛이 없다.
④ 돼지고기의 색이 검붉은 것은 늙은 돼지에서 생산된 고기일 수 있다.

33 다음 중 신선한 달걀은?
① 달걀을 흔들어서 소리가 나는 것
② 삶았을 때 난황의 표면이 암녹색으로 쉽게 변하는 것
③ 껍질이 매끈하고 윤기 있는 것
④ 깨보면 많은 양의 난백이 난황을 에워싸고 있는 것

34 식혜를 만들 때 엿기름을 당화시키는 데 가장 적합한 온도는?
① 10~20℃ ② 30~40℃
③ 50~60℃ ④ 70~80℃

35 많이 익은 김치(신김치)는 오래 끓여도 쉽게 연해지지 않는 이유는?
① 김치에 존재하는 소금에 의해 섬유소가 단단해지기 때문이다.
② 김치에 존재하는 소금에 의해 팽압이 유지되기 때문이다.
③ 김치에 존재하는 산에 의해 섬유소가 단단해지기 때문이다.
④ 김치에 존재하는 산에 의해 팽압이 유지되기 때문이다.

36 젤라틴과 한천에 관한 설명으로 틀린 것은?
① 한천은 보통 28~35℃에서 응고되는 데 온도가 낮을수록 빨리 굳는다.
② 한천은 식물성 급원이다.
③ 젤라틴은 젤리, 양과자 등에서 응고제로 쓰인다.
④ 젤라틴에 생파인애플을 넣으면 단단하게 응고한다.

37 우유를 데울 때 가장 좋은 방법은?
① 냄비에 담고 끓기 시작할 때까지 강한 불로 데운다.
② 이중냄비에 넣고 젓지 않고 데운다.
③ 냄비에 담고 약한 불에서 젓지 않고 데운다.
④ 이중냄비에 넣고 저으면서 데운다.

38 아래의 조건에서 당질 함량을 기준으로 고구마180g을 쌀로 대치하려면 필요한 쌀의 양은?

- 고구마 100g의 당질 함량 29.2g
- 쌀 100g의 당질 함량 31.7g

① 165.8g ② 170.6g
③ 177.5g ④ 184.7g

39 냉동생선을 해동하는 방법으로 위생적이며 영양 손실이 가장 적은 경우는?
① 18~22℃의 실온에 둔다.
② 40℃의 미지근한 물에 담가둔다.
③ 냉장고 속에 해동한다.
④ 23~25℃의 흐르는 물에 담가둔다.

40 스파게티와 국수 등에 이용되는 문어나 오징어 먹물의 색소는?
① 타우린(taurine)
② 멜라닌(melanin)
③ 미오글로빈(myoglobin)
④ 히스타민(histamine)

41 수분 70g, 당질 40g, 섬유질 7g, 단백질 5g, 무기질 4g, 지방 3g이 들어 있는 식품의 열량은?

① 165kcal   ② 178kcal
③ 198kcal   ④ 207kcal

42 조리장의 입지조건으로 적당하지 않은 곳은?

① 급·배수가 용이하고 소음, 악취, 분진, 공해 등이 없는 곳
② 사고발생시 대피하기 쉬운 곳
③ 조리장이 지하층에 위치하여 조용한 곳
④ 재료의 반입, 오물의 반출이 편리한 곳

43 버터 대용품으로 생산되고 있는 식물성 유지는?

① 쇼트닝   ② 마가린
③ 마요네즈   ④ 땅콩버터

44 조미의 기본 순서로 가장 옳은 것은?

① 설탕 → 소금 → 간장 → 식초
② 설탕 → 식초 → 간장 → 소금
③ 소금 → 식초 → 간장 → 설탕
④ 간장 → 설탕 → 식초 → 소금

45 편육을 할 때 가장 적합한 삶기 방법은?

① 끓는 물에 고기를 덩어리째 넣고 삶는다.
② 끓는 물에 고기를 잘게 썰어 넣고 삶는다.
③ 찬물에서부터 고기를 넣고 삶는다.
④ 찬물에서부터 고기와 생강을 넣고 삶는다.

46 단체급식의 목적이 아닌 것은?

① 피급식자의 건강의 회복, 유지, 증진을 도모한다.
② 피급식자의 식비를 경감한다.
③ 피급식자에게 물질적 충족을 준다.
④ 영양교육과 음식의 중요성을 교육함으로써 바람직한 급식을 실현한다.

47 소화흡수가 잘 되도록 하는 방법으로 가장 적절한 것은?

① 짜게 먹는다.
② 동물성 식품과 식물성 식품을 따로따로 먹는다.
③ 식품을 잘고 연하게 조리하여 먹는다.
④ 한꺼번에 많은 양을 먹는다.

48 조리대 배치형태 중 환풍기와 후드의 수를 최소화할 수 있는 것은?

① 일렬형   ② 병렬형
③ ㄷ자형   ④ 아일랜드형

49 밀가루 반죽 시 넣는 첨가물에 관한 설명으로 옳은 것은?

① 유지는 글루텐 구조형성을 방해하여 반죽을 부드럽게 한다.
② 소금은 글루텐 단백질을 연화시켜 밀가루 반죽의 점탄성을 떨어뜨린다.
③ 설탕은 글루텐 망사구조를 치밀하게 하여 반죽을 질기고 단단하게 한다.
④ 달걀을 넣고 가열하면 단백질의 연화작용으로 반죽이 부드러워 진다.

50 원가계산의 목적으로 옳지 않은 것은?

① 원가의 절감 방안을 모색하기 위해서
② 제품의 판매가격을 결정하기 위해서
③ 경영손실을 제품가격에서 만회하기 위해서
④ 예산편성의 기초자료로 활용하기 위해서

51 음식물이나 식수에 오염되어 경구적으로 침입되는 감염병이 아닌 것은?

① 유행성이하선염   ② 파라티푸스
③ 세균성 이질   ④ 폴리오

52 매개 곤충과 질병이 잘못 연결된 것은?
① 이 : 발진티푸스   ② 쥐벼룩 : 페스트
③ 모기 : 사상충증   ④ 벼룩 : 렙토스피라증

53 공중보건학의 목표에 관한 설명으로 틀린 것은?
① 건강유지   ② 질병예방
③ 질병치료   ④ 지역사회 보건수준 향상

54 생균(live vaccine)을 사용하는 예방접종으로 면역이 되는 질병은?
① 파상풍   ② 콜레라
③ 폴리오   ④ 백일해

55 돼지고기를 날 것으로 먹거나 불완전하게 가열하여 섭취할 때 감염될 수 있는 기생충은?
① 유구조충   ② 무구조충
③ 광절열두조충   ④ 간디스토마

56 소음의 측정단위는?
① dB   ② kg
③ Å   ④ ℃

57 인수공통감염병으로 그 병원체가 세균인 것은?
① 일본뇌염   ② 공수병
③ 광견병   ④ 결 핵

58 다음의 상수처리 과정에서 가장 마지막 단계는?
① 급 수   ② 취 수
③ 정 수   ④ 도 수

59 적외선에 속하는 파장은?
① 200nm   ② 400nm
③ 600nm   ④ 800nm

60 규폐증에 대한 설명으로 틀린 것은?
① 먼지 입자의 크기가 0.5~5.0㎛일 때 잘 발생한다.
② 대표적인 진폐증이다.
③ 암석가공업, 도자기 공업, 유리제조업의 근로자들이 주로 많이 발생한다.
④ 일반적으로 위험요인에 노출된 근무 경력이 1년 이후부터 자각 증상이 발생한다.

14개년 주요 기출문제

01 식중독 중 해산어류를 통해 많이 발생하는 식중독은?
   ① 살모넬라균 식중독
   ② 클로스트리디움 보툴리늄균 식중독
   ③ 황색포도상구균 식중독
   ④ 장염 비브리오균 식중독

02 복어 중독을 일으키는 독성분은?
   ① 테트로도톡신(tetrodotoxin)
   ② 솔라닌(solanine)
   ③ 베네루핀(venerupin)
   ④ 무스카린(muscarine)

03 과일 통조림으로부터 용출되어 구토, 설사, 복통의 중독 증상을 유발할 가능성이 있는 물질은?
   ① 안티몬   ② 주 석
   ③ 크 롬   ④ 구 리

04 화학성 식중독의 원인이 아닌 것은?
   ① 설사성 패류 중독
   ② 환경오염에 기인하는 식품 유독성분 중독
   ③ 중금속에 의한 중독
   ④ 유해성 식품첨가물에 의한 중독

05 안식향산(benzoic acid)의 사용 목적은?
   ① 식품의 산미를 내기 위하여
   ② 식품의 부패를 방지하기 위하여
   ③ 유지의 산화를 방지하기 위하여
   ④ 식품의 향을 내기 위하여

06 식품을 조리 또는 가공할 때 생성되는 유해물질과 그 생성 원인을 잘못 짝지은 것은?
   ① 엔-니트로소아민(N-nitrosoamine) - 육가공품의 발색제 사용으로 인한 아질산과 아민과의 반응 생성물
   ② 다환방향족탄화수소(polycyclicaromatichydrocarbon) - 유기물질을 고온으로 가열할 때 생성되는 단백질이나 지방의 분해생성물
   ③ 아크릴아미드(acrylamide) - 전분식품 가열시 아미노산과 당의 열에 의한 결합반응 생성물
   ④ 헤테로고리아민(heterocyclic amine) - 주류 제조 시 에탄올과 카바밀기의 반응에 의한 생성물

07 색소를 함유하고 있지는 않지만 식품 중의 성분과 결합하여 색을 안정화시키면서 선명하게 하는 식품 첨가물은?
   ① 착색료   ② 보존료
   ③ 발색제   ④ 산화방지제

08 식품의 부패 또는 변질과 관련이 적은 것은?
   ① 수 분   ② 온 도
   ③ 압 력   ④ 효 소

09 세균으로 인한 식중독 원인물질이 아닌 것은?
   ① 살모넬라균   ② 장염비브리오균
   ③ 아플라톡신   ④ 보툴리늄독소

10 중온균 증식의 최적온도는?
① 10~12℃ ② 25~37℃
③ 55~60℃ ④ 65~75℃

11 「식품위생법」에 명시된 목적이 아닌 것은?
① 위생상의 위해 방지
② 건전한 유통·판매 도모
③ 식품영양의 질적 향상 도모
④ 식품에 관한 올바른 정보 제공

12 HACCP의 7가지 원칙에 해당하지 않는 것은?
① 위해요소분석
② 중요관리점(CCP) 결정
③ 개선조치방법 수립
④ 회수명령의 기준 설정

13 판매의 목적으로 식품 등을 제조·가공·소분·수입 또는 판매한 영업자는 해당 식품이 식품 등의 위해와 관련이 있는 규정으로 위반하여 유통 중인 당해 식품 등을 회수하고자 할 때 회수계획을 보고해야 하는 대상이 아닌 것은?
① 시·도지사
② 식품의약품안전처장
③ 보건소장
④ 시장·군수·구청장

14 업종별 시설기준으로 틀린 것은?
① 휴게음식점에는 다른 객석에서 내부가 보이도록 하여야 한다.
② 일반음식점의 객실에는 잠금장치를 설치할 수 있다.
③ 일반음식점의 객실 안에는 무대장치, 우주 볼 등의 특수조명시설을 설치하여서는 아니 된다.
④ 일반음식점에는 손님이 이용할 수 있는 자동반주장치를 설치하여서는 아니 된다.

15 「식품위생법」상 영업에 종사하지 못하는 질병의 종류가 아닌 것은?
① 비감염성 결핵 ② 세균성 이질
③ 장티푸스 ④ 화농성 질환

16 채소의 가공 시 가장 손실되기 쉬운 비타민은?
① 비타민 A ② 비타민 D
③ 비타민 C ④ 비타민 E

17 육류의 사후경직을 설명한 것 중 틀린 것은?
① 근육에서 호기성 해당과정에 의해 산이 증가된다.
② 해당과정으로 생성된 산에 의해 ph가 낮아진다.
③ 경직 속도는 도살전의 동물의 상태에 따라 다르다.
④ 근육의 글리코겐 젖산우로 된다.

18 효소의 주된 구성성분은?
① 지 방 ② 탄수화물
③ 단백질 ④ 비타민

19 다음 냄새 성분 중 어류와 관계가 먼 것은?
① 트리메틸아민(trimethylamine)
② 암모니아(ammonia)
③ 피페리딘(piperidine)
④ 디아세틸(diacetyl)

20 식품에 존재하는 물의 형태 중 자유수에 대한 설명으로 틀린 것은?
① 식품에서 미생물의 번식에 이용된다.
② -20℃에서도 얼지 않는다.
③ 100℃에서 증발하여 수증기가 된다.
④ 식품을 건조시킬 때 쉽게 제거된다.

21 전분의 노화를 억제하는 방법으로 적합하지 않은 것은?
① 수분함량 조절　② 냉 동
③ 설탕의 첨가　　④ 산의 첨가

22 우유 100mL에 칼슘이 180mg 정도 들어 있다면 우유 250mL에는 칼슘이 약 몇 mg 정도 들어 있는가?
① 450mg　② 540mg
③ 595mg　④ 650mg

23 찹쌀의 아밀로오스와 아밀로펙틴에 대한 설명 중 맞는 것은?
① 아밀로오스 함량이 더 많다.
② 아밀로오스 함량과 아밀로펙틴의 함량이 거의 같다.
③ 아밀로펙틴으로 이루어져 있다.
④ 아밀로펙틴은 존재하지 않는다.

24 과일향기의 주성분을 이루는 냄새 성분은?
① 알데히드(aldehyde)류
② 함유황화합물
③ 테르펜(terpene)류
④ 에스테르(ester)류

25 불건성유에 속하는 것은?
① 들기름　② 땅콩기름
③ 대두유　④ 옥수수기름

26 우유 가공품이 아닌 것은?
① 치 즈　② 버 터
③ 마시멜로우　④ 액상 발효유

27 일반적으로 포테이토칩 등 스낵류에 질소충전 포장을 실시할 때 얻어지는 효과로 가장 거리가 먼 것은?
① 유지의 산화 방지
② 스낵의 파손 방지
③ 세균의 발육 억제
④ 제품의 투명성 유지

28 달걀흰자로 거품을 낼 때 식초를 약간 첨가하는 것은 다음 중 어떤 것과 가장 관계가 깊은가?
① 난백의 등전점　② 용해도 증가
③ 향 형성　　　　④ 표백효과

29 붉은 양배추를 조리할 때 식초나 레몬즙을 조금 넣으면 어떤 변화가 일어나는가?
① 안토시아닌계 색소가 선명하게 유지된다.
② 카로티노이드계 색소가 변색되어 녹색으로 된다.
③ 클로로필계 색소가 선명하게 유지된다.
④ 플라보노이드계 색소가 변색되어 청색으로 된다.

30 단맛을 갖는 대표적인 식품과 가장 거리가 먼 것은?
① 사탕무　② 감 초
③ 벌 꿀　④ 곤 약

31 신선한 달걀의 감별법으로 설명이 잘못된 것은?
① 햇빛(전등)에 비출 때 공기집의 크기가 작다.
② 흔들 때 내용물이 잘 흔들린다.
③ 6% 소금물에 넣으면 가라앉는다.
④ 깨트려 접시에 놓으면 노른자가 볼록하고 흰자의 점도가 높다.

32 열량급원 식품이 아닌 것은?
① 감 자　② 쌀
③ 풋고추　④ 아이스크림

33 마늘에 함유된 황화합물로 특유의 냄새를 가지는 성분은?

① 알리신(allicin)
② 디메틸설파이드(dimethyl sulfide)
③ 머스타드 오일(mustard oil)
④ 캡사이신(capsaicin)

34 당근의 구입단가는 kg당 1300원이다. 10kg 구매 시 표준수율이 86%이라면, 당근 1인분(80g)의 원가는 약 얼마인가?

① 51원 ② 121원
③ 151원 ④ 181원

35 다음 조리법 중 비타민 C 파괴율이 가장 적은 것은?

① 시금치 국 ② 무생채
③ 고사리 무침 ④ 오이지

36 조리 시 일어나는 비타민, 무기질의 변화 중 맞는 것은?

① 비타민A는 지방음식과 함께 섭취할 때 흡수율이 높아진다.
② 비타민D는 자외선과 접하는 부분이 클수록, 오래 끓일수록 파괴율이 높아진다.
③ 색소의 고정효과로는 Ca^{++}이 많이 사용되며 식물 색소를 고정시키는 역할을 한다.
④ 과일을 깎을 때 쇠칼을 사용하는 것이 맛, 영양가, 외관상 좋다.

37 급식 시설에서 주방면적을 산출할 때 고려해야 할 사항으로 가장거리가 먼 것은?

① 피급식자의 기호
② 조리기기의 선택
③ 조리 인원
④ 식 단

38 다음 급식시설 중 1인 1식 사용 급수량이 가장 많이 필요한 시설은?

① 학교급식 ② 보통급식
③ 산업체급식 ④ 병원급식

39 생선의 비린내를 억제하는 방법으로 부적합한 것은?

① 물로 깨끗이 씻어 수용성 냄새 성분을 제거한다.
② 처음부터 뚜껑을 닫고 끓여 생선을 완전히 응고시킨다.
③ 조리 전에 우유에 담가 둔다.
④ 생선 단백질이 응고된 후 생강을 넣는다.

40 총원가는 제조원가에 무엇을 더한 것인가?

① 제조간접비 ② 판매관리비
③ 이 익 ④ 판매가격

41 조리 시 첨가하는 물질의 역할에 대한 설명으로 틀린 것은?

① 식염 – 면 반죽의 탄성 증가
② 식초 – 백색채소의 색 고정
③ 중조 – 펙틴 물질의 불용성 강화
④ 구리 – 녹색채소의 색 고정

42 소고기의 부위 중 탕, 스튜, 찜 조리에 가장 적합한 부위는?

① 목 심 ② 설 도
③ 양 지 ④ 사 태

43 유지의 발연점이 낮아지는 원인에 대한 설명으로 틀린 것은?

① 유리지방산의 함량이 낮은 경우
② 튀김기의 표면적이 넓은 경우
③ 기름에 이물질이 많이 들어 있는 경우
④ 오래 사용하여 기름이 지나치게 산패된 경우

44 김치 저장 중 김치조직의 연부현상이 일어나는 이유에 대한 설명으로 가장 거리가 먼 것은?

① 조직을 구성하고 있는 펙틴질이 분해되기 때문에
② 미생물이 펙틴분해효소를 생성하기 때문에
③ 용기에 꼭 눌러 담지 않아 내부에 공기가 존재하여 호기성 미생물이 성장번식하기 때문에
④ 김치가 국물에 잠겨 수분을 흡수하기 때문에 김치가 물러지는 현상(연부현상)의 원인

45 편육을 끓는 물에 삶아 내는 이유는?

① 고기 냄새를 없애기 위해
② 육질을 단단하게 하기 위해
③ 지방 용출을 적게 하기 위해
④ 국물에 맛 성분이 적게 용출되도록 하기 위해

46 에너지 공급원으로 감자 160g을 보리쌀로 대체할 때 필요한 보리쌀 양은? (단, 감자 당질함량 : 14.4%, 보리쌀 당질함량 : 68.4%)

① 20.9g ② 27.6g
③ 31.5g ④ 33.7g

47 육류 조리 시 열에 의한 변화로 맞는 것은?

① 불고기는 열의 흡수로 부피가 증가한다.
② 스테이크는 가열하면 질겨져서 소화가 잘되지 않는다.
③ 미트로프(meatloaf)는 가열하면 단백질이 응고, 수축, 변성된다.
④ 쇠꼬리의 젤라틴이 콜라겐화 된다.

48 차, 커피, 코코아, 과일 등에서 수렴성 맛을 주는 성분은?

① 탄닌(tannin)
② 카로틴(carotene)
③ 엽록소(chlorophyll)
④ 안토시아닌(anthocyanin)

49 식단을 작성하고자 할 때 식품의 선택 요령으로 가장 적합한 것은?

① 영양보다는 경제적인 효율성을 우선으로 고려한다.
② 소고기가 비싸서 대체식품으로 닭고기를 선정하였다.
③ 시금치의 대체식품으로 값이 싼 달걀을 구매하였다.
④ 한창 제철일 때 보다 한 발 앞서서 식품을 구입하여 식단을 구성하는 것이 보다 새롭고 경제적이다.

50 우유의 카제인을 응고시킬 수 있는 것으로 되어 있는 것은?

① 탄닌-레닌-설탕
② 식초-레닌-탄닌
③ 레닌-설탕-소금
④ 소금-설탕-식초

51 칼슘(Ca)과 인(P)이 소변 중으로 유출되는 골연화증 현상을 유발하는 유해 중금속은?

① 납 ② 카드뮴
③ 수 은 ④ 주 석

52 실내 공기오염의 지표로 이용되는 기체는?

① 산 소 ② 이산화탄소
③ 일산화탄소 ④ 질 소

53 기생충과 중간숙주의 연결이 틀린 것은?

① 십이지장충-모기
② 말라리아-사람
③ 폐흡충-가재, 게
④ 무구조충-소

54 자외선에 의한 인체 건강 장해가 아닌 것은?
① 설안염 ② 피부암
③ 폐기종 ④ 결막염

55 환경위생의 개선으로 발생이 감소되는 감염병과 가장 거리가 먼 것은?
① 장티푸스 ② 콜레라
③ 이 질 ④ 인플루엔자

56 우리나라의 법정 감염병이 아닌 것은?
① 말라리아 ② 유행성이하선염
③ 매 독 ④ 기생충

57 수질의 오염정도를 파악하기 위한 BOD(생물화학적산소요구량) 측정 시 일반적인 온도와 측정기간은?
① 10℃에서 10일간
② 20℃에서 10일간
③ 10℃에서 5일간
④ 20℃에서 5일간

58 지역사회나 국가사회의 보건수준을 나타낼 수 있는 가장 대표적인 지표는?
① 모성사망률 ② 평균수명
③ 질병이환율 ④ 영아사망률

59 감염병 중에서 비말감염과 관계가 먼 것은?
① 백일해 ② 디프테리아
③ 발진열 ④ 결 핵

60 고열장해로 인한 직업병이 아닌 것은?
① 열경련 ② 일사병
③ 열쇠약 ④ 참호족

14개년 주요 기출문제

01 식품 등의 표시기준상 열량표시에서 몇 Kcal 미만을 "0"으로 표시할 수 있는가?
① 2Kcal
② 5Kcal
③ 7Kcal
④ 10Kcal

02 「식품위생법」상 용어의 정의에 대한 설명 중 틀린 것은?
① "집단급식소"라 함은 영리를 목적으로 하는 급식시설을 말한다.
② "식품"이라 함은 의약으로 섭취하는 것을 제외한 모든 음식물을 말한다.
③ "표시"라 함은 식품, 식품첨가물, 기구 또는 용기 포장에 기재하는 문자, 숫자 또는 도형을 말한다.
④ "용기·포장"이라 함은 식품을 넣거나 싸는 것으로서 식품을 주고받을 때 함께 건네는 물품을 말한다.

03 「식품위생법」상 소비자식품위생감시원의 직무가 아닌 것은?
① 식품접객업을 하는 자에 대한 위생관리 상태 점검
② 유통 중인 식품 등의 허위표시 또는 과대광고금지 위반 행위에 관한 관할 행정관청에의 신고 또는 자료 제공
③ 식품위생감시원이 행하는 식품 등에 대한 수거 및 검사 지원
④ 영업장소에 대한 위생관리 상태를 점검하고, 개선사항에 대한 권고 및 불이행 시 위촉 기관에 보고

04 「식품위생법」상 영업의 신고 대상 업종이 아닌 것은?
① 일반음식점영업
② 단란주점영업
③ 휴게음식점영업
④ 식품제조가공업

05 「식품위생법」상 조리사를 두어야 할 영업이 아닌 것은?
① 지방자치단체가 운영하는 집단급식소
② 복어조리 판매업소
③ 식품첨가물 제조업소
④ 병원이 운영하는 집단급식소

06 화학물질에 의한 식중독으로 일반 중독증상과 시신경의 염증으로 실명의 원인이 되는 물질은?
① 납
② 수 은
③ 메틸알코올
④ 청 산

07 식품의 제조공정 중에 발생하는 거품을 제거하기 위해 사용되는 식품첨가물은?
① 소포제
② 발색제
③ 살균제
④ 표백제

08 생물의 발육을 억제하여 식품의 부패나 변질을 방지할 목적으로 사용되는 것은?
① 안식향산나트륨
② 호박산이나트륨
③ 글루타민산나트륨
④ 유동파라핀

09 중금속에 관한 설명으로 옳은 것은?
① 해독에 사용되는 약을 중금속 길항약이라고 한다.
② 중금속과 결합하기 쉽고 체외로 배설하는 약은 없다.
③ 중독증상으로 대부분 두통, 설사, 고열을 동반한다.
④ 무기중금속은 지질과 결합하여 불용성 화합물을 만들고 산화작용을 나타낸다.

10 경구감염병과 비교하여 세균성식중독이 가지는 일반적인 특성은?
① 소량의 균으로도 발병한다.
② 잠복기가 짧다.
③ 2차 발병률이 매우 높다.
④ 수인성 발생이 크다.

11 식물성 자연독 성분이 아닌 것은?
① 무스카린(muscarine)
② 테트로도톡신(tetrodotoxin)
③ 솔라닌(solanine)
④ 고시폴(gossypol)

12 독미나리에 함유된 유독성분은?
① 무스카린(muscarine)
② 솔라닌(solanine)
③ 아트로핀(atropine)
④ 시큐톡신(cicutoxin)

13 장염비브리오 식중독균(V. parahaemolyticus)의 특징으로 틀린 것은?
① 해수에 존재하는 세균이다.
② 3~4%의 식염농도에서 잘 발육한다.
③ 특정조건에서 사람의 혈구를 용혈시킨다.
④ 그람양성균이며 아포를 생성하는 구균이다.

14 어패류의 신선도 판정 시 초기부패의 기준이 되는 물질은?
① 삭시톡신(saxitoxin)
② 베네루핀(venerupin)
③ 트리메틸아민(trimethylamine)
④ 아플라톡신(aflatoxin)

15 세균성 식중독에 속하지 않는 것은?
① 노로바이러스 식중독
② 비브리오 식중독
③ 병원성대장균 식중독
④ 장구균 식중독

16 식품이 나타내는 수증기압이 0.75기압이고, 그 온도에서 순수한 물의 수증기압이 1.5기압일 때 식품의 상대습도(RH)는?
① 40   ② 50
③ 60   ④ 80

17 과일의 주된 향기성분이며 분자량이 커지면 향기도 강해지는 냄새성분은?
① 알코올   ② 에스테르류
③ 유황화합물   ④ 휘발성 질소화합물

18 일반적으로 꽃 부분을 주요 식용부위로 하는 화채류는?
① 죽순(bamboo shoot)
② 파슬리(parsley)
③ 콜리플라워(cauliflower)
④ 아스파라거스(asparagus)

19 현미는 벼의 어느 부위를 벗겨낸 것인가?
① 과피와 종피   ② 겨 층
③ 겨층과 배아   ④ 왕겨층

20 유화(emulsion)에 의해 형성된 식품이 아닌 것은?
① 우 유   ② 마요네즈
③ 주 스   ④ 잣 죽

21 달걀의 보존 중 품질변화에 대한 설명으로 틀린 것은?
① 수분의 증발   ② 농후난백의 수양화
③ 난황막의 약화   ④ 산도(pH)의 감소

22 유지 중에 존재하는 유리 수산기(-OH)의 함량을 나타내는 것은?
① 아세틸가(Acetyl value)
② 폴렌스케가(Polenske value)
③ 헤너가(Hehner value)
④ 라이켈-마이슬가(Reichert-Meissl value)

23 생선의 자가소화 원인은?
① 세균의 작용   ② 단백질 분해효소
③ 염 류   ④ 질 소

24 식품과 대표적인 맛 성분(유기산)을 연결한 것 중 틀린 것은?
① 포도-주석산   ② 감귤-구연산
③ 사과-사과산   ④ 요구르트-호박산

25 육류의 연화작용에 관여하지 않는 것은?
① 파파야   ② 파인애플
③ 레 닌   ④ 무화과

26 강화식품에 대한 설명으로 틀린 것은?
① 식품에 원래 적게 들어 있는 영양소를 보충한다.
② 식품의 가공 중 손실되기 쉬운 영양소를 보충한다.
③ 강화영양소로 비타민 A, 비타민 B, 칼슘(Ca) 등을 이용한다.
④ α-화 쌀은 대표적인 강화식품이다.

27 알칼리성 식품에 해당하는 것은?
① 육 류   ② 곡 류
③ 해조류   ④ 어 류

28 효소에 의한 갈변을 억제하는 방법으로 옳은 것은?
① 환원성 물질 첨가
② 기질 첨가
③ 산소 접촉
④ 금속이온 첨가

29 자유수의 성질에 대한 설명으로 틀린 것은?
① 수용성 물질의 용매로 사용된다.
② 미생물 번식과 성장에 이용되지 못한다.
③ 비중은 4℃에서 최고이다.
④ 건조로 쉽게 제거 가능하다.

30 다당류와 거리가 먼 것은?
① 젤라틴(gelatin)
② 글리코겐(glycogen)
③ 펙틴(pectin)
④ 글루코만난(glucomannan)

31 단체급식시설의 작업장별 관리에 대한 설명으로 잘못된 것은?
① 개수대는 생선용과 채소용을 구분하는 것이 식중독균의 교차오염을 방지하는 데 효과적이다.
② 가열, 조리하는 곳에는 환기장치가 필요하다.
③ 식품보관 창고에 식품을 보관 시 바닥과벽에 식품이 직접 닿지 않게 하여 오염을 방지한다.
④ 자외선 등은 모든 기구와 식품내부의 완전살균에 매우 효과적이다.

32 생선 조리방법에 대한 설명으로 틀린 것은?
① 생강과 술은 비린내를 없애는 용도로 사용한다.
② 처음 가열할 때 수분간은 뚜껑을 약간 열어 비린내를 휘발시킨다.
③ 모양을 유지하고 맛 성분이 밖으로 유출되지 않도록 양념간장이 끓을 때 생선을 넣기도 한다.
④ 선도가 약간 저하된 생선은 조미를 비교적 약하게 하여 뚜껑을 덮고 짧은 시간 내에 끓인다.

33 구매한 식품의 재고관리 시 적용되는 방법 중 최근에 구입한 식품부터 사용하는 것으로 가장 오래된 물품이 재고로 남게 되는 것은?
① 선입선출법 ② 후입선출법
③ 총평균법 ④ 최소·최대관리법

34 소금의 종류 중 불순물이 가장 많이 함유되어 있고 가정에서 배추를 절이거나 젓갈을 담글 때 주로 사용하는 것은?
① 호렴 ② 재제염
③ 식탁염 ④ 정제염

35 판매가격이 5,000원인 메뉴의 식재료비가 2,000원인 경우 이 메뉴의 식재료비 비율은?
① 10% ② 20%
③ 30% ④ 40%

36 젤라틴에 대한 설명으로 옳은 것은?
① 과일젤리나 양갱의 제조에 이용한다.
② 해조류로부터 얻은 다당류의 한 성분이다.
③ 산을 아무리 첨가해도 젤 강도가 저하되지 않는 특징이 있다.
④ 3~10℃에서 젤화 되며 온도가 낮을수록 빨리 응고한다.

37 김에 대한 설명 중 옳은 것은?
① 붉은 색으로 변한 김은 불에 잘 구우면 녹색으로 변한다.
② 건조 김은 조미김 보다 지질함량이 높다.
③ 김은 칼슘 및 칼륨이 풍부한 알칼리성 식품이다.
④ 김의 감칠맛은 단맛과 지미를 가진 cystine, mannit 때문이다.

38 물품의 검수와 저장하는 곳에서 꼭 필요한 집기류는?
① 칼과 도마 ② 대형 그릇
③ 저울과 온도계 ④ 계량컵과 계량스푼

39 노화가 잘 일어나는 전분은 다음 중 어느 성분의 함량이 높은가?
① 아밀로오스(amylose)
② 아밀로펙틴(amylopectin)
③ 글리코겐(glycogen)
④ 한천(agar)

40 습열 조리법이 아닌 것은?
① 설렁탕 ② 갈비찜
③ 불고기 ④ 버섯전골

41 식혜를 당화시켜 끓일 때 설탕과 함께 소금을 조금 넣어 단맛이 강하게 느껴지는 현상은?
① 미맹현상 ② 소실현상
③ 대비현상 ④ 변조현상

42 냄새 제거를 위한 향신료가 아닌 것은?
① 육두구(nutmeg, 넛맥)
② 월계수잎(bay leaf)
③ 마늘(garlic)
④ 세이지(sage)

43 고기를 연화시키기 위해 첨가하는 식품과 단백질 분해효소가 맞게 연결된 것은?
① 배 – 파파인(papain)
② 키위 – 피신(ficin)
③ 무화과 – 액티니딘(actinidin)
④ 파인애플 – 브로멜린(bromelin)

44 유지류의 조리 이용 특성과 거리가 먼 것은?
① 열 전달매체로서의 튀김
② 밀가루제품의 연화작용
③ 지방의 유화작용
④ 결합제로서의 응고성

45 조리방법에 대한 설명으로 옳은 것은?
① 채소를 잘게 썰어 끓이면 빨리 익으므로 수용성 영양소의 손실이 적어진다.
② 전자레인지는 자외선에 의해 음식이 조리된다.
③ 콩나물국의 색을 맑게 만들기 위해 소금으로 간을 한다.
④ 푸른색을 최대한 유지하기 위해 소량의 물에 채소를 넣고 데친다.

46 단백질 함량이 14% 정도인 밀가루로 만드는 것이 가장 좋은 식품은?
① 버터케이크 ② 튀김
③ 마카로니   ④ 과자류

47 고등어구이를 하려고 한다. 정미중량 70g을 조리하고자 할 때 1인당 발주량은 약 얼마인가? (단, 고등어 폐기율은 35%)
① 43g   ② 91g
③ 108g   ④ 110g

48 두부를 만드는 과정은 콩 단백질의 어떠한 성질을 이용한 것인가?
① 건조에 의한 변성
② 동결에 의한 변성
③ 효소에 의한 변성
④ 무기염류에 의한 변성

49 시설위생을 위한 사항으로 적합하지 않은 것은?
① 주방냄비를 세척 후 열처리를 해둔다.
② 주방의 천정, 바닥, 벽면도 주기적으로 청소한다.
③ 나무 도마는 사용 후 깨끗이 하고 일광소독을 하도록 한다.
④ deep fryer의 경우 기름은 매주 뽑아내어 걸러 찌꺼기가 남아있는 일이 없도록 한다.

50 육류를 가열할 때 일어나는 변화 중 틀린 것은?
① 중량증가   ② 풍미의 생성
③ 비타민의 손실   ④ 단백질의 응고

51 하천수에 용존산소가 적다는 것은 무엇을 의미하는가?
① 유기물 등이 잔류하여 오염도가 높다.
② 물이 비교적 깨끗하다.
③ 오염과 무관하다.
④ 호기성 미생물과 어패류의 생존에 좋은 환경이다.

52 자외선의 작용과 거리가 먼 것은?
① 피부암 유발   ② 안구진탕증 유발
③ 살균 작용   ④ 비타민 D 형성

53 실내공기의 오염 지표로 사용하는 기체와 그 서한량이 바르게 짝지어진 것은?
① $CO - 0.1\%$ ② $SO_2 - 0.01\%$
③ $CO_2 - 0.1\%$ ④ $NO_2 - 0.01\%$

54 다음 설명 중 맞는 것은?
① 사람은 호흡 시 산소를 체외로 배출하고, 이산화탄소를 체내로 흡입한다.
② 수중에서 작업하는 사람은 이상기압으로 인해 참호족에 걸린다.
③ 조리장에서 작업 시 적절한 환기가 필요하다.
④ 정상공기는 주로 수소와 이산화탄소로 구성되어 있다.

55 간디스토마는 제2중간숙주인 민물고기 내에서 어떤 형태로 존재하다가 인체에 감염을 일으키는가?
① 피낭유충(metacercaria)
② 레디아(redia)
③ 유모유충(miracidium)
④ 포자유충(sporocyst)

56 일반적인 인수공통감염병에 속하지 않는 것은?
① 탄 저
② 고병원성조류인플루엔자
③ 홍 역
④ 광견병

57 소음의 측정단위인 dB(decibel)은 무엇을 나타내는 단위인가?
① 음 압   ② 음 속
③ 음 파   ④ 음 역

58 채소류를 매개로 감염될 수 있는 기생충이 아닌 것은?
① 회 충   ② 유구조충
③ 구 충   ④ 편 충

59 환자나 보균자의 분뇨에 의해서 감염될 수 있는 경구 감염병은?
① 장티푸스   ② 결 핵
③ 인플루엔자   ④ 디프테리아

60 과량조사 시에 열사병의 원인이 될 수 있는 것은?
① 마이크로파   ② 적외선
③ 자외선   ④ 엑스선

14개년 주요 기출문제

한식조리기능사 07

01 복어와 모시조개 섭취 시 식중독을 유발하는 독성물질을 순서대로 나열한 것은?

① 엔테로톡신(enterotoxin), 사포닌(saponin)
② 테트로도톡신(tetrodotoxin), 베네루핀(venerupin)
③ 테트로도톡신(tetrodotoxin), 듀린(dhurrin)
④ 엔테로톡신(enterotoxin), 아플라톡신(aflatoxin)

02 식품에 오염된 미생물이 증식하여 생성한 독소에 의해 유발되는 대표적인 식중독은?

① 살모넬라균 식중독
② 황색 포도상구균 식중독
③ 리스테리아 식중독
④ 장염 비브리오 식중독

03 곰팡이 독소와 독성을 나타내는 곳을 잘못 연결한 것은?

① 아플라톡신(aflatoxin) - 신경독
② 오클라톡신(ochratoxin) - 간장독
③ 시트리닌(citrinin) - 신장독
④ 스테리그마토시스틴(sterigmatocystin)

04 식품과 독성분의 연결이 틀린 것은?

① 독보리 - 테물린(temuline)
② 섭조개 - 삭시톡신(saxitoxin)
③ 독버섯 - 무스카린(muscarine)
④ 매실 - 베네루핀(venerupin)

05 식품의 부패 시 생성되는 물질과 거리가 먼 것은?

① 암모니아(ammonia)
② 트리메틸아민(trimethylamine)
③ 글리코겐(glycogen)
④ 아민(amine)류

06 카드뮴이나 수은 등의 중금속 오염 가능성이 가장 큰 식품은?

① 육 류   ② 어패류
③ 식용유   ④ 통조림

07 통조림관의 주성분으로 과일이나 채소류 통조림에 의한 식중독을 일으키는 것은?

① 주석(Sn)   ② 아연(Zn)
③ 구리(Cu)   ④ 카드뮴(Cd)

08 살모넬라균에 의한 식중독의 특징 중 틀린 것은?

① 장독소(enterotoxin)에 의해 발생한다.
② 잠복기는 보통 12~24시간이다.
③ 주요 증상은 메스꺼움, 구토, 복통, 발열이다.
④ 원인식품은 대부분 동물성 식품이다.

09 도마의 사용방법에 관한 설명 중 잘못된 것은?

① 합성세제를 사용하여 43~45℃의 물로 씻는다.
② 염소소독, 열탕소독, 자외선살균 등을 실시한다.
③ 식재료 종류별로 전용의 도마를 사용한다.
④ 세척, 소독 후에는 건조시킬 필요가 없다.

10 과채, 식육 가공 등에 사용하여 식품 중 색소와 결합하여 식품본래의 색을 유지하게 하는 식품 첨가물은?

① 식용타르색소   ② 천연색소
③ 발색제   ④ 표백제

11 수출을 목적으로 하는 식품 또는 식품첨가물의 기준과 규격은 「식품위생법」의 규정 외에 어떤 기준과 규격에 의할 수 있는가?

① 수입자가 요구하는 기준과 규격
② 국립검역소장이 정하여 고시한 기준과규격
③ FDA의 기준과 규격
④ 산업통상자원부장관의 별도 허가를 득한 기준과 규격

12 「식품위생법」상 판매를 목적으로 하거나 영업상 사용하는 식품 및 영업시설 등 검사에 필요한 최소량의 식품 등을 무상으로 수거할 수 없는 자는?

① 국립의료원장
② 시·도지사
③ 시장·군수·구청장
④ 식품의약품안전처장

13 다음 중 「식품위생법」상 식품위생의 대상은?

① 식품, 약품, 기구, 용기, 포장
② 조리법, 조리시설, 기구, 용기, 포장
③ 조리법, 단체급식, 기구, 용기, 포장
④ 식품, 식품첨가물, 기구, 용기, 포장

14 「식품위생법」상 식품 등의 위생적 취급에 관한 기준으로 틀린 것은?

① 식품 등의 보관·운반·진열 시에는 식품등의 기준 및 규격이 정하고 있는 보존 및 유통기준에 적합하도록 관리하여야 한다.
② 식품 등의 제조·가공·조리에 직접 사용되는 기계·기구 및 음식기는 세척·살균하는 등 항상 청결하게 유지·관리하여야 하며, 어류·육류·채소류를 취급하는 칼·도마는 공통으로 사용한다.
③ 식품 등의 제조·가공·조리 또는 포장에 직접 종사하는 자는 위생모를 착용하는 등 개인위생관리를 철저히 하여야 한다.
④ 제조·가공(수입품 포함)하여 최소판매단위로 포장된 식품 또는 식품첨가물을 영업허가 또는 신고하지 아니 하고 판매의 목적으로 포장을 뜯어 분할하여 판매하여서는 아니 된다.

15 식품접객업소의 조리판매 등에 대한 기준 및 규격에 의한 요리용 칼·도마, 식기류의 미생물 규격은? (단, 사용 중의 것은 제외한다)

① 살모넬라 음성, 대장균 양성
② 살모넬라 음성, 대장균 음성
③ 황색포도상구균 양성, 대장균 음성
④ 황색포도상구균 음성, 대장균 양성

16 인산을 함유하는 복합지방질로서 유화제로 사용되는 것은?

① 레시틴   ② 글리세롤
③ 스테롤   ④ 글리콜

17 하루 필요 열량이 2700kcal일 때 이 중 14%에 해당하는 열량을 지방에서 얻으려 할 때 필요한 지방의 양은?

① 36g   ② 42g
③ 81g   ④ 94g

18 전분의 호정화를 이용한 식품은?
① 식 혜 ② 치 즈
③ 맥 주 ④ 뻥튀기

19 달걀 저장 중에 일어나는 변화로 옳은 것은?
① pH 저하 ② 중량 감소
③ 난황계수 증가 ④ 수양난백 감소

20 어묵의 탄력과 가장 관계 깊은 것은?
① 수용성 단백질 – 미오겐
② 염용성 단백질 – 미오신
③ 결합 단백질 – 콜라겐
④ 색소 단백질 – 미오글로빈

21 사과를 깎아 방치했을 때 나타나는 갈변현상과 관계 없는 것은?
① 산화효소 ② 산 소
③ 페놀류 ④ 섬유소

22 다음 중 과일, 채소의 호흡작용을 조절하여 저장하는 방법은?
① 건조법 ② 냉장법
③ 통조림법 ④ 가스저장법

23 다음 중 알리신(allicin)이 가장 많이 함유된 식품은?
① 마 늘 ② 사 과
③ 고 추 ④ 무

24 생식기능 유지와 노화방지의 효과가 있고 화학명이 토코페롤(tocopherol)인 비타민은?
① 비타민 A ② 비타민 C
③ 비타민 D ④ 비타민 E

25 젤라틴의 원료가 되는 식품은?
① 한 천 ② 과 일
③ 동물의 연골 ④ 쌀

26 두류가공품 중 발효과정을 거치는 것은?
① 두 유 ② 피넛버터
③ 유 부 ④ 된 장

27 영양소와 급원식품의 연결이 옳은 것은?
① 동물성 단백질 : 두부, 소고기
② 비타민 A : 당근, 미역
③ 필수지방산 : 대두유, 버터
④ 칼슘 : 우유, 치즈

28 염지에 의해서 원료 육의 미오글로빈으로부터 생성되며 비가열 식육제품인 햄 등의 고정된 육색을 나타내는 것은?
① 니트로소헤모글로빈(nitrosohemoglobin)
② 옥시미오글로빈(oxymyoglobin)
③ 니트로소미오글로빈(nitrosomyoglobin)
④ 메트미오글로빈(metmyoglobin)

29 다음 중 레토르트식품의 가공과 관계없는 것은?
① 통조림 ② 파우치
③ 플라스틱 필름 ④ 고압솥

30 다음 당류 중 케톤기를 가진 것은?
① 프룩토오스(fructose)
② 만노오스(mannose)
③ 갈락토오스(galactose)
④ 글루코오스(glucose)

31 달걀의 열응고성에 대한 설명 중 옳은 것은?
① 식초는 응고를 지연시킨다.
② 소금은 응고온도를 낮추어 준다.
③ 설탕은 응고온도를 내려주어 응고물을 연하게 한다.
④ 온도가 높을수록 가열시간이 단축되어 응고물은 연해진다.

32 육류의 가열 변화에 의한 설명으로 틀린 것은?
① 생식할 때보다 풍미와 소화성이 향상된다.
② 근섬유와 콜라겐은 45℃에서 수축하기 시작한다.
③ 가열한 고기의 색은 메트미오글로빈이다.
④ 고기의 지방은 근 수축과 수분손실을 적게한다.

33 식단 작성 시 고려할 사항으로 틀린 것은?
① 피급식자의 영양소요량을 충족시켜야 한다.
② 좋은 식품의 선택을 위해서 식재료 구매는 예산의 1.5배 정도로 계획한다.
③ 급식인원수와 형태를 고려해야 한다.
④ 기호에 따른 양과 질, 변화, 계절을 고려해야 한다.

34 생선을 씻을 때 주의사항으로 틀린 것은?
① 물에 소금을 10% 정도 타서 씻는다.
② 냉수를 사용한다.
③ 체표면의 점액을 잘 씻도록 한다.
④ 어체에 칼집을 낸 후에는 씻지 않는다.

35 단체급식소에서 식수인원 400명의 풋고추조림을 할 때 풋고추의 총발주량은 약 얼마인가 (단, 풋고추 1인분 30g, 풋고추의 폐기율 6%)
① 12kg ② 13kg
③ 15kg ④ 16kg

36 자색 양배추, 가지 등 적색채소를 조리할 때 색을 보존하기 위한 가장 바람직한 방법은?
① 뚜껑을 열고 다량의 조리수를 사용한다.
② 뚜껑을 열고 소량의 소리수를 사용한다.
③ 뚜껑을 덮고 다량의 조리수를 사용한다.
④ 뚜껑을 덮고 소량의 조리수를 사용한다.

37 단체급식소에서 식품구입량을 정하여 발주하는 식으로 옳은 것은?
① 발주량 = $\dfrac{1인분\ 순사용량 \times 100 \times 식수}{가식률}$

② 발주량 = $\dfrac{1인분\ 순사용량 \times 100}{가식률}$

③ 발주량 = $\dfrac{1인분\ 순사용량 \times 100 \times 식수}{폐기물}$

④ 발주량 = $\dfrac{1인분\ 순사용량 폐기율 \times 100}{폐기물}$

38 감자의 효소적 갈변 억제방법이 아닌 것은?
① 아스코르빈산 첨가
② 아황산 첨가
③ 질소 첨가
④ 물에 침지

39 녹색채소를 데칠 때 소다를 넣을 경우 나타나는 현상이 아닌 것은?
① 채소의 질감이 유지된다.
② 채소의 색을 푸르게 고정시킨다.
③ 비타민C가 파괴된다.
④ 채소의 섬유질을 연화시킨다.

40 냉동보관에 대한 설명으로 틀린 것은?
① 냉동된 닭을 조리할 때 뼈가 검게 변하기 쉽다.
② 떡의 장시간 노화방지를 위해서는 냉동 보관하는 것이 좋다.
③ 급속 냉동 시 얼음 결정이 크게 형성되어 식품의 조직 파괴가 크다.
④ 서서히 동결하면 해동 시 드립(drip)현상을 초래하여 식품의 질을 저하시킨다.

41 조리용 기기의 사용법이 틀린 것은?
① 필러(peeler) : 채소 다지기
② 슬라이서(slicer) : 일정한 두께로 썰기
③ 세미기 : 쌀 세척하기
④ 블랜더(blender) : 액체 교반하기

42 원가계산의 목적이 아닌 것은?
① 가격결정의 목적
② 원가관리의 목적
③ 예산편성의 목적
④ 기말재고량 측정의 목적

43 조리 시 나타나는 현상과 그 원인 색소의 연결이 옳은 것은?
① 산성성분이 많은 물로 지은 밥의 색은 누렇다. -클로로필계
② 식초를 가한 양배추의 색이 짙은 갈색이다. -플라보노이드계
③ 커피를 경수로 끓여 그 표면이 갈색이다. -탄닌계
④ 데친 시금치나물이 누렇게 되었다. -안토시안계

44 고기를 연화시키려고 생강, 키위, 무화과 등을 사용할 때 관련된 설명으로 틀린 것은?
① 단백질의 분해를 촉진시켜 연화시키는 방법이다.
② 두꺼운 로스트용 고기에 적당하다.
③ 즙을 뿌린 후 포크로 찔러주고 일정시간 둔다.
④ 가열 온도가 85℃ 이상이 되면 효과가 없다.

45 전분의 가수분해에 해당되지 않는 것은?
① 식혜, 엿 등이 전분의 가수분해의 결과이다.
② 전분의 당화이다.
③ 효소를 넣어 최적온도를 유지시키면 탈수 축합반응에 의해 당이 된다.
④ 전분을 산과 함께 가열하면 가수분해 되어 당이 된다.

46 쌀 전분을 빨리 α-화 하려고 할 때 조치사항은?
① 아밀로펙틴 함량이 많은 전분을 사용한다.
② 수침시간을 짧게 한다.
③ 가열온도를 높인다.
④ 산성의 물을 사용한다.

47 유지를 가열할 때 유지 표면에서 엷은 푸른 연기가 나기 시작할 때의 온도는?
① 팽창점 ② 연화점
③ 용해점 ④ 발연점

48 전분에 효소를 작용시키면 가수분해 되어 단맛이 증가하여 조청, 물엿이 만들어지는 과정은?
① 호 화 ② 노 화
③ 호정화 ④ 당 화

49 조미료 중 수란을 뜰 때 끓는 물에 넣고 달걀을 넣으면 난백의 응고를 돕고, 작은 생선을 사용할 때 소량 가하면 뼈가 부드러워 지며, 기름기 많은 재료에 사용하면 맛이 부드럽고 산뜻해지는 것은?
① 설 탕 ② 후 추
③ 식 초 ④ 소 금

50 호화와 노화에 대한 설명으로 옳은 것은?
① 쌀과 보리는 물이 없어도 호화가 잘된다.
② 떡의 노화는 냉장고보다 냉동고에서 더 잘 일어난다.
③ 호화된 전분을 80℃ 이상에서 급속건조하면 노화가 촉진된다.
④ 설탕의 첨가는 노화를 지연시킨다.

51 감염경로와 질병과의 연결이 틀린 것은?
① 공기감염 – 공수병
② 비말감염 – 인플루엔자
③ 우유감염 – 결핵
④ 음식물감염 – 폴리오

52 고온작업환경에서 작업할 경우 말초혈관의 순환장애로 혈관신경의 부조절, 심박출량 감소가 생길 수 있는 열중증은?
① 열허탈증 ② 열경련
③ 열쇠약증 ④ 울열증

53 먹는 물에서 다른 미생물이나 분변오염을 추측할 수 있는 지표는?
① 증발잔류량 ② 탁 도
③ 경 도 ④ 대장균

54 음식물로 매개될 수 있는 감염병이 아닌 것은?
① 유행성간염 ② 폴리오
③ 일본뇌염 ④ 콜레라

55 직업병과 관련 원인의 연결이 틀린 것은?
① 잠함병 – 자외선
② 난청 – 소음
③ 진폐증 – 석면
④ 미나마타병 – 수은

56 세균성 이질을 앓고 난 아이가 얻는 면역에 대한 설명으로 옳은 것은?
① 인공면역을 획득한다.
② 수동면역을 획득한다.
③ 영구면역을 획득한다.
④ 면역이 거의 획득되지 않는다.

57 쥐와 관계가 가장 적은 감염병은?
① 페스트
② 신증후군출혈열(유행성출혈열)
③ 발진티푸스
④ 렙토스피라증

58 다수인이 밀집한 장소에서 발생하며 화학적 조성이나 물리적 조성의 큰 변화를 일으켜 불쾌감, 두통, 권태, 현기증, 구토 등의 생리적 이상을 일으키는 현상은?
① 빈 혈 ② 일산화탄소 중독
③ 분압 현상 ④ 군집독

59 작업장의 조명 불량으로 발생될 수 있는 질환이 아닌 것은?
① 안구진탕증 ② 안정피로
③ 결막염 ④ 근 시

60 하수 오염도 측정 시 생화학적 산소요구량(BOD)을 결정하는 가장 중요한 인자는?
① 물의 경도 ② 수중의 유기물량
③ 하수량 ④ 수중의 광물질량

14개년 주요 기출문제

01 생육이 가능한 최저수분활성도가 가장 높은 것은?
① 내건성포자 ② 세 균
③ 곰팡이   ④ 효 모

02 바이러스(virus)에 의하여 발병되지 않는 것은?
① 돈단독증   ② 유행성 간염
③ 급성회백수염 ④ 감염성 설사증

03 다음 중 국내에서 허가된 인공감미료는?
① 둘신(dulcin)
② 사카린나트륨(sodium saccharin)
③ 사이클라민산나트륨(sodium cyclamate)
④ 에틸렌글리콜(ethylene glycol)

04 식품첨가물과 사용목적을 표시한 것 중 잘못된 것은?
① 글리세린 : 용제
② 초산비닐수지 : 껌기초제
③ 탄산암모늄 : 팽창제
④ 규소수지 : 이형제

05 발아한 감자와 청색 감자에 많이 함유된 독성분은?
① 리 신   ② 엔테로톡신
③ 무스카린   ④ 솔라닌

06 「식품위생법」상에 명시된 식품위생감시원의 직무가 아닌 것은?
① 과대광고 금지의 위반 여부에 관한 단속
② 조리사 및 영양사의 법령준수사항 이행 여부 확인, 지도
③ 생산 및 품질관리일지의 작성 및 비치
④ 시설기준의 적합 여부의 확인, 검사

07 영업을 하려는 자가 받아야 하는 식품위생에 관한 교육시간으로 옳은 것은?
① 식품제조가공업 : 36시간
② 식품운반업 : 12시간
③ 단란주점영업 : 6시간
④ 옹기류제조업 : 8시간

08 「식품위생법」상 허위표시과대광고로 보지 않는 것은?
① 수입신고한 사항과 다른 내용의 표시광고
② 식품의 성분과 다른 내용의 표시광고
③ 인체의 건전한 성장 및 발달과 건강한 활동을 유지하는 데 도움을 준다는 표현의 표시광고
④ 외국어 사용 등으로 외국제품으로 혼동할 우려가 있는 표시광고

09 「식품위생법」상 영업신고를 하여야 하는 업종은?
① 유흥주점영업
② 즉석판매제조가공업
③ 식품조사처리업
④ 단란주점영업

10 식품 등의 표시기준상 영양성분에 대한 설명으로 틀린 것은?
① 한 번에 먹을 수 있도록 포장 판매되는 제품은 총 내용량을 1회 제공량으로 한다.
② 영양성분함량은 식물의 씨앗, 동물의 뼈와 같은 비가식 부위도 포함하여 산출한다.
③ 열량의 단위는 킬로칼로리(kcal)로 표시한다.
④ 탄수화물에는 당류를 구분하여 표시하여야한다.

11 식품의 부패 과정에서 생성되는 불쾌한 냄새 물질과 거리가 먼 것은?
① 암모니아 ② 포르말린
③ 황화수소 ④ 인 돌

12 과일이나 과채류를 채취 후 선도 유지를 위해 표면에 막을 만들어 호흡 조절 및 수분 증발방지의 목적에 사용되는 것은?
① 품질 개량제 ② 이형제
③ 피막제 ④ 강화제

13 식품과 독성분의 연결이 틀린 것은?
① 복어 - 테트로도톡신
② 미나리 - 시큐톡신
③ 섭조개 - 베네루핀
④ 청매 - 아미그달린

14 호염성의 성질을 가지고 있는 식중독 세균은?
① 황색포도상구균(Staphylococcus aureus)
② 병원성 대장균(E. coli O157 : H7)
③ 장염 비브리오(Vibrio parahaemolyticus)
④ 리스테리아모노사이토제네스(Listeriamonocytogenes)

15 미생물의 생육에 필요한 조건과 거리가 먼 것은?
① 수 분 ② 산 소
③ 온 도 ④ 자외선

16 우유를 높은 온도로 가열하면 Maillard 반응이 일어난다. 이때 가장 많이 손실되는 성분은?
① lysine ② arginine
③ sucrose ④ Ca

17 훈연에 대한 설명으로 틀린 것은?
① 햄, 베이컨, 소시지가 훈연제품이다.
② 훈연 목적은 육제품의 풍미와 외관 향상이다.
③ 훈연재료는 침엽수인 소나무가 좋다.
④ 훈연하면 보존성이 좋아진다.

18 청과물의 저장 시 변화에 대하여 옳게 설명한 것은?
① 청과물은 저장중이거나 유통과정 중에도 탄산가스와 열이 발생한다.
② 신선한 과일의 보존기간을 연장시키는 데 저장이 큰 역할을 하지 못한다.
③ 과일이나 채소는 수확하면 더 이상 숙성하지 않는다.
④ 감의 떫은맛은 저장에 의해서 감소되지 않는다.

19 달걀의 가공 적성이 아닌 것은?
① 열응고성 ② 기포성
③ 쇼트닝성 ④ 유화성

20 식품의 갈변 현상 중 성질이 다른 것은?
① 고구마 절단면의 변색
② 홍차의 적색
③ 간장의 갈색
④ 다진 양송이의 갈색

21 매운맛 성분과 소재 식품의 연결이 올바르게 된 것은?
① 알릴이소티오시아네이트(allylisothiocyanate) - 고추냉이
② 캡사이신(capsaicin) - 마늘
③ 진저롤(gingerol) - 고추
④ 차비신(chavicine) - 생강

22 클로로필(chlorophyll)에 관한 설명으로 틀린 것은?
① 포르피린환(porphyrin ring)에 구리(Cu)가 결합되어 있다.
② 김치의 녹색이 갈변하는 것은 발효 중 생성되는 젖산 때문이다.
③ 산성식품과 같이 끓이면 갈색이 된다.
④ 알칼리 용액에서는 청록색을 유지한다.

23 참기름이 다른 유지류보다 산패에 대하여 비교적 안정성이 큰 이유는 어떤 성분 때문인가?
① 레시틴(lecithin)
② 세사몰(sesamol)
③ 고시폴(gossypol)
④ 인지질(phospholipid)

24 탄수화물이 아닌 것은?
① 젤라틴
② 펙틴
③ 섬유소
④ 글리코겐

25 유지의 산패도를 나타내는 값으로 짝지어진 것은?
① 비누화가, 요오드가
② 요오드가, 아세틸가
③ 과산화물가, 비누화가
④ 산가, 과산화물가

26 결합수의 특징이 아닌 것은?
① 수증기압이 유리수보다 낮다.
② 압력을 가해도 제거하기 어렵다.
③ 0℃에서 매우 잘 언다.
④ 용질에 대해서 용매로서 작용하지 않는다.

27 비타민 E에 대한 설명으로 틀린 것은?
① 물에 용해되지 않는다.
② 항산화작용이 있어 비타민 A나 유지 등의 산화를 억제해 준다.
③ 버섯 등에 에르고스테롤(ergosterol)로 존재한다.
④ 알파 토코페롤(α-tocopherol)이 가장 효력이 강하다.

28 우유에 함유된 단백질이 아닌 것은?
① 락토오스(lactose)
② 카제인(casein)
③ 락토알부민(lactoalbumin)
④ 락토글로불린(lactoglobulin)

29 소시지 100g당 단백질 13g, 지방 21g, 당질 5.5g이 함유되어 있을 경우, 소시지 150g의 열량은?
① 158kcal
② 263kcal
③ 322kcal
④ 395kcal

30 글루텐을 형성하는 단백질을 가장 많이 함유한 것은?
① 밀
② 쌀
③ 보리
④ 옥수수

31 채소 조리 시 색의 변화로 맞는 것은?
① 시금치는 산을 넣으면 녹황색으로 변한다.
② 당근은 산을 넣으면 퇴색된다.
③ 양파는 알칼리를 넣으면 백색으로 된다.
④ 가지는 산에 의해 청색으로 된다.

32 기름을 여러 번 재가열할 때 일어나는 변화에 대한 설명으로 맞는 것은?

> ㉠ 풍미가 좋아진다.
> ㉡ 색이 진해지고, 거품 현상이 생긴다.
> ㉢ 산화중합반응으로 점성이 높아진다.
> ㉣ 가열분해로 황산화 물질이 생겨 산패를 억제한다.

① ㉠, ㉡ ② ㉠, ㉢
③ ㉡, ㉢ ④ ㉢, ㉣

33 배추김치를 만드는 데 배추 50kg이 필요하다. 배추 1kg의 값은 1,500원이고 가식부율은 90%일 때 배추 구입비용은 약 얼마인가?

① 67,500원 ② 75,000원
③ 82,500원 ④ 83,400원

34 조리 시 센 불로 가열한 후 약한 불로 세기를 조절하지 않는 것은?

① 생선조림 ② 된장찌개
③ 밥 ④ 새우튀김

35 소금의 용도가 아닌 것은?

① 채소 절임 시 수분 제거
② 효소 작용 억제
③ 아이스크림 제조 시 빙점 강하
④ 생선구이 시 석쇠 금속의 부착 방지

36 생선튀김의 조리법으로 가장 알맞은 것은?

① 180℃에서 2~3분간 튀긴다.
② 150℃에서 4~5분간 튀긴다.
③ 130℃에서 5~6분간 튀긴다.
④ 200℃에서 7~8분간 튀긴다.

37 당근 등의 녹황색 채소를 조리할 경우 기름을 첨가하는 조리방법을 선택하는 주된 이유는?

① 색깔을 좋게 하기 위하여
② 부드러운 맛을 위하여
③ 비타민 C의 파괴를 방지하기 위하여
④ 지용성 비타민의 흡수를 촉진하기 위하여

38 고기를 요리할 때 사용되는 연화제는?

① 소금 ② 참기름
③ 파파인(papain) ④ 염화칼슘

39 달걀의 기포성을 이용한 것은?

① 달걀찜 ② 푸딩(pudding)
③ 머랭(meringue) ④ 마요네즈(mayonnaise)

40 단백질의 구성단위는?

① 아미노산 ② 지방산
③ 과당 ④ 포도당

41 사과나 딸기 등이 잼에 이용되는 가장 중요한 이유는?

① 과숙이 잘되어 좋은 질감을 형성하므로
② 펙틴과 유기산이 함유되어 잼 제조에 적합하므로
③ 색이 아름다워 잼의 상품 가치를 높이므로
④ 새콤한 맛 성분이 잼 맛에 적합하므로

42 음식의 온도와 맛의 관계에 대한 설명으로 틀린 것은?

① 국은 식을수록 짜게 느껴진다.
② 커피는 식을수록 쓰게 느껴진다.
③ 차게 먹을수록 신맛이 강하게 느껴진다.
④ 녹은 아이스크림보다 얼어 있는 것의 단맛이 약하게 느껴진다.

43 재고회전율이 표준치보다 낮은 경우에 대한 설명으로 틀린 것은?
① 긴급구매로 비용 발생이 우려된다.
② 종업원들이 심리적으로 부주의하게 식품을 사용하여 낭비가 심해진다.
③ 부정 유출이 우려된다.
④ 저장기간이 길어지고 식품 손실이 커지는 등 많은 자본이 들어가 이익이 줄어든다.

44 토마토 크림수프를 만들 때 일어나는 우유의 응고 현상을 바르게 설명한 것은?
① 산에 의한 응고
② 당에 의한 응고
③ 효소에 의한 응고
④ 염에 의한 응고

45 돼지고기 편육을 할 때 고기를 삶는 방법으로 가장 적합한 것은?
① 한 번 삶아서 찬물에 식혔다가 다시 삶는다.
② 물이 끓으면 고기를 넣어서 삶는다.
③ 찬물에 고기를 넣어서 삶는다.
④ 생강은 처음부터 같이 넣어야 탈취 효과가 크다.

46 단체급식 시설별 고유의 목적과 거리가 먼 것은?
① 학교급식 – 편식 교정
② 병원급식 – 건강회복 및 치료
③ 산업체급식 – 작업능률 향상
④ 군대급식 – 복지 향상

47 생선 조리 시 식초를 적당량 넣었을 때 장점이 아닌 것은?
① 생선의 가시를 연하게 해준다.
② 어취를 제거한다.
③ 살을 연하게 하여 맛을 좋게 한다.
④ 살균 효과가 있다.

48 가식부율이 70%인 식품의 출고계수는?
① 1.25
② 1.43
③ 1.64
④ 2.00

49 비타민A가 부족할 때 나타나는 대표적인 증세는?
① 괴혈병
② 구루병
③ 불임증
④ 야맹증

50 조리식품이나 반조리식품의 해동방법으로 가장 적합한 방법은?
① 상온에서의 자연 해동
② 냉장고를 이용한 저온 해동
③ 흐르는 물에 담그는 청수 해동
④ 전자레인지를 이용한 해동

51 동물과 관련된 감염병의 연결이 틀린 것은?
① 소 – 결핵
② 고양이 – 디프테리아
③ 개 – 광견병
④ 쥐 – 페스트

52 법정 제2급 감염병이 아닌 것은?
① 결핵
② 세균성 이질
③ 한센병
④ 후천성면역결핍증(AIDS)

53 진개(쓰레기) 처리법과 가장 거리가 먼 것은?
① 위생적 매립법
② 소각법
③ 비료화법
④ 활성슬러지법

54 기생충과 인체 감염원인 식품의 연결이 틀린 것은?
① 유구조충 – 돼지고기
② 무구조충 – 민물고기
③ 동양모양선충 – 채소류
④ 아니사키스 – 바다생선

55 꿩고기를 이용하여 만든 만두는?
① 생치만두 ② 준치만두
③ 병 시   ④ 규아상

56 접촉감염지수가 가장 높은 질병은?
① 유행성이하선염 ② 홍 역
③ 성홍열   ④ 디프테리아

57 잠함병의 발생과 가장 밀접한 관계를 갖고 있는 환경 요소는?
① 고압과 질소
② 저압과 산소
③ 고온과 이산화탄소
④ 저온과 일산화탄소

58 중간숙주 없이 감염이 가능한 기생충은?
① 아니사키스 ② 회 충
③ 폐흡충   ④ 간흡충

59 소음으로 인한 피해와 거리가 먼 것은?
① 불쾌감 및 수면 장애
② 작업능률 저하
③ 위장기능 저하
④ 맥박과 혈압의 저하

60 국가의 보건수준이나 생활수준을 나타내는 데 가장 많이 이용되는 지표는?
① 병상이용률   ② 건강보험 수혜자수
③ 영아사망률   ④ 조출생률

14개년 주요 기출문제

한식조리기능사 09

01 황색포도상구균에 의한 독소형 식중독과 관계되는 독소는?
① 장독소 ② 간독소
③ 혈독소 ④ 암독소

02 히스타민 함량이 많아 가장 알러지성 식중독을 일으키기 쉬운 어육은?
① 넙치 ② 대구
③ 가다랑어 ④ 도미

03 빵을 비롯한 밀가루제품에서 밀가루를 부풀게 하여 적당한 형태를 갖추게 하기 위해 사용되는 첨가물은?
① 팽창제 ② 유화제
③ 피막제 ④ 산화방지제

04 육류의 부패 과정에서 pH가 약간 저하되었다가 다시 상승하는 데 관계하는 것은?
① 암모니아 ② 비타민
③ 글리코겐 ④ 지방

05 곰팡이에 의해 생성되는 독소가 아닌 것은?
① 아플라톡신 ② 시트리닌
③ 엔테로톡신 ④ 파툴린

06 열경화성 합성수지제 용기의 용출시험에서 가장 문제가 되는 유독 물질은?
① 메탄올 ② 아질산염
③ 포름알데히드 ④ 연단

07 동물성 식품에서 유래하는 식중독 유발 유독성분은?
① 아마니타톡신 ② 솔라닌
③ 베네루핀 ④ 시큐톡신

08 사용목적별 식품첨가물의 연결이 틀린 것은?
① 착색료 : 철클로로필린나트륨
② 소포제 : 초산비닐수지
③ 표백제 : 아황산나트륨
④ 감미료 : 삭카린나트륨

09 식품취급자가 손을 씻는 방법으로 적합하지 않은 것은?
① 살균효과를 증대시키기 위해 역성비누액에 일반 비누액을 섞어 사용한다.
② 팔에서 손으로 씻어 내려온다.
③ 손을 씻은 후 비눗물을 흐르는 물에 충분히 씻는다.
④ 역성비누원액을 몇 방울 손에 받아 30초 이상 문지르고 흐르는 물로 씻는다.

10 사시, 동공확대, 언어장해 등 특유의 신경마비증상을 나타내며 비교적 높은 치사율을 보이는 식중독 원인균은?
① 황색 포도상구균
② 클로스트리디움 보툴리늄균
③ 병원성 대장균
④ 바실러스 세레우스균

11 식품공정상 표준온도라 함은 몇 ℃인가?
① 5℃ ② 10℃
③ 15℃ ④ 20℃

12 식품 등을 판매하거나 판매할 목적으로 취급할 수 있는 것은?
① 병을 일으키는 미생물에 오염되었거나 그 염려가 있어 인체의 건강을 해칠 우려가 있는 식품
② 포장에 표시된 내용량에 비하여 중량이 부족한 식품
③ 영업의 신고를 하여야 하는 경우에 신고하지 아니한 자가 제조한 식품
④ 썩거나 상하거나 설익어서 인체의 건강을 해칠 우려가 있는 식품

13 식품 등의 표시기준에 의해 표시해야 하는 대상성분이 아닌 것은?
① 나트륨 ② 지 방
③ 열 량 ④ 칼 슘

14 다음 영업의 종류 중 식품접객업이 아닌 것은?
① 총리령이 정하는 식품을 제조, 가공 업소 내에서 직접 최종소비자에게 판매하는 영업
② 음식류를 조리, 판매하는 영업으로서 식사와 함께 부수적으로 음주행위가 허용되는 영업
③ 집단급식소를 설치, 운영하는 자와의 계약에 의하여 그 집단급식소 내에서 음식류를 조리하여 제공하는 영업
④ 주로 주류를 판매하는 영업으로서 유흥종사자를 두거나 유흥시설을 설치할 수 있고 노래를 부르거나 춤을 추는 행위가 허용되는 영업

15 「식품위생법」상 조리사가 면허취소 처분을 받은 경우 반납하여야 할 기간은?
① 지체 없이 ② 5일
③ 7일 ④ 15일

16 전분에 대한 설명으로 틀린 것은?
① 아밀로오즈와 아밀로펙틴의 비율이 2 : 8이다.
② 식혜, 엿은 전분의 효소 작용을 이용한 식품이다.
③ 동물성 탄수화물로 열량을 공급한다.
④ 가열하면 팽윤되어 점성을 갖는다.

17 과실 주스에 설탕을 섞은 농축액 음료수는?
① 탄산음료 ② 스쿼시
③ 시 럽 ④ 젤 리

18 담근지 1년이 되는 간장을 무엇이라 하는가?
① 양조간장 ② 청 장
③ 향신간장 ④ 국간장

19 다음 물질 중 동물성 색소는?
① 클로로필 ② 플라보노이드
③ 헤모글로빈 ④ 안토잔틴

20 천연 산화방지제가 아닌 것은?
① 아스코르브산 ② 안식향산
③ 토코페롤 ④ BHT

21 감자는 껍질을 벗겨 두면 색이 변화되는데 이를 막기 위한 방법은?
① 물에 담근다.
② 냉장고에 보관한다.
③ 냉동시킨다.
④ 공기 중에 방치한다.

22 "당면은 감자, 고구마, 녹두 가루에 첨가물을 혼합, 성형하여 (　)한 후 건조, 냉각하여 (　)시킨 것으로 반드시 열을 가해 (　) 하여 먹는다." (　)에 알맞은 용어가 순서대로 나열된 것은?

① α화 – β화 – α화
② α화 – α화 – β화
③ β화 – β화 – α화
④ β화 – α화 – β화

23 대두에 관한 설명으로 틀린 것은?

① 콩 단백질의 주요 성분인 글리시닌은 글로불린에 속한다.
② 아미노산의 조성은 메티오닌, 시스테인이 많고 라이신, 트립토판이 적다.
③ 날콩에는 트립신 저해제가 함유되어 생식할 경우 단백질 효율을 저하시킨다.
④ 두유에 염화마그네슘이나 탄산칼슘을 첨가하여 단백질을 응고시킨 것이 두부이다.

24 적자색 양배추를 채 썰어 물에 장시간 담가두었더니 탈색되었다. 이 현상의 원인이 되는 색소와 그 성질을 바르게 연결한 것은?

① 안토시아닌계 색소 : 수용성
② 플라보노이드계 색소 : 지용성
③ 헴계 색소 : 수용성
④ 클로로필계 색소 : 지용성

25 인체의 미량원소로 주로 갑상선호르몬인 싸이록신과 트리아이오도싸이록신의 구성원소로 갑상선에 들어있으며, 원소기호는 I인 영양소는?

① 요오드　　② 철
③ 마그네슘　④ 셀레늄

26 필수아미노산만으로 짝지어진 것은?

① 트립토판, 메티오닌
② 트립토판, 글리신
③ 라이신, 글루타민산
④ 루신, 알라닌

27 박력분에 대한 설명 중 옳은 것은?

① 마카로니 제조에 쓰인다.
② 우동 제조에 쓰인다.
③ 단백질 함량이 9% 이하이다.
④ 글루텐의 탄력성과 점성이 강하다.

28 돼지의 지방조직을 가공하여 만든 것은?

① 헤드치즈　　② 라드
③ 젤라틴　　　④ 쇼트닝

29 달걀을 삶은 직후 찬물에 넣어 식히면 노른자 주위의 암녹색의 황화철이 적게 생기는데 그 이유는?

① 찬물이 스며들어가 황을 희석시키기 때문
② 황화수소가 난각을 통하여 외부로 발산되기 때문
③ 찬물이 스며들어가 철분을 희석하기 때문
④ 외부의 기압이 낮아 황과 철분이 외부로 빠져나오기 때문

30 신선한 생육의 환원형 미오글로빈이 공기와 접촉하면 분자상의 산소와 결합하여 옥시미오글로빈으로 되는데 이때의 색은?

① 어두운 적자색　② 선명한 적색
③ 어두운 회갈색　④ 선명한 분홍색

31 식미에 긴장감을 주고 식욕을 증진시키며 살균작용을 돕는 매운맛 성분의 연결이 틀린 것은?

① 마늘 – 알리신　② 생강 – 진저롤
③ 산초 – 호박산　④ 고추 – 캡사이신

32 전자레인지의 주된 조리 원리는?
① 복 사 ② 전 도
③ 대 류 ④ 초단파

33 달걀의 이용이 바르게 연결된 것은?
① 농후제 – 크로켓
② 결합제 – 만두속
③ 팽창제 – 커스터드
④ 유화제 – 푸딩

34 달걀 삶기에 대한 설명 중 틀린 것은?
① 달걀을 완숙하려면 98~100℃의 온도에서 12분 정도 삶아야 한다.
② 삶은 달걀을 냉수에 즉시 담그면 부피가 수축하여 난각과의 공간이 생기므로 껍질이 잘 벗겨진다.
③ 달걀을 오래 삶으면 난황 주위에 생기는 황화수소는 녹색이며 이로 인해 녹변이 된다.
④ 달걀은 70℃ 이상의 온도에서 난황과 난백이 모두 응고한다.

35 다음 자료에 의해서 총원가를 산출하면 얼마인가?

• 직접재료비	170,000원
• 간접재료비	55,000원
• 직접노무비	80,000원
• 간접노무비	50,000원
• 직접경비	5,000원
• 간접경비	65,000원
• 판매경비	5,500원
• 일반관리비	10,000원

① 425,000원 ② 430,500원
③ 435,000원 ④ 440,500원

36 식품구입시의 감별방법으로 틀린 것은?
① 육류가공품인 소시지의 색은 담홍색이며 탄력성이 없는 것
② 밀가루는 잘 건조되고 덩어리가 없으며 냄새가 없는 것
③ 감자는 굵고 상처가 없으며 발아되지 않은 것
④ 생선은 탄력이 있고 아가미는 선홍색이며 눈알이 맑은 것

37 감자 150g을 고구마로 대치하려면 고구마 약 몇 g이 있어야 하는가? (당질 함량은 100g당 감자 15g, 고구마 32g)
① 21g ② 44g
③ 66g ④ 70g

38 과일이 성숙함에 따라 일어나는 성분변화가 아닌 것은?
① 과육은 점차로 연해진다.
② 엽록소가 분해되면서 푸른색은 옅어진다.
③ 비타민 C와 카로틴 함량이 증가한다.
④ 탄닌은 증가한다.

39 마요네즈가 분리되는 경우가 아닌 것은?
① 기름의 양이 많았을 때
② 기름을 첨가하고 천천히 저어주었을 때
③ 기름의 온도가 너무 낮을 때
④ 신선한 마요네즈를 조금 첨가했을 때

40 일반적으로 젤라틴이 사용되지 않는 것은?
① 양 갱 ② 아이스크림
③ 마시멜로우 ④ 족 편

41 일반적으로 맛있게 지어진 밥은 쌀 무게의 약 몇 배 정도의 물을 흡수하는가?
① 1.2~1.4배　② 2.2~2.4배
③ 3.2~4.4배　④ 4.2~5.4배

42 일반적으로 생선의 맛이 좋아지는 시기는?
① 산란기 몇 개월 전
② 산란기 직전
③ 산란기 직후
④ 산란기 몇 개월 후

43 다음 식품 중 직접 가열하는 급속해동법이 많이 이용되는 것은?
① 생 선　② 소고기
③ 냉동피자　④ 닭고기

44 두부를 새우젓국에 끓이면 물에 끓이는 것보다 더 (　). (　)에 알맞은 말은?
① 단단해진다.
② 부드러워진다.
③ 구멍이 많이 생긴다.
④ 색깔이 하얗게 된다.

45 급식시설 종류별 단체급식의 목적으로 틀린 것은?
① 학교급식 – 심신의 건전한 발달과 올바른 식습관 형성
② 군대급식 – 체력 및 건강증진으로 체력단련 유도
③ 사회복지시설 – 작업능률을 높이고, 효과적인 생산성의 향상
④ 병원급식 – 환자상태에 따라 특별식을 급식하여 질병 치료나 증상 회복을 촉진

46 닭튀김을 하였을 때 살코기 색이 분홍색을 나타내는 것은?
① 변질된 닭이므로 먹지 못한다.
② 병에 걸린 닭이므로 먹어서는 안 된다.
③ 근육성분의 화학적 반응이므로 먹어도 된다.
④ 닭의 크기가 클수록 분홍색 변화가 심하다.

47 오이피클 제조 시 오이의 녹색이 녹갈색으로 변하는 이유는?
① 클로로필리드가 생겨서
② 클로로필린이 생겨서
③ 페오피틴이 생겨서
④ 잔토필이 생겨서

48 표준조리 레시피를 만들 때 포함되어야 할 사항이 아닌 것은?
① 메뉴명　② 조리시간
③ 1일 단가　④ 조리방법

49 매월 고정적으로 포함해야 하는 경비는?
① 지급운임　② 감가상각비
③ 복리후생비　④ 수 당

50 식품조리의 목적과 가장 거리가 먼 것은?
① 식품이 지니고 있는 영양소 손실을 최대한 적게 하기 위해
② 각 식품의 성분이 잘 조화되어 풍미를 돋구게 하기 위해
③ 외관상으로 식욕을 자극하기 위해
④ 질병을 예방하고 치료하기 위해

51 군집독의 가장 큰 원인은?
① 실내 공기의 이화학적 조성의 변화 때문이다.
② 실내의 생물학적 변화 때문이다.
③ 실내공기 중 산소의 부족 때문이다.
④ 실내기온이 증가하여 너무 덥기 때문이다.

52 인공능동면역에 의하여 면역력이 강하게 형성되는 감염병은?
① 이 질 ② 말라리아
③ 폴리오 ④ 폐 렴

53 하수처리방법 중에서 처리의 부산물로 메탄가스 발생이 많은 것은?
① 활성오니법 ② 살수여상법
③ 혐기성처리법 ④ 산화지법

54 곤충을 매개로 간접전파되는 감염병과 가장 거리가 먼 것은?
① 재귀열 ② 말라리아
③ 인플루엔자 ④ 쯔쯔가무시병

55 DPT 예방접종과 관계없는 감염병은?
① 페스트 ② 디프테리아
③ 백일해 ④ 파상풍

56 미생물에 대한 살균력이 가장 큰 것은?
① 적외선 ② 가시광선
③ 자외선 ④ 라디오파

57 감염병과 주요한 감염경로의 연결이 틀린 것은?
① 공기 감염 - 폴리오
② 직접 접촉감염 - 성병
③ 비말 감염 - 홍역
④ 절지동물 매개 - 황열

58 영아사망률을 나타낸 것으로 옳은 것은?
① 1년간 출생수 1000명당 생후 7일 미만의 사망수
② 1년간 출생수 1000명당 생후 1개월 미만의 사망수
③ 1년간 출생수 1000명당 생후 1년 미만의 사망수
④ 1년간 출생수 1000명당 전체 사망수

59 예방접종이 감염병 관리상 갖는 의미는?
① 병원소의 제거
② 감염원의 제거
③ 환경의 관리
④ 감수성 숙주의 관리

60 애호박, 소소기, 버섯, 찹쌀전병이 주재료로 주재료로 채로 썬 뒤 갖은 양념을 하여 볶아서 조리한 음식을 무엇이라 하는가?
① 월과채 ② 잡 채
③ 탕평채 ④ 어 채

14개년 주요 기출문제

01 식육 및 어육제품의 가공 시 첨가되는 아질산염과 제2급 아민이 반응하여 생기는 발암물질은?
   ① 벤조피렌(benzopyrene)
   ② PCB(polychlorinated biphenyl)
   ③ 엔 니트로사민(N-nitrosamine)
   ④ 말론알데히드(malonaldehyde)

02 식품위생의 목적이 아닌 것은?
   ① 위생상의 위해방지
   ② 식품영양의 질적 향상도모
   ③ 국민보건의 증진
   ④ 식품산업의 발전

03 초기에 두통, 구토, 설사 증상을 보이다가 심하면 실명을 유발하는 것은?
   ① 아우라민   ② 메탄올
   ③ 무스카린   ④ 에르고타민

04 1960년 영국에서 10만 마리의 칠면조가 간장 장해를 일으켜 대량 폐사한 사고가 발생하여 원인을 조사한 결과 땅콩박에서 Aspergillusflavus가 번식하여 생성한 독소가 원인 물질로 밝혀진 곰팡이 독소 물질은?
   ① 오크라톡신(ochratoxin)
   ② 에르고톡신(ergotoxin)
   ③ 아플라톡신(aflatoxin)
   ④ 루브라톡신(rubratoxin)

05 세균의 장독소(enterotoxin)에 의해 유발되는 식중독은?
   ① 황색포도상구균 식중독
   ② 살모넬라 식중독
   ③ 복어 식중독
   ④ 장염비브리오 식중독

06 알러지성 식중독에 관계되는 원인 물질과 균은?
   ① 아세토인(acetoin), 살모넬라균
   ② 지방(fat), 장염 비브리오균
   ③ 엔테로톡신(enterotoxin), 포도상구균
   ④ 히스타민(histamine), 모르가니균알러지성 식중독

07 발육 최적온도가 25~37℃인 균은?
   ① 저온균   ② 중온균
   ③ 고온균   ④ 내열균

08 식육 및 어육 등의 가공육제품의 육색을 안정하게 유지하기 위하여 사용되는 식품첨가물은?
   ① 아황산나트륨   ② 질산나트륨
   ③ 몰식자산프로필   ④ 이산화염소

09 감자의 부패에 관여하는 물질은?
   ① 솔라닌(solanine)
   ② 셉신(sepsine)
   ③ 아코니틴(aconitine)
   ④ 시큐톡신(cicutoxin)

10 우리나라에서 간장에 사용할 수 있는 보존료는?

① 프로피온산(propionic acid)
② 이초산나트륨(sodium diacetate)
③ 안식향산(benzoic acid)
④ 소르빈산(sorbic acid)

11 「식품위생법」상 식품, 식품첨가물, 기구 또는 용기 포장에 기재하는 "표시"의 범위는?

① 문자
② 문자, 숫자
③ 문자, 숫자, 도형
④ 문자, 숫자, 도형, 음향

12 조리사 면허의 취소처분을 받은 때 면허증 반납은 누구에게 하는가?

① 보건복지부장관
② 특별자치도지사, 시장, 군수, 구청장
③ 식품의약품안전처장
④ 보건소장

13 영업허가를 받아야 하는 업종은?

① 식품운반업　　② 유흥주점영업
③ 식품제조가공업　④ 식품소분판매업

14 식품 등을 제조, 가공하는 영업을 하는 자가 제조, 가공하는 식품 등이 「식품위생법」 규정에 의한 기준, 규격에 적합한지 여부를 검사한 기록서를 보관해야 하는 기간은?

① 6개월　　② 1년
③ 2년　　　④ 3년

15 「식품위생법」에서 정하고 있는 식품 등의 위생적인 취급에 관한 기준에 대한 설명으로 틀린 것은?

① 식품 등의 제조, 가공, 조리에 직접 사용되는 기계, 기구 및 음식기는 사용 후에 세척, 살균하는 등 항상 청결하게 유지, 관리하여야 한다.
② 어류, 육류, 채소류를 취급하는 칼, 도마는 각각 구분하여 사용하여야 한다.
③ 제조, 가공하여 최소판매 단위로 포장된 식품을 허가 받지 아니하고 포장을 뜯어 분할하여 판매하여서는 아니 되나, 컵라면 등 그 밖의 음식류에 뜨거운 물을 부어주기 위하여 분할하는 경우는 가능하다.
④ 식품 등의 원료 및 제품 등은 모두 냉동, 냉장시설에 보관, 관리하여야 한다.

16 쌀의 도정도가 증가할 때 나타나는 현상은?

① 빛깔이 좋아진다.
② 조리시간이 증가한다.
③ 소화율이 낮아진다.
④ 영양분이 증가한다.

17 훈연 시 육류의 보전성과 풍미 향상에 가장 많이 관여하는 것은?

① 유기산　　② 숯성분
③ 탄 소　　④ 페놀류

18 알칼리성 식품의 성분에 해당하는 것은?

① 유즙의 칼슘(Ca)
② 생선의 황(S)
③ 곡류의 염소(Cl)
④ 육류의 인(P)

19 라이코펜은 무슨 색이며, 어떤 식품에 많이 들어 있는가?
① 붉은색 – 당근, 호박, 살구
② 붉은색 – 토마토, 수박, 감
③ 노란색 – 옥수수, 고추, 감
④ 노란색 – 새우, 녹차, 노른자

20 이당류인 것은?
① 설탕(sucrose)
② 전분(starch)
③ 과당(fructose)
④ 갈락토오스(galactose)

21 동물이 도축된 후 화학변화가 일어나 근육이 긴장되어 굳어지는 현상은?
① 사후경직
② 자기소화
③ 산 화
④ 팽 화

22 생선 육질이 소고기 육질보다 연한 것은 주로 어떤 성분의 차이에 의한 것인가?
① 글리코겐(glycogen)
② 헤모글로빈(hemoglobin)
③ 포도당(glucose)
④ 콜라겐(collagen)

23 치즈제조에 사용되는 우유단백질을 응고시키는 효소는?
① 프로테아제(protease)
② 렌닌(rennin)
③ 아밀라아제(amylase)
④ 말타아제(maltase)

24 탄수화물의 구성요소가 아닌 것은?
① 탄 소
② 질 소
③ 산 소
④ 수 소

25 비타민에 대한 설명 중 틀린 것은?
① 카로틴은 프로비타민 A이다.
② 비타민 E는 토코페롤이라고도 한다.
③ 비타민 B_{12}는 망간(Mn)을 함유한다.
④ 비타민 C가 결핍되면 괴혈병이 발생한다.

26 함유된 주요 영양소가 잘못 짝지어진 것은?
① 북어포 : 당질, 지방
② 우유 : 칼슘, 단백질
③ 두유 : 지방, 단백질
④ 밀가루 : 당질, 단백질

27 식품의 단백질이 변성되었을 때 나타나는 현상이 아닌 것은?
① 소화효소의 작용을 받기 어려워진다.
② 용해도가 감소한다.
③ 점도가 증가한다.
④ 폴리펩티드(polypeptide) 사슬이 풀어진다.

28 고구마 100g이 72kcal의 열량을 낼 때, 고구마 350g은 얼마의 열량을 공급하는가?
① 234kcal
② 252kcal
③ 324kcal
④ 384kcal

29 생선묵의 점탄성을 부여하기 위해 첨가하는 물질은?
① 소 금
② 전 분
③ 설 탕
④ 술

30 클로로필(chlorophyll) 색소의 포르피린 고리에 결합되어 있는 이온은?
① Cu^{2+}
② Mg^{2+}
③ Fe^{2+}
④ Na^+

31 신체의 근육이나 혈액을 합성하는 구성영양소는?
① 단백질
② 무기질
③ 물
④ 비타민

32 냄새나 증기를 배출시키기 위한 환기시설은?
① 트랩
② 트랜치
③ 후드
④ 컨베이어

33 육류조리에 대한 설명으로 맞는 것은?
① 목심, 양지, 사태는 건열조리에 적당하다.
② 안심, 등심, 염통, 콩팥은 습열조리에 적당하다.
③ 편육은 고기를 냉수에서 끓이기 시작한다.
④ 탕류는 고기를 찬물에 넣고 끓이며, 끓기 시작하면 약한 불에서 끓인다.

34 단체급식의 문제점이 아닌 것은?
① 영양가의 산출 오류나 조리 기술의 부족은 영양 저하를 일으킬 수 있다.
② 식중독 및 유독물질이나 세균의 혼입으로 위생사고가 발생할 수 있다.
③ 짧은 시간 내에 다량의 음식을 준비하므로 다양한 음식의 개발이 어렵다.
④ 국가의 식량정책에 협조하여 식단을 작성하므로 제철식품의 사용이 어렵다.

35 알칼로이드성 물질로 커피의 자극성을 나타내고 쓴맛에도 영향을 미치는 성분은?
① 주석산(tartaric acid)
② 카페인(caffein)
③ 탄닌(tannin)
④ 개미산(formic acid)

36 전분의 호화와 점성에 대한 설명 중 옳은 것은?
① 곡류는 서류보다 호화온도가 낮다.
② 전분의 입자가 클수록 빨리 호화된다.
③ 소금은 전분의 호화와 점도를 촉진시킨다.
④ 산 첨가는 가수분해를 일으켜 호화를 촉진시킨다.

37 김치를 담근 배추와 무가 물러졌을 때 그 원인에 해당하지 않는 것은?
① 김치 담글 때 배추와 무를 충분히 씻지 않았다.
② 김치 국물이 적어 국물 위로 김치가 노출되었다.
③ 김치를 꺼낼 때마다 꾹꾹 눌러 놓지 않았다.
④ 김치 숙성의 적기가 경과되었다.

38 난백의 기포성에 관한 설명으로 옳은 것은?
① 신선한 달걀의 난백이 기포형성이 잘된다.
② 수양난백이 농후난백보다 기포형성이 잘된다.
③ 난백거품을 낼 때 다량의 설탕을 넣으면 기포형성이 잘된다.
④ 실온에 둔 것보다 냉장고에서 꺼낸 난백의 기포형성이 쉽다.

39 점성이 없고 보슬보슬한 매쉬드 포테이토(mashed popato)용 감자로 가장 알맞은 것은?
① 충분히 숙성한 분질의 감자
② 전분의 숙성이 불충분한 수확 직후의 햇감자
③ 소금 1컵 : 물 11컵의 소금물에서 표면에 뜨는 감자
④ 10℃ 이하의 찬 곳에 저장한 감자

40 생선조리 방법으로 적합하지 않은 것은?
① 탕을 끓일 경우 국물을 먼저 끓인 후에 생선을 넣는다.
② 생강은 처음부터 넣어야 어취 제거에 효과적이다.
③ 생선조림은 양념장을 끓이다가 생선을 넣는다.
④ 생선 표면을 물로 씻으면 어취가 감소된다.

41 한식에서 고명으로 사용되는 것이 아닌 것은?
① 미나리초대 ② 잣
③ 황백자단 ④ 설 탕

42 육류의 사후강직과 숙성에 대한 설명으로 틀린 것은?
① 사후강직은 근섬유가 미오글로빈(myoglobin)을 형성하여 근육이 수축되는 상태이다.
② 도살 후 글리코겐이 혐기적 상태에서 젖산을 생성하여 pH가 저하된다.
③ 사후강직 시기에는 보수성이 저하되고 육즙이 많이 유출된다.
④ 자가분해효소인 카텝신(cathepsin)에 의해 연해지고 맛이 좋아진다.

43 조리기기 및 기구와 그 용도의 연결이 틀린 것은?
① 필러(peeler) : 채소의 껍질 벗길 때
② 믹서(mixer) : 재료를 혼합할 때
③ 슬라이서(clicer) : 채소를 다질 때
④ 육류파우더(meat pounder) : 육류를 연화시킬 때

44 쌀을 지나치게 문질러서 씻을 때 가장 손실이 큰 비타민은?
① 비타민 A ② 비타민 B_1
③ 비타민 D ④ 비타민 E

45 전분을 주재료로 이용하여 만든 음식이 아닌 것은?
① 도토리묵 ② 크림스프
③ 두 부 ④ 죽

46 식품의 감별법 중 틀린 것은?
① 감자 – 병충해, 발아, 외상, 부패 등이 없는 것
② 송이버섯 – 봉오리가 크고 줄기가 부드러운 것
③ 생과일 – 성숙하고 신선하며 청결한 것
④ 달걀 – 표면이 거칠고 광택이 없는 것

47 시금치나물을 조리할 때 1인당 80g이 필요하다면, 식수인원 1,500명에 적합한 시금치 발주량은? (단, 시금치 폐기율은 5%이다.)
① 100kg ② 122kg
③ 127kg ④ 132kg

48 냉동 육류를 해동시키는 방법 중 영양소 파괴가 가장 적은 것은?
① 실온에서 해동한다.
② 40℃의 미지근한 물에 담근다.
③ 냉장고에서 해동한다.
④ 비닐봉지에 싸서 물속에 담근다.

49 녹말에 물을 넣어 끓인 죽은?
① 미 음 ② 타락죽
③ 장국죽 ④ 응 이

50 에너지 전달에 대한 설명으로 틀린 것은?
① 물체가 열원에 직접적으로 접촉됨으로써 가열되는 것을 전도라고 한다.
② 대류에 의한 열의 전달은 매개체를 통해서 일어난다.
③ 대부분의 음식은 전도, 대류, 복사 등의 복합적 방법에 의해 에너지가 전달되어 조리된다.
④ 열의 전달 속도는 대류가 가장 빨라 복사, 전도보다 효율적이다.

51 모기에 의해 전파되는 감염병은?
① 콜레라 ② 장티푸스
③ 말라리아 ④ 결 핵

52 질병을 매개하는 위생해충과 그 질병의 연결이 틀린 것은?
① 모기 – 사상충증, 말라리아
② 파리 – 장티푸스, 발진티푸스
③ 진드기 – 유행성출혈열, 쯔쯔가무시증
④ 벼룩 – 페스트, 발진열

53 채소류로부터 감염되는 기생충은?
① 동양모양선충, 편충
② 회충, 무구조충
③ 십이지장충, 선모충
④ 요충, 유구조충

54 다수인이 밀집한 실내 공기가 물리, 화학적 조성의 변화로 불쾌감, 두통, 권태, 현기증 등을 일으키는 것은?
① 자연독　② 진균독
③ 산소중독　④ 군집독

55 온열요소가 아닌 것은?
① 기 온　② 기 습
③ 기 류　④ 기 압

56 모체로부터 태반이나 수유를 통해 얻어지는 면역은?
① 자연능동면역　② 인공능동면역
③ 자연수동면역　④ 인공수동면역

57 공중보건에 대한 설명으로 틀린 것은?
① 목적은 질병예방, 수명연장, 정신적·신체적 효율의 증진이다.
② 공중보건의 최소단위는 지역사회이다.
③ 환경위생 향상, 감염병 관리 등이 포함된다.
④ 주요 사업대상은 개인의 질병치료이다.

58 광화학적 오염물질에 해당하지 않는 것은?
① 오 존　② 케 톤
③ 알데히드　④ 탄화수소

59 소음에 있어서 음의 크기를 측정하는 단위는?
① 데시벨(dB)　② 폰(phon)
③ 실(SIL)　④ 주파수(Hz)

60 감염병의 병원체를 내포하고 있어 감수성 숙주에게 병원체를 전파시킬 수 있는 근원이 되는 모든 것을 의미하는 용어는?
① 감염경로　② 병원소
③ 감염원　④ 미생물

14개년 주요 기출문제

한식조리기능사 11

01. 껌 기초제로 사용되며 피막제로도 사용되는 식품첨가물은?
① 초산비닐수지 ② 에스테르검
③ 폴리이소부틸렌 ④ 폴리소르베이트

02. HACCP의 의무적용 대상 식품에 해당하지 않는 것은?
① 빙과류 ② 비가열음료
③ 껌 류 ④ 레토르트식품

03. 부패가 진행됨에 따라 식품은 특유의 부패취를 내는데 그 성분이 아닌 것은?
① 아민류 ② 아세톤
③ 황화수소 ④ 인 돌

04. 식품에 다음과 같은 현상이 나타났을 때 품질 저하와 관계가 먼 것은?
① 생선의 휘발성 염기질소량 증가
② 콩단백질의 금속염에 의한 응고 현상
③ 쌀의 황색 착색
④ 어두운 곳에서 어육연제품의 인광 발생

05. 미숙한 매실이나 살구씨에 존재하는 독성분은?
① 라이코린 ② 하이오사이어마인
③ 리 신 ④ 아미그달린

06. 내열성이 강한 아포를 형성하며 식품의 부패식중독을 일으키는 혐기성균은?
① 리스테리아속 ② 비브리오속
③ 살모넬라속 ④ 클로스트리디움속

07. 식품첨가물이 갖추어야 할 조건으로 옳지 않은 것은?
① 식품에 나쁜 영향을 주지 않을 것
② 다량 사용하였을 때 효과가 나타날 것
③ 상품의 가치를 향상시킬 것
④ 식품성분 등에 의해서 그 첨가물을 확인할 수 있을 것

08. 황색 포도상구균에 의한 식중독 예방대책으로 적합한 것은?
① 토양의 오염을 방지하고 특히 통조림의 살균을 철저히 해야 한다.
② 쥐나 곤충 및 조류의 접근을 막아야 한다.
③ 어패류를 저온에서 보존하며 생식하지 않는다.
④ 화농성 질환자의 식품취급을 금지한다.

09. 중금속에 의한 중독과 증상을 바르게 연결한 것은?
① 납중독 - 빈혈 등의 조혈장애
② 수은중독 - 골연화증
③ 카드뮴 중독 - 흑피증, 각화증
④ 비소중독 - 사지마비, 보행장애

10 식품첨가물 중 보존료의 목적을 가장 잘 표현한 것은?
① 산도 조절
② 미생물에 의한 부패 방지
③ 산화에 의한 변패 방지
④ 가공과정에서 파괴되는 영양소 보충

11 출입·검사·수거 등에 관한 사항 중 틀린 것은?
① 식품의약품안전처장은 검사에 필요한 최소량의 식품 등을 무상으로 수거하게 할 수 있다.
② 출입·검사·수거 또는 장부열람을 하고자 하는 공무원은 그 권한을 표시하는 증표를 지녀야 하며 관계인에게 이를 내보여야 한다.
③ 시장·군수·구청장은 필요에 따라 영업을 하는 자에 대하여 필요한 서류나 그 밖의 자료의 제출 요구를 할 수 있다.
④ 행정응원의 절차, 비용부담 방법 그 밖에 필요한 사항은 검사를 실시하는 담당공무원이 임의로 정한다.

12 「식품위생법」상 식품위생의 대상이 되지 않는 것은?
① 식품 및 식품첨가물
② 의약품
③ 식품, 용기 및 포장
④ 식품, 기구

13 총리령이 정하는 위생등급기준에 따라 위생관리상태 등이 우수한 집단급식소를 우수업소 또는 모범업소로 지정할 수 없는 자는?
① 식품의약품안전처장
② 보건환경연구원장
③ 시 장
④ 군 수

14 「식품위생법」상 집단급식소에 근무하는 영양사의 직무가 아닌 것은?
① 종업원에 대한 식품위생교육
② 식단작성, 검식 및 배식관리
③ 조리사의 보수교육
④ 급식시설의 위생적 관리

15 식품접객업 조리장의 시설기준으로 적합하지 않은 것은? (단, 제과점영업소와 관광호텔업 및 관광공연장업의 조리장의 경우는 제외한다)
① 조리장은 손님이 그 내부를 볼 수 있는 구조로 되어 있어야 한다.
② 조리장 바닥에 배수구가 있는 경우에는 덮개를 설치하여야 한다.
③ 조리장 안에는 조리시설·세척시설·폐기물 용기 및 손 씻는 시설을 각각 설치하여야 한다.
④ 폐기물 용기는 수용성 또는 친수성 재질로 된 것이어야 한다.

16 어취의 성분인 트리메틸아민(TMA ; Trimety-lamine)에 대한 설명 중 틀린 것은?
① 불쾌한 어취는 트리메틸아민의 함량과 비례한다.
② 수용성이므로 물로 씻으면 많이 없어진다.
③ 해수어보다 담수어에서 더 많이 생성된다.
④ 트리메틸아민 옥사이드(trimethylamine Oxide)가 환원되어 생성된다.

17 밀가루 제품의 가공특성에 가장 큰 영향을 미치는 것은?
① 라이신   ② 글로불린
③ 트립토판 ④ 글루텐

18 식품의 성분을 일반성분과 특수성분으로 나눌 때 특수성분에 해당하는 것은?
① 탄수화물 ② 향기성분
③ 단백질   ④ 무기질

19 식품의 효소적 갈변에 대한 설명으로 맞는 것은?
① 간장, 된장 등의 제조과정에서 발생한다.
② 블랜칭(Blanching)에 의해 반응이 억제된다.
③ 기질은 주로 아민(Amine)류와 카르보닐(Carbonyl) 화합물이다.
④ 아스코르빈산의 산화반응에 의한 갈변이다.

20 발효식품이 아닌 것은?
① 두부   ② 식빵
③ 치즈   ④ 맥주

21 카제인(Casein)이 효소에 의하여 응고되는 성질을 이용한 식품은?
① 아이스크림   ② 치즈
③ 버터   ④ 크림스프

22 유화(Emulsion)와 관련이 적은 식품은?
① 버터   ② 생크림
③ 묵   ④ 우유

23 베이컨류는 돼지고기의 어느 부위를 가공한 것인가?
① 볼기부위   ② 어깨살
③ 복부육   ④ 다리살

24 환원성이 없는 당은?
① 포도당(Glucose)
② 과당(Fructose)
③ 설탕(Sucrose)
④ 맥아당(Maltose)

25 달걀에 관한 설명으로 틀린 것은?
① 흰자의 단백질은 대부분이 오보뮤신(Ovomucin)으로 기포성에 영향을 준다.
② 난황은 인지질인 레시틴(Lecithin), 세팔린(Cephalin)을 많이 함유한다.
③ 신선도가 떨어지면 흰자의 점성이 감소한다.
④ 신선도가 떨어지면 달걀흰자는 알칼리성이 된다.

26 물에 녹는 비타민은?
① 레티놀(Retinol)
② 토코페롤(Tocopherol)
③ 티아민(Thiamine)
④ 칼시페롤(Calciferol)

27 홍조류에 속하는 해조류는?
① 김   ② 청각
③ 미역   ④ 다시마

28 아린 맛은 어느 맛의 혼합인가?
① 신맛과 쓴맛   ② 쓴맛과 단맛
③ 신맛과 떫은맛   ④ 쓴맛과 떫은맛

29 25g의 버터(지방 80%, 수분 20%)가 내는 열량은?
① 36kcal   ② 100kcal
③ 180kcal   ④ 225kcal

30 식품의 산성 및 알칼리성을 결정하는 기준 성분은?
① 필수지방산 존재 여부
② 필수아미노산 존재 여부
③ 구성 탄수화물
④ 구성 무기질

31 향신료의 매운맛 성분 연결이 틀린 것은?
① 고추 : 캡사이신(Capsaicin)
② 겨자 : 차비신(Chavicine)
③ 울금(Curry 분) : 커큐민(Curcumin)
④ 생강 : 진저롤(Gingerol)

32 식품을 구매하는 방법 중 경쟁입찰과 비교하여 수의계약의 장점이 아닌 것은?
① 절차가 간편하다.
② 경쟁이나 입찰이 필요 없다.
③ 싼 가격으로 구매할 수 있다.
④ 경비와 인원을 줄일 수 있다.

33 강력분을 사용하지 않는 것은?
① 케이크   ② 식 빵
③ 마카로니 ④ 피 자

34 버터의 특성이 아닌 것은?
① 독특한 맛과 향기를 가져 음식에 풍미를 준다.
② 냄새를 빨리 흡수하므로 밀폐하여 저장여야 한다.
③ 유중수적형이다.
④ 성분은 단백질이 80% 이상이다.

35 어패류에 관한 설명 중 틀린 것은?
① 붉은살 생선은 깊은 바다에 서식하며 지방함량이 5% 이하이다.
② 문어, 꼴뚜기, 오징어는 연체류에 속한다.
③ 연어의 분홍살색은 카로티노이드 색소에 기인한다.
④ 생선은 자가소화에 의하여 품질이 저하된다.

36 호화전분이 노화를 일으키기 어려운 조건은?
① 온도가 0~4℃일 때
② 수분 함량이 15% 이하일 때
③ 수분 함량이 30~60%일 때
④ 전분의 아밀로오스 함량이 높을 때

37 신선한 달걀에 대한 설명으로 옳은 것은?
① 깨뜨려 보았을 때 난황계수가 작은 것
② 흔들어 보았을 때 진동소리가 나는 것
③ 표면이 까칠까칠하고 광택이 없는 것
④ 수양난백의 비율이 높은 것

38 곡류의 영양성분을 강화할 때 쓰이는 영양소가 아닌 것은?
① 비타민 B_1 ② 비타민 B_2
③ Niacin   ④ 비타민 B_{12}

39 냉장했던 딸기의 색깔을 선명하게 보존할 수 있는 조리법은?
① 서서히 가열한다.
② 짧은 시간에 가열한다.
③ 높은 온도로 가열한다.
④ 전자렌지에서 가열한다.

40 궁중에서 찌개를 일컫는 말로 건더기는 국물의 2/3 정도 담아내는 것은?
① 조 치   ② 감 정
③ 지짐이 ④ 전 골

41 다음의 육류요리 중 영양분의 손실이 가장 적은 것은?
① 탕   ② 편 육
③ 장조림 ④ 산 적

42 급식시설별 1인 1식 사용수 양이 가장 많은 곳은?
① 학교급식   ② 병원급식
③ 기숙사급식 ④ 사업체급식

43 다음은 간장의 재고 대상이다. 간장의 재고가 10병일 때 선입선출법에 의한 간장의 재고자산은 얼마인가?

입고일자	수량	단가
5일	5병	3,500원
12일	10병	3,000원
20일	8병	3,000원
27일	5병	3,500원

① 23,500원　② 26,000원
③ 32,500원　④ 35,000원

44 오징어 12kg을 45,000원에 구입하여 모두손질한 후의 폐기물이 35%였다면 실사용량의 kg당 단가는 약 얼마인가?

① 1,666원　② 3,205원
③ 5,769원　④ 6,123원

45 음식을 제공할 때 온도를 고려해야 하는데 다음 중 맛있게 느끼는 식품의 온도가 가장 높은 것은?

① 전 골　② 국
③ 커 피　④ 밥

46 서양요리 조리방법 중 습열조리와 거리가 먼 것은?

① 브로일링(Broiling)
② 스티밍(Steaming)
③ 보일링(Boiling)
④ 시머링(Simmering)

47 육류를 끓여 국물을 만들 때 설명으로 맞는 것은?

① 육류를 오래 끓이면 근육조직인 젤라틴이 콜라겐으로 용출되어 맛있는 국물을 만든다.
② 육류를 찬물에 넣어 끓이면 맛성분의 용출이 잘되어 맛있는 국물을 만든다.
③ 육류를 끓는 물에 넣고 설탕을 넣어 끓이면 맛성분의 용출이 잘되어 맛있는 국물을 만든다.
④ 육류를 오래 끓이면 질긴 지방조직인 콜라겐이 젤라틴화 되어 맛있는 국물을 만든다.

48 어패류 조리방법 중 틀린 것은?

① 조개류는 낮은 온도에서 서서히 조리하여야 단백질의 급격한 응고로 인한 수축을 막을 수 있다.
② 생선은 결체조직의 함량이 높으므로 주로 습열 조리법을 사용해야 한다.
③ 생선조리 시 식초를 넣으면 생선이 단단해진다.
④ 생선조리에 사용하는 파, 마늘은 비린내 제거에 효과적이다.

49 메주용으로 대두를 단시간 내에 연하고 색이 곱도록 삶는 방법이 아닌 것은?

① 소금물에 담갔다가 그 물로 삶아준다.
② 콩을 불릴 때 연수를 사용한다.
③ 설탕물을 섞어주면서 삶아준다.
④ $NaHCO_2$ 등 알칼리성 물질을 섞어서 삶아준다.

50 유화의 형태가 나머지 셋과 다른 것은?

① 우 유　② 마가린
③ 마요네즈　④ 아이스크림

51 실내공기의 오염 지표인 CO_2(이산화탄소)의 실내(8시간 기준) 서한량은?

① 0.001%　② 0.01%
③ 0.1%　④ 1%

52 수인성 감염병의 유행 특징이 <u>아닌</u> 것은?
① 일반적으로 성별, 연령별 이환율의 차이가 적다.
② 발생지역이 음료수 사용지역과 거의 일치한다.
③ 발병률과 치명률이 높다.
④ 폭발적으로 발생한다.

53 우리나라에서 발생하는 장티푸스의 가장 효과적인 관리방법은?
① 환경위생 철저
② 공기정화
③ 순화독소(Toxoid) 접종
④ 농약사용 자제

54 쥐의 매개에 의한 질병이 <u>아닌</u> 것은?
① 쯔쯔가무시병   ② 유행성 출혈열
③ 페스트   ④ 규폐증

55 공중보건 사업을 하기 위한 최소 단위가 되는 것은?
① 가 정   ② 개 인
③ 시·군·구   ④ 국 가

56 유리규산의 분진 흡입으로 폐에 만성섬유증식을 유발하는 질병은?
① 규폐증   ② 철폐증
③ 면폐증   ④ 농부폐증

57 열작용을 갖는 특징이 있어 일명 열선이라고도 하는 복사선은?
① 자외선   ② 가시광선
③ 적외선   ④ X-선

58 기온역전현상의 발생 조건은?
① 상부기온이 하부기온보다 낮을 때
② 상부기온이 하부기온보다 높을 때
③ 상부기온과 하부기온이 같을 때
④ 안개와 매연이 심할 때

59 녹조를 일으키는 부영양화 현상과 가장 밀접한 관계가 있는 것은?
① 황산염   ② 인산염
③ 탄산염   ④ 수산염

60 채소로 감염되는 기생충이 <u>아닌</u> 것은?
① 편 충   ② 회 충
③ 동양모양선충 ④ 사상충

14개년 주요 기출문제

01 식품의 변화현상에 대한 설명 중 틀린 것은?
① 산패 : 유지식품의 지방질 산화
② 발효 : 화학물질에 의한 유기화합물의 분해
③ 변질 : 식품의 품질 저하
④ 부패 : 단백질과 유기물이 부패미생물에 의해 분해

02 바이러스에 의한 감염이 아닌 것은?
① 폴리오 ② 인플루엔자
③ 장티푸스 ④ 유행성 감염

03 혐기상태에서 생산된 독소에 의해 신경증상이 나타나는 세균성 식중독은?
① 황색 포도상구균 식중독
② 클로스트리디움 보툴리눔 식중독
③ 장염 비브리오 식중독
④ 살모넬라 식중독

04 식품과 독성분이 잘못 연결된 것은?
① 감자 : 솔라닌(solanine)
② 조개류 : 삭시톡신(saxitoxin)
③ 독미나리 : 베네루핀(venerupin)
④ 복어 : 테트로도록신(tetrodotoxin)

05 식품첨가물의 사용목적과 이에 따른 첨가물의 종류가 바르게 연결된 것은?
① 식품의 영양 강화를 위한 것 – 착색료
② 식품의 관능을 만족시키기 위한 것 – 조미료
③ 식품의 변질이나 변패를 방지하기 위한 것 – 감미료
④ 식품의 품질을 개량하거나 유지하기 위한 것 – 산미료

06 다음 식품 첨가물 중 주요목적이 다른 것은?
① 과산화벤조일 ② 과황산암모늄
③ 이산화염소 ④ 아질산나트륨

07 칼슘(Ca)과 인(P)의 대사이상을 초래하여 골연화증을 유발하는 유해금속은?
① 철(Fe) ② 카드뮴(Cd)
③ 은(Ag) ④ 주석(Sn)

08 미생물학적으로 식품 1g당 세균수가 얼마일 때 초기 부패단계로 판정하는가?
① $10^3 \sim 10^4$ ② $10^4 \sim 10^5$
③ $10^7 \sim 10^8$ ④ $10^{12} \sim 10^{13}$

09 통조림 식품의 통조림관에서 유래될 수 있는 식중독 원인물질은?
① 카드뮴 ② 주 석
③ 페 놀 ④ 수 은

10 곰팡이의 대사산물에 의해 질병이나 생리작용에 이상을 일으키는 원인이 아닌 것은?
① 청매 중독
② 아플라톡신 중독
③ 황변미중독
④ 오크라톡신 중독

11 「식품위생법」상 위해식품 등의 판매 등 금지내용이 아닌 것은?
① 불결하거나 다른 물질이 섞이거나 첨가된 것으로 인체의 건강을 해칠 우려가 있는 것
② 유독·유해물질이 들어 있으나 식품의약품안전처장이 인체의 건강을 해할 우려가 없다고 인정한 것
③ 병원 미생물에 의하여 오염되었거나 그 염려가 있어 인체의 건강을 해칠 우려가 있는 것
④ 썩거나 상하거나 설익어서 인체의 건강을 해칠 우려가 있는 것

12 식품, 식품첨가물, 기구 또는 용기·포장의 위생적 취급에 관한 기준을 정하는 것은?
① 총리령
② 농림수산식품부령
③ 고용노동부령
④ 환경부령

13 「식품위생법」상 무상수거 대상 식품은?
① 도·소매업소에서 판매하는 식품 등을 시험검사용으로 수거할 때
② 식품 등의 기준 및 규격 제정을 위한 참고용으로 수거할 때
③ 식품 등을 검사할 목적으로 수거할 때
④ 식품 등의 기준 및 규격 개정을 위한 참고용으로 수거할 때

14 「식품위생법」상 명시된 영업의 종류에 포함되지 않는 것은?
① 식품조사처리업
② 식품접객업
③ 즉석판매제조·가공업
④ 먹는샘물제조업

15 「식품위생법」상 조리사 면허를 받을 수 없는 사람은?
① 미성년자
② 마약중독자
③ B형간염환자
④ 조리사 면허의 취소처분을 받고 그 취소된 날부터 1년이 지난 자

16 다당류에 속하는 탄수화물은?
① 펙틴
② 포도당
③ 과당
④ 갈락토오스

17 사과, 바나나, 파인애플 등의 주요 향미성분은?
① 에스테르(ester)류
② 고급지방산류
③ 유황화합물류
④ 퓨란(furan)류

18 결합수의 특성으로 옳은 것은?
① 식품조직을 압착하여도 제거되지 않는다.
② 점성이 크다.
③ 미생물의 번식과 발아에 이용된다.
④ 보통의 물보다 밀도가 작다.

19 알코올 1g당 열량산출 기준은?
① 0kcal
② 4kcal
③ 7kcal
④ 9kcal

20 유지를 가열하면 점차 점도가 증가하게 되는데 이것은 유지 분자들의 어떤 반응 때문인가?
① 산화반응
② 열분해반응
③ 중합반응
④ 가수분해반응

21 쓴 약을 먹은 직후 물을 마시면 단맛이 나는 것처럼 느끼게 되는 현상은?
① 변조현상
② 소실현상
③ 대비현상
④ 미맹현상

22 다음 중 일반적으로 꽃 부분을 주요 식용부위로 하는 화채류는?
① 비트(beets)
② 파슬리(parsley)
③ 브로콜리(broccoli)
④ 아스파라거스(asparagus)

23 색소 성분의 변화에 대한 설명 중 맞는 것은?
① 엽록소는 알칼리성에서 갈색화
② 플라본 색소는 알칼리성에서 황색화
③ 안토시안 색소는 산성에서 청색화
④ 카로틴 색소는 산성에서 흰색화

24 칼슘과 단백질의 흡수를 돕고 정장 효과가 있는 것은?
① 설 탕
② 과 당
③ 유 당
④ 맥아당

25 두부 만들 때 간수에 의해 응고되는 것은 단백질의 변성 중 무엇에 의한 변성인가?
① 산
② 효 소
③ 염 류
④ 동 결

26 호화와 노화에 관한 설명 중 틀린 것은?
① 전분의 가열온도가 높을수록 호화시간이 빠르며 점도는 낮아진다.
② 전분입자가 크고 지질함량이 많을수록 빨리 호화된다.
③ 수분함량이 0~60%, 온도가 0~4℃일 때전분의 노화는 쉽게 일어난다.
④ 60℃ 이상에서는 노화가 잘 일어나지 않는다.

27 젤라틴과 관계없는 것은?
① 양 갱
② 족 편
③ 아이스크림
④ 젤 리

28 오이나 배추의 녹색이 김치를 담갔을 때 점차 갈색을 띄게 되는 것은 어떤 색소의 변화 때문인가?
① 카로티노이드(carotenoid)
② 클로로필(chlorophyll)
③ 안토시아닌(anthocyanin)
④ 안토잔틴(anthoxanthin)

29 가공치즈(processed cheese)의 설명으로 틀린 것은?
① 자연치즈에 유화제를 가하여 가열한 것이다.
② 일반적으로 자연치즈 보다 저장성이 높다.
③ 약 85℃에서 살균하여 pasteurizde cheese라고도 한다.
④ 가공치즈는 매일 지속적으로 발효가 일어난다.

30 달걀에 가스저장을 실시하는 가장 중요한 이유는?
① 알껍질이 매끄러워짐을 방지하기 위하여
② 알껍질이 이산화탄소 발산을 억제하기 위하여
③ 알껍질의 수분증발을 방지하기 위하여
④ 알껍질의 기공을 통한 미생물 침입을 방지하기 위하여

31 굵은 소금이라고도 하며, 오이지를 담글 때나 김장 배추를 절이는 용도로 사용하는 소금은?
① 천일염
② 재제염
③ 정제염
④ 꽃소금

32 제품의 제조를 위하여 소비된 노동의 가치를 말하며 임금, 수당, 복리후생비 등이 포함되는 것은?
① 노무비
② 재료비
③ 경 비
④ 훈련비

33 날콩에 함유된 단백질의 체내 이용을 저해하는 것은?
① 펩 신
② 트립신
③ 글로불린
④ 안티트립신

34 우유에 대한 설명으로 틀린 것은?
① 시판되고 있는 전유는 유지방 함량이 3.0% 이상이다.
② 저지방우유는 유지방을 0.1% 이하로 낮춘 우유이다.
③ 유당소화장애증이 있으면 유당을 분해한 우유를 이용한다.
④ 저염우유란 전유 속의 Na(나트륨)을 K(칼륨)과 교환시킨 우유를 말한다.

35 냉동식품의 조리에 대한 설명 중 틀린 것은?
① 소고기의 드립(drip)을 막기 위해 높은 온도에서 빨리 해동하여 조리한다.
② 채소류는 가열처리가 되어 있어 조리하는 시간이 절약된다.
③ 조리된 냉동식품은 녹기 직전에 가열한다.
④ 빵, 케잌은 실내 온도에서 자연 해동한다.

36 다음 중 조리용 기기 사용이 틀린 것은?
① 필러(peeler) : 감자, 당근 껍질 벗기기
② 슬라이서(slicer) : 소고기 갈기
③ 세미기 : 쌀의 세척
④ 믹서 : 재료의 혼합

37 김장용 배추포기김치 46kg을 담그려는데 배추 구입에 필요한 비용은 얼마인가? (단, 배추 5포기(13kg)의 값은 13260원, 폐기율은 8%)
① 23,920원   ② 38,934원
③ 46,000원   ④ 51,000원

38 국이나 전골 등에 국물 맛을 독특하게 내는 조개류의 성분은?
① 요오드   ② 주석산
③ 구연산   ④ 호박산

39 식빵에 버터를 펴서 바를 때처럼 버터에 힘을 가한 후 그 힘을 제거해도 원래상태로 돌아오지 않고 변형된 상태로 유지하는 성질은?
① 유화성   ② 가소성
③ 쇼트닝성   ④ 크리밍성

40 소고기 부위 중 결체조직이 많아 구이에 가장 부적당한 것은?
① 등 심   ② 갈 비
③ 사 태   ④ 채 끝

41 소금절임 시 저장성이 좋아지는 이유는?
① pH가 낮아져 미생물이 살아갈 수 없는 환경이 조성된다.
② pH가 높아져 미생물이 살아갈 수 없는 환경이 조성된다.
③ 고삼투성에 의한 탈수효과에 미생물의 생육이 억제된다.
④ 저삼투성에 의한 탈수효과로 미생물의 생육이 억제된다.

42 무나 양파를 오랫동안 익힐 때 색을 희게 하려면 다음 중 무엇을 첨가하는 것이 가장 좋은가?
① 소 금   ② 소 다
③ 생 수   ④ 식 초

43 생선을 껍질이 있는 상태로 구울 때 껍질이 수축되는 주원인 물질과 그 처리방법은?
① 생선살의 색소 단백질, 소금에 절이기
② 생선살의 염용성 단백질, 소금에 절이기
③ 생선 껍질의 지방, 껍질에 칼집 넣기
④ 생선 껍질의 콜라겐, 껍질에 칼집 넣기

44 육류조리에 대한 설명으로 틀린 것은?
① 탕 조리시 찬물에 고기를 넣고 끓여야 추출물이 최대한 용출된다.
② 장조림 조리 시 간장을 처음부터 넣으면 고기가 단단해지고 잘 찢기지 않는다.
③ 편육 조리 시 찬물에 넣고 끓여야 잘 익은 고기 맛이 좋다.
④ 불고기용으로는 결합조직이 되도록 적은 부위가 적당하다.

45 다음 중 영양소의 손실이 가장 큰 조리법은?
① 바삭바삭한 튀김을 위해 튀김옷에 중조를 첨가한다.
② 푸른 채소를 데칠 때 약간의 소금을 첨가한다.
③ 감자를 껍질째 삶은 후 절단한다.
④ 쌀을 담가놓았던 물을 밥물로 사용한다.

46 다음 중 원가계산의 원칙이 아닌 것은?
① 진실성의 원칙
② 확실성의 원칙
③ 발생기준의 원칙
④ 비정상성의 원칙

47 마요네즈에 대한 설명으로 틀린 것은?
① 식초는 산미를 주고, 방부성을 부여한다.
② 마요네즈를 만들 때 너무 빨리 저어주면 분리되므로 주의한다.
③ 사용되는 기름은 냄새가 없고, 고도로 분리정제가 된 것을 사용한다.
④ 새로운 난황에 분리된 마요네즈를 조금씩 넣으면서 저어주면, 마요네즈 재생이 가능하다.

48 조절 영양소가 비교적 많이 함유된 식품으로 구성된 것은?
① 시금치, 미역, 귤
② 소고기, 달걀, 두부
③ 두부, 감자, 소고기
④ 쌀, 감자, 밀가루

49 버터나 마가린의 계량방법으로 가장 옳은 것은?
① 냉장고에서 꺼내어 계량컵에 눌러 담은 후 윗면을 직선으로 된 칼로 깎아 계량한다.
② 실온에서 부드럽게 하여 계량컵에 담아 계량한다.
③ 실온에서 부드럽게 하여 계량컵에 눌러 담은 후 윗면을 직선으로 된 칼로 깎아 계량한다.
④ 냉장고에서 꺼내어 계량컵의 눈금까지 담아 계량 한다.

50 성인여자의 1일 필요열량을 2000kcal라고 가정할 때, 이 중 15%를 단백질로 섭취할 경우 동물성 단백질의 섭취량은? (단, 동물성 단백질량은 일일 단백질 양의 1/3로 계산한다.)
① 25g
② 35g
③ 75g
④ 100g

51 감수성 지수(접촉감염지수)가 가장 높은 감염병은?
① 폴리오
② 홍역
③ 백일해
④ 디프테리아

52 주로 동물성 식품에서 기인하는 기생충은?
① 구충
② 회충
③ 동양모양선충
④ 유구조충

53 조명이 불충분할 때는 시력저하, 눈의 피로를 일으키고 지나치게 강렬할 때는 어두운 곳에서 암순응능력을 저하시키는 태양광선은?
① 전자파 ② 자외선
③ 적외선 ④ 가시광선

54 공기의 자정작용과 관계가 없는 것은?
① 희석작용 ② 세정작용
③ 환원작용 ④ 살균작용

55 예비처리-본처리-오니처리 순서로 진행되는 것은?
① 하수 처리 ② 쓰레기 처리
③ 상수도 처리 ④ 지하수 처리

56 이산화탄소(CO_2)를 실내 공기의 오탁지표로 사용하는 가장 주된 이유는?
① 유독성이 강하므로
② 실내 공기조성의 전반적인 상태를 알 수 있으므로
③ 일산화탄소로 변화되므로
④ 항상 산소량과 반비례하므로

57 「폐기물 관리법」에서 소각로 소각법의 장점으로 틀린 것은?
① 위생적인 방법으로 처리할 수 있다.
② 다이옥신(dioxin)의 발생이 없다.
③ 잔류물이 적어 매립하기에 적당하다.
④ 매립법에 비해 설치면적이 적다.

58 진동이 심한 작업을 하는 사람에게 국소진동장애로 생길 수 있는 직업병은?
① 진폐증 ② 파킨슨씨병
③ 잠함병 ④ 레노이드병

59 소고기 장조림의 올바른 조리방법은?
① 처음부터 고기와 간장, 향신료 등을 같이 넣어 조린다.
② 부재료를 많이 넣어 맛있게 만든다.
③ 향신료로 들어가는 재료들을 다져서 사용한다.
④ 지방이 적고 살코기가 많은 우둔살, 홍두깨살을 사용한다.

60 인공능동면역의 방법에 해당하지 않는 것은?
① 생균 백신 접종
② 글로불린 접종
③ 사균 백신 접종
④ 순화독소 접종

14개년 주요 기출문제

01. 과실류, 채소류 등 식품의 살균목적으로 사용되는 것은?
    ① 초산비닐수지(polyvinyl acetate)
    ② 이산화염소(chlorine dioxide)
    ③ 규소수지(silicone resin)
    ④ 차아염소산나트륨(sodium hypochlorite)

02. 복어독 중독의 치료법으로 적합하지 않은 것은?
    ① 호흡촉진제 투여
    ② 진통제 투여
    ③ 위세척
    ④ 최토제 투여

03. 에탄올 발효 시 생성되는 메탄올의 가장 심각한 중독 증상은?
    ① 구 토
    ② 경 기
    ③ 실 명
    ④ 환 각

04. 식품의 변질현상에 대한 설명 중 틀린 것은?
    ① 통조림 식품의 부패에 관여하는 세균에는 내열성인 것이 많다.
    ② 우유의 부패 시 세균류가 관계하여 적변을 일으키기도 한다.
    ③ 식품의 부패에는 대부분 한 종류의 세균이 관계한다.
    ④ 가금육은 주로 저온성 세균이 주된 부패균이다.

05. 일반적으로 식품 1g중 생균수가 약 얼마 이상일 때 초기부패로 판정하는가?
    ① 10^2개
    ② 10^4개
    ③ 10^7개
    ④ 10^{15}개

06. 독소형 세균성 식중독으로 짝지어진 것은?
    ① 살모넬라 식중독, 장염 비브리오 식중독
    ② 리스테리아 식중독, 복어독 식중독
    ③ 황색포도상구균 식중독, 클로스트리디움보툴리늄균 식중독
    ④ 맥각독 식중독, 콜리균 식중독

07. 다환방향족 탄화수소이며, 훈제육이나 태운 고기에서 다량 검출되는 발암 작용을 일으키는 것은?
    ① 질산염
    ② 알코올
    ③ 벤조피렌
    ④ 포름알데히드

08. 식품 취급자의 화농성 질환에 의해 감염되는 식중독은?
    ① 살모넬라 식중독
    ② 황색포도상구균 식중독
    ③ 장염비브리오 식중독
    ④ 병원성대장균 식중독

09. 우리나라에서 허가된 발색제가 아닌 것은?
    ① 아질산나트륨
    ② 황산제일철
    ③ 질산칼륨
    ④ 아질산칼륨

10 다음 중 내인성 위해식품은?
① 지나치게 구운 생선
② 푸른곰팡이에 오염된 쌀
③ 싹이 튼 감자
④ 농약을 많이 뿌린 채소

11 「식품위생법」상 허위표시, 과대광고의 범위에 해당하지 않는 것은?
① 국내산을 주된 원료로 하여 제조, 가공한 메주, 된장, 고추장에 대하여 식품영양학적으로 공인된 사실이라고 식품의약품안전처장이 인정한 내용의 표시, 광고
② 질병치료에 효능이 있다는 내용의 표시, 광고
③ 외국과 기술 제휴한 것으로 혼동할 우려가 있는 내용의 표시, 광고
④ 화학적 합성품의 경우 그 원료의 명칭 등을 사용하여 화학적 합성품이 아닌 것으로 혼동한 우려가 있는 광고공인된 사항의 표시는 허위표시, 과대광고, 비방광고 및 과대포장의 범위에 해당하지 않는다.

12 우리나라 「식품위생법」의 목적과 거리가 먼 것은?
① 식품으로 인한 위생상의 위해 방지
② 식품영양의 질적 향상 도모
③ 국민보건의 증진에 이바지
④ 부정식품 제조에 대한 가중처벌

13 「식품위생법」상에서 정의하는 "집단급식소"에 대한 정의로 옳은 것은?
① 영리를 목적으로 하는 모든 급식시설을 일컫는 용어이다.
② 영리를 목적으로 하지 않고 비정기적으로 1개월에 1회씩 음식물을 공급하는 급식시설도 포함된다.
③ 영리를 목적으로 하지 아니하면서 특정다수인에게 계속하여 음식을 공급하는 급식시설을 말한다.
④ 영리를 목적으로 하지 않고 계속적으로 불특정 다수인에게 음식물을 공급하는 급식시설을 말한다.

14 「식품위생법」상 식품위생감시원의 직무가 아닌 것은?
① 영업소의 폐쇄를 위한 간판 제거 등의 조치
② 영업의 건전한 발전과 공동의 이익을 도모하는 조치
③ 영업자 및 종업원의 건강진단 및 위생교육의 이행 여부의 확인, 지도
④ 조리사 및 영양사의 법령 준수사항 이행여부의 확인, 지도

15 「식품위생법」상 영업신고를 하지 않는 업종은?
① 즉석판매제조·가공업
② 양곡관리법에 따른 양곡가공업 중 도정업
③ 식품운반업
④ 식품소분, 판매업

16 마이야르(Maillard) 반응에 영향을 주는 인자가 아닌 것은?
① 수 분   ② 온 도
③ 당의 종류   ④ 효 소

17 단백질에 관한 설명 중 옳은 것은?
① 인단백질은 단순단백질에 인산이 결합한 단백질이다.
② 지단백질은 단순단백질에 당이 결합한 단백질이다.
③ 당단백질은 단순단백질에 지방이 결합한 단백질이다.
④ 핵단백질은 단순단백질 또는 복합단백질이 화학적 또는 산소에 의해 변화된 단백질이다.

18 다음 중 발효 식품은?
① 치 즈   ② 수정과
③ 사이다   ④ 우 유

19 채소와 과일의 가스저장(CA저장)시 필수 요건이 아닌 것은?
① pH조절　② 기체의 조절
③ 냉장온도 유지　④ 습도유지

20 다음 중 쌀 가공식품이 아닌 것은?
① 현 미　② 강화미
③ 팽화미　④ a-화미

21 다음 소고기 성분 중 일반적으로 살코기에 비해 간에 특히 더 많은 것은?
① 비타민 A, 무기질
② 단백질, 전분
③ 섬유소, 비타민 C
④ 전분, 비타민 A

22 식품의 수분활성도(Aw)에 대한 설명으로 틀린 것은?
① 식품이 나타내는 수증기압과 순수한 물의수증기압의 비를 말한다.
② 일반적인 식품의 Aw 값은 1보다 크다.
③ Aw의 값이 작을수록 미생물의 이용이 쉽지 않다.
④ 어패류의 Aw의 0.98~0.99 정도이다.

23 장기간의 식품보존방법과 가장 관계가 먼 것은?
① 배건법　② 염장법
③ 산저장법(초지법)　④ 냉장법

24 대표적인 콩 단백질인 글로불린(globulin)이 가장 많이 함유하고 있는 성분은?
① 글리시닌(glycinin)
② 알부민(albumin)
③ 글루텐(gluten)
④ 제인(zein)

25 라면류, 건빵류, 비스킷 등은 상온에서 비교적 장시간 저장해 두어도 노화가 잘 일어나지 않는 주된 이유는?
① 낮은 수분함량　② 낮은 PH
③ 높은 수분함량　④ 높은 PH

26 신맛 성분에 유기산인 아미노기(-NH₂)가 있으면 어떤 맛이 가해진 산미가 되는가?
① 단 맛　② 신 맛
③ 쓴 맛　④ 짠 맛

27 유지의 발연점에 영향을 주는 인자와 거리가 먼 것은?
① 용해도
② 유리지방산의 함량
③ 노출된 유지의 표면적
④ 불순물의 함량

28 다음 당류 중 단맛이 가장 약한 것은?
① 포도당　② 과 당
③ 맥아당　④ 설 탕

29 한천의 용도가 아닌 것은?
① 훈연제품의 산화방지제
② 푸딩, 양갱 등의 젤화제
③ 유제품, 청량음료 등의 안정제
④ 곰팡이, 세균 등의 배지

30 오징어 먹물색소의 주 색소는?
① 안토잔틴　② 클로로필
③ 멜라닌　④ 플라보노이드

31 다음 중 간장의 지미성분은?
① 포도당(glucose)
② 전분(starch)
③ 글루탐산(glutamic acid)
④ 아스코르빈산(ascorbic acid)

32 단체급식이 갖는 운영상의 문제점이 아닌 것은?
① 단시간 내에 다량의 음식조리
② 식중독 등 대형 위생사고
③ 대량구매로 인한 재고관리
④ 적은 급식의 어려움으로 음식의 맛 저하

33 완두콩을 조리할 때 정량의 황산구리를 첨가하면 특히 어떤 효과가 있는가?
① 비타민이 보강된다.
② 무기질이 보강된다.
③ 냄새를 보유할 수 있다.
④ 녹색을 보유할 수 있다.

34 신선한 달걀의 감별법 중 틀린 것은?
① 햇빛(전등)에 비출 때 공기집의 크기가 작다.
② 흔들 때 내용물이 흔들리지 않는다.
③ 6% 소금물에 넣어서 떠오른다.
④ 깨뜨려 접시에 놓으면 노른자가 볼록하고 흰자의 점도가 높다.

35 다음 중 계량방법이 올바른 것은?
① 마가린을 잴 때는 실온일 때 계량컵에 꼭꼭 눌러 담고, 직선으로 된 칼이나 spatula로 깎아 계량한다.
② 밀가루를 잴 때는 측정 직전에 체로 친 뒤 눌러서 담아 직선 spatula로 깎아 측정한다.
③ 흑설탕을 측정할 때는 체로 친 뒤 누르지 말고 가만히 수북하게 담고 직선 spatula로 깎아 측정한다.
④ 쇼트닝을 계량할 때는 냉장온도에서 계량컵에 꼭 눌러 담은 뒤, 직선 spatula로 깎아 측정한다.

36 육류, 생선류, 알류 및 콩류에 함유된 주된 영양소는?
① 단백질 ② 탄수화물
③ 지 방 ④ 비타민

37 젤라틴의 응고에 관한 내용으로 틀린 것은?
① 젤라틴의 농도가 높을수록 빨리 응고된다.
② 설탕의 농도가 높을수록 빨리 응고된다.
③ 염류는 젤라틴이 물을 흡수하는 것을 막아 단단하게 응고시킨다.
④ 단백질 분해효소를 사용하면 응고력이 약해진다.

38 난백으로 거품을 만들 때의 설명으로 옳은 것은?
① 레몬즙을 1~2방울 떨어뜨리면 거품 형성을 용이하게 한다.
② 지방은 거품 형성을 용이하게 한다.
③ 소금은 거품의 안정성에 기여한다.
④ 묵은 달걀보다 신선란이 거품 형성을 용이하게 한다.

39 급식인원이 1000명인 단체급식소에서 1인당 60g의 풋고추조림을 주려고 한다. 발주할 풋고추의 양은? (단, 풋고추의 폐기율은 9%이다.)
① 55kg ② 60kg
③ 66kg ④ 68kg

40 홍조류에 속하며 무기질이 골고루 함유되어 있고 단백질도 많이 함유된 해조류는?
① 김 ② 미 역
③ 파 래 ④ 다시마

41 식품의 구매방법으로 필요한 품목, 수량을 표시하여 업자에게 견적서를 제출받고 품질이나 가격을 검토한 후 낙찰자를 정하여 계약을 체결하는 것은?
① 수의계약 ② 경쟁입찰
③ 대량구매 ④ 계약구입

42 주방의 바닥조건으로 맞는 것은?
① 산이나 알칼리에 약하고 습기, 열에 강해야 한다.
② 바닥전체의 물매는 1/20이 적당하다.
③ 조리작업을 드라이 시스템화할 경우의 물매는 1/100정도가 적당하다.
④ 고무타일, 합성수지타일 등이 잘 미끄러지지 않으므로 적당하다.

43 우유에 산을 넣으면 응고물이 생기는데 이 응고물의 주체는?
① 유 당   ② 렌 닌
③ 카제인   ④ 유지방

44 불고기를 만들어 파는데 비용으로 1kg 기준으로 등심은 18000원, 양념비는 3500원이 소요되었다. 1인분에 200g을 사용하고 식재료 비율을 40%로 하려고 할 때 판매가격은?
① 9,000원   ② 8,600원
③ 17,750원   ④ 10,750원

45 육류 조리 과정 중 색소의 변화 단계가 바르게 연결된 것은?
① 미오글로빈 - 메트미오글로빈 - 옥시미오글로빈 - 헤마틴
② 메트미오글로빈 - 옥시미오글로빈 - 미오글로빈 - 헤마틴
③ 미오글로빈 - 옥시미오글로빈 - 메트미오글로빈 - 헤마틴
④ 옥시미오글로빈 - 메트미오글로빈 - 미오글로빈 - 헤마틴

46 머랭을 만들고자 할 때 설탕 첨가는 어느 단계에 하는 것이 가장 효과적인가?
① 처음 젓기 시작할 때
② 거품이 생기려고 할 때
③ 충분히 거품이 생겼을 때
④ 거품이 없어졌을 때

47 마요네즈를 만들 때 기름의 분리를 막아주는 것은?
① 난 황   ② 난 백
③ 소 금   ④ 식 초

48 고체화한 지방을 여과 처리하는 방법으로 샐러드유 제조시 이용되며, 유화상태를 유지하기 위한 가공 처리 방법은?
① 용출처리   ② 동유처리
③ 정제처리   ④ 경화처리

49 떡의 노화를 방지할 수 있는 방법이 아닌 것은?
① 찹쌀가루의 함량을 높인다.
② 설탕의 첨가량을 늘인다.
③ 급속 냉동시켜 보관한다.
④ 수분함량을 30~60%로 유지한다.

50 다음 중 돼지고기에만 존재하는 부위명은?
① 사태살   ② 갈매기살
③ 채끝살   ④ 안심살

51 기생충과 인체감염원인 식품의 연결이 틀린 것은?
① 유구조충 : 돼지고기
② 무구조충 : 소고기
③ 동양모양선충 : 민물고기
④ 아니사키스 : 바다생선

52 규폐증과 관계가 먼 것은?
① 유리규산   ② 암석가공업
③ 골연화증   ④ 폐조직의 섬유화

53 감염병 관리상 환자의 격리를 요하지 않는 것은?
① 콜레라   ② 디프테리아
③ 파상풍   ④ 장티푸스

54 기생충에 오염된 논, 밭에서 맨발로 작업할 때 감염될 수 있는 가능성이 가장 높은 것은?
① 간흡충 ② 폐흡충
③ 구 충 ④ 광절열두조충

55 실내공기의 오염지표로 사용되는 것은?
① 일산화탄소 ② 이산화탄소
③ 질 소 ④ 오 존

56 수인성 감염병의 특징을 설명한 것 중 틀린 것은?
① 단시간에 다수의 환자가 발생한다.
② 환자의 발생은 그 급수지역과 관계가 깊다.
③ 발생율이 남녀노소, 성별, 연령별로 차이가 크다.
④ 오염원의 제거로 일시에 종식될 수 있다.

57 상수도와 관계된 보건 문제가 아닌 것은?
① 수도열 ② 반상치
③ 레이노드병 ④ 수인성 감염병

58 감염병 발생의 3대 요인이 아닌 것은?
① 예방접종 ② 환 경
③ 숙 주 ④ 병 인

59 ( )에 차례대로 들어갈 알맞은 내용은?

생물화학적 산소요구량(BOD)은 일반적으로 ( )을 ( )에서 ( )간 안정화시키는 데 소비한 산소량을 말한다.

① 무기물질, 15℃, 5일
② 무기물질, 15℃, 7일
③ 유기물질, 20℃, 5일
④ 유기물질, 20℃, 7일

60 4대 온열요소에 속하지 않는 것은?
① 기 류 ② 기 압
③ 기 습 ④ 복사열

14개년 주요 기출문제

01 황변미 중독을 일으키는 오염 미생물은?
① 곰팡이 ② 효 모
③ 세 균 ④ 기생충

02 미생물이 자라는 데 필요한 조건이 아닌 것은?
① 온 도 ② 햇 빛
③ 수 분 ④ 영양분

03 음식을 먹기 전에 가열하여도 식중독 예방이 가장 어려운 균은?
① 포도상구균 ② 살모넬라균
③ 장염비브리오균 ④ 병원성 대장균

04 식품첨가물 중 보존제의 목적과 가장 거리가 먼 것은?
① 수분 감소의 방지
② 신선도 유지
③ 식품의 영양가 보존
④ 변질 및 부패 방지

05 체내에서 흡수되면 신장의 재흡수장애를 일으켜 칼슘 배설을 증가시키는 중금속은?
① 납 ② 수 은
③ 비 소 ④ 카드뮴

06 소독의 지표가 되는 소독제는?
① 석탄산 ② 크레졸
③ 과산화수소 ④ 포르말린

07 감자, 고구마 및 양파와 같은 식품에 뿌리가 나고 싹이 트는 것을 억제하는 효과가 있는 것은?
① 자외선 살균법 ② 적외선 살균법
③ 일광 소독법 ④ 방사선 살균법

08 주류 발효과정에서 존재하면 포도주, 사과주등에 메탄올이 생성되어 함유될 수 있으며, 중독증상은 구토, 복통, 설사 및 심하면 실명하게 되는 성분은?
① 펙 틴 ② 구연산
③ 지방산 ④ 아미노산

09 식품첨가물의 사용목적이 아닌 것은?
① 변질, 부패방지 ② 관능개선
③ 질병예방 ④ 품질개량, 유지

10 육류의 직화구이 및 훈연 중에 발생하는 발암물질은?
① 아크릴아마이드(Acrylamide)
② 니트로사민(N-nitrosamine)
③ 에틸카바메이트(Ethylcarbamate)
④ 벤조피렌(Benzopyrene)

11 식품위생수준 및 자질향상을 위하여 조리사 및 영양사에게 교육을 받을 것을 명할 수 있는 자는?
① 보건소장
② 시장·군수·구청장
③ 식품의약품안전처장
④ 보건복지부장관

12 일반음식점을 개업하기 위하여 수행하여야 할 사항과 관할 관청은?
① 영업허가 – 지방식품의약품안전처
② 영업신고 – 지방식품의약품안전처
③ 영업허가 – 특별자치도·시·군·구청
④ 영업신고 – 특별자치도·시·군·구청

13 「식품위생법」상 허위표시, 과대광고, 비방광고 및 과대포장의 범위에 해당하지 않는 것은?
① 허가·신고 또는 보고한 사항이나 수입신고한 사항과 다른 내용의 표시·광고
② 제조방법에 관하여 연구하거나 발견한 사실로서 식품학·영양학 등의 분야에서 공인된 사항의 표시
③ 제품의 원재료 또는 성분과 다른 내용의 표시·광고
④ 제조연월일 또는 유통기한을 표시함에 있어서 사실과 다른 내용의 표시·광고

14 「식품위생법」에서 사용하는 '표시'에 대한 용어의 정의는?
① 식품, 식품첨가물에 기재하는 문자, 숫자를 말한다.
② 식품, 식품첨가물에 기재하는 문자, 숫자 또는 도형을 말한다.
③ 식품, 식품첨가물, 기구 또는 용기·포장에 기재하는 문자, 숫자를 말한다.
④ 식품, 식품첨가물, 기구 또는 용기·포장에 적는 문자, 숫자 또는 도형을 말한다.

15 「식품위생법」상 조리사를 두어야 하는 영업장은?
① 유흥주점   ② 단란주점
③ 일반레스토랑 ④ 복어조리점

16 식품을 구성하는 성분 중 특수성분인 것은?
① 수 분   ② 효 소
③ 섬유소   ④ 단백질

17 치즈 제품을 굳기에 따라 구분할 때 일반적으로 가장 경도가 높은 것은?
① 체다 치즈(Cheddar Cheese)
② 블루 치즈(Blue Cheese)
③ 카멤벌트 치즈(Camembert Cheese)
④ 크림 치즈(Cream Cheese)

18 식품의 수분활성도(Aw)란?
① 식품의 수증기압과 그 온도에서의 물의 수증기압의 비
② 자유수와 결합수의 비
③ 식품의 단위시간당 수분증발량
④ 식품의 상대습도와 주위의 온도와의 비

19 녹색 채소의 색소고정에 관계하는 무기질은?
① 알루미늄(Al)   ② 염소(Cl)
③ 구리(Cu)   ④ 코발트(Co)

20 불포화지방산을 포화지방산으로 변화시키는 경화유에는 어떤 물질이 첨가되는가?
① 산 소   ② 수 소
③ 질 소   ④ 칼 슘

21 유화액의 상태가 같은 것으로 묶여진 것은?
① 우유, 버터, 마요네즈
② 버터, 아이스크림, 마가린
③ 크림수프, 마가린, 마요네즈
④ 우유, 마요네즈, 아이스크림

22 신맛성분과 주요 소재식품의 연결이 틀린 것은?
① 초산(Acetic acid) – 식초
② 젖산(Lactic acid) – 김치류
③ 구연산(Citric acid) – 시금치
④ 주석산(Tartaric acid) – 포도

23 카로티노이드에 대한 설명으로 옳은 것은?
① 클로로필과 공존하는 경우가 많다.
② 산화효소에 의해 쉽게 산화되지 않는다.
③ 자외선에 대해서 안정하다.
④ 물에 쉽게 용해된다.

24 한천의 용도가 아닌 것은?
① 훈연제품의 산화방지제
② 푸딩, 양갱의 겔화제
③ 유제품, 청량음료 등의 안정제
④ 곰팡이, 세균 등의 배지

25 당류 가공품 중 결정형 캔디는?
① 퐁당(Fondant)
② 캐러멜(Caramel)
③ 마쉬멜로우(Marshmellow)
④ 젤리(jelly)

26 우유 100g 중에 당질 5g, 단백질 3.5g, 지방 3.7g이 들어있다면 우유 170g은 몇 kcal를 내는가?
① 114.4kcal
② 167.3kcal
③ 174.3kcal
④ 182.3kcal

27 간장이나 된장의 착색은 주로 어떤 반응이 관계하는가?
① 아미노 카르보닐(Aminocarbonyl) 반응
② 캐러멜(Caramel)화 반응
③ 아스코르빈산(Ascorbic acid) 산화반응
④ 페놀(Phenol) 산화반응

28 검정콩밥을 섭취하면 쌀밥을 먹었을 때보다 쌀에서 부족한 어떤 영양소를 보충할 수 있는가?
① 단백질
② 탄수화물
③ 지 방
④ 비타민

29 사과의 갈변촉진 현상에 영향을 주는 효소는?
① 아밀라아제(Amylase)
② 리파아제(Lipase)
③ 아스코르비나아제(Ascorbinase)
④ 폴리페놀 옥시다아제(Polyphenol Oxidase)

30 두부의 응고제 중 간수의 주성분은?
① KOH
② KCl
③ NaOH
④ $MgCl_2$

31 햇볕에 말린 생선이나 버섯에 특히 많은 비타민은?
① 비타민 C
② 비타민 K
③ 비타민 D
④ 비타민 E

32 다음 식품 중 직접 가열하는 급속해동법이 많이 이용되는 것은?
① 생선류
② 육 류
③ 반조리 식품
④ 계 육

33 전분의 호화와 점성에 대한 설명 중 틀린 것은?
① 곡류는 서류보다 호화온도가 높다.
② 전분의 입자가 클수록 빨리 호화된다.
③ 소금은 전분의 호화와 점도를 억제한다.
④ 산 첨가는 가수분해를 일으켜 호화를 촉진시킨다.

34 난백에 기포가 생기는 것에 영향을 주는 것은?
① 난백에 거품을 낼 때 식초를 조금 넣으면 거품이 잘 생긴다.
② 난백에 거품을 낼 때 녹인 버터를 1큰술 넣으면 거품이 잘 생긴다.
③ 머랭을 만들 때 설탕은 맨 처음에 넣는다.
④ 난백은 0℃에서 가장 안정적이고 기포가 잘 생긴다.

35 필수지방산에 속하는 것은?
① 리놀렌산
② 올레산
③ 스테아르산
④ 팔미트산

36 우유를 응고시키는 요인과 거리가 먼 것은?
① 가 열   ② 레닌(Rennin)
③ 산   ④ 당 류

37 육류의 근원섬유에 들어있으며, 근육의 수축 이완에 관여하는 단백질은?
① 미오겐(Myogen)
② 미오신(Myosin)
③ 미오글로빈(Myoglobin)
④ 콜라겐(collagen)

38 해조류에서 추출한 성분으로 식품에 점성을 주고 안정제, 유화제로서 널리 이용되는 것은?
① 알긴산(alginic acid)
② 펙틴(Pectin)
③ 젤라틴(Gelatin)
④ 이눌린(Inulin)

39 습열 조리법으로 조리하지 않는 것은?
① 편 육   ② 장조림
③ 불고기   ④ 꼬리곰탕

40 삼치구이를 하려고 한다. 정미중량 60g을 조리하고자 할 때 1인당 발주량은 약 얼마인가? (단, 삼치의 폐기율은 34%)
① 43g   ② 67g
③ 91g   ④ 110g

41 일반적인 식품의 구매방법으로 가장 옳은 것은?
① 고등어는 2주일분을 한꺼번에 구입한다.
② 느타리버섯은 3일에 한 번씩 구입한다.
③ 쌀은 1개월분을 한꺼번에 구입한다.
④ 소고기는 1개월분을 한꺼번에 구입한다.

42 밀가루로 빵을 만들 때 첨가하는 다음 물질 중 글루텐(Gluten) 형성을 도와주는 것은?
① 설 탕   ② 지 방
③ 중 조   ④ 달 걀

43 콩이나 콩나물을 삶을 때 뚜껑을 닫으면 콩 비린내 생성을 방지할 수 있다. 그 이유는?
① 건조를 방지해서
② 산소를 차단해서
③ 색의 변화를 차단해서
④ 오래 삶을 수 있어서

44 식품을 계량하는 방법으로 틀린 것은?
① 밀가루 계량은 부피보다 무게가 더 정확하다.
② 흑설탕은 계량 전 체로 친 다음 계량한다.
③ 고체 지방은 계량 후 고무주걱으로 잘 긁어 옮긴다.
④ 꿀같이 점성이 있는 것은 계량컵을 이용한다.

45 기름성분이 하수구로 들어가는 것을 방지하기 위해 가장 바람직한 하수관의 형태는?
① S 트랩   ② P 트랩
③ 드 럼   ④ 그리스 트랩

46 폐기율이 20%인 식품의 출고계수는 얼마인가?
① 0.5   ② 1.
③ 1.25   ④ 2.0

47 어취제거 방법에 대한 설명으로 틀린 것은?
① 식초나 레몬즙을 이용하여 어취를 약화시킨다.
② 된장, 고추장의 흡착성은 어취 제거 효과가 있다.
③ 술을 넣으면 알코올에 의하여 어취가 더 심해진다.
④ 우유에 미리 담가두면 어취가 약화된다.

48 급식시설의 유형 중 1인 1식을 제공하는 데 사용하는 물의 양이 가장 많은 곳은?
① 학교급식   ② 병원급식
③ 사업체급식 ④ 기숙사급식

49 고기의 질긴 결합조직 부위를 물과 함께 장시간 끓였을 때 연해지는 이유는?
① 엘라스틴이 알부민으로 변화되어 용출되어서
② 엘라스틴이 젤라틴으로 변화되어 용출되어서
③ 콜라겐이 알부민으로 변화되어 용출되어서
④ 콜라겐이 젤라틴으로 변화되어 용출되어서

50 무기질만으로 짝지어진 것은?
① 지방, 나트륨, 비타민 A
② 칼슘, 인, 철
③ 지방산, 염소, 비타민 B
④ 아미노산, 요오드, 지방

51 질병의 감염 경로로 틀린 것은?
① 아메바성 이질 – 환자·보균자의 분변·음식물
② 유행성 간염 A형 – 환자·보균자의 분변·음식물
③ 폴리오 – 환자·보균자의 콧물과 분변·음식물
④ 세균성 이질 – 환자·보균자의 콧물·재채기 등의 분비물·음식물

52 물의 자정작용에 해당되지 않는 것은?
① 희석작용　② 침전작용
③ 소독작용　④ 산화작용

53 간디스토마와 폐디스토마의 제1중간숙주를 순서대로 짝지어 놓은 것은?
① 우렁이 – 다슬기　② 잉어 – 가재
③ 사람 – 가재　④ 붕어 – 참게

54 다음 감염병 중 바이러스(Virus)가 병원체인 것은?
① 세균성 이질　② 폴리오
③ 파라티푸스　④ 장티푸스

55 음의 강도(음압)의 단위는?
① Decibel　② Phon
③ Sone　④ Hertz

56 만성감염병과 비교할 때 급성감염병의 역학적 특성은?
① 발생률은 낮고 유병률은 높다.
② 발생률은 높고 유병률은 낮다.
③ 발생률과 유병률이 모두 높다.
④ 발생률과 유병률이 모두 낮다.

57 집단감염이 잘되며 항문부위의 소양증을 유발하는 기생충은?
① 회 충　② 구 충
③ 요 충　④ 간흡충

58 중독될 경우 소변에서 코프로포르피린(Coproporphyrin)이 검출될 수 있는 중금속은?
① 철(Fe)　② 크롬(Cr)
③ 납(Pb)　④ 시안화합물(CN)

59 자외선의 작용과 거리가 먼 것은?
① 피부암 유발　② 관절염 유발
③ 살균작용　④ 비타민 D 형성

60 회복기 보균자에 대한 설명으로 옳은 것은?
① 병원체에 감염되어 있지만 임상증상이 아직 나타나지 않은 상태의 사람
② 병원체를 몸에 지니고 있으나 겉으로는 증상이 나타나지 않는 건강한 사람
③ 질병의 임상 증상이 회복되는 시기에도 여전히 병원체를 지닌 사람
④ 몸에 세균 등 병원체를 오랫동안 보유하고 있으면서 자신은 병의 증상을 나타내지 아니하고 다른 사람에게 옮기는 사람

정답 및 해설

 한식조리기능사 **01**

정답

01 ④	02 ④	03 ④	04 ①	05 ④	06 ②
07 ②	08 ③	09 ③	10 ④	11 ①	12 ①
13 ③	14 ①	15 ②	16 ①	17 ②	18 ②
19 ③	20 ④	21 ②	22 ②	23 ③	24 ④
25 ③	26 ④	27 ②	28 ②	29 ④	30 ①
31 ②	32 ②	33 ①	34 ②	35 ③	36 ③
37 ③	38 ④	39 ④	40 ③	41 ④	42 ②
43 ④	44 ④	45 ②	46 ④	47 ④	48 ④
49 ②	50 ①	51 ④	52 ①	53 ①	54 ②
55 ①	56 ②	57 ④	58 ①	59 ④	60 ①

01 집단급식소는 영리를 목적으로 하지 아니하며, 상시 1회 50인 이상에게 식사를 제공하는 곳이다(병원, 학교, 양로원, 고아원 등).

02 조리사 또는 영양사가 보수교육을 받지 않을 때
1차 – 업무정지 1월, 2차 – 업무정지 2월,
3차 – 업무정지 3월

03 쌀, 건조식품, 통조림 식품 등은 그늘지고 서늘한 실온에 보관하고 고기, 생선, 채소, 과일 등은 냉장, 냉동실에 보관한다.

04 식품의약품안전처장은 식품, 식품첨가물의 기준, 규격, 기구 및 용기, 포장의 기준, 규격과 식품 등의 표시기준을 수록한 식품·식품첨가물 등의 공전을 작성·보급해야 한다.

05 영업에 종사하지 못하는 질병
콜레라, 장티푸스, 파라티푸스, 세균성 이질, O-157, A형 간염, 결핵, 화농성질환, AIDS

06 복어의 독성이 가장 강한 시기는 산란기 직전인 4~6월 경이며 가장 위험하고 치사율이 높다(치사량은 2mg).

07 통조림 등 산소가 부족한 식품에서 유발되는 식중독은 보툴리누스균 식중독이다.

08
- **베네루핀** : 바지락, 모시조개, 굴, 고동 등 유독 플랑크톤을 섭취한 조개류에서 검출
- **엔테로톡신** : 화농성 포도상구균 등의 세균이 장이나 식품 속에 번식하여 만드는 독소

09 HACCP의 의무적용대상 식품
① 어육가공품 중 어묵류
② 냉동식품 중 피자류, 만두류, 면류
③ 냉동수산식품 중 어류, 연체류, 조미가공품
④ 빙과류, 비가열음료, 레토르트식품

10 부틸히드록시 아니솔(BHA)
식용유지, 버터, 어패류의 변질을 방지하기 위한 산화방지제(항산화제)이다.

11 노로바이러스
㉠ 사람에게 장염을 일으키는 바이러스
㉡ 메스꺼움·구토·설사·복통 등의 증상
㉢ 대부분 1~2일 후에는 완전회복
㉣ 크기가 매우 작고 구형

12 팽창제
빵이나 밀가루 제품의 형태를 갖추기 위해 사용되는 첨가물로써 이스트나 베이킹파우더 등이 있다.

13 세균성 식중독의 종류
- **감염형** : 살모넬라균, 장염비브리오균(병원성 호염균), 병원성 대장균, 웰치균
- **독소형** : 포도상구균, 보툴리누스균

14 히스타민
꽁치나 고등어 등 붉은색 어류의 가공품을 섭취했을 때 나타나는 알러지성 식중독의 성분

15
솔라닌 – 부패한 감자, 아미그달린 – 청매, 시큐톡신 – 독미나리, 마이코톡신 – 곰팡이

16 수분활성도(Aw)
어떤 임의의 온도에서 식품이 나타내는 수증기압을 그 온도에서 순수한 물의 최대수증기압으로 나눈 것이다.

17
잼은 펙틴·유기산을 함유한 과육과 과즙에 설탕을 첨가시켜 설탕이 펙틴을 침전시킴으로써 형성되는 것이다. 이때 침전은 산의 존재 하에서 일어나며 적당한 펙틴과 산의 농도에 의해 잼이 단단해지며 구조를 형성한다.

18
채소의 녹색인 클로로필 색소는 열과 산에는 불안정하므로 김치가 익을수록 시어져서 페오피틴이 생성되므로 녹색이 갈색으로 변한다.

19
조리, 가공 중 산소, 효소, 금속 등에 의하여 색소가 변색된다.

20
① **두부** : 콩 단백질인 글리시닌이 무기염류에 의하여 응고되는 성질을 이용
② **어묵** : 생선의 염용성 단백질인 미오신에 소금을 첨가하여 녹았다 가열할 때 굳어지는 현상을 이용
③ **빵 반죽** : 밀가루의 단백질인 글루텐이 반죽 시 점탄성을 이용하여 만든다.

이와 같은 현상이 변성된 단백질 분자가 집합하여 질서정연한 망상구조를 형성하는 단백질의 구조이다.

21
생육 수분활성도(Aw) – 세균 > 효모 > 곰팡이
순수한 물의 Aw = 1이다.

22
감자의 수분함량은 78.1%이므로 저장성이 낮다.

23
꽁치 100g당 단백질 함량이 24.9g이므로 1g당 0.249g
∴ 160(g) × 0.249(g) = 39.8g이다.

24
식품을 냉장보관하면 보존효과를 연장시킬 수 있다.

25 유당(Lactose, 젖당)
㉠ 포도당과 갈락토오스의 화합물로 일명 젖당이라 한다.
㉡ 우유에 약 5%, 인유에 약 7%로 유즙에 함유
㉢ 젖산균의 발육을 도와 유해세균의 번식을 억제하고, 정장 작용과 뇌신경조직의 성장에 관여

26
홍차, 간장, 된장은 비효소적 갈변반응으로 향기와 색이 좋아진 식품이지만 녹차는 찻잎을 직화건조법으로 가공한 식품이다.

27 케르세틴
플라보노이드계 색소, 식품변질 방지를 위한 산화방지제

28
미역은 양질의 단백질을 10~20% 함유하고 있다.

29
달걀은 모든 영양소가 고루 들어있고, 영양상 질도 우수한 식품이다. 단백질은 100g 중에 13g 정도이며, 달걀은 필수아미노산인 라이신, 메티오닌, 트립토판 등을 고루 가지고 있어 단일 식품으로는 단백가가 가장 높다. 달걀의 당질은 미량의 글루코오스, 만노오스 유리상태로 존재한다.

30 견과류
호두, 땅콩, 잣, 밤, 은행, 아몬드 등

31 튀김기름을 여러번 사용했을 때 현상
㉠ 점도 증가 ㉡ 흡유량 증가
㉢ 거품 발생 ㉣ 불포화 지방산 함량 감소

32 단백질의 기능
㉠ 성장 및 체조직의 구성(체조직, 혈액 단백질, 피부, 효소, 항체, 호르몬 구성)
㉡ 에너지 공급원(1g당 4kcal)
㉢ 생리조절 : 삼투압, 체내의 수분 함량, 체내의 pH 조절

33
위탁급식은 전문업체가 인격을 체계적으로 관리하므로, 인건비와 대량구입으로 식품원가를 감소하고 서비스가 원활하며, 복잡한 노무 관리의 직접적인 책임을 탈피할 수 있는 장점이 있다.

34 밀가루 반죽시 글루텐에 영향을 주는 물질
㉠ 설탕 : 단맛, 효모의 영양원. 설탕의 캐러멜화에 의한 빛깔(갈색) 및 특유한 향기, 노화방지, 단백연화작용을 한다. 설탕이 너무 많으면 글루텐 형성을 방해
㉡ 지방 : 연화작용이 있고, 제품의 결을 곱게 만들고, 밀가루제품의 표면 갈변작용
㉢ 소금 : 점탄성을 증가시키고, 곰팡이의 발육을 억제한다.
㉣ 베이킹파우더 : 팽창제로서 가열하면 탄산가스, 암모니아를 발생시키며, 알칼리성을 갖는다.
㉤ 액체 : 물, 우유, 달걀에 포함된 수분 등이 작용할 수 있는데, 글루텐형성에 결정적 역할을 한다. 베이킹파우더는 성분 간의 반응을 일으키게 하고, 팽창제의 역할을 한다.
㉥ 달걀 : 글루텐 형성을 돕지만, 너무 많으면 조직이 빳빳해진다.

35
㉠ 직접경비 : 조리완제품, 반제품, 급식원재료, 또는 조미료 등의 급식에 소요된 모든 재료에 대한 비용
㉡ 간접경비 : 수선비, 여비 전력비, 감가상각비, 보험료, 가스비, 수도·광열비 등

36
대치식품은 같은 군에 속한 식품끼리 가능한데 닭고기는 1군이고 우유 및 유제품은 2군이므로 적합하지 않다.

37
콩 단백질인 글리시닌은 가열에 의해 응고되지 않고 Mg^{++} 또는 Ca^{++} 등의 금속이온에 의하여 응고되는 성질이 있으므로, 칼슘이온을 첨가하면 두부가 단단해 진다.

38
난황속에 들어있는 레시틴은 인지질이다.
난황 단백질 : 리포비텔린, 리포비텔리닌, 리비틴
난백 단백질 : 오브알부민, 오보뮤코이드, 글로불린, 아비딘

39
물은 반죽중의 재료들에 수분을 주며 전분의 수화를 돕는다. 또한 믹싱 중에 밀가루의 단백질과 혼합돼 글루텐을 형성하며 굽는 과정 중에 전분의 호화를 돕는다.

40
HVP : 식물성 가수분해 단백질
HAP : 동물성 가수분해 단백질로 천연 추출용 조미료이다.

41 생선을 조리할 때의 유의사항
㉠ 처음에는 냄비 뚜껑을 열고 조리하여 비린 냄새를 휘발시킨다.
㉡ 지방 함량이 많고 신선한 생선은 구이용으로 사용한다.
㉢ 생선조리 시간은 15분 정도 조리하는 것이 적당하다. 15분 이상 조리하면 어육의 탈수현상이 생긴다.
㉣ 마늘, 생강은 생선살이 익은 후에 넣어야 어육단백질이 탈취작용을 방해하지 않는다.
㉤ 신선도가 낮은 생선은 진항 양념(된장, 고추장, 간장)을 하여 비린내를 줄인다.

42
식소다(중조)를 넣어 채소를 데치면 색은 선명해지지만 비타민B1, 비타민B2, 비타민C 등의 영양소의 손실이 발생하며, 채소가 물러지는 현상이 생긴다.

43
판매가격＝총원가＋이익

44 집단급식소는 비영리를 목적으로 하므로 영리를 목적으로 하는 기숙사는 집단급식소가 아니다.

45 ① **단백질** : 펩신, 트립신, 에렙신
② **탄수화물** : 프티알린, 아밀라아제
③ **지방** : 리파아제, 스테압신
④ **유당** : 락타아제

46 영양기준량의 산출 → 식품섭취량산출 → 3식의 영양배분 결정 → 음식수 및 요리명 결정 → 식단작성주기 → 식량배분계획 → 식단표 작성

47 생선의 비린내는 어체 내에 있는 트리메틸아민 옥사이드(Trimethylamine Oxide, TMAO)가 트리메틸아민으로 환원될 때 나는 냄새이다. 따라서 트리메틸아민은 신선하지 않은 것일수록 많이 생성된다.

48 조리를 할 때 채소의 비타민C(수용성)의 손실은 크게 썰어 표면적이 적을수록, 조리시간이 짧을수록, 조리온도가 낮을수록 줄어든다.

49 **결정형 캔디** : 퐁당, 폰단트, 퍼지
비결정형 캔디 : 캐러멜, 마시멜로우, 태피, 젤리

51 **중금속 중독**
㉠ **납(Pb)중독(연독)** : 권태, 체중감소, 연산통, 구강염, 적혈구 수의 증가 등
㉡ **수은(Hg)중독(미나마타병)** : 수은에 감염된 어패류를 섭취하였을 때 피로, 기억력감퇴, 지각이상, 언어장애 등의 증상이 나타난다.(흥독성흥분, 중추신경말초신경마비 등)
㉢ **크롬(Cr)중독** : 비염, 인두염, 기관지염, 비중격천공 등
㉣ **카드뮴(Cd)중독(이타이이타이병)** : 폐기종, 신장장애, 단백뇨, 골연화증 등

52 **선모충, 유구조충** : 돼지
회충 : 채소

53 **간디스토마**
제1중간 숙주(왜우렁이) → 제2중간 숙주(민물고기 : 잉어, 붕어)에 피낭유충으로 존재한다.

54 공기의 조성 → 질소(78.1%)+산소(21%)+아르곤(0.93%)+이산화탄소(0.03)+미량의 기체(0.04%)

55 먹는물 소독에는 염소 소독이 가장 적합하다.
과산화수소 : 상처소독
생석회 : 화장실, 하수도, 쓰레기
알코올 : 피부, 기구소독

56 **건강에 대한 세계보건기구의 정의(WHO)**
건강이란 단순한 질병이나 허약의 부재상태가 아니라 육체적, 정신적 및 사회적으로 건전한 상태를 말한다.

57 **납** : 복통, 구토, 설사, 중추신경장애

58 **순환변화** : 3~4년 유행
추세변화 : 10~20년 수십 년을 주기로 유행

59 **감염원 대책** : 환자·보균자를 색출하여 격리·치료한다.
감수성 대책 : 예방 주사
감염경로 대책 : 손을 소독한다.

60 ㉠ 일광의 3부분 중 파장이 가장 짧다.
㉡ 파장범위는 200~400nm(2,600~2,800Å(옴스트롱)에서 살균력이 가장 강함)이다.
㉢ 자외선 중 2900~3200Å은 프로비타민 D를 비타민 D로 바꾸어 주므로 건강선(Dorno ray)이라 한다.
㉣ 비타민 D의 형성을 촉진하여 구루병을 예방한다.
㉤ 살균작용(240~280nm 또는 250~290nm) 등이 있어 조리장내의 조리기구, 식품 등을 소독하나 식품내부까지는 소독이 이루어지지 않는다.

정답 및 해설

01 ②	02 ②	03 ①	04 ①	05 ①	06 ③
07 ④	08 ③	09 ①	10 ③	11 ④	12 ③
13 ③	14 ①	15 ④	16 ①	17 ①	18 ①
19 ①	20 ①	21 ②	22 ③	23 ④	24 ②
25 ③	26 ④	27 ④	28 ②	29 ③	30 ③
31 ③	32 ②	33 ④	34 ④	35 ④	36 ②
37 ③	38 ①	39 ①	40 ①	41 ④	42 ②
43 ①	44 ③	45 ③	46 ④	47 ①	48 ④
49 ③	50 ③	51 ②	52 ①	53 ①	54 ③
55 ③	56 ①	57 ②	58 ②	59 ①	60 ④

01 우유의 세균수는 1ml당 20000 이하이어야 한다. 대장균은 1ml당 2 이하, 멸균제품일 경우는 음성이어야 한다.

02 조리용 칼, 도마, 식기류의 미생물 규격은 살모넬라 음성, 대장균 음성이다(사용 중의 것은 제외한다).

03 식품위생법규상 판매 등이 금지되는 병육에는 리스테리아병, 선모충증, 살모넬라 등이 있다.

04 방사선 조사처리 된 식품에는 위의 표시를 용기나 제품 포장에 지름 5cm 이상의 크기로 표시해야 한다.

05 「식품위생법」상 식품이란 모든 음식물을 말한다. 단, 의약으로 섭취하는 것은 제외한다.

06 장티푸스균, 콜레라균은 오염된 물에 의해 발생되는 수인성 감염병이다.

07 **지아라레논(Zearalenone)**
옥수수에 감염되는 붉은곰팡이(Fusarium Graminearum)가 만드는 곰팡이독으로 환경 호르몬으로 작용해, 사산이나 유산을 일으켜 가축의 생산성에 타격을 주는 진균독이다.

08 **황색 포도상구균(staphylococcus)식중독**
　㉠ **독소** : 엔테로톡신(enterotoxin 장내독소)
　㉡ **증상** : 식후 30분~6시간, 평균 3시간 후 심한 설사, 복통
　㉢ **특징** : 일반 조리법으로 예방 불가능, 우리나라에서 가장 많이 발생하는 식중독, 잠복기가 가장 짧은 식중독으로 화농성 환자가 조리 시 발생한다.

09 감자-솔라닌, 피마자-리신,
독미나리-시큐톡신, 청매-아미그달린

10 **식품의 부패 검사**
　1. **생균수 검사** : 식품 1g당 일반세균수 $10^7~10^8$-초기부패, $10^5/1g$ 이하-신선식품
　2. **화학적 검사** : 수소이온농도(어류가 pH6.2 이상이면 초기부패), 트릴메틸아민(어류가 4~6mg%이면 초기부패), 휘발성 염기질소(30~40mg%이면 초기부패)

11 **클리스트리디움 보툴리늄균(botulinus bacillus)식중독** : 산소를 싫어하는 혐기성균, 현재 알려져 있는 것 중 치사율(40%)이 가장 높다.
   ㉠ **원인균** : 보툴리누스균(A형~G형으로 구분, A, B,E형이 원인균)
   ㉡ **독소** : 뉴로톡신(neurotoxin 신경독)
   ㉢ **원인식** : 햄, 소시지, 통조림

12 **메탄올(methanol)식중독=메틸알코올**
   ㉠ 주류 발효과정에 펙틴이 존재할 경우 과실주에서 메탄올 생성(허용량 : 0.5 mg/ml)
   ㉡ 중독 증상 : 두통, 설사, 실명 등이고 심하면 사망

13 **테트로도톡신(Tetrodotoxin)**
   신경에 작용하는 독소로 복어독의 주성분이다. 복어의 알과 내장 등에 들어 있으며 청산가리 독성의 1000배에 달해 치사율이 매우 높다.

14 **대장균(분변오염지표균)**
   사람이나 동물의 분변에 오염된 곳에 존재하여 병원균의 오염을 알 수 있으므로 음료수, 식품의 변질에 의한 오염을 검사하는 지표가 된다.

15 **사용 가능한 감미료**
   D-소르피톨, 사카린 나트륨, 아스파탐, 글리친산, 2,3 나트륨

16 **수분활성도(Aw)**
   식품이 나타내는 수증기압에 대한 그 온도에 있어서의 순수한 물의 최대 수증기압의 비를 의미한다. 수분활성도가 높은 것은 채소·과일(0.98~0.99)이며 쌀이나 콩(0.60~0.64)은 수분활성도가 낮다.

17 **사후강직**
   동물이 도살된 후에는 효소의 작용, 이화학적 원인, 미생물의 작용에 의하여 육질이 변화한다. 사후시간이 경과함에 따라서 액토미오신(Actomyosin)을 생성하기 때문에 근육의 수축 또는 경직이 발생한다.

18 **발연점이 낮아지는 경우**
   1. 여러 번 사용하여 유리지방산의 함량이 높을수록
   2. 기름에 이물질이 많이 있을 때
   3. 기름의 표면적이 넓을수록 낮다(1인치 넓을 때 발연점은 2℃ 낮아진다).
   4. 유지의 정제도가 떨어질 경우

19 **글리코겐(glycogen)**
   인체의 간과 근육에 저장되어있는 동물성 다당류이다. 인체의 근육에는 수축에 필요한 에너지원인 글리코겐(glycogen)은 지속적으로 근육을 사용하면 저장되어 있던 글리코겐이 사용되면서 젖산과 같은 부산물과 노폐물이 근육에 축적되게 된다.

20 셀룰로오스는 포도당으로 된 단순 다당류의 하나로 소화되지 않는 식이섬유소이다.

21 당질 4kcal, 단백질 4kcal, 지질 9kcal이다.
   $(400 \times 4) + (70 \times 4) + (35 \times 9) = 1,600 + 280 + 315 = 2,195$ kcal

22 **잼(jam), 젤리** : 과육, 과즙에 설탕 60%를 첨가하여 농축한 것이다.

23 토코페롤은 천연 항산화제이다.

24 **단당류** : 포도당, 과당, 갈락토오스

25 **청국장** : 콩을 삶아 60℃까지 식힌 후 납두균(Bacillus Natto)을 번식(40~50℃로 보온)시켜 콩의 단백질을 분해한 다음 마늘, 파, 고춧가루, 소금 등의 양념을 가미한 것으로 최적번식온도는 40~45℃이다.

26 비타민 C 결핍 시 괴혈병이 발생하고 각기병은 비타민 B_1 부족시 발생한다.

27 마이야르반응(아미노카보닐반응; NH2COOH)
아미노산, 아민, 펩티드, 단백질 등이 당류, 알데히드, 케톤 등과 반응하여 갈변되는 현상으로 수분, 온도, 당의 종류에 영향을 받는다(식빵, 간장, 된장 등).

28 생선의 근육 단백질(미오신)에 소금을 넣어 갈아주면 풀과 같은 상태로 되는데 이렇게 소금에 녹는 염용성 단백질의 특징을 이용하여 만든 것이 생선묵(어묵)이다.

29 효소적 갈변
채소류나 과일류의 상처받은 조직이 공기(산소)에 노출 시 페놀 화합물이 산화효소인 페놀옥시다아제에 의해 갈색 색소인 멜라닌으로 변하는 것이다(사과, 감자의 절단면이 갈변, 양송이의 갈변, 홍차의 적색, 사과 주스 등).

30 카로티노이드색소
1. 노랑색, 주황(오렌지색), 빨간색의 색소로서 산·알칼리에는 변화가 없으나, 광선에 민감
2. 당근, 호박, 녹엽, 고구마, 토마토, 감, 살구, 오렌지, 옥수수, 난황 등에 있다.

31 열에 대한 안정성 비타민E > 비타민D > 비타민A > 비타민B > 비타민C

32 폐기율 = 폐기량 × 100 35 = X × 100 X = 4.2이다.
폐기량은 4.2kg이다.
전체중량 12
오징어 실사용량 : 12kg - 4.2kg = 7.8kg
오징어 12kg을 25,000에 구입하였으므로
실사용량의 1kg 단가는 25,000 ÷ 7.8 = 약 3,205원

33 조리장은 바닥과 바닥으로부터 1m까지의 내벽을 타일·콘크리트 등의 내수성자재의 구조이어야 한다.

34 스튜잉(Stewing)
뚜껑이 달린 스튜잉 포트(Stewing Pot)를 이용하여 낮은 온도로 서서히 조리하는 방법이다.

35 튀기기
튀김의 적온은 보통 160~180℃의 고온의 기름 속에서 단시간에 튀겨내는 조리법으로 영양소 중 특히 비타민C의 손실이 가장 적은 조리법이다.

36 호정화
건조 상태의 전분을 160℃이상 가열하면 여러 단계의 가용성 녹말을 거쳐 호정(덱스트린)으로 분해하는 현상으로 종류에는 쌀과자, 강냉이튀밥, 쌀튀밥, 미숫가루 등이 있다.

37 부패성이 없는 곡류나 공산품은 1개월 단위로 구입한다.

38 꽁치 100g : 24.9 = 꽁치 50g : X이므로
100gX = 24.9 × 50g
X = 12.45g이다.

39 조리대 배치는 오른손잡이를 기준으로 할 때 좌측에서 우측으로 배치하는 것이 동선을 줄일 수 있는 효과적인 방법이다.

40 생선의 어취 제거 방법
1. 레몬즙, 식초 등의 산을 첨가
2. 생강, 파, 마늘, 고추냉이, 술, 겨자 등의 향신료사용, 생강은 생선이 익은 후 첨가
3. 수용성인 트리메틸아민을 물로 씻어서 제거
4. 비린내 흡착성질이 있는 우유(카제인)에 미리 담가 두었다가 조리한다.
5. 생선을 조릴 때 처음 몇 분간은 뚜껑을 열고 비린내를 제거한다.
6. 약간 상한 듯한 생선은 간을 세게 한다.

41 수란은 달걀의 응고성을 이용한 식품이다.

42

	제조간접비	판매관리비	이 익
직접재료비 직접노무비 직접경비	직접원가	제조원가	총원가
직접원가	제조원가	총원가	판매원가

43 베이킹파우더는 빵의 팽창제로 사용된다.

44 총발주량 = $\dfrac{\text{정미중량}}{100 - \text{폐기율}} \times 100 \times \text{인원수}$

100 − 폐기율 = 20 × 100
100 − 6 × 1,000 = 2,000,000
94 = 21,277g = 21.277kg이다.

45 구이를 할 경우 수용성 성분의 유출이 매우 적다.

46 단체생활을 하는 특정인을 대상으로 하므로 식생활의 영양개선을 통해 건강증진의 효과가 있다.

47 **열량 영양소** : 탄수화물, 지방, 단백질

48 마요네즈는 작은 기름입자가 꽉 차 있는 유화액으로 지나치게 낮은 온도나 높은 온도에서 보관할 경우 분리되기 쉽다. 직사일광에 오래 둘 경우 산화되기 쉽고 분리되기 쉽다.

49 후추는 육류의 누린내 제거, 생선 비린내 제거에 사용되는 향신료로 식욕증진의 효과도 있다.

50 1. 햄과 어묵은 3~4도 정도의 약간 찬 곳에 보관하는 게 좋다.
2. 동결냉장 중 신선도가 떨어지는 식품은 저장성이 떨어지며 지방은 낮은 온도에서도 자동 산화되며 불포화도가 높을수록 빨리 진행되므로 진공포장하여 −18~−24℃에서 동결 냉장하여도 지연시킬 수는 있으나 산패를 막지는 못한다.

51 자외선 살균 시 단백질이 공존하는 경우에도 살균력이 떨어진다.

52 **요 충**
집단감염이 잘 되며 항문 주위나 회음부에 소양증을 유발시킨다. 손 청결 및 소독 가장 중요하다.

53 **CO(일산화탄소)**
무색, 무취, 무자극성 기체로서 불안전연소 시 잘 발생, 헤모글로빈(Hb)과 친화성이 산소에 비해 210~300배 강해 혈중의 O_2 농도를 저하시켜 조직세포 내 산소부족을 초래하여 무산소증(anoxia)을 일으킨다.

54 **호흡기계 감염병**
1. **비말감염** : 환자·보균자의 객담, 재채기, 콧물 등으로 감염
2. **진애감염** : 먼지 등에 의한 감염
3. **예방책** : 감염원·감수성 보유자의 격리, 소독 및 예방접종

55 **세계보건기구(WHO)의 주요 기능**
1. 각 회원국에 기술지원 및 자료 공급
2. 국제보건사업을 지휘 및 조정
3. 전문가 파견에 의한 기술자문 역할

56 1. **바퀴** : 장티푸스, 파라티푸스, 이질, 콜레라
2. **사상충** : 모기

57 **공해** : 대기오염, 수질오염, 진동, 소음

58 **상수 여과 효과** : 색도, 탁도, 세균 등이 감소된다.

59 **콜레라**
수인성 감염병으로 잠복기는 수 시간에서 보통 2~3일이다. 복통을 동반하지 않는 급성 수양성(쌀뜨물 같은) 설사와 구토가 나타난다.

60 유구조충 − 돼지

정답 및 해설

한식조리기능사 03

01 ②	02 ④	03 ③	04 ③	05 ①	06 ③
07 ①	08 ④	09 ②	10 ②	11 ③	12 ③
13 ④	14 ②	15 ③	16 ④	17 ②	18 ④
19 ③	20 ②	21 ③	22 ①	23 ②	24 ④
25 ②	26 ②	27 ①	28 ②	29 ④	30 ③
31 ③	32 ④	33 ③	34 ③	35 ③	36 ①
37 ③	38 ③	39 ①	40 ②	41 ②	42 ④
43 ③	44 ④	45 ③	46 ③	47 ①	48 ④
49 ④	50 ③	51 ①	52 ②	53 ①	54 ③
55 ①	56 ④	57 ④	58 ④	59 ②	60 ③

01 알레르기성 식중독
특수 체질인 사람에게 꽁치와 고등어와 같은 붉은살 어류의 가공품 섭취 시 일어나는 식중독으로 두드러기, 설사 등의 증상이 나타난다.
- 원인 물질 : 히스타민
- 원인균 : 모르가니균

02 모든 미생물은 온도, 수분, 영양소, pH에 따라 생육조건에 영향을 받는데 곰팡이는 생육속도가 세균에 비하여 느린 편이다.

03 사람이나 동물의 장 속에 사는 세균으로 대장균의 존재 여부는 분변에 의한 오염 유무가 지표가 된다. 발육 가능한 온도는 7~48℃이며 최적 증식 온도는 35~37℃이다.

04
- 모든 미생물과 아포까지 제거하여 무균 상태로 만드는 것은 멸균법이다.
- 소독법은 병원 미생물의 병원성을 약화시키거나 죽여서 감염력을 없애는 것이고, 살균법은 미생물만 사멸시키기 때문에 완전 무균 상태로는 만들지 못한다.

05 살모넬라 식중독
1. **원인균** : 살모넬라균(그람음성 무포자 간균으로 장내 세균이다.)
2. **원인식** : 어육류 및 가공품, 계란, 닭
3. **예방법** : 60℃에서 30분이면 사멸

06 니트로사민
NO(니트로소기)가 질소에 결합한 것으로 아질산과 식품 중 자연함유성분으로서 널리 존재하고 아민이 산성 하에서 반응하여 생성되는 유기성원인 물질 N-니트로소화합물은 변이원성이나 발암성 물질로 인정되고 있는 것이 많기 때문에 식품 위생상 중요한 화합물이다.

07 허가된 산미료 : 초산, 구연산, 주석산, 푸말산, 젖산

08 솔라닌 - 감자, 무스카린 - 독버섯
파세오루나틴 - 오색콩

09 보존료의 목적 : 식품의 변질, 부패를 막고 신선도를 유지시키기 위해서 사용되는 첨가물로 미생물의 증식을 억제시킨다. 데히드로초산, 안식향산, 소르빈산, 프로피온산 등이 있다.

10 다환방향족 탄화수소(Polycyclic aromatic hydrocarbon)
산소가 부족한 상태에서 유기물질을 고온으로 가열할 때 생성되는 단백질이나 지방의 분해 생성물이다.

11 식품의약품안전처장은 식품위생 수준 및 자질의 향상을 위하여 필요한 경우 조리사와 영양사에게 교육을 받을 것을 명할 수 있다.

12 「식품위생법」상의 "기구는 음식기와 식품 또는 식품첨가물의 채취, 제조, 가공, 조리, 저장, 운반, 진열, 수수 또는 섭취에 사용되는 것으로서 식품 또는 식품첨가물에 있어서 직접 접촉되는 기계, 기구 기타의 물건을 말한다. 다만, 농업 및 수산업에 있어서 식품의 채취에 사용되는 기계, 기구 기타의 물건은 제외한다.

13 즉석판매제조가공업 제외 품목
1. 통·병조림 제품, 냉동식품, 어육제품
2. 레토르트식품, 특수용도식품(체중조절용 조제식품은 제외한다)
3. 식초, 전분

14 • 「식품위생법」상 조리사가 식중독이나 그 밖에 위생과 관련한 중대한 사고 발생시
 • 1차 위반 : 업무정지 1개월
 • 2차 위반 : 업무정지 2개월
 • 3차 위반 : 면허취소

15 식품위생에 관한 교육시간
1. 식품제조가공업, 식품첨가물 제조업, 즉석판매제조 : 8시간
2. 식품운반업, 용기·포장류 제조업 : 4시간
3. 식품접객업(휴게음식점영업, 일반음식점영업, 단란주점영업, 유흥주점영업, 제과점영업, 위탁급식영업) : 6시간

16 1. 인단백질 : 우유의 카제인, 난황의 비테린
2. 당단백질 : 난백의 오보뮤코이드
3. 유도 단백질 : 젤라틴

17 50g(달걀 1개의 무게)×5개=250g
달걀 5개의 무게 250g에는 당질 12.5g, 단백질 20g, 지질 11g이 함유되어 있으므로 $(12.5g×4kcal)+(20g×4kcal)+(11×9kcal)=229kcal$이다.

18 가스 저장법(CA 저장법)
CO_2 농도를 높이거나 O_2의 농도를 낮추거나 N_2(질소 가스)를 주입하여 미생물의 발육을 억제시켜 채소와 후숙되는 과일을 저장하는 방법이다.

19 유지를 가열할 경우 유리지방산의 함량이 높아져 발연점이 낮아지고 알데히드(aldehyde), 케톤(ketone)등의 연기 성분이 생성된다. 또한 중합반응에 의해점도가 증가되며 요오드값이 낮아진다.

20 chlorophyll 분자 중의 Mg^+을 Cu^+이나 Fe^{2+}(철2가 양이온)으로 치환하면 아주 안정된 청록색의 구리 또는 철 클로로필이 되는데, 완두콩 통조림을 만들 때에는 황산동 용액으로 처리하여 Cu-chlorophyll(구리-클로로필)로 고정시켜 청록색을 유지시킨다.

21 호박산은 조개류에 들어있는 맛난 맛 성분이다.

22 • **산성식품** : 무기질 중 P·S·Cl·I 등은 체내에서 분해되어 산성이 되므로 이들을 많이 함유한 것들을 산성식품이라고 한다(곡류·어류·육류 등).
 • **알칼리성 식품** : 무기질 중 Ca·Na·K·Mg·Fe·Cu·Mn 등은 체내에서 분해되어 알칼리성이 되므로 이들 무기 무기질을 함유한 것들을 알칼리성 식품이라고 한다(과일·채소·해조류·우유 등).

23 노화 방지법
전분의 수분 함량을 15% 이하로 낮추거나 환원제나 유화제를 첨가(모노글리세라이드 첨가)한다. 설탕을 다량 첨가하거나, 냉동시킨다.

24 당근에는 지용성 비타민인 비타민 A가 주로 함유되어 있어 기름에 볶아 섭취하는 것이 효과적이다.

25 단백가 : 단백질의 영양가를 나타내는 수치로 단백가가 클수록 좋은 음식이다. 달걀의 단백가는 100이고 소고기·돼지고기는 80, 콩은 50, 쌀·밀은 30이다.

26 가정에서 가장 많이 사용되는 다목적 밀가루는 중력분(글루텐 함량 10~13%)으로 국수, 만두피에 이용된다.

27 미생물의 생육에 필요한 수분 활성도(Aw) : 세균(0.9~0.95), 효모(0.88~0.90), 곰팡이(0.65)이다.

28 마이야르(Maillard) 반응
아미노산, 아민, 펩티드, 단백질 등이 당류, 알데히드, 케톤 등과 반응하여 갈변되는 현상, 식빵, 간장, 된장

29 딸기잼은 다당류인 펙틴의 응고성을 이용한 식품으로 과육, 과즙에 설탕 60%를 첨가하여 농축한 것이다.

30 난황에 주로 함유되어 있는 색소는 카로티노이드계 색소이다.

31

	제조간접비	판매관리비	이 익
직접재료비 직접노무비 직접경비	직접원가	제조원가	총원가
직접원가	제조원가	총원가	판매원가

33 달걀의 기능
- 결착제 : 가열하면 단백질이 응고함으로써 식품을 원하는 형태로 결착시킨다(만두, 크로켓).
- 팽창제 : 난백의 거품은 팽창제의 역할을 하여 부피를 증가시키며 부드럽게 해준다(머랭, 케이크).
- 유화제 : 난황속의 레시틴은 마요네즈, 케이크, 아이스크림을 만들 때 유화제로서 작용한다.
- 농후제 : 달걀은 응고되면 음식을 걸쭉하게 하는 성질(달걀찜, 커스터드)
- 간섭제 : 거품을 낸 난백은 결정체 형성을 방해하여 결정을 미세하게 만들어 부드러운 질감을 갖도록 한다(셔벳, 캔디).

- 청정제 : 육수, 원두커피 등을 끓일 때 달걀 푼 것을 넣으면 달걀 단백질이 응고될 때 국물 내의 불순물질을 같이 응고·침전시키므로 육수를 깨끗하게 만들 수 있다.

34 냉장고에서 식품을 장기간 보관할 경우 온도가 낮아도 미생물이 증식할 수 있으므로 안전하지 않다.

35 양배추잎의 녹색 부분이 선명하고 광택이 있으며 잎이 두껍고 들었을 때 묵직한 것이 신선도가 좋은 것이다.

36 조리장의 내벽은 바닥으로부터 1m까지 타일, 콘크리트 등의 내수성자재를 사용한다.

37 고추장에 메주와 함께 들어가는 전분원료는 분해되어 단맛이 생성되므로 된장보다는 단맛이 강하다.

38 바삭한 튀김을 먹기 위해서는 글루텐 함량이 적은 박력분을 이용한다.

39 장조림을 물에서 먼저 삶은 후 양념간장을 넣어 약한 불로 서서히 졸여야 고기가 부드럽고 결대로 잘 찢어진다.

40 식단작성 시 구비자료
- 식품영양 구성 표 : 여섯 가지 기초식품군이 전부 포함되는 식단 작성을 위해 필요
- 계절식품 표 : 계절 식품을 이용하기 위해 필요
- 대치식품 표 : 식품이 중복되지 않도록 같은 식품군에서 같은 교환 단위끼리 서로 바꾸어 먹을 수 있게끔 하기 위해 필요

41 탈수가 일어나지 않으면서 간이 맞도록 생선을 구우려면 일반적으로 생선 중량 대비 소금의 양은 1~2%이다.

42 소고기 40g에 들어 있는 단백질 함량은 100g : 20.1 = 40g : 100x = 20.1×40 x = 8.04g이다.
이것을 두부로 대체할 경우 두부 필요량은 100g : 8.6g = x : 8.04g 8.6x = 804 x = 93.4g
약 94g이 필요하다.

43 가식부율을 보면 곡류, 콩, 육류(소, 돼지) 등은 100%, 달걀은 87%, 생선류는 72%이다.
폐기율이 가장 높은 식품은 갑각류이다.

44 ① 육류를 오래 끓이면 질긴 결합조직인 콜라겐이 젤라틴화 된다.
② 습열 조리에 적당한 부위이다.
③ 편육을 만들기 위한 고기는 물이 끓을 때 넣어야 한다.

45 계절별 구매단가가 폭등하거나 상황에 따라 구매제품을 찾을 수 없을 때의 비상시 대비하여 적정재고의 1.5배 정도의 수를 품목에 따라 보유한다.

46 식혜의 당화온도는 50℃~60℃이다.

47 콩을 삶을 때 중조를 사용하면 콩이 빨리 무르게 삶아지지만 비타민B1의 손실이 크다.

48 아밀라아제(amylase)는 전분을 덱스트린과 맥아당으로 분해하는 탄수화물 분해효소이다.

49 아밀로펙틴의 함량이 많을수록 노화가 늦게 일어나는데 멥쌀 떡은 아밀로오즈 20 : 아밀로펙틴 80 으로 구성되고 찹쌀떡은 거의 아밀로펙틴으로 이루어져 있어서 늦게 굳는다.

50 과다한 지방과 설탕의 사용은 글루텐 형성을 방해하여 기름에 튀길 경우 약과가 분리가 일어나 풀어진다.

51 트릴할로메탄(THM)
유기물을 함유한 원수를 염소소독 하는 과정에서 생성되는 발암성 물질로 온도가 높을수록, pH가 높을수록, 염소 주입률이 높을수록, 접촉시간이 길수록 생성 농도가 높아지는데 정수처리 시 측정한다.

52 자외선은 파장이 2900~3200Å의 것은 살균력이 강하여 치료(피부결핵, 관절염치료)에 이용되기도 하지만 피부에 홍반을 일으키기도 해서 보건 상 유의해야 하는데 이 자외선을 dorno ray(건강선)이라 한다.

53 • **소화기계 감염병** : 장티푸스, 파라티푸스, 세균성 이질, 콜레라, 소아마비(폴리오)
• **호흡기계 감염병** : 디프테리아, 백일해, 이하선염, 홍역, 천연두, 풍진, 폐렴, 결핵

54 공중보건사업은 예방의학이므로 감염병 치료사업과는 관계가 없다.

55 폐흡충-다슬기-가재(게), 선모충-돼지, 무구조충-소이므로 채소로 감염되지 않는다.

56 감각온도의 3요소는 기온, 기습, 기류이다.

57 백일해는 세균에 의해 감염되는 호흡기계 감염병이다.

58 아메바성 이질
이질 아메바의 감염에 의하여 생기는 소화기 감염병으로 주로 환자의 대변과 채소 등 생식물에 묻은 것을 섭취함으로써 감염된다.

59 소각처리법은 미생물을 멸균시키므로 가장 위생적인 방법이나 불완전한 연소로 일산화탄소나 발암성물질인 다이옥신이 발생할 수 있어 대기 오염의 문제가 발생한다.

60 학교급식의 목적
• 식사에 대한 올바른 이해와 바람직한 식습관형성
• 학교생활을 풍성하게 하고 밝은 사회성 함양
• 식생활의 합리화와 영양개선 및 건강증진 도모
• 식량증산 분배 및 소비에 관한 올바른 이해 도모

정답 및 해설

01 ②	02 ①	03 ①	04 ④	05 ②	06 ④
07 ④	08 ③	09 ②	10 ②	11 ④	12 ②
13 ③	14 ④	15 ④	16 ②	17 ①	18 ④
19 ④	20 ②	21 ②	22 ②	23 ④	24 ②
25 ①	26 ②	27 ②	28 ②	29 ②	30 ③
31 ③	32 ③	33 ④	34 ③	35 ③	36 ④
37 ④	38 ①	39 ③	40 ②	41 ④	42 ③
43 ②	44 ②	45 ①	46 ②	47 ③	48 ④
49 ①	50 ③	51 ①	52 ④	53 ③	54 ③
55 ①	56 ①	57 ④	58 ①	59 ④	60 ④

01 **1일 섭취 허용량(ADI)**
인간이 한평생 매일 섭취하더라도 장해가 인정되지 않는다고 생각되는 화학물질의 1일 섭취량(mg/kg 체중/1일)을 의미하는 것으로 식품첨가물, 농약 등 인체에 해를 줄 수 있는 물질에 대한 허용량(안전수준)을 평가하기 위해 산출해낸 값을 말한다.

02 ② : 감자, ③·④ : 독버섯을 말한다.

03 **황색 포도상구균(staphylococcus)식중독** : 황색 포도상구균(편성혐기성균)이 생성하는 독소인 엔테로톡신(enterotoxin)에 의해 발생하는 식중독으로 식후 30분~6시간, 평균 3시간 후 심한 설사, 복통의증상이 있고 식중독 중 잠복기가 가장 짧다.

04 소르빈산은 식육제품에 사용하는 보존제이다.

05 세균성 식중독은 2차 감염이 없고 병원성소화기계 감염병은 2차 감염이 빈번히 일어난다.

06 미생물 생육에 필요한 조건은 영양소, 수분, 온도, pH, 산소이다.

07 **아크롤레인(acrolein)** : 유지 가열 시 생성되는 발암성 물질이다.

08 **중금속**
1. 비소·납·수은·카드뮴·주석·아연·바륨·니켈·코발트·셀레늄 등 비중 4 이상의 무거운 금속원소를 말한다.
2. 미량이라도 체내에 축적되면 잘 배설되지 않고 우리 몸속의 단백질에 쌓여 장기간에 걸쳐 부작용을 나타낸다. 예를 들어, 우리 몸 곳곳에 산소를 운반하는 헤모글로빈은 글로빈이라는 단백질에 철이 결합한 형태를 갖추고 있지만, 우리 몸속에 수은이 들어와 글로빈에 철 대신 붙으면 산소운반 능력을 상실하게 된다.

09 **수은(Hg)** : 미나마타병
크롬(Cr) : 비중격천공, 비점막궤양
납(Pb) : 연산통, 연연, 위장장애, 빈혈, 소변에서 코프로프로피린 검출

10 주석(Sn)은 통조림 내부 도장으로 사용되어 통조림의 용기로부터 용출되는 경우가 많은데, 채소와 과즙 통조림처럼 산성의 경우에 특히 용출량이 많다. 허용기준은 150ppm이고 산성 통조림은 200ppm이다. 증상은 구토, 설사, 복통, 권태감 등이 나타난다.

11 **소분 판매할 수 있는 식품** : 식품 제조·가공업, 즉석판매제조·가공업, 식품첨가물제조업의 대상이 되는 식품·첨가물(영업자가 자가 채취하여 직접 소분, 포장하는 경우는 제외)을 말하며 어육제품, 식용유지, 전분, 장류 및 식초는 소분 판매를 할 수 없다.

12 관계 공무원은 영업소 등에 출입하여 영업시설 검사와 영업상 사용하는 식품의 검사를 위하여 무상으로 수거할 수 있다.

13 **모범업소 지정기준**
식품의약품안전처장 또는 시장·군수·구청장으로부터 위생관리 상태 등이 우수한 음식점은 모범업소로 지정 받는다. 1회용 컵, 1회용 수저, 1회용 젓가락 등은 사용하지 않아야 하며 1회용 위생종이 또는 에어타월이 비치되어 있어야 한다.

14 **중앙기구** : 식품의약품안전처(식품, 의약품, 의료기기 등에 대한 시험 및 평가, 안전관리 등 과학적으로 식품위생 행정을 담당하는 기관)지방기구 - 구청, 시·군 - 위생관계부서, 식품위생
감시원 - 말단의 식품위생업무 수행

15 다음에 해당하는 자는 조리사 또는 영양사 면허를 받을 수 없다.
   1. 「**정신보건법**」 규정에 따른 정신질환자 : 다만, 전문의가 조리사 또는 영양사로서 적합하다고 인정하는 자는 제외
   2. 「**감염병예방법**」 규정에 따른 감염병 환자 : 다만, B형 간염환자는 제외
   3. 「마약류관리에 관한 법률」 규정에 따른 마약이나 그 밖의 약물 중독자
   4. 조리사 또는 영양사 면허의 취소처분을 받고 그 취소된 날부터 1년이 지나지 아니한 자

16 **글루탐산** : 간장, 된장, 다시마의 감칠맛 성분

17 녹색 채소를 데칠 때 알칼리(소금)로 처리하면 클로로필린으로 되어 선명한 녹색을 띤다.

18 • **효소적 갈변** : 사과·감자의 절단면의 갈변, 양송이의 갈변, 홍차의 적색, 사과 쥬스
   • **비효소적 갈변** : 캐러멜화반응(캐러멜), 마이야르반응(간장), 아스코르빈산산화반응(분말오렌지)

19 **맛의 대비(강화)현상** : 본래 물질에 다른 물질이 섞여서 맛이 증가하는 것(단맛+소금→단맛 증가)

20 **식물성 단백질 분해효소** : 파파인(파파야), 브로멜린(파인애플), 휘신(무화과), 프로타아제(배즙)

21 **공유지(경화유) 제조원리**
불포화 지방산에 수소(H_2)를 첨가하고 니켈(Ni)과 백금(Pt)을 촉매제로 하여 액체유를 고체유로 만든 것으로 마가린, 쇼트닝이 있다.

22 **건염법(마른간법)**
염장법의 하나로 식염을 저장물에 뿌리고 이것을 겹쳐 쌓거나, 또는 용기 내에서 저장물과 식염을 섞어 식염을 침투시키는 방법이다.
식염 함량이 높으므로 탈수 작용이 강하고, 저장물은 장기 보존에 견디며, 또한 건제품(乾製品) 등을 만드는 경우에 편리하지만 식염이 저장물 속에 일정하게 침투하지 않아 품질이 균일하지 못하고 공기에 닿는 부분이 많아 지방질의 산화로 변색하기 쉽다.

23 대두의 주단백질은 글리시닌이다.

24 **호 화**
탄수화물의 대부분은 전분이고 이를 물속에 가열할 시 물을 흡수하여 녹말의 입자가 반투명해지고 크게 팽창하여 점성이 높은 콜로이드 상태가 되는 현상

25 맥아당 → 포도당+포도당

26 **포도주** : 잘 익은 포도의 당분을 발효시켜 만든 알코올 음료이다.

27 연제품(어묵)
염용성 단백질인 미오신(Myosin)이 소금에 녹는 성질을 이용하여 생선을 잘 갈아서 조미료를 섞은 다음 찌거나 굽거나 튀긴 것으로 흰살생선을 주로 이용한다.

28 질소계수
시료 중의 질소량으로부터 단백질량을 환산하기 위한 계수. 단백질의 평균질소함량이 거의16%인 것을 이용하여 6.25(100/16)를 계수로 곱하여 산출하는데 이 계수를 질소계수(nitrogen cofficient)라고 한다. 어떤 단백질의 질소 함량이 18%라면 질소계수는 100/18=5.555 약 5.56이다.

29 비타민 C(Ascorbic Acid)
영양소 중 가장 불안정하여, 열에 약하며 산소에 산화가 잘 되어 공기 중에서 쉽게 파괴된다. 콜라겐형성에 관여하는 항 괴혈병 인자이다.
파괴되기 쉬운 비타민 순서는 비타민 C>비타민 B>비타민 A이다.

30
당질-4kcal, 단백질-4kcal, 알코올-7kcal, 지방-9kcal이다.

31 조리장의 3대 원칙 : 위생>능률>경제이다.

32
닭고기를 냉동할 경우 냉동 중 얼음 결정이 생성될때 뼈 속의 햄 색소가 methemogloblin으로 변하여 뼈 부위가 흑변 현상을 일으키는 것으로 변질된 것은 아니다.

33 신선한 달걀
껍질이 거칠거칠하고 빛에 비추어 보았을 때 밝게 보이는 것, 6%의 식염수에 넣었을 때 가라앉고, 알을 깨뜨렸을 때 노른자의 높이가 높고, 흔들었을 때 소리가 나지 않는 것

34
아밀라아제의 작용을 활발하게 하기 위한 식혜의 엿기름 당화 온도는 50℃~60℃이다.

35
많이 익은 김치 속에 있는 유기산은 섬유소를 단단해지게 하므로 오래 끓여도 쉽게 연해지지 않는다.

36
젤라틴은 동물의 껍질, 힘줄, 뼈 등에 함유된 콜라겐이라는 단백질을 물속에서 가열하여 만든 것으로 생 파인애플을 넣으면 단백질 분해효소인 브로멜린에 의해 가수분해되어 헤프치토나 아미노산과 같은 분자량이 작은 것이 되어 굳어지지 않는다.

37
우유를 가열하게 되면 냄새가 나고 표면에 피막(락토알부민)이 생긴다. 이 피막은 지방구가 가열에 의해 응고한 단백질과 엉겨 표면에 뜬 것이기 때문에 이것을 제거하면 영양소에 손실이 된다. 60~65℃이상에서 이 현상이 일어나기 때문에 우유를 끓일 경우에는 저어주면서 끓이거나 중탕으로 데우는 것이 좋다.

38 고구마 180g에 대한 당질 함량 →
$100 : 29.2g = 180 : x$
$100x = 5,256g$ $x = 52.56g$이다.
쌀로 대체할 경우의 쌀의 필요량→
$100 : 31.7g = x : 52.56g$
$31.7x = 5256g$ $x = 165.8g$이다.

39
냉동 생선은 높은 온도에서 해동하면 조직이 상해서 액즙이 많이 나오기 때문에 맛과 영양소의 손실이 크므로 냉장고에 자연 해동하는 것이 가장 좋은 방법이고 흐르는 냉수에 필름을 싼 채 해동하는 것도 좋다.

40 오징어 먹물 색소
단백질의 일종인 멜라닌이라는 색소로 방부효과가 있어 항암효과가 뛰어나다.

41
열량을 내는 영양소는 탄수화물 단백질, 지방이므로 식품의 열량은 당질(40g×4kcal)+단백질(5g×4kcal)+지방(3g×9kcal)=160+20+27=207kcal

42 조리장의 입지조건
1. 환기가 잘되고 재료의 반입, 오물의 반출이 쉬운 지상에 위치하는 것이 좋다.
2. 통풍, 채광, 배수가 잘 되고 악취, 먼지, 유독가스가 들어오지 않는 곳
3. 비상시 출입문과 통로에 방해되지 않는 장소

43 **마가린** : 천연 버터의 대용품으로 만든 지방성 식품으로 불포화 지방산에 수소(H_2)를 첨가하고 니켈(Ni)과 백금(Pt)을 촉매제로 하여 액체유를 고체유로 만든 것이다.

44 조미료는 분자량이 작을수록 빨리 침투하므로 분자량이 커서 침투속도가 느린 설탕→ 소금→ 간장 →식초 순으로 넣는다.

45 편육은 맛난맛 성분이 용출되지 않게 끓는 물에 고기를 덩어리째 넣고 삶는다.

46 **단체급식의 목적**
1. 식량 증산, 분배, 소비 등에 관한 올바른 이해력
2. 건강의 유지 및 회복, 증진 도모
3. 영양개선을 통한 건강증진으로 인한 작업능률의 향상
4. 건강과 행복을 증진시켜 원만한 인간관계 유지
5. 식비를 경감한다.

47 식품을 잘고 연하게 조리하여 먹을 경우 소화효소에 의해 빨리 분해되어 흡수가 잘 된다.

48 **ㄷ자형** : 같은 면적일 경우 가장 동선의 길이가 짧다.
아일랜드형 : 후드를 천장에만 붙여서 설치하는 것으로 주방기구와 크기를 맞출 필요가 없어 다양한 후드를 설치할 수 있다.

49 **글루텐 형성 도움** : 소금, 달걀, 우유
글루텐 형성 방해 : 설탕, 지방

50 **원가계산의 목적**
1. 원가 관리의 목적
2. 가격 결정의 목적
3. 재무제표의 작성 목적
4. 예산 편성의 목적

51 유행성 이하선염은 호흡기계를 통해 세균에 의해 감염되는 감염병이다.

52 벼룩-재귀열, 발진열, 페스트쥐-렙토스피라증

53 공중보건학은 예방의학이므로 질병치료와는 관계가 없다.

54 • **바이러스 생백신** : 수두, 폴리오, 홍역, 풍진, 볼거리, 황열 백신
• **세균 생백신** : BCG, 경구용 장티푸스 백신
• **사백신** : 백일해, 장티푸스
• **톡소이드(toxoid) 백신** : 디프테리아, 파상풍

55 **무구조충** : 소, **유구조충** : 돼지,
광절열두조충 : 물벼룩→ 연어, 송어,
간디스토마 : 왜우렁이→ 민물고기

56 **소음 측정단위** : dB(음의 강도, 음압수준)

57 **인수공통감염병**

결 핵	세균	소
탄저병	세균	소, 말, 양
파상열(브루셀라)	세균	소, 돼지, 염소
야토병	세균	토끼
톡소플라즈마	원충	고양이
돈단독	세균	소, 돼지, 말
Q 열	리케차	소, 양
광견병(공수병)	바이러스	개
페스트	세균	쥐

58 **상수처리과정**
취수→ 침사→ 침전→ 여과→ 소독→ 급수

59 적외선 파장은 780nm~1500nm
자외선 파장은 250nm~370nm
가시광선 파장은 380nm~770nm이다.

60 규폐증은 규산의 농도에 따라 발병 속도가 다르나 보통 15~20년 사이에 발병한다.

정답 및 해설

정답

01 ④	02 ①	03 ②	04 ①	05 ②	06 ④
07 ③	08 ③	09 ③	10 ②	11 ②	12 ④
13 ③	14 ②	15 ①	16 ③	17 ①	18 ③
19 ④	20 ②	21 ④	22 ①	23 ③	24 ④
25 ②	26 ③	27 ④	28 ①	29 ①	30 ④
31 ②	32 ④	33 ①	34 ④	35 ②	36 ①
37 ①	38 ④	39 ②	40 ②	41 ③	42 ④
43 ①	44 ④	45 ④	46 ④	47 ③	48 ①
49 ②	50 ②	51 ②	52 ②	53 ①	54 ③
55 ④	56 ④	57 ④	58 ④	59 ③	60 ④

01 **장염 비브리오 식중독**
   1. **원인균** : 비브리오균 – 소금을 좋아하는 통성호염 성균(염분3.0%), 아포를 형성하지 않는 그람음성 간균이다.
   2. **원인식** : 어류, 패류, 해조류 등에 의해서 감염된다.

02 감자 – 솔라닌, 모시조개·바지락 – 베네루핀, 독버섯 – 무스카린

03 주석(Sn)은 통조림 내부 도장으로 사용되어 통조림의 용기로부터 용출되는 경우가 많은데, 채소와 과즙 통조림처럼 산성의 경우에 특히 용출량이 많다. 허용기준은 150ppm이고 산성 통조림은 200ppm이다. 증상은 구토, 설사, 복통, 권태감 등이 나타난다.

04 설사성 패류 중독은 자연독 식중독이다.

05 식품의 부패를 방지하기 위하여 사용되는 보존료에는 데히드로초산, 안식향산, 소르빈산, 프로피온산등이 있다

06 헤테로고리아민은 육류와 생선을 고온으로 조리 시 아미노산과 크레아틴 또는 크레아티닌의 열분해에 의해서 생성되는 물질로, 인체 발암추정 또는 발암가능물질이다.

07 **발색제(색소고정제)** : 식품중의 색소성분과 반응하여 그 색을 고정(보존)하거나 나타내게 하는 데 사용되는 첨가물로 아질산염, 질산염, 질산칼륨 등이 있다.

08 식품의 변질 또는 부패는 미생물, 효소, 영양소, 수분, 온도, pH, 산소와 관련이 깊다.

09 **아플라톡신 중독** : 아스퍼질러스 플라버스 곰팡이가 곡류, 땅콩에 번식하여 독소 생성

10 • **저온균** : 발육 최적 온도 15~20℃(식품의 부패를 일으키는 세균)
   • **중온균** : 발육 최적 온도 25~37℃(병원균 비롯한 대부분의 세균)
   • **고온균** : 발육 최적 온도 55~60℃(온천세균)

11 「식품위생법」의 목적은 식품으로 인하여 생기는 위생상의 위해를 방지하고 식품영양의 질적 향상을 도모하며 식품에 관한 올바른 정보를 제공하여 국민보건의 증진에 이바지함을 목적으로 한다.

12 HACCP 제도의 7단계 수행절차
   1. 식품의 위해요소 분석
   2. 중점관리점 결정
   3. 중점관리점에 대한 한계기준 설정
   4. 중점관리점의 감시 및 측정방법의 설정
   5. 위해 허용한도 이탈시의 시정조치 설정
   6. 검증절차의 설정
   7. 기록보관 및 문서화 절차 확립

13 판매의 목적으로 식품 등을 제조·가공·소분·수입 또는 판매한 영업자는 해당 식품이 식품 등의 위해와 관련이 있는 규정으로 위반하여 유통 중인 당해 식품 등을 회수하고자 할 때 회수계획을 식품의약품안전처장, 시장·군수·구청장, 시·도지사에게 보고해야 한다.

14 일반음식점의 객실에는 잠금장치를 설치할 수 없다.

15 영업에 종사하지 못하는 질병의 분류
   1. 「감염병 예방법」 규정에 의한 제1군 감염병(콜레라, 페스트, 장티푸스, 파라티푸스, 세균성 이질, 장출혈성 대장균감염증)
   2. 「감염병 예방법」 규정에 의한 제3군 감염병 중 결핵(비감염성인 경우 제외)
   3. 피부병, 기타 화농성질환
   4. 후천성 면역결핍증(성병에 관한 건강진단을 받아야 하는 영업에 종사하는 자에 한함)

16 • 비타민 C(Ascorbic Acid) : 영양소 중 가장 불안정하여, 열에 약하며 산소에 산화가 잘 되어 공기 중에서 쉽게 파괴된다. 콜라겐형성에 관여하는 항괴혈병인자이다.
   • 파괴되기 쉬운 비타민 순서는 비타민 C > 비타민 B > 비타민 A이다.

17 사후강직
   1. 글리코겐으로부터 혐기성 해당 과정에 의해 생성된 젖산이 축적되어 산성으로 변하면서 액틴(근단백질)과 미오신(근섬유)이 결합하여 액토미오신이 생성되어 근육이 경직되는 현상을 말한다.
   2. 사후강직은 동물의 품종, 나이, 도살 전 운동, 온도에 의해 달라진다.

18 모든 효소의 주요 성분은 단백질이다.

19 • 디아세틸(diacetyl) : 커티지 치즈, 요구르트, 버터, 크림 등 유제품의 향기 성분

20

결합수	유리수(자유수)
• 미생물 생육이 불가능	• 미생물의 생육이 가능
• 쉽게 건조되지 않는다.	• 건조에 의해 쉽게 증발
• 0℃ 이하에서도 동결되지 않는다.	• 0℃ 이하에서 쉽게 동결
• 용매로 작용하지 못함	• 용매로 작용

21 노화 억제법
   1. 전분의 수분 함량을 15% 이하로 낮춘다(미숫가루, 비스켓, 센베이).
   2. 환원제나 유화제를 첨가(모노글리세라이드 첨가)
   3. 설탕 다량 첨가(떡고물, 카스테라)
   4. 냉동법(냉장은 노화촉진)

22 $100 : 180\text{mg} = 250 : x$
$100x = 45,000\text{mg}$
$x = 450\text{mg}$

23 찹쌀은 아밀로펙틴으로만 이루어져 있고 멥쌀은 아밀로펙틴 80%, 아밀로오즈 20%로 이루어져 있어 찹쌀이 멥쌀보다 늦게 굳는다.

24 식물성 식품의 냄새
   1. 알코올 및 알데히드류 : 주류, 감자, 차잎, 복숭아, 오이, 계피 등
   2. 에스테르류 : 주로 과일향
   3. 테르펜류 : 녹차, 차잎, 레몬, 오렌지 등
   4. 황화합물 : 마늘, 양파, 부추, 무, 파, 고추냉이 등

25 **건성유** : 들깨, 아마인, 호두, 잣 등의 기름
반건성유 : 콩, 유채, 고추씨, 해바라기, 면실유
불건성유 : 땅콩(낙화생), 동백, 올리브 등의 기름

26 **마시멜로우(marshmallow)**
설탕이나 콘, 시럽, 물, 뜨거운 물로 부드러워진 젤라틴, 포도당 등을 거품을 일으킨 다음 굳혀서 만드는 스펀지 형태의 사탕류 식품이다.

27 **질소충전 포장시 얻어지는 효과** : 제품의 파손 방지, 유지의 산화방지, 세균의 증식 억제

28 난백은 오브알부민의 등전점 pH 4.8 부근에서 좋은 기포성을 나타내므로 산 첨가 시 기포성이 증가한다.
- **설탕** ; 기포성 감소, 안정성 증가(마지막에 넣어 거품을 유지)
- **소금** ; 난백의 표면변성을 촉진시키나 기포성에 영향을 주진 않는다.
- **기름** ; 기포형성력을 감소시킨다.
- **난황, 우유** ; 함유된 지방 때문 기포성을 저하시킨다.

29 **안토시안색소**
1. 사과, 딸기, 석류, 포도, 가지, 검정콩, 양배추 등의 적색, 청색, 자색
2. 산성→중성→알칼리성으로 변함에 따라 적색 →자색(보라색)→청색으로 변색된다.

30 - **곤약** : 구약의 줄기를 건조, 분쇄, 도정해서 만든 만난(mannan)성분은 물에 쉽게 녹아 점성이 있는 콜로이드액이 되는데 여기에 알칼리성 응고제를 첨가하여 가열한 후 식혀 반투명의 묵이나 국수의 형태로 만든 것이다.

31 **신선한 달걀**
껍질이 거칠거칠하고 빛에 비추어 보았을 때 밝게 보이는 것, 6%의 식염수에 넣었을 때가라 앉는 것, 알을 깨뜨렸을 때 노른자의 높이가 높고, 흔들었을 때 소리가 나지 않는 것

32 풋고추는 비타민 급원으로 열량급원 식품이 아니다.

33 마늘-알리신, 고추-캡사이신
디메틸설파이드(dimethyl sulfide)-황함유 화합물의 일종으로 부패 냄새 성분

34 수율은 구매한 재료에 대한 버려지는 부분을 뺀 생산량을 의미한다.
1kg당 1300원, 10kg 구매시 표준수율 86%이므로 10kg 구매시 실사용량은 8.6kg이다.
당근 1g에 대한 원가는 13,000원/8600g=1511.6279
당근 80g에 대한 원가는 1511.6279×80g=120,930원 약 121원이다.

35 비타민 C(Ascorbic Acid)는 영양소 중 가장 불안정하여, 열에 약하며 산소에 산화가 잘 되어 공기 중에서 쉽게 파괴되므로 가열하지 않는 생채 조리법이 파괴율이 가장 적다.

36 비타민 A는 지방(기름)에 잘 녹는 비타민으로 기름에 조리하면 소화흡수율이 높아진다.

37 **주방 면적 산출시 고려해야 할 사항**
조리 인원, 식단, 조리기기 등

38 **필수 급수량**
: 병원 급식-10~20ℓ, 학교급식-4~6ℓ, 기숙사 급식-7~15ℓ, 산업체 급식-5~10ℓ

39 **생선의 어취 제거 방법**
1. 레몬즙, 식초 등의 산 첨가
2. 생강, 파, 마늘, 고추냉이, 술, 겨자 등의 향신료 사용, 생강은 생선이 익은 후 첨가
3. 수용성인 트리메틸아민을 물로 씻어서 제거
4. 비린내 흡착성질이 있는 우유(카제인)에 미리 담가 두었다가 조리한다.
5. 생선을 조릴 때 처음 몇 분간은 뚜껑을 열고 비린내를 제거한다.
6. 약간 상한 듯한 생선은 간을 세게 한다.

40

			이 익
	제조간접비	판매관리비	
직접재료비 직접노무비 직접경비	직접원가	제조원가	총원가
직접원가	제조원가	총원가	판매원가

41 녹색채소를 데칠 때 중탄산소다를 넣으면 푸른색이 더욱 선명해지고 펙틴의 조직이 연해지나 비타민C가 파괴된다.

42 사태는 골질과 결합조직이 많고 지방이 적고 질겨 탕, 스튜, 찜 요리에 가장 적합하다.

43 유지의 발연점이 낮아지는 경우는
1. 여러 번 사용하여 유리지방산의 함량이 높을수록
2. 기름에 이물질이 많이 있을 때
3. 기름의 표면적이 넓을수록 낮다(1인치 넓을 때 발연점은 2℃ 낮아진다.).

44
1. 식물 세포 간에 존재하는 펙틴질이 분해되는 경우
2. 재배기간이 짧아 속이 꽉 차지 않은 속성배추일 경우
3. 용기에 꼭 눌러 담지 않아 호기성 미생물이 번식하는 경우
4. 소금 속에 포함된 미량원소들 중 배추의 섬유조직을 단단하게 해주는 칼슘, 마그네슘이 부족한 경우이다.

45 편육은 맛난맛 성분이 용출되지 않게 끓는 물에 고기를 덩어리째 넣고 삶는다.

46 감자 160g 들어 있는 당질함량은 100g : 14.4g = 160 : x이므로 $100x = 2,304$ $x = 23.04g$이다.
보리쌀로 대체할 경우 100g : 68.4g = x : 23.04g 이므로 $68.4x = 2,304$ $x = 33.68g$ 약 33.7g이다.

47 육류 가열시 변화
1. 중량 및 보수성 감소
2. 색의 변화 및 고기 단백질(미오신, 미오겐)의 응고
3. 결합조직(콜라겐)이 젤라틴화 되어 부드러워지고 풍미가 변화(글루타민산, 이노신산 생성)한다.
4. 지방의 융해

48 차, 커피, 코코아와 감의 탄닌에 의해 떫은 맛(수렴성 맛)을 낸다.

49 식단 작성은 사람에게 요구되는 영양 필요량을 영양지식에 입각해서 균형있게 보급함으로써 합리적인 식생활을 도모하기 위해 세우는 데 의의가 있으므로 영양가를 가장 먼저 우선적으로 고려해야 한다.

식단 작성의 유의점
1. **영양성** : 다섯 가지 기초 식품군을 고루 이용하도록 한다.
2. **경제성** : 신선하고 제철 식품, 값 싼 식품을 이용한다.
3. **기호성** : 짜지 않도록 조미료 사용을 줄인다.
4. **능률성** : 주방의 기구, 시설 등을 고려하고 음식의 조리법과 종류를 선택한다.

50 우유의 단백질인 카제인은 산이나 레닌, 탄닌에 의해 응고된다.

51 카드뮴 중독의 주된 증상은 구토, 폐기종, 단백뇨, 골다공증, 골연화증이다.

52 CO_2(이산화탄소)는 실내 오탁의 상태를 추측할 수 있어 실내 공기 오염의 판정 기준으로 사용된다. 실내 CO_2 서한량은 0.1%(1,000ppm)이다.

53 모기 - 말라리아, 일본뇌염, 뎅귀열, 황열, 사상충증
십이지장충 - 분변에 오염된 채소

54 자외선에 의한 건강 장해 - 색소침착, 피부의 홍반, 피부암, 결막염, 수포 형성, 설안염, 백내장 유발

55 환경위생 개선으로 감소되는 감염병은 소화기계 감염병으로 장티푸스, 파라티푸스, 이질, 콜레라, 소아마비, 유행성 간염 등이 있다.

56 기생충은 충란이나 유충이 식품에 부착하여 상황에 따라 충란이 부화되어 유충이 식품에 매개되어 감염을 일으키는 것으로 법정 감염병이 아니다.

57 **생물화학적 산소요구량(BOD)**
20℃에서 5일간 물에 들어 있는 유기물질을 미생물이 생물화학적으로 분해할 때 소비되는 산소요구량을 측정한다. 20ppm 이하이어야 한다. BOD가 높다는 것은 유기물이 많이 함유된 것이므로 오염도가 높은 것을 의미한다.

58 영아 사망률은 가장 대표적인 보건수준 평가지표로 이용되는데 이유는 비위생적 생활환경에 가장 예민하게 영향을 받고, 생후 12개월 미만의 일정 연령군으로 통계적 유의성이 크기 때문이다.

59 대화, 재채기, 기침(비말감염)을 통해 병원체가 공중으로 배출됨으로써 감염되는 감염병은 호흡기계 감염병으로 디프테리아, 백일해, 이하선염, 홍역, 천연두, 풍진, 성홍열, 결핵 등이 있다.

60 동상, 동창, 참호족 염은 이상 저온 다습 환경 시 발생되는 직업병이다.

정답 및 해설

한식조리기능사 06

정답

01 ② 02 ① 03 ④ 04 ② 05 ③ 06 ③
07 ① 08 ① 09 ① 10 ② 11 ② 12 ④
13 ④ 14 ③ 15 ① 16 ② 17 ② 18 ③
19 ④ 20 ③ 21 ④ 22 ① 23 ② 24 ④
25 ③ 26 ④ 27 ④ 28 ① 29 ② 30 ①
31 ④ 32 ④ 33 ② 34 ① 35 ④ 36 ④
37 ③ 38 ③ 39 ① 40 ④ 41 ③ 42 ①
43 ④ 44 ④ 45 ③ 46 ④ 47 ③ 48 ④
49 ④ 50 ① 51 ① 52 ② 53 ③ 54 ③
55 ① 56 ③ 57 ① 58 ② 59 ① 60 ②

01 영양성분별 세부 표시방법에서 열량의 단위는 킬로칼로리(kcal)로 표시하되 5kcal 미만은 0으로 표시할 수 있다.

02 「식품위생법」상 집단급식소라 함은 영리를 목적으로 하지 않는 급식 시설을 말한다.

03 소비자식품위생감시원의 직무는 ①, ②, ③ 외에 식품위생에 관한 사항으로 대통령령으로 정하는 사항이다.

04

영업신고업종 : 영업신고를 해야 하는 업종	즉석판매제조·가공업 식품운반업 식품소분·판매업 식품보존업(식품냉동, 냉장업), 용기·포장류 제조업 식품접객업(휴게음식점영업, 위탁급식영업, 제과점영업, 일반음식점영업)
영업허가업종	단란주점영업

05 조리사를 두어야 할 영업
식품접객업 중 복어를 조리·판매하는 영업
국가·지방자치단체, 학교·병원·사회복지시설, 기숙사, 공공기관, 산업체, 그 밖의 후생기관에서 운영하는 자가 설립·집단급식소

06 메틸알코올
과실주나 정제가 불충분한 에탄올이나 증류주에 미량 함유되어 있으며 증상은 두통, 구토, 설사, 실명, 심하면 호흡곤란으로 사망한다.

07 소포제
식품의 제조공정에서 생기는 거품을 소멸 또는 억제하기 위하여 사용하는 첨가물로 규소수지가 있다.

08 미생물의 증식을 억제하고 식품의 부패나 변패를 방지하기 위하여 사용되는 물질은 보존료로 데히드로초산(염), 소르빈산(염), 안식향산(염), 프로피온산(염) 등이 있다.

09 중금속 중독
중금속 화합물의 섭취로 발생하며 소화기, 순환장애, 호흡마비, 말초중추신경장애 등의 현상을 보이며, 중금속 길항약제 투여로 해독가능

10
- **세균성 식중독**
  ① 식중독 균에 오염된 식품을 섭취하여 발병한다.
  ② 식품에 많은 양의 균 또는 독소가 있다.
  ③ 살모넬라 외에는 2차감염이 없다.
  ④ 잠복기는 짧은 것이 많다.
  ⑤ 면역이 없다.
- **소화기계 감염병**
  ① 감염병균에 오염된 식품과 물의 섭취 또는 수지의 오염에 의해 경구감염을 일으킨다.
  ② 식품에 적은 양의 균이 있다.
  ③ 2차감염이 된다.
  ④ 잠복기가 비교적 길다.
  ⑤ 면역이 된다.

11
테트로도톡신은 복어중독의 원인물질이다.
독버섯 : 무스카린, 감자 : 솔라닌, 목화씨 : 고시폴

12
독버섯 : 무스카린, 감자 : 솔라닌,
독미나리 : 시큐톡신, 가지과식물 : 아트로핀

13
장염비브리오 식중독 – 비브리오균 – 소금을 좋아하는 통성호염성균(염분 3.0%), 아포를 형성하지 않는 그람음성 간균이다.

14
생선의 비린내는 이 체내에 있는 트리메틸아민 옥사이드(trimethylamine oxide)가 환원되어 트리메틸아민(trimethylamine)으로 되어 나는 냄새로 어패류의 신선도 판정 시 초기 부패의 기준이 된다.

15
노로바이러스는 바이러스성 식중독이다.

16
상대습도(RH)는 실질적으로 식품의 수분활성(Aw)의 정의와 같은데 상대습도는 그 상대습도와 평형을 이루고 있는 식품의 수분활성도의 100배와 같다.

수분활성도(Aw) = $\dfrac{\text{식품이 나타내는 수증기압(P)}}{\text{순수한 물의 최대수증기압(P0)}}$

상대습도(RH) = (P/Po) × 100 = Aw × 100

(0.75/1.5) × 100 = 75/1.5 = 50

17
과일의 향기성분은 여러 종류의 에스테르, 알코올, 알데히드 등이 있는데 에스테르류는 분자량이 커지면 향기가 강해지는 특성이 있다.

18
- **꽃 식용 채소** : 브로콜리, 콜리플라워, 아티쵸크, 원추리꽃
- **뿌리 식용채소** : 비트
- **어린순 식용채소** : 죽순, 아스파라거스

19
벼의 왕겨를 벗겨낸 것을 현미라 한다.

20 유 화
㉠ **물속에 기름이 분산된 수중유적형** : 우유·아이스크림·마요네즈, 잣죽, 크림스프
㉡ **기름에 물이 분산된 유중수적형** : 버터·마가린

21
달걀은 pH는 7.6이나 시간이 경과하면서 pH9~9.9가 된다.

22
아세틸값은 유지 속에 존재하는 수산기(-OH)를 가진 지방산의 함량을 나타낸다.

23
생선은 사후경직 후 근육중의 단백질 분해효소의 작용에 의해 자체의 성분을 분해하는 과정을 통해 연화하기 시작하는데 이를 자가소화 과정이라 한다.

24
호박산은 양조식품, 패류, 사과, 딸기 등에 있으며 감칠맛도 있다.

25
과일 중 파파야에는 파파인, 파인애플에는 브로멜린, 무화과에는 휘신이란 단백질 분해효소가 들어 있다.
레닌 : 단백질 분해효소로서 우유응고제로 사용된다.

26
알파미는 강화식품보다는 인스턴트밥, 휴대식으로 이용된다.

27

	산 성	알칼리성
무기질	S, P, Cl	Na, K, Ca, Mg
식 품	곡류, 육류, 치즈 등	채소, 과일, 해조류 등

28 효소적 갈변 방지법 중 환원제에 의한 방지법으로는 Ascorbic acid와 같은 환원제를 사용하여 식품 조직 속 산소를 급속히 환원시켜 갈변을 억제한다.

29

유리수(자유수)	결합수
0℃↓ 동결	-20℃↓ 동결하지 않음
미생물 번식에 이용	미생물 번식에 이용하지 않음
용매로 작용	용매로 작용하지 않음

30 젤라틴은 유도 단백질이다.

32 선도가 저하된 생선은 비교적 조미를 강하게 하여 뚜껑을 열고 끓여야 한다.

33 후입선출법 : 최근에 구입한 식품부터 사용하는 것을 말한다.

35 $\dfrac{\text{식재료비}}{\text{판매가격}} \times 100$ 이므로 $\dfrac{2,000}{5,000} \times 100 = 40\%$ 이다.

36
- 과일젤리, 양갱 : 한천 사용
- 젤라틴 : 동물의 결체조직에서 얻어지는 불완전 단백질
- 젤라틴에 산을 첨가하면 서서히 가수분해가 일어나 젤화가 방해된다.
- 응고온도가 낮아서 13℃ 이상의 수온에서는 응고가 안된다.

39 전분의 노화는 아밀로오스의 함량이 높을수록 잘 일어난다.

40 습열 조리법 : 삶기, 찌기, 끓이기가 있다.

41 맛의 강화(대비)현상 : 서로 다른 두 가지 맛을 넣었을 때 주된 맛 성분이 강해지는 현상

42 육두구(넛맥)은 방향성 건위제, 강장제 등으로 향미료로 사용한다.

43 배 - 프로타아제, 키위 - 액티니딘, 무화과 - 휘신, 파인애플 - 브로멜린, 파파야 - 파파인

44 유지의 조리이용 특성으로는 튀김, 연화작용, 유화성, 크리밍성 등이 있다.

45 채소는 잘게 썰 경우 수용성 영양소의 용출이 더 쉬워져 영양소의 손실이 커진다.
전자렌지는 초단파에 의해 음식을 조리한다.
채소의 푸른색을 유지하기 위해서는 채소무게의 5배의 물을 넣고 데친다.

46

종 류	글루텐 함량	용 도
강력분	13% 이상	식빵, 마카로니, 스파게티 등
중력분	10%~13%	국수류, 면류, 제조(만두피) 등
박력분	10% 이하	케이크, 과자류, 튀김옷, 건빵, 카스테라 등

47 총 발주량 = (정미중량×100)/(100-폐기율)×인원수 = (70×100)/(100-35)×1 = 7000/65 = 107.6

48 콩 단백질인 글리시닌에 금속염(황산칼슘, 염화마그네슘)을 첨가하여 응고되는 현상을 이용해 만든 것이 두부이다.

50 육류를 가열하면 근육 섬유는 수축되고 수분이 많이 유출되어 중량은 감소한다.

51 용존 산소량(DO)은 수중에 용해되어 있는 산소량을 의미한다. 용존산소량이 적다는 것은 혐기성 부패에 의해 오염도가 높다는 것이다.

52 자외선 : 비타민 D 형성하여 구루병 예방, 관절염치료, 신진대사 촉진과 적혈구 생성 촉진

53 $CO-0.01\%$, $SO_2-0.05\%$, $CO_2-0.1\%$

55 간디스토마의 전파
간디스토마의 충란은 분변으로 배출된 후 수중으로 흘러들어가서 제1중간숙주인 왜우렁이에게 섭취되어 유미유충이 되고 유미유충은 물속으로 나와 제2중간숙주인 붕어와 잉어 등의 비늘에 붙은 다음 꼬리는 떨어지고 몸통 안 근육내로 침입하여 피낭유충이 된다.

56 인수공통 감염병
사람과 동물 간에 서로 전파되는 감염병으로 장출혈성 대장균감염, 일본뇌염, 브루셀라증, 탄저, 광견병, 조류인플루엔자, Q열, 결핵 등

57 dB(데시벨) : 음의 강도 측정단위

58 유구조충(갈고리촌충) : 돼지

59 경구 감염병
장티푸스, 파라티푸스, 콜레라, 세균성 이질, 아메바성 이질, 소아마비(폴리오)

60 적외선
열에 관계하는 광선으로 일사병, 열사병의 원인이 될 수 있다.

정답 및 해설

정답

01 ②	02 ②	03 ①	04 ④	05 ③	06 ②
07 ①	08 ①	09 ④	10 ③	11 ①	12 ①
13 ④	14 ②	15 ②	16 ①	17 ②	18 ④
19 ②	20 ②	21 ④	22 ④	23 ①	24 ④
25 ③	26 ④	27 ④	28 ③	29 ①	30 ①
31 ②	32 ②	33 ②	34 ①	35 ②	36 ④
37 ①	38 ④	39 ①	40 ④	41 ①	42 ④
43 ③	44 ②	45 ③	46 ③	47 ④	48 ④
49 ③	50 ④	51 ①	52 ①	53 ④	54 ③
55 ①	56 ④	57 ③	58 ④	59 ③	60 ②

01 **복어** : 테트로도톡신
모시조개 : 베네루핀
섭조개 : 삭시톡신

02 **독소형식중독**
포도상구균 식중독(엔테로톡신), 클로스티리디움 보툴리늄식중독(뉴로톡신)

03 **간장독**
아스퍼질러스플라버스 곰팡이가 곡류, 땅콩에 번식하여 아플라톡신(간장독) 독소 생성

04 **매실** : 아미그달린
모시조개 : 베네루핀

05 **글리코겐(glycogen)**
복합 다당류로 동물계의 저장탄수화물이다.

06 중금속에 오염된 물은 어패류의 몸에 그대로 축적되어 이것을 사람이 섭취함으로써 이타이이타이, 미나마타병 같은 증상이 나타나게 된다.

07 통조림의 용기로부터 용출되는 경우가 많은데, 채소와 과즙 통조림처럼 산성의 경우에 특히 용출량이 많다. 허용기준은 150ppm이고 산성 통조림은 200ppm이다. 증상은 구토, 설사, 복통, 권태감등이 나타난다.

08 장독소(enterotoxin)에 의해 발생되는 식중독은 포도상구균 식중독이다.

09 습도가 있으면 미생물이 번식하기 쉬우므로 반드시 건조시켜야 한다.

10 **발색제**
식품중의 색소성분과 반응하여 그 색을 고정하거나 나타내게 하는 데 사용되는 첨가물

12 「식품위생법」상 판매를 목적으로 하거나 영업상 사용하는 식품 및 영업시설 등 검사에 필요한 최소량의 식품 등을 무상으로 수거할 수 있는 사람은 식품의약품안전처장, 시·도지사, 시장·군수·구청장이다.

13 식품위생이란 식품, 첨가물, 기구, 용기, 포장 등을 대상으로 하는 음식물에 관한 위생을 말한다.

14 어류·육류·채소류를 취급하는 칼·도마는 교차오염을 방지하기 위해 구분해서 사용해야 한다.

16 레시틴
난황 속에 들어 있는 복합 인지질로 마요네즈 같은 식품의 유화제로 이용된다.

17 지방 열량 $=2,700 \times \dfrac{14}{100} = \dfrac{37,800}{100} = 378\text{kcal}$이다.
1g당 9kcal이므로 378/9=42g이다.

18 호정화
건조 상태의 전분을 160℃ 이상 가열하면 여러 단계의 가용성 녹말을 거쳐 호정(덱스트린)으로 분해되는 현상을 말한다. 쌀 과자, 강냉이튀밥, 쌀튀밥, 미숫가루 등이 여기에 해당한다.

19 오래된 달걀일수록 수양난백이 많아지고 난백, 난황계수는 감소하며 pH는 높아진다.

20 연제품(어묵)
염용성 단백질인 미오신(Myosin)이 소금에 녹는 성질을 이용하여 생선을 잘 갈아서 조미료를 섞은 다음 찌거나 굽거나 튀긴 것으로 흰살생선을 주로 이용한다.

21 사과의 갈변은 효소적 갈변으로 과일이나 채소의 폴리페놀이 효소에 의해 공기와 접촉 시 변하는 것을 말한다.

22 가스 저장법(CA 저장법)
CO_2 농도를 높이거나 O_2의 농도를 낮추거나 N_2(질소가스)를 주입하여 미생물의 발육을 억제시켜 저장하는 방법이다. 과일, 채소 저장에 이용한다.

23 알리신은 마늘에 들어 있는 성분이다.

24 비타민 E(Tocopherol)
㉠ **항불임성인자** : 열에 아주 안정하며, 항산화제로서 작용
㉡ **결핍증** : 불임증

㉢ **함유식품** : 식물성기름·두류·녹황색 채소·난황·간유 등

25 젤라틴
동물의 가죽이나 뼈에 다량 존재하는 불완전 단백질인 콜라겐(collagen)의 가수분해로 생긴 물질로 족편, 마시멜로, 젤리, 아이스크림에 이용된다.

26 두류 가공품 중 간장, 된장, 청국장 등은 발효, 숙성과정을 거쳐 만들어진다.

27

두 부	식물성 단백질
비타민 A	생선간유, 버터, 달걀, 우유, 시금치, 당근, 호박
필수지방산	대두유, 옥수수기름

29 레토르트식품
단층 플라스틱 필름이나 금속박 또는 이들을 여러 층으로 접착하여 파우치와 기타 모양으로 성형한 용기에 담아 레토르트(retort, 고압살균솥)에서 가압, 가열, 살균한 것을 말한다. 조리시간이 짧고 간편하다.

30 케토오스 : 단당류 중 케톤기를 가진 당으로 과당(Fructose)이 여기에 해당된다.

31 달걀의 응고성(농후제)
응고가 되는 온도는 난백 60~65℃, 난황 65~70℃이다. 설탕을 넣으면 응고 온도가 높아지고 우유, 소금 등의 Ca, 산은 응고를 촉진한다.

32 육류 근섬유와 콜라겐은 80℃ 정도에서 변성을 일으켜 수축하기 시작한다.

34 생선은 2% 정도의 소금물에 씻어도 염용성 단백질이 많이 용출되므로 흐르는 물에 씻도록 한다.

35 총발주량 $=\dfrac{\text{정미중량}}{(100-\text{폐기율})} \times 100 \times \text{식수인원}$
$=\dfrac{30}{100-6} \times 100 \times 400 = 12,765\text{g} = 13\text{kg}$

36 안토시안 색소
가지, 적양배추 등에 많이 들어 있고 pH의 영향이 가장 많고 물에 쉽게 용해되는 성질이 있으므로 뚜껑을 덮고 소량의 물을 사용하는 것이 좋다.

38 효소적 갈변방지법
㉠ **당, 염류 첨가** : 연한 설탕물이나 연한 소금물에 담근다.
㉡ **열처리** : 데쳐서 효소를 불활성화
㉢ **산 이용** : pH를 낮추어 산의 효소 작용 억제 - 레몬즙
㉣ **산소의 제거** : 밀폐용기에 공기를 제거하거나 이산화탄소나 질소가스 주입
㉤ **효소의 작용 억제** : 온도를 $-10℃$ 이하로 낮춘다.
㉥ **아황산가스** : 아황산염 사용

39
녹색채소의 클로로필은 소다(알칼리)에 안정하여 선명한 녹색(클로로필린)으로 고정되나 섬유소가 분해되어 질감이 물러질 수 있고 비타민의 손실은 커지게 된다.

40
급속 냉동 시 얼음 결정은 작게 형성되어 식품 조직의 파괴가 거의 없다.

41 필러 : 과일, 채소의 껍질을 벗길 때 사용하는 기구

42 원가계산의 목적
원가 관리의 목적, 가격 결정의 목적, 재무제표의 작성 목적, 예산 편성의 목적

43
경수로 커피를 끓일 경우 경수 속에 있는 광물질(마그네슘, 칼슘)에 의해 커피에 막을 형성하여 커피 속에 들어 있는 탄닌과 카페인의 침출이 쉽지 않아 향기가 약해지고 쓴맛이 상승한다.

44
연육제를 사용할 경우 주로 얇게 썬 고기에 사용하여야 효과적이고 두꺼운 고기를 사용할 경우는 연육제를 뿌린 후 포크로 고기 내부를 찔러주어야 한다.

45
효소를 넣어 최적온도를 유지시켜주면 가수분해에 의해 당이 된다.

46 전분의 호화(α화)에 영향을 주는 요소
㉠ 가열온도가 높을수록 호화↑
㉡ 전분크기가 작을수록 호화↑
㉢ pH가 알칼리성일 때 호화↑
㉣ 염류, 알칼리(NaOH)첨가 시 호화↑

47 발연점
유지를 가열할 경우 표면에 푸른 연기가 나기 시작할 때의 온도를 말한다.

48 전분의 당화(가수분해)
전분이 일정온도에서 효소에 의해 분해되어 당이 만들어지는 과정을 말한다(물엿, 조청, 식혜).

49
수란을 뜰 때 끓는 물에 식초를 넣고 달걀을 넣으면 난백의 응고를 돕고, 작은 생선을 사용할 때 식초를 소량 가하면 뼈의 칼슘을 가용성 물질로 만들어 뼈가 부드러워지며, 기름기 많은 재료에 식초를 약간 넣어주면 맛이 부드럽고 산뜻해진다.

50
물을 첨가하여 100℃에서 가열해야 호화가 일어난다. 노화는 냉장에서 더 잘 일어난다.
호화된 전분을 80℃ 이상에서 급속건조하면 호화가 촉진된다.

51 공수병
공수병바이러스에 감염된 개에 물려서 걸리는 감염병이다.

53 대장균
먹는 물에서 다른 미생물이나 분변오염을 추측할 수 있는 지표로 50ml에서 검출되지 않아야 한다.

54 일본뇌염은 모기에 발생되는 감염병이다.

55 잠함병 : 고압 환경 시 발생하는 직업병이다.

56 면역이 형성되지 않는 감염병
　　세균성 이질, 말라리아, 매독

57 발진티푸스는 이, 벼룩에 의해 감염되는 감염병이다.

59 조명불량에 발생될 수 있는 직업병
　　안정피로, 가성근시, 안구진탕증

60 생물화학적 산소요구량(BOD)
　　20℃에서 5일간 물에 들어 있는 유기물질을 미생물이 생물화학적으로 분해할 때 소비되는 산소요구량을 측정하며 20ppm 이하이어야 한다.

정답 및 해설

01 ② 02 ① 03 ② 04 ④ 05 ④ 06 ③
07 ③ 08 ③ 09 ② 10 ② 11 ② 12 ③
13 ③ 14 ③ 15 ④ 16 ① 17 ③ 18 ①
19 ③ 20 ③ 21 ① 22 ① 23 ② 24 ①
25 ④ 26 ③ 27 ③ 28 ① 29 ③ 30 ①
31 ① 32 ③ 33 ④ 34 ④ 35 ④ 36 ①
37 ④ 38 ③ 39 ④ 40 ① 41 ② 42 ③
43 ① 44 ① 45 ② 46 ④ 47 ③ 48 ②
49 ④ 50 ④ 51 ② 52 ② 53 ④ 54 ②
55 ① 56 ② 57 ① 58 ② 59 ④ 60 ③

01 증식에 필요한 최저 수분 활성도(AW)
세균 > 효모 > 곰팡이

02
- **바이러스(Virus)** : 급성회백수염(폴리오), 유행성 간염, 홍역, 천연두, 풍진, 감염성설사증
- **돈단독증** : 돼지에 의해 감염되는 세균성 인수공통 감염병

03 허가된 감미료
㉠ **사카린 나트륨** : 건빵
㉡ **D-소르피톨** : 아이스크림, 빙과, 잼, 주류, 분말 주스
㉢ **아스파탐** : 막걸리, 소주
㉣ **글리실리친산 2,3 나트륨** : 간장 및 된장

04 규소수지-소포제, 이형제-유동파라핀

05 리신-피자마, 엔테로톡신-포도상구균식중독의 장 독소, 무스카린-독버섯, 솔라닌-발아한 감자 독소

06 ③은 식품위생관리인의 직무이다.

07 식품위생에 관한 교육시간
식품제조가공업-8시간
식품운반업, 옹기류제조업-4시간

08 허위표시, 과대광고 범위
㉠ 용기, 포장, 라디오, 텔레비전, 신문, 잡지, 영상, 인쇄물, 인터넷 그 밖의 방법으로 활용한 제조방법, 품질, 영양가에 대한 정보
㉡ 정부 표창 규정의 상장을 제외한 각종 감사장, 상장 등을 이용. "인증", "보증", "추천"받았다는 내용의 광고
㉢ 질병치료에 효능이 있다는 내용 또는 의약품으로 혼동할 우려가 있는 내용의 표시, 광고

09 영업 신고를 해야 할 업종
㉠ 즉석 판매 제조·가공업
㉡ 식품냉동·냉장업
㉢ 식품 운반업
㉣ 용기, 포장류 제조업
㉤ 식품 소분, 판매업
㉥ 휴게음식점영업, 일반음식점영업, 위탁급식영업, 제과점영업
①, ③, ④는 허가를 받아야 하는 업종이다.

10 영양성분함량은 실제 섭취하는 가식 부위를 기준으로 해서 산출한다.

11 • 부패 : 단백질 식품이 혐기성 미생물에 의해 변질되는 현상으로 아민, 암모니아, 황화수소, 인돌 등의 부패취를 생성한다.
• 포르말린 : 무색의 강한 자극적인 냄새가 나는 유독물질로 용도는 살균·소독제, 페놀수지, 요소수지 등의 원료가 된다.

13 섭조개 : 삭시톡신베네루핀 : 모시조개, 바지락의 독성분

14 장염비브리오균
소금을 좋아하는 통성호염성균(염분 3.0%), 아포를 형성하지 않는 그람음성 간균이다.

15 미생물의 생육필요조건
미생물은 영양소, 수분, 온도, pH, 산소를 필요로 한다.

16 우유에는 단백질과 유당이 존재하는데 가열에 의한 마이야르 반응으로 리신이 손실되고 표면에 갈색 화물질이 생성된다.

17 훈연에 적당한 나무는 참나무, 벚나무, 떡갈나무, 옥수수 등이다.

18 과일, 채소는 수확 후에도 숙성이 진행되므로 CA 저장을 통해 숙성을 지연시켜 저장성을 높인다.
감의 떫은맛은 저장에 의해 숙성에 의해 감소된다.

19 농후제(응고성) : 알찜, 커스터드, 푸딩
결합제(접착성) : 만두, 크로켓
기포성(팽창제) : 머랭, 케이크
유화성 : 마요네즈

20 식품의 갈변
㉠ 효소적 갈변 : 식품 자체의 효소가 공기와 접촉하여 변하는 것으로 감자, 사과, 양송이의 갈변, 홍차의 적색

㉡ 비효소적 갈변 : 식품의 일반성분작용에 의해 변하는 것으로 캐러멜화반응(설탕가열시캐러멜화), 마이야르반응(간장, 된장) 아스코르빈산 산화반응 (과즙분말)
①, ②, ④는 효소적 갈변 ③은 비효소적 갈변이다.

21 캡사이신-고추, 진저롤-생강, 차비신-후추

22 클로로필(녹색)은 포르피린환(porphyrin ring)에 마그네슘(Mg)이 결합되어 있다.

23 참기름에는 항산화물질인 세사몰이 들어 있어 산패에 안정하다.

24 젤라틴 : 동물의 가죽·힘줄·연골 등을 구성하는 단백질이다.

25 유지의 산패도를 나타내는 것은 산가, 과산화물가, 카르보닐가 등이 있다.

26 유리수 결합수
0℃↓ 동결 -20℃↓ 동결하지 않음
미생물 번식에 이용 미생물 번식에 이용하지 않음
용매로 작용 용매로 작용하지 않음

27 ③은 비타민 D를 설명하는 내용이다.

28 락토오즈는 우유에 함유된 이당류이다.

29 1g당 단백질 4kcal, 지방 9kcal, 당질 4kcal이다.
소시지 150g당 단백질 함량
$100:13=150:x$
$x=19.5g$
지방함량 $100:21=150:x$
$x=31.5g$
당질함량 $100:5.5=150:x$
$x=8.25g$이므로
$(19.5×4)+(31.5×9)+(8.25×4)=395kcal$이다.

30 밀 : 글리아딘과 글루테닌이 주요 단백질로 물을 가하여 반죽하면 글루텐을 형성한다.

31
- **시금치** : 클로로필색소-알칼리에 안정, 산에 불안정
- **당근** : 카로티노이드 색소-산, 알칼리에 안정, 빛에 불안정
- **양파** : 플라보노이드 색소-산에 안정, 알칼리에 불안정
- **가지** : 안토시안 색소-산성에서 적색, 중성에서 자색, 알칼리성에서 청색을 나타낸다.

32 유지 가열 시 항산화 물질이 파괴되어 산패가 촉진된다.

33 총발주량 = $\frac{정미중량}{(100-폐기율)} \times 100 \times 식수인원$
= 50kg/(100-10) × 100 × 1
= 55.5555kg이 필요
배추 1kg당 1,500원이므로 55.555kg 비용은
1 : 1500 = 55.555 : x
x = 83,333원이다.

34 새우튀김 : 바삭하게 튀기기 위해 180℃를 유지하며 튀겨낸다.

35 생선 구이 시 석쇠에 붙는 것을 방지하기 위해서는 석쇠에 유지를 바른다.

36 생선 튀김 : 바삭하게 튀기기 위해 180℃를 유지하며 2~3분간 튀겨낸다.

37 당근에 들어 있는 β카로틴은 비타민 A로 전환되는 프로비타민A로 지용성에 속한다.
기름을 이용하여 요리하여 섭취하면 소화흡수율이 높아진다.

38 고기 연화제 : 파인애플(브로멜린), 배(프로테아제), 파파야(파파인), 무화과(피신), 설탕 등이 있다.

39 기포성(팽창제) : 머랭, 케이크
농후제(응고성) : 알찜, 커스터드, 푸딩
결합제(접착성) : 만두, 크로켓
유화성 : 마요네즈

40 단백질의 구성원소는 탄소, 수소, 산소, 질소로 구성되어 지는데 결합에 따라 20여 가지의 아미노산으로 구성단위를 이룬다.

43 재고 회전율이 표준치보다 낮으면 재고량이 많아져 유지, 관리비가 많이 들어간다.

44 토마토에 들어 있는 유기산이 우유의 카제인을 응고시킨다.

45 **편육** : 끓는 물에 넣고 삶아야 고기 표면의 응고로 수용성 추출물이 용출되는 것을 억제한다.

46 군대급식의 목적 : 개인의 체력향상, 건강유지

48 출고계수 = 100/(100-폐기율) 가식부율이 70%이므로 폐기율은 30%이다.
= 100/100-30 = 1.428

49 괴혈병 : 비타민 C 부족시
구루병 : 비타민 D 부족시
불임증 : 비타민 E 부족시

50 조리식품, 반조리식품 : 전자렌지를 이용해 해동한다.
냉동육류, 어류 : 드립현상 최소화를 위해 냉장고에서 서서히 해동한다.

51 톡소플라스마 : 고양이, 쥐, 조류

52 **제2급 감염병** : 전파가능성을 고려하여 유행 시 24시간 이내에 신고, 격리가 필요한 감염병
결핵, 수두, 홍역, 콜레라, 장티푸스, 파라티푸스, 세균성이질, 장출혈성대장균감염증, A형간염, 백일해, 유행성이하선염, 한센병, 성홍열 등(21종)

53 활성슬러지법은 폐수처리에 사용되는 처리방법이다.

54 무구조충 : 소

56 두창, 홍역(95%) > 백일해(60~80%) > 성홍열(40%) > 디프테리아(10%) > 폴리오

57 잠함병(감압병) : 잠수 작업과 같은 고압 환경에서 혈액속의 질소가 기포를 형성하여 모세혈관에 혈전을 일으킨다.

58 회충 : 중간숙주 없이 채소를 섭취해서 감염
아니사키충 : 갑각류, 바다생선
폐흡충 : 다슬기, 가재, 게
간흡충 : 왜우렁이, 민물고기

59 소음 장애
직업적 난청, 작업능률 저하, 수면방해, 노이로제

60 영아사망률
비위생적 생활환경에 가장 예민하게 영향을 받아 보건상태의 평가지표로 사용된다.

정답 및 해설

한식조리기능사 09

01 ①	02 ③	03 ①	04 ①	05 ③	06 ③
07 ③	08 ②	09 ①	10 ②	11 ④	12 ②
13 ④	14 ①	15 ①	16 ③	17 ②	18 ②
19 ③	20 ②	21 ①	22 ①	23 ②	24 ①
25 ①	26 ②	27 ②	28 ②	29 ②	30 ②
31 ③	32 ④	33 ②	34 ③	35 ④	36 ①
37 ④	38 ④	39 ④	40 ①	41 ①	42 ②
43 ③	44 ②	45 ①	46 ③	47 ③	48 ③
49 ②	50 ④	51 ①	52 ③	53 ③	54 ③
55 ①	56 ③	57 ①	58 ③	59 ④	60 ①

01 황색포도상구균(staphylococcus) 식중독
   ㉠ 원인균 : 황색 포도상구균(편성혐기성균)
   ㉡ 독소 : 엔테로톡신(enterotoxin 장내독소)

02 알러지성 식중독
   특수 체질인 사람에게 꽁치와 고등어(등푸른 생선), 어육류 가공품 섭취 시 프로테우스 모르가니균이 생성한 히스타민에 의해 설사, 두드러기 증상이 나타나는 식중독이다.

03 **팽창제** : 제과나 제빵 시 조직을 연하게 하고 기호성을 높이기 위해서 첨가하는 첨가물
   종류 : 이스트, 명반, 탄산수소나트륨, 탄산암모늄

04 부 패
   단백질 식품이 혐기성 미생물에 의해 변질되는 현상으로 아민, 암모니아, 황화수소, 인돌 등의 부패취를 생성한다.

05 엔테로톡신
   포도상구균에 의해 생성되는 장독소이다.

06 • **메탄올** : 주류 발효과정에 펙틴이 존재할 경우 과실주에서 생성되어 두통, 설사, 실명 등을 유발
   • **아질산염** : 육류발색제
   • **포름알데히드** : 합성수지제 용기 제조 시 발생되는 독성물질
   • **연단** : 납화합물

07 • 아미니타톡신 : 독버섯   • 솔라닌 : 감자
   • 베네루핀 : 굴, 바지락   • 시큐톡신 : 독미나리

08 초산비닐수지 – 피막제, 소포제 – 규소수지

09 역성비누는 보통비누와 함께 사용하면 살균력이 떨어지므로 깨끗이 씻은 후 사용한다.

10 클로스트리디움 보툴리늄균 식중독(뉴로톡신)
   혐기성균, 열에 강한 아포를 형성, 치사율 가장 높다.
   신경마비증상(사시, 동공확대, 운동장애, 언어장애), 현기증, 두통, 호흡곤란 증상

11 식품공정상 표준온도 : 20℃
   실온 : 1~35℃, 상온 : 15~25℃, 미온 : 30~40℃

12 ①, ③, ④는 위해식품 등의 판매 등 금지에 해당되는 내용이다.

13 식품 등의 표시기준에 의해 표시해야 하는 대상성분 : 열량, 탄수화물(당분), 단백질, 지방(포화지방, 트렌스지방), 콜레스테롤, 나트륨

14 영업의 종류 중 식품접객업에는 휴게음식점영업, 일반음식점영업, 위탁급식영업, 유흥주점영업, 단란주점영업, 제과점영업이 있다.
① 즉석판매제조·가공업, ② 일반음식점영업,
③ 위탁급식영업, ④ 유흥주점영업을 설명한다.

15 조리사 면허의 취소처분을 받은 때 면허증 반납은 지체 없이 특별자치도지사, 시장, 군수, 구청장에게 반납하여야 한다.

16 전분 : 식물성 저장 탄수화물(다당류)이다.
글리코겐 : 동물성 저장 탄수화물로 간, 근육에 저장되어 있다가 열량으로 사용된다.

17 스쿼시 : 천연과즙을 증류수나 소다수 등의 액체를 혼합한 것으로 설탕을 혼합하거나 설탕을 넣지 않은 과일 원료의 농축물을 말한다.

18 청장 : 담근 지 1년이 된 맑은 간장

19 동물성 색소 : 미오글로빈(근육색소), 헤모글로빈(혈색소)

20 안식향산 : 보존제(방부제)

21 효소적 갈변 현상에 의해 감자의 티로신이 티로시나아제에 의해 갈변된다.
물에 담그거나 밀폐용기에 담아 산소를 차단시킨다.

23 대두에는 곡류에 부족하기 쉬운 라이신과 트립토판의 필수아미노산 함량이 매우 높아 곡류의 아미노산 보강식이 될 수 있다.

24 안토시아닌계 색소 : 양배추, 사과, 딸기, 가지

산 성	중 성	알칼리성
적 색	자 색	청 색

25 I (요오드) : 옥소라고도 하며 갑상선호르몬의 주성분은 해조류에 많이 들어있다.
부족-갑상선종, 과잉섭취-바세도씨병

26 성인 필수아미노산 : 트립토판, 발린, 트레오닌, 이소루이신, 루이신, 리신, 페닐알라닌, 메티오닌
어린이아미노산 : 성인 필수아미노산+히스티딘, 알기닌

27 **박력분** : 글루텐(단백질) 함량 10% 이하, 탄력성과 점성이 약해 케이크, 과자, 튀김옷에 사용

28 **라드** : 라드는 돼지고기 지방을 녹여 부드러운 맛과 단단한 질감을 얻기 위해 표백, 여과, 수소를 첨가하여 만든 식용기름

29 오래 삶을 경우 난황의 철(Fe)과 난백의 황화수소가 결합하여 황화제일철을 만들어 녹변현상을 일으킨다. 이때 삶은 직후 찬물에 바로 담그면 난백의 황화수소가 외부로 발산되어 황화제일철이 적게 형성된다.

30 미오글로빈(근육색소 : 붉은색) ⟶ 옥시미오글로빈(선명한 적색) ⟶ 메트미오글로빈(갈색)

31 산초 : 산쇼올(sanshool)

32 전자렌지 : 초단파를 이용하여 음식물을 가열하는 장치이다.

33 농후제(응고성) : 알찜, 커스터드, 푸딩
결합제(접착성) : 만두, 크로켓
기포성(팽창제) : 머랭, 케이크
유화성 : 마요네즈

34 오래 삶을 경우 난황의 철(Fe)과 난백의 황화수소가 결합하여 황화제일철을 만들어 녹변현상을 일으킨다.

35

			이익
		판매관리비	
	제조간접비		
직접재료비 직접노무비 직접경비	직접원가	제조 원가	총원가
직접 원가	제조 원가	총원가	판매원가

- ㉠ 직접원가 : 255,000원
- ㉡ 제조간접비 : 간접 재료비+간접노무비+간접경비=170,000원
- ㉢ 판매관리비 : 판매경비+일반관리비=15,000원
  총원가 : ㉠+㉡+㉢=440,500원

36 소시지는 색은 담홍색이며 탄력성이 있어야 신선한 식품이다

37 대체 식품량 = $\dfrac{\text{원래 식품량} \times \text{원래 식품함량}}{\text{대체식품 함량}}$
(150g×15g) / 32g=70.31g

38 떫은맛을 내는 탄닌은 미성숙한 감에 들어 있어 성숙해짐에 따라 감소된다.

39 마요네즈가 분리되는 경우
신선하지 않은 달걀 사용 시, 기름을 넣고 젓는 속도가 느릴 때, 기름의 온도가 너무 낮거나 뜨거울 때, 기름을 한꺼번에 너무 많이 넣을 경우

40 양갱 : 한천에 의해 겔화된 식품이다.

41 쌀 무게의 1.5배, 쌀 부피의 1.2배의 물을 부어 밥을 짓는다.

42 생선은 산란기 직전에 지방이 많아 가장 맛이 좋다.

43 육류, 어류 : 드립 현상을 최소화하기 위해 냉장고에서 완만 해동
반조리식품 : 급속 해동

44 새우젓국에 있는 나트륨이 두부 속에 남아 있는 Ca 이온이 두부 단백질과 결합하여 단단해지는 것을 방해하여 두부가 부드러워진다.

45 ③은 산업체 급식의 목적을 설명

46 닭의 크기가 작거나 피하지방이 적을수록 분홍색 변화가 심한데 이것은 고기에 비해 미오글로빈 함량이 적어 가끔씩 근육의 화학적 반응에 의해 생길 수 있다. 무해하며 맛에 변화가 없다.

47 클로로필(녹색) $\xrightarrow{\text{발효시 생성된 유기산}}$ 페오피틴

클로로필(녹색) $\xrightarrow{\text{알칼리(소금)}}$ 클로로필린(선명한 녹색)

48 표준레시피에는 메뉴명, 재료, 조리방법, 조리시간을 써줘야 한다.

49 고정경비 : 원가 변동에 상관없이 일정하게 발생되는 것으로 감가상각비, 임대료, 보험료

50 조리의 목적 : 기호성, 영양성, 위생상 안전성, 저장성

51 **군집독**
밀폐된 실내에 다수인이 장시간 있을 경우 산소부족, 이산화탄소 증가, 고온, 고습, 기류에 의한 물리학적 조성변화에 의해 두통, 구토, 현기증, 식욕저하 등 생리적 이상을 일으키는 것을 말한다.

52 예방접종에 의해 영구면역이 잘되는 질병 : 폴리오(소아마비), 두창(천연두), 홍역, 수두, 유행성 이하선염(볼거리), 백일해, 성홍열, 발진티푸스, 장티푸스, 페스트(흑사병), 콜레라, 일본뇌염, 풍진, 황열 등

53 혐기성 처리방법 : 밀폐된 공간에서 혐기성 세균에 의해 유기물을 분해하여 메탄가스가 발생한다. 임호프 탱크법, 부패조

54 재귀열-이, 말라리아-모기, 인플루엔자-바이러스 감염병, 쯔쯔가무씨병-쥐, 진드기

55 DPT-D : 디프테리아, P : 백일해, T : 파상풍

56 자외선
- ㉠ 파장이 2900~3200Å의 것은 살균력이 강하여 치료(피부결핵, 관절염치료)에 이용된다.
- ㉡ 장점 : 비타민 D 형성하여 구루병 예방, 관절염치료, 신진대사 촉진과 적혈구 생성

57 폴리오(급성회백수염) : 바이러스에 의한 경구감염병으로 음식물의 경구침입을 통해 감염

58 영아사망률=1년간 출생수 1000명당 생후 1년 미만의 사망수
비위생적 생활환경에 가장 예민하게 영향을 받아 보건상태의 평가지표로 사용된다.

59 숙주에 침입한 병원체에 대항하여 감염이나 발병을 저지할 수 없는 상태를 감수성이라 하는데 예방접종은 면역력 증강으로 감수성 숙주를 관리할 수 있다.

정답 및 해설

 **정답**

01 ③	02 ④	03 ②	04 ③	05 ①	06 ④
07 ②	08 ②	09 ②	10 ③	11 ③	12 ②
13 ②	14 ③	15 ④	16 ①	17 ④	18 ①
19 ②	20 ①	21 ①	22 ④	23 ②	24 ②
25 ③	26 ①	27 ①	28 ②	29 ③	30 ②
31 ①	32 ③	33 ④	34 ④	35 ②	36 ②
37 ①	38 ②	39 ①	40 ②	41 ④	42 ①
43 ③	44 ②	45 ②	46 ②	47 ③	48 ③
49 ④	50 ④	51 ③	52 ②	53 ①	54 ④
55 ④	56 ③	57 ④	58 ④	59 ②	60 ②

01 nitrosamine(N 니트로소아민)
육류 발색제인 아질산염이 가공 중 육류의 아민과 반응하여 생성되는 발암물질

02 식품위생의 목적
㉠ 식품으로 인하여 생기는 위생상의 위해를 방지
㉡ 식품영양의 질적 향상 도모
㉢ 국민보건 증진에 이바지

03 메탄올 : 주류 발효과정에 펙틴이 존재할 경우 과실주에서 생성되어 두통, 설사, 실명 등을 유발하고 심하면 사망한다.

04 아플라톡신 : 아스퍼질러스플라버스 곰팡이가 곡류, 땅콩에 번식하여 아플라톡신(간장독) 독소 생성

05 황색포도상구균(staphylococcus) 식중독
㉠ 원인균 : 황색 포도상구균(편성혐기성균) – 열에 약하다(80℃에서 30분 가열 시 파괴).
㉡ 독소 : 엔테로톡신(enterotoxin 장내독소) – 내열성이 있어 100℃에서 30분간 가열

06 특수 체질인 사람에게 꽁치와 고등어(등푸른 생선), 어육류 가공품 섭취 시 프로테우스 모르가니균이 생성한 히스타민에 의해 설사, 두드러기 증상이 나타나는 식중독이다. 가열해도 파괴되지 않는다.

07 • **저온균** : 발육 최적 온도 15~20℃(식품의 부패를 일으키는 세균)
• **중온균** : 발육 최적 온도 25~37℃(병원균을 비롯한 대부분의 세균)
• **고온균** : 발육 최적 온도 55~60℃(온천세균)

08 발색제
아질산나트륨, 질산칼륨, 질산나트륨(육류), 황산제일철(과채류)

09 셉신-감자 부패 시, 솔라닌-감자 싹의 독성성분, 아코니틴-부자(附子)식물의 독성분, 시큐톡신-독미나리

10 보존료(방부제)
데히드로초산 : 치즈, 버터, 마가린, 된장
안식향산 : 간장, 청량음료
소르빈산 : 식육제품, 땅콩버터가공품, 연육제품
프로피온산 : 빵 및 생과자

11 표시의 범위 : 식품, 식품첨가물, 기구 또는 용기·포장에 적는 문자, 숫자 또는 도형을 말한다.

12 조리사 면허의 취소처분을 받은 때 면허증 반납은 지체 없이 특별자치도지사, 시장, 군수, 구청장에게 반납하여야 한다.

13 영업허가를 받아야 할 업종 및 허가관청
㉠ 식품의약품안전처장 : 식품첨가물제조업, 식품조사처리업
㉡ 특별자치도지사 또는 시장·군수·구청장 : 단란주점 영업 및 유흥주점 영업

14 식품 등을 제조, 가공하는 영업을 하는 자는 자가품질검사에 관한 기록서를 2년간 보관해야 한다.

15 식품 등의 원료 및 제품을 서늘한 곳에 보관하나 보존성이 떨어지는 식품에 한해서만 냉동·냉장시설에 보관, 관리해야 한다.

16 쌀의 도정은 왕겨층을 제거하는 것으로 도정도가 증가할수록 영양소(비타민B1)의 손실은 커지나 밥맛이 좋아지고 소화율이 높아지며 조리시간이 짧아진다.

17 훈연할 때 생성되는 페놀류, 유기산, 카아보닐 성분에 의해 풍미향상과 살균작용으로 인해 저장성이 높아진다.

18 산성식품 : P(인), Cl(염소), S(황) – 육류, 곡류, 알류
알칼리성 식품 : Ca(칼슘), K(칼륨), Na(나트륨), Fe(철) – 과일류, 채소류, 우유, 감자

19 라이코펜 : 안토시안계 색소로 토마토, 수박, 감, 살구 등에 존재한다.

20 단당류 : 포도당, 과당, 갈락토오스, 만노오즈
이당류 : 설탕, 맥아당, 유당
다당류 : 전분, 글리코겐, 셀룰로오스, 펙틴

21 사후경직 : 글리코겐으로부터 형성된 젖산이 축적되어 산성으로 변하면서 액틴(근단백질)과 미오신(근섬유)이 결합하여 액토미오신으로 되어 근육이 수축되는 현상

22 생선육질이 육류보다 연한 이유는 육질에 들어 있는 콜라겐 함유량보다 적게 들어 있기 때문이다.

23 우유단백질(카제인) $\xrightarrow{\text{산, 렌닌}}$ 응고-숙성(치즈)

24 탄수화물의 구성요소 : 탄소, 수소, 산소(C, H, O)

25 비타민 B_{12} : Co(코발트) 함유

26 북어포 : 명태를 말린 것으로 단백질이 풍부하다.

27 단백질의 변성현상
단백질이 가열, 건조 등의 물리적 요인이나 화학적 요인에 의해 단백질의 1차구조인 폴리펩타이드 사슬이 풀어지면서 구조가 변해 소화효소 작용을 쉽게 받아들여 소화율이 높아진다.

28 $100 : 72 = 350 : x$,
$x = 72 \times 350/100$,
$x = 252 kcal$

29 생선묵 : 전분을 사용하여 점탄성을 부여한다.

30 클로로필은 엽록소라 불리며 메탄기에 의해 결합된 클로로필의 모핵인 포르피린 고리중심에 마그네슘 이온을 가지고 있다.

31 몸의 조직을 구성하는 구성영양소 : 단백질, 칼슘(Ca)

32 후드 : 환기시설 장치로 4방형이 가장 효율적이다.

33 양지와 사태는 결합조직이 많아 습열 조리법(탕, 찜)이 적당하다.
안심, 등심, 염통, 콩팥은 건열조리법이 적당하다.
편육은 고기를 끓는 물에 넣고 익혀야 맛 성분이 용출되지 않는다.
탕류는 고기를 찬물에 넣고 끓이면 맛 성분이 우러나와 맛있는 육수를 만들 수 있다.

34 계절식품을 이용하면 식재료 절감과 계절에 따른 필요 영양소를 충분히 섭취할 수 있고 식단에 변화를 줄 수 있다.

35 **카페인** : 커피나 차 같은 일부 식물의 열매, 잎, 씨앗 등에 함유된 쓴맛을 가진 알칼로이드(alkaloid)의 일종으로 각성, 흥분, 이뇨작용 등이 있고 피로를 줄이는 효과가 있다.

36 곡류는 서류보다 호화 온도가 높으며 소금은 호화작용을 방해하며 산을 첨가하면 가수분해가 일어나 호화가 억제된다.

37 공기와의 접촉을 억제하고 저온에서 발효시켜야 호기성 미생물에 의해 펙틴이 분해되어 김치가 물러지는 연부현상을 방지할 수 있다.

38 수양난백(묽은 흰자)은 흰자 끝부분에서 물처럼 퍼지는 부분을 말하는데 이 부분이 넓을수록 계란이 쉽게 퍼진다는 의미가 되므로 신선도가 매우 떨어지는 상태로 기포형성이 잘된다.

39 **분질감자** : 점성이 없고 전분함량이 높아 잘 부서지고 익히면 보슬보슬하다. 구이용, 매쉬드 포테이토에 적당

40 생선 단백질은 생강의 탈취작용을 저해하므로 생선이 익어 단백질이 변성된 후 생강을 넣어 주어야 탈취효과를 기대할 수 있다.

41 **고명의 종류** : 달걀지단, 미나리초대, 고추, 실파, 버섯, 고기완자, 견과류(잣, 은행, 호두), 대추

42 **사후강직** : 글리코겐으로부터 형성된 젖산이 축적되어 산성으로 변하면서 액틴(근단백질)과 미오신(근섬유)이 결합하여 액토미오신으로 되어 근육이 수축되는 현상

43 **슬라이서** : 재료를 얇게 써는 기계

44 쌀을 지나치게 문지르면 수용성인 비타민 B1의 손실이 크다.

45 두부는 콩 단백질인 글리시닌에 금속염(황산칼슘, 염화마그네슘)을 첨가하여 응고되는 현상을 이용해 만든 것이다.

46 송이버섯은 갓이 피지 않아 갓이 두껍고 둘레가 자루보다 약간 굵은 것이 좋다. 또한 자루(줄기)가 단단하며 길이가 짧은 것이 좋다.

47 $$발주량 = \frac{정미중량}{100-폐기율} \times 100 \times 식수인원$$
$$= \frac{80g}{100-5} \times 100 \times 1,500명 = 126.3kg$$

48 드립(Drip) 현상을 최소화하기 위해 급속 해동보다는 냉장고에서 서서히 해동시키는 것이 좋다.

49 **미음** : 푹 고아 채로 걸러낸 죽
장국죽 : 소고기를 끓인 맑은장국에 쌀을 넣어 끓인 죽
타락죽 : 곱게 간 쌀가루에 우유와 섞어 끓여낸 죽

50 열의 전달 방식에는 대류, 전도, 복사 등의 3가지 방식이 있다.
복사 : 물질 도움 없이 열이 직접 이동하는 방식
전도 : 두 물체가 접촉해서 열이 전달되어 이동하는 현상
대류 : 액체나 기체 상태의 분자가 직접 이동하면서 열이 이동하는 방식으로 열전달 속도가 가장 느리다.

51 **모기** : 말라리아, 일본뇌염, 황열, 사상충증

52 **파리** : 장티푸스, 파라티푸스, 세균성 이질, 콜레라
   이 : 발진티푸스

53 채소로부터 감염되는 기생충 : 회충, 요충, 십이지장

54 **군집독**
   밀폐된 실내에 다수인이 장시간 있을 경우 산소 부족, 이산화탄소 증가, 고온, 고습, 기류에 의한 물리학적 조성변화에 의해 두통, 구토, 현기증, 식욕저하 등 생리적 이상을 일으키는 것을 말한다.

55 온열요소 : 기온, 기습, 기류, 복사열

56

선천면역	종속 면역, 인종면역, 개인의 특이성	
후천면역	능동면역	자연능동면역	질병 감염 후 얻은 면역
		인공능동면역	예방접종으로 얻은 면역
	수동면역	자연수동면역	모체로부터 얻은 면역
		인공수동면역	혈청제재 접종 후 얻은 면역

57 공중보건은 질병에 대한 예방의학으로 개인의 치료가 아닌 지역사회의 질병관리이다.

58 광화학적 오염물질이란 1차 대기 오염물질(매연, 분진, 황산화물)이 자외선과 작용하여 만들어진 2차 대기 오염물질(오존, 스모그, 알데히드, 케톤)을 말한다.

59 **폰**(phone) : 음의 크기 측정단위

60 **병원소**
   병원체가 생활, 증식, 생존을 계속하여 다른 숙주에게 전파될 수 있는 상태로 저장되는 곳이다.

정답 및 해설

정답

01 ①	02 ③	03 ②	04 ②	05 ④	06 ④
07 ②	08 ④	09 ①	10 ②	11 ④	12 ②
13 ②	14 ③	15 ④	16 ③	17 ④	18 ②
19 ②	20 ①	21 ②	22 ③	23 ③	24 ③
25 ①	26 ③	27 ①	28 ④	29 ③	30 ④
31 ②	32 ③	33 ①	34 ④	35 ①	36 ②
37 ③	38 ④	39 ①	40 ①	41 ④	42 ②
43 ③	44 ③	45 ①	46 ①	47 ②	48 ②
49 ③	50 ②	51 ③	52 ③	53 ①	54 ④
55 ③	56 ①	57 ③	58 ②	59 ②	60 ④

01 **초산비닐수지** : 껌기초제, 피막제로 사용된다.

02 **HACCP 의무적용식품**
㉠ 어육가공품 중 어묵류
㉡ 냉동수산식품 중 어류, 연체류, 조미가공품
㉢ 냉동식품 중 피자류, 만두류, 면류
㉣ 빙과류, 비가열음료, 레토르토식품
㉤ 김치류 중 배추김치

03 **부 패**
단백질 식품이 혐기성 미생물에 의해 변질되는 현상으로 아민, 암모니아, 황화수소, 인돌 등의 부패취를 생성한다.

04 콩 단백질인 글리시닌에 금속염(황산칼슘, 염화마그네슘)을 첨가하여 응고되는 현상을 이용해 만든 것은 두부이다.

05 **미숙한 매실, 살구씨** : 아미그달린

06 클로스트리디움 보툴리늄균 식중독(뉴로톡신)혐기성 균, 열에 강한 아포를 형성, 신경마비증상(사시, 동공확대, 운동장애, 언어장애), 현기증, 두통, 호흡곤란 증상

07 식품첨가물은 사용목적에 따른 효과를 소량으로도 달성할 수 있어야 한다.

08 **황색포도상 구균** :「식중독 예방법」화농성 질환자 식품 조리 업무 취급금지, 조리된 음식 즉시 섭취, 냉장 보관, 조리기구 멸균

09 납중독 : 빈혈 등의 조혈장애
수은중독 : 미나마타병(언어장애, 구내염)
카드뮴중독 : 이타이이타이병(골연화증, 폐기종, 단백뇨)
비소중독 : 말초신경계 이상

10 **보존료**
미생물의 증식을 억제하기 위해 사용되는 식품첨가물이다.

11 출입·검사·수거 등에 관한 사항 중 행정응원의 절차, 비용부담방법, 그 밖에 필요한 사항은 대통령령으로 정한다.

12 식품위생
식품, 첨가물, 기구, 용기, 포장 등을 대상으로 하는 음식물에 관한 위생을 말한다.

13 모범업소의 지정 : 특별자치도지사, 시장·군수·구청장
우수업소의 지정 : 식품의약품안전처장 또는 특별자치도지사, 시장·군수·구청장

14 영양사의 직무
㉠ 집단급식소에서의 식단 작성, 검식 및 배식관리
㉡ 구매식품의 검수 및 관리
㉢ 집단급식소의 운영일지 작성
㉣ 급식시설의 위생적 관리
㉤ 종업원에 대한 영양 지도 및 식품위생교육

15 폐기물 용기는 오물, 악취 등이 나오지 않도록 내수성 재질을 사용하여야 한다.

16 불쾌한 어취인 트리메틸아민(TMA ; Trimetylamine)은 트리메틸아민 옥사이드(TMAO)가 환원되어 나는 냄새인데 TMAO는 담수어(민물고기)보다는 해수어(바다생선)에 많이 함유되어 있다.

17 밀가루 단백질의 주성분인 글루텐의 함량에 따라 밀가루의 점성과 탄력성이 달라진다.

18 특수성분 : 식품의 냄새, 색, 향기, 맛, 효소, 독성성분

19 블랜칭(데치기)은 채소의 효소에 의한 갈변을 방지하기 위한 전처리 과정이다.

20 두부는 콩 단백질인 글리시닌에 금속염(황산칼슘, 염화마그네슘)을 첨가하여 응고되는 현상을 이용해 만든 것이다.

21 치즈는 우유 단백질(카제인)을 산이나 렌닌으로 응고시켜 숙성시킨 식품이다.

22 유화의 종류
수중유적형 : 우유, 아이스크림, 마요네즈, 생크림, 잣죽
유중 수적형 : 버터, 마가린
묵은 한천을 이용한 겔화 식품이다.

23 베이컨 : 돼지고기의 복부 삼겹살

24 환원당
환원성을 가진 당의 총칭으로 단당류(포도당, 과당, 갈락토오스)와 맥아당, 유당 등이 여기에 해당된다. 설탕은 환원성을 가지지 않는다.

25 달걀흰자의 대부분의 단백질은 오브알부민이다.

26 수용성 비타민
물에 녹는 비타민으로 비타민 B_1, 비타민 B_2, 비타민 B_3, 비타민 B_6, 비타민 C가 있다.

27 녹조류 : 파래, 청각
갈조류 : 미역, 다시마
홍조류 : 김, 우뭇가사리

28 아린맛 : 쓴맛과 떫은맛이 섞인 맛

29 지방 1g당=9kcal
25g×0.8=20g 지방 함유 20g×9=180kcal이다.

30 식품은 무기질의 종류에 따라 산성식품, 알칼리 식품으로 나뉜다.
산성식품 : P(인), Cl(염소), S(황) – 육류, 곡류, 알류
알칼리성 식품 : Ca(칼슘), K(칼륨), Na(나트륨), Fe(철) – 과일류, 채소류, 우유, 감자

31 겨자 : 시니그린
후추 : 차비신

32 **수의계약** : 저장성이 낮고 가격변동이 많은 식품 구매 시 임의로 공급자를 선택하여 계약하는 방법으로 경쟁입찰에서처럼 싼 가격으로 식품을 구매할 수 없다.

33 ㉠ **강력분** : 글루텐 함량을 13% 이상 함유 – 식빵, 마카로니, 피자, 스파게티에 사용
㉡ 케이크는 박력분을 사용한다.

34 **버터** : 유지방 함량 80% 이상, 수분 16% 이하

35 **붉은살 생선** : 얕은 바다에서 서식, 지방 함량은 15% 내외이다.

36 전분의 노화되기 쉬운 조건 : 수분함량 30~60%, 온도 0~5℃, 아밀로오스함량이 많을수록

37 **신선한 달걀의 조건**
㉠ 달걀 표면이 까칠까칠하고 광택이 없어야 한다.
㉡ 농후난백의 비율이 높다.
㉢ 흔들었을 때 소리가 안 나고 난황계수가 0.36 이상으로 커야 한다.

38 곡류의 과피층과 배아에는 비타민 B_1, 비타민 B_2(리보플라빈), 니아신(비타민 B_3)을 많이 포함하고 있으나 도정 중에 많이 손실되어 우선적으로 강화시켜준다. 비타민 B_{12}는 소간, 육류, 난황 등에 들어 있어 곡류의 영양소 강화 시 사용하지 않는다.

39 냉장한 딸기의 붉은색은 안토시안계 색소로 서서히 가열조리하면 색을 선명하게 보존할 수 있다.

40 **전골** : 재료를 가지런히 놓고 즉석에서 끓인 국으로 찌개와 국물의 양은 같다.
감정 : 국물이 적고 고추장으로 간을 한 찌개
지짐이 : 국보다 국물을 적게 넣어 짜게 끓인 국

41 **산적요리** : 건열조리법으로 영양분의 손실이 적다.

42 병원급식은 1인 1식 물의 사용량이 10~20ℓ로 위생이 매우 강조되는 시설로 다른 시설보다 물 사용량이 많다.

43 선입선출법에 의해 27일 5병, 20일 5병이 남는다.
$(5×3,500)+(5×3,000)=32,500$원이다.

44 폐기율 = $\dfrac{폐기량}{전체중량} × 100$

$35 = \dfrac{x}{12} × 100$

$x = 4.2$
폐기량은 4.2kg이므로
오징어 실사용량 = $12 - 4.2 = 7.8$kg
$45,000/7.8$kg $= 5,769$원

45 **맛있게 느끼는 식품의 온도**
전골 – 95~98℃, 커피·국 – 70~75℃,
식혜 – 55~60℃, 밥 – 40~45℃

46 **브로일링** : 석쇠를 이용하여 불에 굽는 조리법
스티밍 : 채소, 육류 등을 증기를 이용하여 조리하는 방법
보일링 : 끓여서 조리하는 방법
시머링 : 온도는 85~96도 사이의 열을 이용하여 장시간 끓이는 조리법

47 육류를 끓여 국물을 만들 때 찬물에 고기를 넣고 끓여야 맛 성분(글루탐산, 이노신산 등)의 용출이 잘되어 맛있는 국물이 된다.

48 생선은 육류보다 결체조직의 함량이 적어 부스러지기 쉬우므로 주로 건열조리법을 이용하는 것이 좋고 습열조리할 경우는 물이 끓은 후에 넣는 것이 좋다.

49 대두를 연하게 삶는 방법
㉠ 1%의 소금물에 담갔다가 그 물에 삶는다.
㉡ 연수를 사용하여 불린 후 그 물에 삶으면 빨리 무른다.
㉢ 약 알칼리성의 중조를 첨가하여 삶으면 빨리 물러진다.

50 수중유적형 : 우유, 아이스크림, 마요네즈, 생크림, 잣죽
유중수적형 : 버터, 마가린

51 CO_2
실내공기오염의 지표로 위생학적 허용한계는 0.1%(1000ppm)이다.

52 수인성 감염병의 특징
㉠ 환자 발생이 폭발적이며 음료수 사용과 유행지역이 일치
㉡ 치명률이 낮고 2차 감염환자의 발생이 거의 없다.
㉢ 계절에 관계없이 발생하고 성, 연령, 생활 수준에 따른 발생빈도에 차이가 없다.

53 장티푸스
수인성 감염병으로 상수도 관리 철저, 분변오염방지, 주변 환경 개선을 통해 예방이 가능하다.

54 쥐 : 페스트, 유행성 출혈열, 재귀열, 발진열, 쯔쯔가무씨병, 와일씨병
규폐증 : 유리규산

55 공중보건은 공중보건의 최소단위는 개인이 아닌 지역사회이며 더 나아가 한 국가의 국민 전체를 대상으로 한다.

56 규폐증
유리규산 분진흡입을 통해 폐에 만성섬유 증식을 유발한다.

57 적외선
7800Å 이상인 열광선으로 열선이라 부르며 열작용을 한다.

58 기온역전현상
㉠ 상공으로 올라 갈수록 기온이 올라가는 현상(상부 기온이 하부기온보다 높은 현상)
㉡ 기온역전현상이 발생하면 대기오염물질의 확산이 이루어지지 못하게 되므로 대기 오염의 피해를 가중시킨다.

59 부영양화
강·바다·호수 등의 수중생태계에 오염된 유기물질(암모니아, 질산염, 인산염)이 증가하여 식물플랑크톤이 급속히 증식하여 수질이 악화되는 현상을 말한다.

60 모기 : 사상충, 황열, 말라리아, 일본뇌염

정답 및 해설

01 ② 02 ③ 03 ② 04 ③ 05 ② 06 ④
07 ② 08 ③ 09 ② 10 ① 11 ② 12 ①
13 ③ 14 ④ 15 ② 16 ① 17 ① 18 ①
19 ③ 20 ③ 21 ① 22 ③ 23 ② 24 ③
25 ③ 26 ① 27 ① 28 ② 29 ④ 30 ②
31 ① 32 ① 33 ④ 34 ② 35 ① 36 ②
37 ④ 38 ④ 39 ② 40 ③ 41 ③ 42 ④
43 ④ 44 ③ 45 ① 46 ④ 47 ② 48 ①
49 ③ 50 ① 51 ② 52 ④ 53 ④ 54 ③
55 ① 56 ② 57 ② 58 ④ 59 ④ 60 ②

01 발 효
미생물이 자신이 가지고 있는 효소를 이용해 유기물을 분해시켜 유기산, 알코올 등의 우리의 생활에 유용하게 사용되는 물질을 생성하는 현상을 말한다.

02 장티푸스 : 세균

03 클로스트리디움 보툴리늄균 식중독(뉴로톡신)혐기성 균인데, 열에 강한 아포를 형성하고 신경마비(운동장애, 언어장애), 현기증, 두통, 호흡곤란 증상 발생한다.

04 독미나리 : 시큐톡신(Cicutoxin)

05 식품의 영양 강화를 위한 것 : 강화제
식품의 변질이나 변패를 방지하기 위한 것 : 보존료
식품의 품질을 개량하거나 유지하기 위한 것 : 품질계량제

06 품질계량제 : 과산화벤조일, 과황산암모늄, 브롬산칼륨, 이산화염소
식육제품에 사용되는 발색제 : 아질산나트륨, 질산나트륨(염), 질산칼륨

07 카드뮴 : 칼슘과 인의 대사 이상을 초래하여 이타이이타이병을 유발
증상 : 골연화증, 폐기종, 신장기능 장애, 단백뇨

08 식품 1g 중 생균수가 $10^7 \sim 10^8$이면 초기부패이다.

09 주석(Sn) : 통조림 내부의 금속 부식방지를 위해 사용, 용출시 구토, 복통의 중독 증상

10 청매중독은 아미그달린이라는 미숙한 청매에서 나오는 독소성분이다.

11 유독·유해물질이 들어 있으나 식품의약품안전처장이 인체의 건강을 해할 우려가 없다고 인정한 것은 판매 등의 금지사항에서 제외한다.

12 식품, 식품첨가물, 기구 또는 용기·포장의 위생적 취급에 관한 기준은 총리령으로 정한다.

13 국민의 보건위생을 위하여 필요하다고 판단되는 경우는 검사에 필요한 식품 등을 무상수거 할 수 있다.

14 식품위생업상 영업의 종류
㉠ 즉석판매제조·가공업
㉡ 식품운반업
㉢ 식품소분, 판매업
㉣ 식품보존업(식품냉동, 냉장업), 용기, 포장류제조업
㉤ 식품접객업(휴게음식점영업, 위탁급식영업, 제과점영업, 일반음식점영업)
㉥ 식품조사처리업

15 조리사·영양사 면허를 받을 수 없는 사람
㉠ 정신질환자
㉡ 감염병환자(B형 간염환자는 제외)
㉢ 마약이나 그 밖의 약물중독자
㉣ 조리사 또는 영양사면허의 취소처분을 받고 그 취소된 날부터 1년이 지나지 아니한 자

16 다당류
전분, 글리코겐, 펙틴, 이눌린, 셀룰로오스.포도당, 과당, 갈락토오스는 단당류이다.

17 대부분 과일의 주요 향미성분 : 과일에 존재하는 Esterase에 의해 생성되는 에스테르류이다.

18 결합수의 특징 : -20℃↓에서 얼지 않음
• 자신이 용질이므로 용매로 작용할 수 없음
• 미생물 번식에 이용되지 않음
• 100℃ 이상으로 가열해도 제거되지 않는다.
• 유리수 보다 밀도가 크다.

19 알코올 1g당 7kcal이다.

20 중합반응 : 유지를 가열하면 지방 분자가 결합하여 더 큰 지방 분자를 형성하여 점도가 증가하는 것을 말하는데 영양가의 손실도 일어난다.

21 변조현상 : 쓴 약을 먹은 직후 물을 마시면 단맛이 나는 것처럼 느끼게 되는 현상

22 꽃 식용 채소 : 브로콜리, 컬리플라워, 아티쵸크 뿌리
식용채소 : 비트

23 엽록소는 알칼리(소금)에서 녹색화
안토시안 색소

산 성	중 성	알칼리성
적 색	자 색	청 색

카로틴 색소는 산성, 알칼리성에서 안정하다.

24 유당(Lactose)은 유해세균의 번식을 억제하는 정장작용의 역할을 하고 유산을 생성하여 칼슘과 단백질의 흡수를 도와 유아의 골격형성에 도움을 준다.

25 두부는 콩단백질인 글리시닌에 가열과 무기염류인 황산칼슘, 염화마그네슘, 염화칼슘 등을 첨가하여 응고시킨 것이다.

26 전분은 가열온도가 높을수록 호화가 빠르며 점도는 높아진다.

27 젤라틴을 이용한 음식 : 젤리, 족편, 아이스크림
한천을 이용한 음식 : 양갱, 푸딩

28 클로로필(녹색채소) —발효에 의한 유기산(젖산, 초산)→ 페오피틴(녹갈색)으로 변한다

29 가공치즈 : 자연치즈 2가지 이상을 혼합하거나 다른 재료를 혼합하여 유화제(乳化劑)를 첨가한 후 가열하여 균질하게 가공한 치즈로 발효가 더 이상 진행되지 않는다.

30 달걀의 가스저장법 : 이산화탄소의 발산을 막고 수분 증발 억제하여 저장기간을 연장한다.

31 천일염(호렴) : 굵고 정제되지 않은 소금으로 젓갈, 된장, 배추를 절일 때 사용된다.

32 노무비 : 제품의 제조를 위하여 소비된 노동의 가치를 말한다.

33 날콩에 들어 있는 안티트립신은 단백질의 소화효소인 트립신의 분비를 억제하여 소화를 방해하는데 가열하면 파괴된다.

34 **저지방우유** : 1~2%의 유지방을 함유한 우유

35 냉동 소고기의 드립(Drip)을 최소화하기 위해 낮은 온도에서 서서히 해동한다.

36 **슬라이서(slicer)**
육류나 채소 등을 일정한 두께로 얇게 써는 기구이다.

37 정미량 = 전체중량 × 가식부율
　　　　 = 13kg × 0.92 = 11.96kg
1kg당 단가
1kg : x = 11.96kg : 13,260원
$x = \dfrac{13,260}{11.96kg}$ = 1,108.7원
46kg × 1,108.7 = 51,000원

38 호박산 : 조개류의 맛난맛

40 사태 : 결합조직이 많아 질기므로 장시간 조리하는 탕, 찜, 조림에 적당하다.

41 소금 절임은 삼투현상에 의한 탈수효과로 미생물의 생육이 억제된다.

42 무나 양파, 양배추 등의 흰색채소에 들어 있는 안토잔틴은 산에는 안정하여 선명한 백색을 유지하고 알칼리에는 불안정하여 황색이 되는데 조리 시 산(식초)을 첨가하면 선명한 색을 유지한다.

43 생선 껍질의 진피층을 구성하고 있는 콜라겐은 가열에 의해 수축되므로 생선 모양을 유지하려면 껍질에 잔 칼집을 넣어준다.

44 편육 조리 시 끓는 물에 고기를 넣어서 근육 표면의 단백질을 응고시켜 수용성 단백질이 국물에 용출되는 것을 방지한다.

45 튀김옷에 중조를 넣으면 탄산가스가 발생하여 바삭한 튀김이 되지만 소량의 비타민이 파괴될 수 있다.

46 **원가계산의 원칙**
진실성의 원칙, 발생기준의 원칙, 계산경제성의 원칙, 확실성의 원칙, 정상성의 원칙, 비교성의 원칙, 상호관리의 원칙

47 마요네즈가 분리되는 경우는 기름을 너무 많이 넣기 때문으로 빨리 저을수록 분리되지 않는다.

48 **조절 영양소**
인체의 생리 기능을 조절하는 영양소이다.
무기질, 비타민이 많이 함유된 과일, 채소류, 해조류가 여기에 해당된다.

49 쇼트닝, 마가린 같은 지방은 실온에서 계량컵에 꼭 눌러 담은 뒤, 직선 spatula로 깎아 측정한다.

50 1일 단백질 섭취량 = 2000kcal × 15% = 300kcal
동물성 단백질은 1/3이므로 100kcal이다.
단백질은 1g당 4kcal이므로 100/4 = 25g이다.

51 감수성 지수(접촉감염지수)두창, 홍역(95%) > 백일해(60~80%) > 성홍열(40%) > 디프테리아(10%) > 폴리오

52 유구조충 – 돼지

53 **가시광선**
㉠ 망막 자극하여 물체 식별 및 색채 구별
㉡ 시력저하와 눈의 피로를 초래할 수 있으며 강렬할 때는 시력장애를 유발하고 어두운 곳에서 암순응 능력을 저하시킨다.

54 **공기의 자정작용**
㉠ 공기의 자체 희석작용
㉡ 강우, 강설에 의한 세정작용
㉢ 산소, 오존 및 과산화수소 등에 의한 산화작용
㉣ 식물의 탄소 동화작용에 의한 CO_2와 O_2의 교환작용
㉤ 자외선에 의한 살균작용

55 하수처리는 예비처리 – 본처리 – 오니처리이다.

56 이산화탄소(CO_2)는 실내공기조성의 전반적인 상태를 알 수 있으므로 실내공기오염의 지표로 사용된다.

57 소각법은 가장 위생적인 쓰레기 처리방법이나 발암성 물질로 알려진 다이옥신이 발생될 수 있다.

58 **레이노드병**
진동 작업자에게 발생되는 직업병으로 혈액순환 저해로 손가락이 창백해지는 청색증과 동통(몸이 쑤시고 아픔)을 유발한다.

59 ① 고기에 간장을 먼저 넣고 졸이면 고기가 질기다.
② 부재료를 많이 사용하면 빨리 상한다.
③ 향신료는 지저분하지 않게 통으로 넣는다.

60 **인공능동면역**
예방접종 후 얻은 면역으로 생균백신, 순화독소, 사균백신이 있다.
면역 글로불린은 인공수동면역을 필요로 하는 선천성 면역글로불린 결핍증 환자에게 접종한다.

정답 및 해설

01 ④ 02 ② 03 ③ 04 ③ 05 ③ 06 ③
07 ③ 08 ② 09 ④ 10 ③ 11 ① 12 ④
13 ③ 14 ② 15 ② 16 ④ 17 ① 18 ①
19 ① 20 ① 21 ① 22 ② 23 ④ 24 ①
25 ① 26 ③ 27 ① 28 ③ 29 ① 30 ③
31 ③ 32 ③ 33 ④ 34 ③ 35 ① 36 ①
37 ② 38 ① 39 ③ 40 ① 41 ② 42 ④
43 ③ 44 ④ 45 ③ 46 ③ 47 ① 48 ②
49 ④ 50 ② 51 ③ 52 ③ 53 ③ 54 ③
55 ② 56 ③ 57 ③ 58 ① 59 ③ 60 ②

01 살균제
차아염소산나트륨 : 음료수, 식기소독
표백분 : 음료수, 식기소독

03 메탄올 중독증상
두통, 설사, 심한 경우 실명, 사망에 이른다.

04 부패란
미생물이나 진균류의 작용에 의해 혐기적으로 분해되어 유해한 물질을 생성하는 복잡한 현상으로 한 종류의 미생물에 의해 변질되는 것은 드물다.

05
식품 1g 중 생균수가 $10^7 \sim 10^8$이면 초기 부패이다.

06 독소형 식중독
포도상구균 식중독(엔테로톡신), 클로스트리디움 보툴리눔균 식중독(뉴로톡신)

07 벤조피렌
숯불 등의 불완전연소 과정에서 생성되는 다환 방향족 탄화수소의 한 종류로 인체에 축적될 경우 각종 암을 유발하고 돌연변이를 일으키는 환경호르몬이다.

08 포도상구균 식중독(엔테로톡신)
일반 조리법으로 예방 불가능, 우리나라에서 가장 많이 발생하는 식중독, 화농성 환자가 조리 시 발생

09 허가된 발색제
아질산나트륨, 질산칼륨(육류), 황산제일철(과채류)

10 내인성
어떤 병의 원인이 자체 몸속 내부에 있는 것을 말하는데 감자 자체에서 나는 싹에는 솔라닌이라는 독성물질이 생성되어 식중독을 일으킨다.

12 식품위생의 목적
㉠ 식품으로 인하여 생기는 위생상의 위해를 방지
㉡ 식품영양의 질적 향상 도모
㉢ 국민보건 증진에 이바지

13 집단급식소
비영리를 목적으로 계속적으로 특정 다수인에게 음식물을 공급하는 기숙사, 학교, 병원 등의 급식 시설

14 식품위생감시원의 직무
㉠ 식품 등의 위생적인 취급에 관한 기준의 이행지도
㉡ 수입, 판매 또는 사용이 금지된 식품 등의 취급여부에 관한 단속
㉢ 표시기준 또는 과대광고 금지에 대한 취급여부에 관한 단속
㉣ 출입, 검사 및 검사에 필요한 식품 등의 수거
㉤ 시설기준의 적합여부의 확인 및 검사
㉥ 영업자 및 종업원의 건강진단 및 위생교육의 이행여부확인 및 지도
㉦ 식품 등의 압류·폐기
㉧ 영업소의 폐쇄를 위한 간판 제거 등의 조치
㉨ 행정처분의 이행여부 확인
㉩ 조리사 및 영양사의 법령 준수사항 이행여부의 확인·지도
㉪ 그 밖에 영업자의 법령 이행여부에 관한 확인·지도

15 영업신고를 해야 하는 업종
㉠ 즉석판매제조·가공업
㉡ 식품운반업
㉢ 식품소분, 판매업
㉣ 식품보존업(식품냉동, 냉장업), 용기·포장류 제조업
㉤ 식품접객업(휴게음식점영업, 위탁급식영업, 제과점영업, 일반음식점영업)

16 마이야르 반응
아미노산이 당과 만나 최종적으로 갈색 색소를 형성하는 비효소적 갈변현상으로 온도가 높을수록, 수분함량이 커질수록, pH가 알칼리 일수록 빨리 일어난다. 또한 당 종류, 아미노산 종류에 따라 마이야르 반응 속도는 달라진다.

17
당단백질 : 단순단백질 + 당이나 그 유도체
지단백질 : 단순단백질 + 지질
인단백질 : 단순단백질 + 인산
핵단백질 : 단순단백질 + 핵산

18 치즈는 우유 단백질(카제인)을 산이나 렌닌으로 응고시켜 숙성시킨 발효식품이다.

19 CA저장은 CO_2 농도를 높이거나 O_2의 농도를 낮추거나 N_2(질소가스)를 주입하여 미생물의 발육을 억제시켜 저장하는 방법으로 습도, 온도, 기체 조절이 매우 중요하다.

20 현미는 벼에서 왕겨층을 제거한 쌀이다.

21 소 간에는 비타민 A, B1, B2 및 철분이 풍부하다.

22 수분활성도$(Aw) = \dfrac{\text{식품이 나타내는 수증기압}}{\text{순수한 물의 최대기압}}$ 으로 일반적으로 식품의 수분활성도는 물의 수분활성도인 1을 넘을 수 없다.

23 냉장법은 단기간 미생물의 증식을 억제하는 방법이다.

24 콩 단백질인 글로불린은 80%의 글리시닌을 함유하고 있다.

25 노화는 수분이 30~60%일 때 잘 일어나는데 급속히 건조시킨 과자류의 수분함량은 15% 이하여서 장기간 보관이 가능하다.

26 신맛에 아미노기($^-NH_2$)가 있으면 쓴맛이 첨가된 신맛이 난다.

28 단맛의 세기
과당 > 전화당 > 자당 > 포도당 > 맥아당 > 갈락토오스 > 유당

29 한 천
양갱, 젤리, 푸딩, 아이스크림, 청량음료의 겔화제, 안정제로 사용되며 미생물의 배양, 배지의 재료로 사용됨

31 간장의 지미성분 : 글루탐산(글루타민산)

32 대량구매로 인해 원가가 절감되므로 문제점이 아니다.

33 완두콩을 조리할 때 정량의 황산구리를 첨가하면 비타민은 파괴되나 녹색을 유지할 수 있다.

34 계란의 신선도 판별 시 비중법에서 6%의 소금물에서 계란이 가라앉으면 신선한 계란이다.

35 쇼트닝, 마가린 같은 지방
실온에서 계량컵에 꼭 눌러 담은 뒤, 직선 spatula로 깎아 측정하고 흑설탕은 꼭꼭 눌러 담아 계량하며 밀가루는 체에 친 뒤 눌러 담지 않고 계량한다.

36 단백질 : 육류, 생선류, 알류, 콩류 및 우유, 유제품

37 젤라틴은 설탕의 농도가 높아질수록 천천히 응고한다.

38 ㉠ 흰자의 기포력↑ : 산(식초, 레몬즙),
기포력↓ : 지방, 우유
㉡ 설탕은 거품을 낸 후 넣어 주어야 기포력 안정, 난백은 30℃에서 기포가 잘 생긴다.
㉢ 오래된 달걀이 신선한 달걀보다 거품형성을 용이하게 한다.

39 발주량 = $\dfrac{정미중량}{100-폐기율} \times 100 \times 인원수$

= $\dfrac{60g}{100-9} \times 100 \times 1000명$ = 65.934kg

40 홍조류 : 김, 우뭇가사리

41 경쟁입찰
필요한 품목, 수량을 표시하여 업자에게 견적서를 제출받고 품질이나 가격을 검토한 후 낙찰자를 정하여 계약을 체결하는 것을 말한다.

42 주방의 바닥조건
산이나 알칼리에 강해야 한다. 내구성이 있어야 한다. 내수성이 있어 청소가 용이해야 한다. 바닥전체의 배수를 위한 물매는 1/100 이상이 적당하다.

43 치 즈
우유 단백질(카제인)에 산이나 렌닌으로 응고시킨 후 숙성시킨다.

44 판매가격 = 식품단가/식품원가율
불고기 1kg 비용 = 18,000 + 3,500 = 21,500
불고기 200g 비용 = 1000g : 21,500 = 200g : x
x = 4,300원이므로
판매가격 = 4,300/40 = 10,750원이다.

45 육색소 : 미오글로빈 $\xrightarrow{\text{산소}}$ 옥시 미오글로빈
$\xrightarrow{\text{장시간 저장에 의한 산화, 가열}}$ 메트미오글로빈

46 머랭은 거품이 충분히 생겼을 때 설탕을 넣어 주어야 거품이 안정된다.

47 난황의 레시틴은 유화제 역할을 한다.

48 동유처리
액체유는 7.2℃까지 온도를 낮추면 고체화된 지방이 생기는데 결정이 생기고 혼탁해지는 것을 방지하기 위해 그 고체화된 지방을 걸러내는 방법이다.

49 전분의 노화는 수분함량 30~60%, 온도 0~5℃, 아밀로오스 함량이 많을수록 잘 일어난다.

50 갈매기살 : 돼지의 횡격막과 간 사이에 붙어 있는 살이다

51 동양모양선충 : 채소류

52 골연화증은 카드뮴에 의해 발생되는 증상이다.

53 파상풍
상처 부위에서 증식한 파상풍균(Clostridium tetani)이 생산해내는 신경 독소가 근육에 경련성 마비와 동통을 동반한 근육수축을 일으키는 질환으로 격리시키지 않는다.

54 **간흡충** : 민물고기
폐흡충 : 가재, 게
광절열두조충 : 바다고기

56 **수인성 감염병의 특징**
㉠ 환자 발생이 폭발적이며 음료수 사용과 유행지역이 일치
㉡ 치명률이 낮고 2차 감염환자의 발생이 거의 없다.
㉢ 계절에 관계없이 발생하고 성, 연령, 생활수준에 따른 발생빈도에 차이가 없다.

57 **레이노드병**
진동 작업자에게 발생되는 직업병으로 혈액순환 저해로 손가락이 창백해지는 청색증과 동통(몸이 쑤시고 아픔)을 유발한다.

58 **감염병 발생의 3요소**
감염원(병인), 감염경로(환경), 감수성 숙주

59 생물화학적 산소요구량(BOD)은 세균이 호기성 상태에서 유기물을 20℃에서 5일간 분해하는 데 손실된 산소량을 말한다.

60 **4대 온열요소** : 기온, 기습, 기류, 복사열

정답 및 해설

한식조리기능사 14

01 ①	02 ②	03 ①	04 ①	05 ④	06 ①
07 ④	08 ①	09 ③	10 ④	11 ③	12 ④
13 ②	14 ④	15 ④	16 ②	17 ①	18 ①
19 ③	20 ②	21 ④	22 ③	23 ①	24 ①
25 ①	26 ①	27 ①	28 ①	29 ④	30 ④
31 ③	32 ③	33 ④	34 ①	35 ①	36 ④
37 ②	38 ①	39 ②	40 ②	41 ③	42 ④
43 ②	44 ②	45 ②	46 ③	47 ③	48 ②
49 ④	50 ②	51 ④	52 ③	53 ①	54 ②
55 ①	56 ②	57 ③	58 ③	59 ②	60 ③

01 황변미 중독은 곰팡이에 의한 식중독이다.

02 **미생물의 3대 생육조건** : 영양소, 수분, 온도

03 **포도상구균 식중독**
포도상구균의 엔테로톡신(장독소)에 의해 발생하는데 열에 강해 100℃에서 30분간 가열해도 파괴되지 않아 예방이 어렵다.

04 **보존제**
식품의 변질, 부패를 방지하고 식품의 영양가와 신선도를 유지하기 위해 사용하는 첨가물이다.

05 **카드뮴 중독**
칼슘과 인의 대사이상을 초래하여 칼슘 배설을 증가시켜 골연화증을 유발

06 **석탄산**
유기물이 존재하여도 살균력은 일정하므로 소독약의 지표로 사용된다.

07 방사선 살균법(Co^{60})을 이용한다.

08 주류 발효과정에 펙틴이 존재할 경우 과실주에서 메탄올 생성되어 두통, 설사, 실명 등을 유발하고 심하면 사망

09 **식품첨가물의 목적**
㉠ 품질유지, 품질개량에 사용
㉡ 영양 강화
㉢ 보존성향상
㉣ 관능만족

10 **니트로사민**(N-nitrosamine)
육류 발색제인 아질산염이 가공 중 육류의 아민과 반응하여 생성되는 발암물질이다.

13 공인된 사항의 표시는 허위표시, 과대광고, 비방광고 및 과대포장의 범위에 해당하지 않는다.
※ **허위표시, 과대광고 범위**
㉠ 용기, 포장, 라디오, 텔레비전, 신문, 잡지, 영상, 인쇄물, 인터넷 그밖의 방법으로 활용한 제조방법, 품질, 영양가에 대한 정보
㉡ 정부 표창 규정의 상장을 제외한 각종 감사장, 상장 등을 이용. "인증", "보증", "추천"받았다는 내용의 광고
㉢ 질병치료에 효능이 있다는 내용 또는 의약품으로 혼동할 우려가 있는 내용의 표시, 광고

15 조리사를 두어야 하는 영업장
복어를 조리, 판매하는 영업을 하는 자, 집단급식소 운영자

16 식품의 특수성분 : 색, 향, 맛, 효소, 유독성분

17 경성치즈 : 수분함량이 적고 경도가 높다(체다 치즈).
연성치즈 : 수분함량이 60%이상 함유(모짜렐라 치즈, 크림 치즈, 블루 치즈, 카멤벌트 치즈)

18 수분활성도(Aw) = $\dfrac{\text{식품이 나타내는 수증기압}}{\text{순수한 물의 최대기압}}$

19 녹색채소의 크로로필(Mg 함유)이 Cu, Zn으로 치환되면 변색이 안 된다.

20 경화유
식물성 유지(불포화지방산)에 수소를 첨가하고 니켈, 백금을 촉매제로 해서 고체형 기름(포화지방산)을 만드는 것

21 수중유적형(O/W) : 우유, 마요네즈, 아이스크림
유중수적형(W/O) : 버터, 마가린

22 구연산 : 딸기, 레몬, 감귤

24 한 천
양갱, 젤리, 푸딩, 아이스크림, 청량음료의 겔화제, 안정제로 사용되며 미생물의 배양, 배지의 재료로 사용됨

25 결정형 캔디 : 퐁당, 퍼지

26 1g당 당질 4kcal 단백질 4kcal 지방 9kcal, 100g당 $(5 \times 4) + (3.5 \times 4) + (3.7 \times 9) = 67.3$kcal이므로
$\dfrac{67.3 \times 170}{100} = 114.4$kcal

27 아미노 카르보닐 반응(마이얄반응)
비효소적 갈변으로 아미노산, 아민, 펩티드, 단백질 등이 당류, 알데히드, 케톤 등과 반응하여 갈변되는 현상. 식빵, 간장, 된장이 여기에 해당된다.

28 쌀밥은 대부분 탄수화물이므로 단백질이 주성분인 콩을 넣은 콩밥은 단백질 보완에 좋다.

29 사과의 갈변
폴리페놀 옥시다아제(Polyphenol Oxidase) 효소에 의해 산소와 결합하여 갈변을 일으킨다.

30 두부 응고제
황산칼슘($CaSO_4$), 염화마그네슘($MgCl_2$), 염화칼슘($CaCl_2$)

33 전분의 호화
산은 호화를 방해하고 알칼리는 호화를 촉진하므로 산 첨가는 전분이 호화된 후 넣어준다.

34 기포력 ↑ : 산, 기포력 ↓ : 지방, 우유
설탕은 거품을 낸 후 넣어 주어야 기포력 안정, 난백은 30℃에서 기포가 잘 생긴다.

35 필수 지방산 : 리놀렌산, 리놀레산, 아라키돈산

36 우유의 단백질은 산, 레닌, 열에 의해 응고된다.

37 미오신 : 근원 섬유로 액틴과 결합하여 액토미오신이 되어 근육을 수축시킨다.

39 건열조리법 : 구이, 볶음, 튀김
습열조리법 : 끓이기, 조림, 찜

40 발주량 = $\dfrac{정미중량}{100-폐기율} \times 100 \times 식수인원$

   = $\dfrac{60g}{100-34} \times 100 \times 1인 = 90.9g$

41 **어류, 채소류** : 필요에 따라 구매
   곡류 : 1개월분을 한꺼번에 구매
   육류 : 냉장시설을 갖추고 있을 경우 1주일분 구매

42 **글루텐 ↑** : 달걀, 소금
   글루텐 ↓ : 설탕, 지방

44 흑설탕은 겉 표면이 거칠고 끈적거리기 때문에 계량기구에 꼭 눌러 담은 후 잰다.

46 출고 계수 = $\dfrac{100}{100-폐기율} = \dfrac{100}{100-20} = 1.25$

47 알코올(술)은 생선 비린내 제거에 효과가 좋다.

50 **유기물** : 탄수화물(당질, 섬유소), 단백질(아미노산), 지방, 비타민
   무기물 : 무기질(칼슘, 인, 요오드, 나트륨 등)

51 **세균성 이질**
   경구 감염병으로 환자, 보균자의 분변, 음식물에 의해서 감염

52 **물의 자정작용** : 희석, 침전, 산화 작용
   미생물의 식균작용 : 자외선에 의한 살균작용

53 **간디스토마** : 왜우렁이 – 민물고기
   폐디스토마 : 다슬기 – 가재, 게

54 **바이러스(Virus)**
   폴리오, 유행성 간염, 홍역, 천연두, 풍진 ①, ③, ④는 세균

55 **음의 강도 측정 단위** : dB(데시벨)

56 **유병률**
   특정한 지역에서 어떤 시점에 인구 대비 환자가 차지하는 비율로 급성감염병은 발생률은 높지만 유병률은 낮다.

58 **납(Pb) 중독**
   소변에서 코프로포르피린(Coproprophyrin)이 검출, 연연, 연산통

59 **자외선 작용**
   - **장점** : 살균작용, 비타민 D 형성하여 구루병 예방, 관절염 치료
   - **단점** : 색소 침착, 피부홍반, 피부암 유발, 결막염

kyungrok

Audio　Video　Physical　e-Book

kyungrok

개정법령 및 정오사항 등은 경록 홈페이지에서 서비스됩니다

한방에 합격하는 ──

조리기능사
공단 출제기준
한식 필기

정가 18,000원

발　행	2026년　1월　5일
인　쇄	2025년　8월　5일
EBS	2019년 ~ 2020년 교재
저　자	임인숙·임정숙·오수진·이희정
발행자	이 성 태 / 李 星 兌
발행처	경록 / 景鹿
주　소	서울시 강남구 영동대로 114길 7 (삼성동 91-24) 경록메인홀
문　의	02)3453-3993 / 02)3453-3546
홈페이지	www.kyungrok.com
팩　스	02)556-7008
등　록	제16-496호
ISBN	979-11-94560-27-2　　13590

대한민국필독서!!

저자협의인지생략

· 고객감동브랜드대상 1위(중앙일보, 2년 연속)
· 서비스고객만족대상(교육부, 산자부 등)
· 고객만족브랜드대상 1위(조선일보)
· 한국브랜드선호도 1위(한국경제)
· 고객감동경영대상 온라인교육부문(한국경제, 2년 연속)

대표전화 1544-3589

이 책의 무단전재·복제를 금함

이 책은 저작권법에 의해 저작권이 보호됩니다. 무단전재 및 복제행위는 이 법 제136조에 의해 5년 이하의 징역 또는 5,000만원 이하의 벌금에 처하거나 병과(倂科)할 수 있습니다.